3 · 1운동과 국제사회

독립기념관 학술연구총서 01

3 · 1운동과 국제사회

초판 1쇄 발행   2020년 11월 15일

엮은이 ㅣ 독립기념관 한국독립운동사연구소
펴낸이 ㅣ 윤관백
펴낸곳 ㅣ 도서출판 선인

등 록 ㅣ 제5-77호(1998.11.4)
주 소 ㅣ 서울시 마포구 마포대로 4다길 4 곳마루 B/D 1층
전 화 ㅣ 02) 718-6252 / 6257
팩 스 ㅣ 02) 718-6253
E-mail ㅣ sunin72@chol.com

정가   40,000원

ISBN   979-11-6068-411-7   93900

독립기념관 학술연구총서 01

3·1운동과 국제사회

한국독립운동사연구소 편

도서
출판 선인

▮차 례

제2부 국제정세의 변동과 해외 한인의 3·1운동

제3부 타자의 눈으로 바라본 3·1운동

총론

한국근현대사에서 '국제정세와 3·1운동' 이해

한국근현대사에서 '국제정세와 3 · 1운동' 이해

신주백

1. 한국근현대사에서 3·1운동

1876년 개항은 조선이란 신분제 국가가 그때부터 자본주의 세계 경제에 편입되었음을 의미한다. 또한 개항은 자본주의 경제 원리를 지키며 자신의 이익을 극대화하려는 국가들이 내세우는 가치와 제도를 수용하는 방향으로 사회가 바뀌어 가는 시작점이었다.

조선이 맞이한 새로운 전환점은 외부에서 주어진 측면이 강했다. 아니, 그것을 인정하고 받아들여야만 조선이 생존할 수 있었다. 이때부터 오늘날까지 한국 근현대 150여 년의 역사에서 주체의 주도적 의지와 계획보다 외적 규정력 때문에 역사적 전환이 이루어진 경험이 여러 차례 있었다. 한국사회는 그때마다 그 이전과 이후로 나눌 수 있을 만큼 역사적 변화를 겪었다.

가령 1904년 러일전쟁에서 승리한 일본은 대한제국의 의사를 뭉개고 한반도에 대한 독점적 지위를 열강으로부터 인정받았다. 우리의 의지와 무관하게 일본과 열강에 짓밟힌 역사적 사건의 결과, 한반도에서 일본의 우월한 국제 지위는 열강에 의해 보장되었고 그것을 상징하는 기구로 1906년 통감부가 설치되었다. 대한제국은 사실상 일본의 반(半)식민지나 마찬가지였고, 일본이 밀어붙인 한국병합으로 멸망하였다. 여기에 강력하게 이의를 제기한 열강은 없었으며, 이로써 열강 사이에 벌어진 식민지 영토 획득 경쟁이란 '그레이트 게임'은 사실상 종결되었다. 제2차 세계대전 와중인 1943년 연합국은 신탁통치를 거쳐 독립한다는 한반도 문제의 해법을 제시하며 식민지 조선의 즉각 독립을 부정했으며, 미·영·소는 일제 패망 직전 미국 측이 제안한 북위 38도선을 경계로 미군과 소련군이 남과 북을 각각 점령하고 일본군의 항복을 접수하기로 합의하였다. 신탁통치와 분할점령은 한반도에서 분단체제의 성립으로 이어져 오늘에 이르고 있다. 이처럼 우리는 남이 깔아놓은 레일 위를 질주해야만 하는 역사적 현실에 내몰린 경험이 있다.

그렇다고 한국근현대사가 열강에 의해 일방적으로 밀어붙임을 당한 역사였다고만 말할 수 없다. 한국인이라는 주체가 적극적 능동성을 발휘함으로써 역사적 전환을 만든 경험도 있었기 때문이다. 어떤 특정한 역사적 순간을 전후로 한국사회의 획을 그은 경험은 예를 들어 1960년 4·19혁명과 1987년 6·10민주화운동 때 있었다. 두 사건 모두 한국현대사에서 한국인의 주체적인 선택으로 획기적인 사회 변화를 이끈 거대한 진보의 본보기였다. 같은 맥락에서 1919년의 3·1운동도 볼 수 있다.

한국근대사에서 커다란 이정표를 만든 3·1운동은 한국인 사회에서 이전에 볼 수 없었던 새로운 주체가 등장했음을 만천하에 폭발적으로 알렸다. 한국인의 근대를 압축적으로 표출한 사건이었기 때문이다. 청년학생과 여성이 운동 과정에서 스스로 활약하며 새로운 사회적 역할을 능동적으로 수행할 수 있음을 증명하였다. 사서삼경이란 기본 텍스트를 바탕삼아 쌓아 온 유학 지식을 통해 세상을 바라보고 해법을 찾는 대신, 서구적 지식체계와 가치관을 기본 바탕으로 세계를 이해하고 한국인의 진로를 고민하는 새로운 지식인들이 사회 지도층으로 등장했음을 본격적으로 알린 사건이 3·1운동이었다. 문자로 한국의 역사가 기록된 이래 피지배층 내지는 민중이 자신의 이익과 권리를 위해 조합과 같은 단체를 조직하고, 일회성 또는 국지적인 한계를 벗어나 일상적으로 그러면서 전국 단위에서 활동하기 시작한 계기도 3·1운동이었다.

새로운 주체들은 독립 이후의 신한(新韓)에서 절대군주제를 다시 세우는 꿈을 꾸지 않았다. 민(民)이 주권을 갖는 민주공화주의를 추구하는 국가를 세워야겠다고 상상하였다. 새로운 주체들의 활동과 존재적 의미 그리고 그들이 추구한 가치관은 오늘날까지 한국사회에서 여전히 유효하다는 점에서 3·1운동은 현재진행형이다. 달리 보면 한국사회에서 대중민주주의가 본격적으로 출발한 역사적 체험 공간이 3·1운동이다. 일본으로부터 독립하는 위대한 선택이 한국 민주주의 발전의 기본 전제임을 체험한 사건이 3·1운동이었다.

한국독립운동사연구소가 32년 만에 발행하는 첫 번째 학술연구총서의 주제로 3·1운동의 역사를 선택한 이유가 주체들의 이러한 움직임이 내포한 의미에 주목한 데 있다.

2. 국제정세와 3·1운동

우리 민족에게 전환기적 체험 공간이었던 3·1운동은 한국인 사회의 능동적이고 적극적인 선택의 결과였다. 그렇다고 외적 규정력, 달리 말하면 운동의 대외 환경을 무시할 수 없다. 주체의 능동적인 선택도 외적 환경과 무관하게 이루어진 역사는 없기 때문이다. 3·1운동의 안과 밖을 함께 보지 못하면 한국근현대사의 화수분인 3·1운동의 역사적 함의를 제대로 드러내는데 어려움에 처할 수밖에 없다.

그렇다면 3·1운동의 외적 규정력, 달리 말하면 3·1운동을 이해하는 데 필요한 국제사회의 동향 가운데 가장 주목해야 할 움직임은 무엇일까? 1914년에서 1918년 사이에 일어난 제1차 세계대전이란 전대미문의 세계적 사건을 빼고 3·1운동과 연관된 국제정세를 설명할 수 없다.

제1차 세계대전은 인류가 한 번도 경험하지 못한 규모의 전쟁이었다. 유럽 인구의 1/4이 전쟁에 직접 관여하였고, 5대양 6대주에 흩어져 있는 여러 제국의 식민지들이 직간접 형태로 모두 전쟁과 연관되어 있었으며, 전쟁의 양상에서 전방과 후방의 구분을 무의하게 만들 만큼 국민을 총동원한 전쟁이었기 때문이다. 그래서 제1차 세계대전을 최초의 총력전이었다고까지 말한다.

전쟁을 마무리하기 위해 열린 파리강화회의도 회의의 규모면에서 보면 역대급일 수밖에 없었다. 강화회의의 시대정신이었던 민족자결주의는 전쟁이 마무리되어 갈 즈음에 이미 피식민지인들의 저항 정신을 자극하는 보편 담론처럼 유통되며 열강으로 하여금 제국과 식민지의 관계를 재조정하는 방향으로 유도하였다. 독일, 오스트리아-헝가리, 오스만투르크 제국의 해체와 거기에 속했던 국가와 민족들의 새로운 움직임이 그 단적인 보기이다.

사람들의 가치관을 새롭게 자극한 측면에서 보면 1917년 러시아에서의 볼세비키혁명을 빼놓고 세계사를 말하고 3·1운동을 이해할 수 없다. 러시아에 등장한 국가는 그때까지 국가의 역사에서 볼 수 없었던 노동자 농민 병사의 소비에트 형태를 취한 사회주의 국가였다. 이 국가의 등장 과정은 제1차 세계대전의 전개 양상을 이해하지 않고 설명할 수 없다. 볼세비키가 만든 국가의 민족정책은 전 세계 피압박 민족의 저항운동에 큰 영향을 끼쳤다. 한중일에도 각각 공산당이 등장했고, 그 존재로 인해 세 곳의 정치와 사회 또한 많이 바뀔 정도였다. 실제 1920년 대 한국인 사회에 등장한 새로운 주체와 그들의 움직임을 설명하면서 사회주의 사상의 영향을 빼고 말하기 쉽지 않다. 그래서 역사는 제1차 세계대전과 볼세비키혁명을 염두에 두고 세계사를 근대와 현대로 가르고 있다.

한국근대사의 분수령으로 평가되고 있는 3·1운동 역시 이러한 국제 정세의 자장 안에 있었던 반식민지 민족혁명운동이었다. 3·1운동의 주체는 세계대전의 마무리 과정과 민족자결주의라는 시대정신, 그리고 1917년의 볼세비키 사회주의혁명이 드러낸 새로운 비전을 어느 정도라도 납득하고 만세시위를 기획하였다. 그들이 만세시위를 벌이고 있던 그 시점에 프랑스 파리에서 파리강화회의가 열리고 있었다. 만세시위가 5월까지 진행되었는데, 강화회의는 1919년 1월부터 6월까지 열렸다. 3·1운동에 참가한 주체가 그때까지 열린 국제회의 가운데 가장 규모가 큰 전후(戰後) 처리 회의를 의식하며 발언하고 활동하는 움직임은 당연한 대응이다. 3·1운동은 전후 세계에서 처음 일어난 반식민지 민족혁명운동이었다. 그것도 승전국의 식민지에서 일어난 반식민지 민족혁명운동이었으니 민족자결주의라는 시대정신을 주체적으로 적극 해석한 저항이었다고 말할 수 있다.

운동 주체의 능동적 선택은 여기에 그치지 않았다. 3·1운동의 와중에 국내외 독립운동가들이 '협회'나 '연맹'과 같은 단체가 아니라 '정부' 형태의 항일운동기관을 결성한 움직임은 국제회의와 시대정신에 부응한 당연한 대응이었다. 약속이나 한 듯 여러 지역에서 공통되게 나타난 흐름은 우연의 일치가 아니었다.

　바로 이 점이 한국독립운동사연구소가 발간하는 첫 번째 학술연구총서의 주제를 「3·1운동과 국제사회」로 정한 이유이다. 그럼에도 우리의 기획은 수많은 연구가 발표된 정치적 역학관계에 주목하는 관계사나 관련 연구가 사실상 부재한 사상사의 영역을 주목하지 않았다. 민족자결주의가 한국 독립운동과 한반도문제에 적용되었느냐의 여부, 그것을 한국인이 인지했느냐의 여부에 관심을 두지 않았다. 대신에 제1권은 국제정세에 대한 해외 한인사회의 능동적 대응, 그리고 이러한 정세와 대응에 대한 외국인의 인식에 주목하였다.

　그런데 전후처리를 주도한 윌슨 미국 대통령은 파리강화회의의 합의안을 미국 의회에서 비준받지 못하였다. 회의에서 동아시아 관련 핵심의제는 중국문제였는데, 4월에 열린 회의 때 일본의 중국 권익을 열강이 인정한 그 순간, 중국에서는 3·1운동의 영향도 받은 5·4운동이 일어났다. 국내의 압력을 견디지 못한 중국 대표는 합의안을 거부함으로써 결국 파리강화회의는 동아시아에서의 전후처리를 마무리하지 못하였다. 이와 연동하여 동아시아와 태평양에 있던 패전국 독일의 식민지를 처리하는 문제 또한 연합국 사이에 합의하지 못하였다.

　파리강화회의에서 마무리하지 못한 동아시아의 현안문제 등을 해결하고자 모인 회의가 1921년 11월부터 열린 워싱턴회의였다. 사회주의 국가 러시아는 워싱턴회의의 대상에서 배제되었다. 그래서 러시아 주도로 여기에 맞대응하여 열린 회의가 원동민족혁명단체대표회의였다. 이 책의 대상 시기를 1914년에 발발한 제1차 세계대전에서부터 1922년 1월에 끝난 미국 워싱턴회의와 2월에 끝난 러시아 원동민족혁명단체대표회의까지로 삼은 이유가 여기에 있다. 특히 운동 주체의 측면에서 볼 때, 미국과 러시아에서 열린 두 국제회의 이후 한국의 독립운동은 국제정세의 단기적인 긴박성에 주목하기보다 장기적인 변화를 고려하고 대

응하는 방식으로 바뀌었기 때문이다. 운동의 양상 또한 1922년 초를 고
비로 민족주의운동과 사회주의운동의 차이와 분화가 선명하게 드러나
고, 두 운동 계열 내부에서도 각각 분명한 변화가 일어나기 때문이다.
두 운동 계열이 함께 그것을 확인한 처음이자 마지막 회합이 1923년 국
민대표회의였다.

3. 전체 구성과 논문 소개

국제사회의 움직임과 인식, 그리고 여기에 대한 주체의 능동적 대응
을 이해하려는 이번 기획은 크게 3부 곧, '제1부 3·1운동 전후 국제회
의와 한국독립운동', '제2부 국제정세의 변동과 해외 한인의 3·1운동',
'제3부 타자의 눈으로 바라본 3·1운동'으로 구성되어 있다. 운동 주체
의 구체적인 움직임에 관한 해명은 다음 학술연구총서를 통해 지방사
맥락에서 시도하려 한다.

이번 기획의 기반은 3·1운동 100주년과 광복절을 기념하여 우리 기
념관에서 2017년부터 2019년까지 세 차례 열린 국제학술회의에 있다.
국제학술회의는 '3·1운동 전후 국제정세의 변화와 한국독립운동', '국
외 한인사회와 3·1운동', '국제사회는 3·1운동을 어떻게 보았는가?'라
는 주제로 열렸다. 모두 16편의 글이 세상에 나왔지만, 학술회의 기획
때부터 단행본 간행을 염두에 둔 기획이 아니었으므로, 책으로 구성하
는 과정에서 아홉 편 가운데 세 편을 새로 보충하였다. 독립기념관이
주관한 연구사업의 결과물이 아님에도 불구하고, 이번 기획을 위해 흔
쾌히 동참해 준 전상숙, 홍웅호, 윤소영 선생에게 특히 감사하다.

연구소에서 발간하는 학술연구총서로서의 기획의도와 제1권의 목적

을 모두 충족할 수는 없지만, 애초의 구상에 근접한 연구와 전체적인 분량을 고려하여 각 부에 세 편의 논문씩 수록하였다. 이를 소개하면 아래와 같다.

제1부에 전상숙, 홍선표, 반병률의 논문을 수록하였다.

전상숙은 동아시아 국제관계를 살펴보며 민족자결주의문제를 짚어 보았다. 제1차 세계대전의 전후처리를 위해 열린 파리강화회의는 조선을 비롯한 식민지 여러 민족의 독립에 대한 기대와 열망 속에 열렸다. 피압박 민족은 시대정신이었던 윌슨의 14개조선언 중 민족자결 내용에서 독립의 서광을 발견했기 때문이다. 그러나 그것은 러시아혁명의 성공으로 비도덕적으로 여겨진 전쟁목적에 민주주의와 민족자결을 선언해 도덕성을 입히고자 한 선언이었다. 강화회의에서 민족자결선언은 이상적이었지만 지극히 현실적이었던 서구 열강과 일본의 이해관계가 얽힌 비밀외교로 식민지 약소민족들의 기대를 저버렸다.

홍선표는 미주의 한인 대표자가 참가한 1917, 1918년의 소약국민동맹회의를 규명하였다. 뉴욕에서 열린 제1차 회의에 참가한 22~24개 약소국 민족대표는 전쟁의 종결 직후 자신들의 권리와 입장을 주장하고 관철하기 위해 개최하였다. 한인 대표자들의 회의 참가는 미주 한인들에게 국제정세의 변화에서 한국의 독립문제를 어떻게 대응하고 준비할 것인가에 대한 안목과 식견, 그리고 내적 능력을 배양시켰다. 나아가 재일 한인 유학생의 2·8독립운동과 국내 3·1운동으로 이어진 외교 독립운동으로서 1910년대 한국독립운동의 선구자적인 발자취를 남겼다.

반병률은 원동혁명단체대표회가 1921년 8월 국제공산당이 워싱턴회의에 대항하여 대회 소집을 제창한 이래 두 차례 연기되고 개최장소가 변경된 이유와 배경을 검토하였다. 아울러 다양한 대회 명칭들의 근거를 비교, 분석하였고, 당시 한국독립운동세력들이 당면하고 있던 제문

제 즉, 통일적 민족혁명기관의 수립문제, 모스크바자금 문제나 상해파
와 이르쿠츠크파 고려공산당의 분파투쟁 등이 대회 과정에서 어떻게
반영되고 대회 후 어떻게 귀결되었는가를 검토하였다.

제2부에 정병준, 윤소영, 이장규의 논문을 수록하였다.

정병준은 1918년 11월 창당된 신한청년당이 파리강화회의에 대표를
파견함으로써, 국내외 한국인이 파리강화회의와 전후체제에 대한 희망
과 염원을 가질 수 있게 했다고 밝혔다. 나아가 국내·일본·만주·연
해주 등에 당원들을 파견해 파리강화회의 파견대표를 후원하기 위한
선전 및 자금모금활동을 벌임으로써 국내외에서 3·1운동이 촉발될
수 있도록 했음을 해명하였다. 이에 따라 신한청년당이 이후 초기 대
한민국임시정부가 수립되는 과정에서 중심조직이자 지지조직으로 임
시정부가 상해에 안착하는데 중요한 기반을 제공했다고 의미를 부여
하였다.

윤소영은 2·8독립운동이 '윌슨의 민족자결주의에 부화뇌동하여 젊
은 혈기로' 결행된 것이 아니라, 대한제국의 전제정치를 넘어 자유와
정의, 인권이 보장되는 새로운 민주주의 국가를 실현하려는 이상을 품
고 결행된 독립운동이었다는데 주목하였다. 유학생들은 무엇보다도 '문
명국'임을 자임하면서도 천황제 이데올로기하에서 감히 '민주주의'를 논
할 수 없었던 일본의 위선적인 문명 상황의 허점을 찌르듯이, 가장 민
주주의적인 방식으로 일본제국의회에 조선독립청원서를 제출하고 그
것이 논의될 수 있도록 하고자 2·8독립운동을 전개하였다.

이장규는 1919년 파리강화회의에서 우사 김규식이 이끌던 '한국대
표단'이 열악한 조건하에도 불구하고 통신전을 발행하여 회의에 참석
한 국가는 물론 여러 언론인, 각국 정부에 일일이 송부해 한국의 실정
을 알렸음을 해명하였다. 한국대표단은 한국과 같은 형편의 약소국가

지도자들과 언론인, 사회 각계의 명사들, 그리고 정치인들과 연대하기 위하여 노력하였다. 이들은 방대한 부수의 청원서와 비망록을 제작하였고 서신과 함께 각처에 배포하여 한국의 독립을 호소하였다. 또한 여러 국제대회에 참가하여 한국의 독립을 주장한 결과, 루체른 사회주의자 대회에서 한국독립을 위한 결의문이 채택되는 쾌거를 이루기도 하였다.

제3부에 황기우, 홍웅호, 윤소영의 논문을 수록하였다.

황기우는 베르사이유강화조약이 유럽뿐 아니라 동아시아에서 독일이 획득하고자 했던 다양한 분야의 이권을 위협했다는데 주목하고 독일 정부의 인식을 분석하였다. 독일 정부는 교주만에 대한 지배권이 일본의 침략으로 사실상 상실의 위기에 놓인 가운데 일어난 3·1운동을 주목하였다. 독일 정부는 3·1운동에서 교주만에 대한 지배권을 수호하기 위한 마지막 외교적 정당성을 찾았다. 동아시아에서의 정치·군사적 지배권을 포기할 수는 있어도 그동안 축적했던 문화와 경제적 지배권을 포기할 수 없었던 독일 정부는 3·1운동에서 보여주었던 일본 제국의 호전적 모습을 국제적으로 선전하면서 교주만에 대한 일본의 야심을 꺾으려 하였다. 그래서 3·1운동을 조선민족의 자결권 수호를 위한 평화롭고 정당한 대중운동으로 간주하고 지지하였다.

홍웅호는 서울 주재 러시아 총영사였던 류트쉬가 조선을 어떻게 인식하고 있었으며, 3·1운동의 원인과 전개 과정, 그리고 그 한계를 어떻게 파악했었는지를 세밀하게 추적하였다. 류트쉬가 보기에 3·1운동의 원인은 겉으로 들어난 고종의 사망과 장례식이 아니라, 일본의 폭력적이고 강압적인 통치에 대한 민중들의 분노였다. 3·1운동의 전개 과정에서 주요한 주도세력은 종교계, 특히 천도교와 기독교였다.

윤소영은 3·1운동에 대한 일본 신문의 논조를 손병희와 천도교 관련 기술을 중심으로 분석하였다. 일본신문은 처음에는 3·1운동이 한국인이 윌슨의 민족자결주의를 오해하여 일으켰으며 무지몽매한 한국인을 미신으로 속인 전근대적인 '사이비 종교단체'인 천도교가 획책했다고 깎아내렸다. 그렇지만 운동이 조직적·평화적·대중적 운동으로 확산되면서 3·1운동의 중심에 있는 손병희와 천도교에 대해 분석하였다. 일본신문은 손병희가 단지 종교지도자일 뿐 아니라 정치혁명을 달성하려는 정치가라고 파악하였다. 특히 요시노 사쿠조는 대한제국이 '망국 조선'이었다면 천도교와 손병희가 '흥국 조선'의 증거라고 평가했다. 이들이 이끄는 3·1운동은 한국의 새로운 청년정신에 의해 견인되는 움직임이었다.

제1부

3·1운동 전후 국제회의와 한국독립운동

파리강화회의와 약소민족의 독립문제

전상숙

1. 머리말

월슨의 '민족자결'선언이 3·1운동에 영향을 미쳤다는 것은 잘 알려져 있다. 이에 비하여 상대적으로 월슨의 '민족자결선언'이 이루어진 맥락이나 그것이 갖는 국제 정치·외교적 의미와 실제에 대하여는 덜 주목되었지만[1] 근래 한국사 특히 독립운동사 연구에 대한 관점이 확대되

---

[1] 월슨의 민족자결선언에 대한 기대로 전개된 파리강화회의에 대해서 전개된 독립청원 외교활동에 대해서는 많은 연구가 이루어졌다(국제역사학회한국위원회, 『한미수교100년사』, 국제역사학회한국위원회, 1982; 한국사연구협의회, 『한영수교100년사』, 한국사연구협의회, 1984; 최종고, 『한독수교100년사』, 한국사연구협의회, 1984; 박태근, 『한러관계100년사』, 한국사연구협의회, 1984; 한국정치외교사학회편, 『한국독립운동과 열강관계』, 평민사, 1985; 한국사연구협의회, 『한불수교100년사』, 한국사연구협의회, 1986; 신재홍, 「대한민국임시정부외교사연구」, 경희대학교대학원 박사학위논문, 1988; 한국역사연구회 편, 『3·1민족해방운동 연구』, 청년사, 1989; 정용대, 『대한민국임시정부외교사』, 한국정신문화연구원, 1992; 최덕규, 「파리 강화회의(1919)와 김규식의 한국독립외교」, 『세계 역사와 문화 연구』 35, 2015; 정병준, 「1919년, 파리로 가는 김규식」, 『한국독립운동사연구』 60, 2017; 장석흥, 「파리강화회의와 약소민족의 청원서」, 『파리강화회의와 약소민족의 독립운동; 파리드드로대

며 그에 대한 연구도 진전되었다.[2] 종래 '민족자결선언'이라고 알려진
내용을 포함하여 윌슨이 제1차 세계대전의 종전을 위하여 제안한 '14개
조선언'을 준거로 파리강화회의가 개최되고 이에 식민지시기 한국 민족
지도자들이 독립청원을 위한 외교활동을 한 것이 주목되었다. 그러나
그 활동이 실질적인 성과를 거두기 어려웠던 현실에 대해서는 덜 주목
하였다. 식민지시기 연구가 한국인의 독립운동이라는 일국사적인 관점
에 경도되어, 독립운동이나 독립운동사 연구가 갖는 국제적 또는 국제
정치적인 맥락과 위치, 다른 식민지경험 국가나 민족의 독립운동과 갖
는 보편성과 특수성에 대해서는 관심을 덜 둔 경향이 있었다. 그리하여
부단했던 한국인의 독립운동이 갖는 의미는 충분히 고찰되었지만, 그
럼에도 불구하고 왜 국제적 반향이나 협조를 얻는 데는 결과적으로 미
흡했는지 고찰하여 국제관계에 대한 이해나 국제관계에 대한 접근방식
등에 대하여 역사적인 교훈을 얻는 데는 부족했다고 할 수 있다.

　다른 한편으로, 거국적으로 일어난 3·1운동의 의의는 아무리 강조해
도 지나칠 것이 없지만, 그 결과의 하나로 이루어진 일본제국주의의 이
른바 '문화정치'에 대해서 그 의미가 강조된 경향이 있다. 일본제국주의
조선지배의 '무단정치'가 소위 '문화정치'로 변화하는데 한국인들의 거
족적인 항거가 중요한 동인이 된 것은 분명하다. 그러나 알려진 바와
같이, 이른바 '문화정치'의 실상은 무단정치를 능가하는 실질적인 생활

학 주최 국제학술회의자료집』, 2019; 이장규, 「1919년 대한민국임시정부 '파리한국
　　대표부'의 외교활동」, 『한국독립운동사연구』 70, 2020 등).
[2] 민족자결선언의 국제정치적 맥락에 대한 연구는 프랑크 볼드윈, 「윌슨, 민족자결주
　　의, 삼·일운동」, 『삼·일운동 50주년 기념논집』, 동아일보사, 1969를 효시로, 전상
　　숙, 「제1차 세계대전 이후 국제질서의 재편과 민족 지도자들의 대외 인식」, 『한국
　　정치외교사논총』 26-1, 2004; 이서희, 「국제법상 식민주의와 위임통치제도」, 『국제
　　법평론』 50, 2018; 전상숙, 「근대 서양 국제법의 '자결권'과 1919년 파리강화회의의
　　'민족자결'」, 『사림』 69, 2019 등이 있다.

상의 통제체제를 구축한 것이었다. 무단정치에서 '문화정치'로 식민지
배정책이 변화하여 현상적으로 많은 변화가 있었음에도 불구하고, 결
국 그 실상은 무단정치를 능가하는 억압적 통제체제를 구축함으로써
이후 일본제국주의가 군부 파시즘체제로 전화되어 세계적 패권을 추구
하는데 일익을 담당하는 근원적인 토대가 되었다고 할 수 있다. 정당내
각에 의해서 조선총독으로 임용되어 문화정치를 시행한 사이토는 정당
과 재벌 타도를 내걸고 해군 급진파 청년장교와 육군사관 후보생 등이
일으킨 5·15 테러사건 이후 이른바 '거국일치' 군부내각의 수상이 되었
다. 이른바 '문화정치'와 1930년대 파시즘지배체제를 분절적으로 본 요
인은 어디에 있는지 자문해보지 않을 수 없다. 이는, 윌슨의 민족자결
선언에 힘입은 외교적 독립청원활동과 3·1운동이 좌절된 요인을 안이
하게 도덕적 정서로 열강의 국민국가적 패권주의를 비판하는데 그치고
만 것은 아닌가 되돌아보게 되는 것과 같은 맥락이다.

　제1차 세계대전은 국제정치가 세력균형정책으로부터 이상주의로 바
뀌는 전환기였다. 이 변화의 중심에 고립주의를 취하던 미국의 참전과
러시아혁명이 미친 영향이 크다. 미국의 참전은 연합국 측의 전력을 결
정적으로 강화시킨 동시에 영일동맹을 표방하며 참전한 일본과 중국문
제를 놓고 미국과 일본 사이에 긴장관계를 조성하였다. 그 결과, 유럽
의 제국주의 전쟁은 명실공히 동아시아를 포함한 세계대전이 되었다.
제1차 세계대전은, 서양 열강 간의 제국주의 패권다툼에서 상대적으로
중시되지 않던 동아시아를 세계 국제정치의 맥락에서 재편성하였다.
제1차 세계대전 이후 동아시아의 국제정치적 재편성의 핵심에 일본이
있었다. 일본은 전승국의 일원으로서 강화회의를 통해서 동아시아를
자국 중심으로 재편성하는데 성공하였다. 동아시아의 섬나라 일본은,
참전을 통해서, 미국을 필두로 한 서양 열강의 견제를 동반했지만 서양

열강과 동등한 위치를 점하여 공고히 하는데 박차를 가하였다.

파리강화회의의 기준이 된 윌슨의 '민족자결'을 포함한 14개조선언은 그러한 국제정치의 변화를 배경으로 나온 것이었다. 그러나 3·1운동을 비롯한 식민지·약소민족의 독립운동에 큰 영향을 미쳤다. '민족자결'과 '14개조선언'이 지향은 이상적이었고 내용은 막연한 선언적인 구호에 불과하였다. 때문에 그것이 전쟁의 종식을 위한 강화회의의 원칙이 되어 전후 문제 처리를 위하여 실행되었을 때, 기본적으로는 미국과 서양 열강 간의 전쟁의 이유와 목적에 대한 생각의 차이로 인하여, 나아가 미국과 일본 간의 동아시아를 둘러싼 국가적 이해상충으로 인하여 현실적으로 조정되고 타협되지 않을 수 없었다.

여기서 주목할 것은, 일본이 처음부터 대전을 기회로 공공연히 서양 열강과 어깨를 나란히 하는 열강의 일원으로 행세하고자 목적했다는 사실이다. 일본의 참전은 제2의 삼국간섭과 같은 전철을 밟지 않고자 한 것이었다. 한국을 병합하여 메이지유신 이래 목적한 대륙국가화의 토대를 구축한 일본이 한반도 이북 대륙국가화의 지향을 본격적으로 꾀하기 시작한 것이었다. 일본은 영국의 부분적 참전 요청을 빌미로 전선적인 참전을 선언하고 독일 지배하의 중국 영토를 점령하였다. 그리고 이를 공식적으로 확보하기 위한 외교적 노력과 정치적 협상을 서양 열강들과 집요하게 진행하였다. 일본의 장기간에 걸친 노력은, 파리강화회의의 기본 방침이 된 윌슨의 '14개조선언'이 나오게 된 정치적 배경과 그것이 강화조약의 기본 원칙으로 합의되는 협상과정에서 이루어진 현실적인 타협과 맞물려 이루어졌다.

그러므로 제1차 세계대전과 파리강화회의 시기 국제정치의 역사적 맥락과 정치적 배경을 고찰하는 것은, 기본적으로 윌슨의 민족자결선언이 나오게 된 배경과 그 정치적 의미, 그리고 윌슨의 민족자결선언과 대전의 종전에 직접적인 영향을 미친 러시아혁명의 국제정치적 의미와 영향 및 종전 후 개최된 파리강화회의에서 적용된 민족자결의 원칙, 그리고 이러한 일련의 과정이 진행되는 가운데 대전 초에 참전한 일본의 목적 달성을 위한 외교적 노력 등을 조명하여 드러내는 것이 된다. 이러한 내용을 구명하는 것은, 윌슨의 '민족자결선언'의 영향을 받은 한국인의 외교적 독립청원 노력이 갖는 역사적 의미와 외교활동의 중요성을 재확인하는 동시에 외교사적 교훈을 되새기는 의미가 있다. 특히, 3·1운동이 일본제국주의 지배정책의 실상과 우리의 독립 욕구를 국내외에 광범하게 알렸음에도 궁극적으로 민족자결을 획득하지 못한 이유와 이후 일본제국주의가 '문화정치'를 표방하면서 대륙정책을 공고화해 간 역사적 연원의 일단을 국제정치적으로 보여준다는 의미가 있다.

2. 미국과 일본의 제1차 세계대전 참전과 극동문제

1) 일본의 참전과 북진대륙정책의 본격화

1914년 7월 28일 오스트리아가 세르비아에 선전포고한 것을 계기로 제1차 세계대전이 발발하였다. 당초 일본은 중립을 선언하였다. 그러나 영국이 영일동맹에 의거하여 8월 7일 중국해에서 활동하는 독일의 위장순양함을 수색해 격퇴해 달라고 요청하자 참전을 결의하였다. 영국이 일본에게 요청한 것은 영국 상선을 보호해달라는 제한적인 지원이었다. 그러나 일본은 지원요청을 받은 다음날 8월 8일 각의에서 전면적인 참전을 결의하였다. 영국은 일본의 전면전 참전에 반대했지만, 일본은 영일동맹에 의거한 참전을 표방하며 8월 23일 독일에게 개전을 선언하였다. 이어서 일본해군은 10월 14일 적도 이북의 독일령 남양제도를 점령했고, 일본육군은 11월 7일 영국군과 협력하여 독일의 동아시아 최대 근거지인 청도(靑島)를 점령하였다.[3]

당초 중국도 중립을 선언하였다. 중국은 자국 내에서 전투지역이 확대되는 것을 저지하고자 하였다. 그러나 일본은 이를 무시하고 종래 의도했던 산동철도 관리권을 접수하였다. 이후 일본은 서양 열강이 유럽에서 전쟁에 집중해 있는 기회를 이용하여 동아시아에서 자국의 권익을 확보하는데 열중하였다. 1915년 1월 9일, 중국은 일본에게 중국영토 내 일본 군대의 철퇴를 요구하였다. 일본은 이 역시 무시하였다. 나아가 중국과의 현안을 자의적으로 일거에 해결할 의도에서 이른바 '21개조' 요구를 중국에 하였다. 1915년 1월 18일 일본이 중국에게 전달한 '대중국 21개조 요구'의 주요 내용은, 산동(山東省)에 관해서 일본 정부가 장래 독일과 협정하는 내용에 중국이 승인해야 한다는 것과 남만주와 내몽고에 관한 일본의 이권 확장을 명시한 것이었다. 결국 중국은 이 요구에 기초하여 일본과 중일조약을 체결하였다. 중일조약은 일본이 영일동맹을 근거로 참전하며 목적한 바를 이루어낸 것이었다.[4]

메이지유신 이후 일본은 '근대 일본'의 국가적 과제를 사회적 근대화와 국가적 독립 확보로 삼았다.[5] '국가적 독립 확보'란 서양 열강과 같이 대내외적으로 타국의 간섭을 받지 않는 선진 독립 국가를 완성해야 한다는 것이었다. 그러자면 섬나라의 지리적 열세로 인한 부족한 자원과 성장에 장애가 되는 과잉 인구 문제를 해결해야 했다. 그 결단이 대륙으로 진출하는 것이었다. 일본의 본격적인 대륙 진출은, 1890년 총리

---

3) 가토요코(加藤陽子) 지음, 박영준 역, 『근대 일본의 전쟁논리』, 태학사, 2003, 161~64쪽; 池井優, 『三訂 日本外交史槪說』, 慶應通信, 1992, 117~118쪽.

4) 가토요코(加藤陽子) 지음, 박영준 역, 위의 책, 166쪽; 池井優, 위의 책, 117~122쪽.

5) 藤村道生, 『日本現代史』, 山川出版社, 1981, 4쪽.

대신 야마가타(山縣有朋, 1838~1922)가 조선을 이른바 '이익선'으로 규정하고 '주권선' 일본을 지키기 위하여 '이익선' "조선을 보호"할 것을 국책으로 결정하면서 본격화되었다.[6] 이른바 '이익선'론은, 일본의 '주권선' 곧 일본 영토를 지키기 위해서는 일본의 국익과 직결되는 '이익선'(당시는 조선)을 '보호'해야 한다는 자의적이고 조작적인 명분론이었다. 이 논리는 당시 일본이 본격적으로 중국과 만주로 진출한 러시아를 적대시한 근거이기도 하였다. 일본은 청일전쟁에 승리하고도 삼국간섭을 수용해야 했던 경험과 샤먼(厦門)점령의 실패 경험을 통해서 아직 독자적으로 서양 열강과 견주기에는 역부족이라는 사실을 알고 있었다.

일본은 러시아 견제에 이해가 일치하는 영국과 영일동맹을 체결하고,[7] '남진'을 유보하며 '북진'을 촉진하였다.[8] 영일동맹은 일본이 러시아와 전면전을 결의하게 된 근거이자 서양 열강으로부터 한국에 대한 재량권을 인정받게 된 효시가 되었다.[9] 일본이 러일전쟁을 도발한 동기가 대륙국가화를 위해 중시했던 만주문제에 있다는 것은 일본에서는 공공연한 사실이었다.[10] 그렇지만 일본은, 만주문제에서 비롯된 러일전쟁의 동기를 주권선 일본과 직결시킨 '이익선' 조선의 문제라 하여 '조선문제'로 치환시켰다. 한반도를 일본 "제국의 안위와 연계"시켜서 "조선을 보전"해야 한다는 명분 아래 러일전쟁을 도발하였다.[11] 그리고

---

6) 山縣有朋, 「外交政略論」, 1890.3.3, 大山梓 編, 『山縣有朋意見書』, 原書房, 1966, 196~201쪽. '이익선' 조선과 '주권선' 일본의 '국가 안보'와의 관계에 대해서는 전상숙, 「러일전쟁 전후 일본의 대륙정책과 테라우치(寺內正毅)」, 『사회와 역사』 71, 2006, 121~125쪽 참조.
7) 전상숙, 「러일전쟁 전후 일본의 대륙정책과 테라우치(寺內正毅)」, 122~123쪽.
8) 井上清, 『條約改正－明治の民族問題』, 岩波新書, 1978, 59~60쪽.
9) 전상숙, 「러일전쟁 전후 일본의 대륙정책과 테라우치(寺內正毅)」, 123쪽.
10) 黑田甲子郎, 『元帥寺內伯爵傳』, 元帥寺內伯爵傳記編纂所, 1920, 240쪽.
11) 위의 책, 262~263쪽.

1905년 11월 17일 '을사보호조약'을 강제하여 한반도에 대한 배타적 지
배권을 확보하였다.

　한반도는 메이지유신 이래 섬나라 일본이 대륙국가가 되기 위한 초
석으로 인식되었다. 한국에 대한 지배권을[12] 확보하는데 성공한 일본
은, 영국의 참전지원 요청을 기회로 본격적인 북진 대륙 진출을 꾀하였
다. 원로 이노우에(井上馨)의 말처럼 제1차 대전을 "다이쇼(大正) 신 시
대의 천우(天佑)"로[13] 여겼다. 일본은 서양 열강이 유럽에서 전쟁 중이
던 때를 이용하여 만몽의 이익을 확보하고 중국 내 세력범위를 확대하
고자 하였다. 때문에 영국의 반대에도 불구하고 굳이 참전을 선언하였
다. 일본은 중국 동삼성(遼寧·吉林·黑龍江)으로 진출하여 만철(南滿
洲鐵道株式會社)과 관동주를 중심으로 이권을 획득하였다. 그리고 획
득한 이권에 대한 "'안전' 정책이" "대륙정책"의 "중심문제"가 되었다.[14]
이는 한국을 독점적으로 지배하기 위하여 논했던 이른바 '이익선'의 명
분론과 같은 것이었다. 참전하여 얻은 중국 내 이권을 공고히 확보하는
것이 급선무가 되었다.

　만몽은 러시아에 대한 전진기지이자 그곳을 거점으로 활동하는 한인
독립운동을 진압하여 한국을 안정적으로 지배하는데 중요한 곳이었다.
궁극적으로 만몽은 후발 자본주의 국가의 열세를 극복하고 열강의 반
열에 이르는데 필수불가결한 자원과 토지를 제공받을 수 있는 곳으로
설정된 곳이었다. 그러므로 일본의 대륙정책에서 만몽지역의 확보와
개발은 필수적이었다.[15] 이제 일본은 만주를 "국방상·경제상의 '생명

12) 山縣有朋, 「外交政略論」, 196~200쪽.
13) 가토요코(加藤陽子) 지음, 박영준 역, 『근대 일본의 전쟁논리』, 162쪽; 池井優, 『三
　　訂 日本外交史槪說』, 116쪽.
14) 矢部貞治, 『最近 日本外交史』, 日本國際協會 太平洋問題調査部, 1940, 36쪽.
15) 幣原垣, 『滿洲觀』, 東京寶文館, 1916, 35~41쪽.

선'"이라고 하였다.[16] 한국을 '주권선' 일본에 대한 '이익선'으로 설정하여 병합한 것과 같은 논리였다. '이익선'의 내용을 만주로 확장, 전환시켜서 '주권선' 일본의 '생명선'이라 하여 메이지국가 이래의 국가적 독립과 직결시켰다. 메이지유신 이래 대외정책의 일차적인 목표를 국가적 독립의 유지와 강화에 둔 일본은[17] '이익선'·'생명선'에 대한 안정적인 확보를 '주권선' 일본과 직결시켜서 국방·안보 차원에서 필수불가결한 것이라고 하였다. 그러므로 일단 이권을 획득하면 그 다음은 '안전' 정책이 대륙정책의 중심문제가 되는 것이었다. '이익선'을 '보호'함으로써 일본의 '주권'을 지킨다는 근거를, 국가 존립의 기초인 국방·안보 문제와 직결시킨 조작적 명분론이었다.

 '생명선' 만주는, 일본이 만몽을 독점적으로 확보하여 대륙국가화를 확장하는 명분이 되었다. 일본은 중국에 대한 '21개조 요구'가, "동양의 평화를 영원히 확보하기 위한 목적"이라[18] 하여 '생명선'으로 규정한 이권을 공고히 하고자 하였다.[19] 그러나 중국은 한국과 달리 서양 제국주의 열강의 동아시아 이권이 경쟁하는 중심지였다. 열강의 이권과 세력범위가 복잡하게 얽혀있었다. 삼국간섭의 경험에서 보듯이 일본의 이권은 불안정한 것이었다. 또한 러시아로부터 획득한 특권 중에는 조약상 근거가 약하거나 애매한 부분이 적지 않았다. 서양 열강도 만주와 몽고 문제에 관심이 많았다.[20] 일본이 중국에 21개조 요구를 한 것은

16) 矢部貞治, 『最近 日本外交史』, 36쪽.

17) 佐藤誠三郎, 「協調と自立の間－日本」, 日本政治學會 編, 『年報政治學－國際緊張緩和の政治過程』, 岩波書店, 1969, 99~144쪽.

18) 外務省 編, 「對華要求に關する加藤外相訓令」, 『日本外交年表竝主要文書』上, 原書房, 1965, 381쪽.

19) 安藤實, 「第一次世界大戰と日本帝國主義」, 『岩波講座日本歷史18』, 岩波書店, 1975, 1~43쪽.

20) 佐藤誠三郎, 「協調と自立の間－日本」, 100~102쪽.

그러한 현안을 일거에 해결하고자 한 것이었다.

　당연히 국가의 주권을 침해하는 21개조 요구에 가장 반발한 것은 당사국인 중국이었다.[21] 열강 가운데 가장 적극적으로 반응한 것은 미국이었다. 미국은 중국의 독립이 자국의 동아시아 국익과 직결된다고 보았다. 때문에 영토를 보존하려는 중국을 적극 원조하였다.[22] 사실 만주를 둘러싼 미국과 일본 간의 갈등은 1910년으로 거슬러 올라간다. 1910년 7월 미국은 만주시장으로 진출하고자 열강에 만주철도 중립화 안을 제시하였다. 이에 대하여 일본은 러시아와 비밀협약을 체결하여 만주철도를 중심으로 한 양국의 '특수이익'을 획정하고 공동행동을 취하였다. 이로부터 일본과 미국 간의 갈등이 표면화되었다.[23]

　미국은 일본의 과도한 중국에 대한 21개조 요구를 무리한 진출로 여겨서 미국에 대한 도전으로 간주하였다. 미국은 일본이 한국을 보호국화한 후 병합한 사례를 볼 때 신뢰할 수 없다고 여겼다. 1915년 2월 20일 미국은 일본정부에 정식으로 항의하였다.[24] 그러나 일본은 만주와 산동성 방면에 일본군을 더욱 증강시켰다.[25] 이에 미국은 영국, 프랑스, 러시아 3국 정부와 공동보조를 취하여 일본을 저지하고자 했지만 의견이 일치하지 않아 이루어지지 않았다.[26] 유럽에서 전쟁에 몰두해 있던

---

21) 중국의 저항은 일본의 예상 이상이었다(A. Whitney Grisword, *The Far Eastern Policy of the United States*, New Haven and London: Yale University Press, 1938, pp.189~190).

22) Roy W. Curry, *Woodrow Wilson and Far Eastern Policy 1918-1921*, New York: Bookman Associates, 1957, p.114.

23) 鈴木隆史, 「滿洲國論」, 今井淸一 編, 『體系·日本現代史』 第二卷, 日本評論社刊, 1979, 146~147쪽.

24) Roy W. Curry, *Woodrow Wilson and Far Eastern Policy 1918-1921*, p.114; U.S. Deaprtment of State, *Foreign Relations of the United States*(이하 FRUS), 1915, p.93.

25) FRUS, 1915, 115.

26) E.P.Young, *The Presidency of Yuan Shih-kai*, University of Michigan Press, 1977,

영국과 프랑스, 러시아 3국은 앞서 1914년 9월, 런던선언을 체결하여 단독 불강화와 강화조건의 상호 협정을 약속했기 때문이다.[27] 특히 영국은, 전쟁 초 일본에게 자국 상선의 보호를 요청한 것에서 알 수 있듯이, 영일동맹의 필요를 견지하였다. 또한 일본 각의에서 참전 결의를 적극 주장해 관철시킨 가토(加藤高明, 1860~1926)가 외상 취임 당시 그레이 (Sir Edward Grey, 1862~1933) 영국 외상과 만났을 때 그레이는 일본의 만주 진출을 시인하는 태도를 취하였다.[28] 때문에 일본은 이미 영국의 양해도 얻었다고 여겼다.

결국 미국은 5월 13일 중국이 일본의 최후통첩을 수락하기로 결정한 직후 중국의 독립을 훼손하고 문호개방주의에 위배되는 조약은 승인할 수 없다는 것을 일본에 통고하는데 그치고 말았다.[29] 미국은 일본의 대 중국 21개조 요구에 강경한 태도를 보였지만, 미국의 관심 역시 유럽전쟁의 추이에 기울어져 있었고 영일동맹도 고려하지 않을 수 없었다. 그러므로 대일 전쟁까지 각오한 강경 정책은 취하지 않았다. 미국의 중국에 대한 관심과 이권이 전쟁을 불사할 정도는 아니었던 것이다.[30]

2) 미국의 참전과 일본의 만몽 '특수권익'

1915년 6월 9일, 일본은 중국과 21개조 요구에 의거한 조약('남만주 및 동부 내몽고에 관한 조약', '산동성에 관한 조약')[31]을 체결하였다. 그

---

pp.186~192.

27) 池井優, 『三訂 日本外交史概說』, 124쪽.

28) Roy W. Curry, *Woodrow Wilson and Far Eastern Policy 1918-1921*, p.123, 127.

29) FRUS, 1915, pp.146~147; 堀川武夫, 『極東國際政治史序說－21個條要求の硏究』, 有斐閣, 1958, 300쪽.

30) Roy W. Curry, *Woodrow Wilson and Far Eastern Policy 1918-1921*, pp.110~111.

31) 外務省 編, 「對華要求に關する加藤外相訓令」, 406~412쪽.

리고 10월, 종전 후 강화회의에 참가하여 참전으로 획득한 중국 내 권익을 확보하기 위하여 런던선언에 가담하였다. 일본은 획득한 중국 내 이권을 종전 시 강화조건 속에 포함시키기 위한 예비교섭에 외교적 노력을 경주하였다. 1915년 말부터 러시아와 교섭을 구체화하기 시작하였다. 러시아는 전쟁이 발발하자 일본이 독일 측에 가담하여 참전할 것을 우려하여 러일동맹을 역설했었다. 러시아와의 교섭은 1916년 7월 3일 제4차 러일협약 체결로 귀결되었다. 제4차 러일협약은 사실상 군사협정과 같았으므로 러시아로부터 중국 진출에 대한 이해를 얻는 동시에 영국과 미국에 대항하는 의미를 갖는 것이었다. 이어서 일본은 1917년 2월부터 3월 사이에 영국, 러시아, 프랑스, 이탈리아 4개국과 강화회의 시 일본의 중국 이권을 지지한다는 비밀협약을 체결하였다.[32]

한편, 미국은 전쟁 초 중립을 견지했지만 독일이 수출업자들의 교역과 인명에 치명적인 타격을 준 무제한 잠수작전을 1917년 1월 일방적으로 재개하자 독일과 외교를 단절하고 상선보호를 위하여 무장 중립을 취하였다. 3월에 독일이 멕시코 대통령에게 병합된 영토의 재탈환을 암시하며 미국과 경쟁관계에 있던 일본과 접촉할 것을 권고한 짐메르만 전문이 공개되고, 독일 잠수함이 미국 상선을 격침하자 참전을 결의하였다.[33] 미국의 참전 목적과 명분은 자국의 이익과 '위신(prestige)'을 보호한다는 것이었다.

전쟁특수로 경제적 실세로 부상한 미국의 참전은 재정적인 면에서도 군사적인 면에서도 연합국의 전력 강화에 결정적인 힘을 실어주었다. 1917년 5월 징집령을 통과시킨 미국이 동원할 수 있는 병력은 러시아를

---

32) 池井優, 『三訂 日本外交史槪說』, 124~126쪽; Roy W. Curry, *Woodrow Wilson and Far Eastern Policy 1918-1921*, pp.157~161.

33) Roy W. Curry, 위의 책, pp.162~165.

제외한 모든 참전국이 동원할 수 있는 전 병력 이상이었다. 이러한 미국의 참전 명목은, 연합국 측과 전쟁 목적에 대하여 합의하지 않은 채, '독일 군국주의 타도'라고 하였다. 미국의 입장은, 영토할양 등을 목적으로 한 기타 연합국들의 제국주의와는 전쟁에 참전한 목적과 이유가 다르다는 것이었다.

한편, 미국은 일본의 대중국 정책에 반대하는 입장이었다. 일본의 북진 팽창을 견제하던 미국의 참전은 일본과 긴장관계를 조성하였다. 참전한 미국은 동아시아와 태평양지역에 육군과 해군을 파견하였다. 이러한 미군의 파견은, 평화 시 주도적인이 역할을 하는 것은 물론이고, 중국 내 독일 영토와 이권을 논할 때에도 미국이 개입하게 되었다는 의미였다.

또한 미국은 중국에 대하여 재정 지원을 제시하며 참전을 설득하였다. 미국은 강화회의 시 중국이 일본과 동등하게 참석하게 하여 외교적으로 일본을 견제하고자 하였다. 결국 1917년 8월 14일, 중국은 대독 선전포고를 하고 참전하였다. 그러나 내란위기에 처한 쑨원(孫文, 1866~1925)이 관동에 정부를 수립하자 중국 북경정부는 이에 대항하기 위해서 일본에 재정지원을 요청하였다. 일본은 이를 이용하여 미국의 대일 정책을 봉쇄하여 주도적인 입장을 확보하고자 하였다. 다른 한편으로 일본은 중국 진출의 최대 장애물인 미국에 전 외상 이시이(石井菊次郎, 1866~1945)를 특사로 파견하여 중국문제를 타협하였다. 미국은 유럽전쟁의 장기화로 일본과 소모적인 불화를 피하고자 하였다. 1917년 11월 2일 이시이-란싱협약이 체결되었다. 일본의 중국에 대한 특수이익과 중국의 영토보존, 중국의 상공업적 문호개방과 기회균등을 약속한 것이었다. 일본은 미국이 일본의 '특수권익'을 인정했다고 여겼다.[34] 이로

---

34) 이기택, 『국제정치사 제2개정판』, 일신사, 2000, 227~239쪽; 池井優, 『三訂 日本外交

써 일본은 영국의 상선보호요청을 계기로 대전에 참전한 목적을 달성
할 준비를 완료하였다.

　일본의 이른바 만몽에 대한 '특수권익'이란, 막말이래 러시아의 남침
으로 인해서 받게 된 위협 때문에 일본이 갖게 된 '역사적 권익'이라는
것이었다. 러시아가 한국을 점령하고 만주를 점령하게 되면 결국 일본
까지 러시아의 영토가 될 것이라는 생존의 위협을 느끼게 되었다는 것,
그로 인해서 일본이 겪은 두려움과 노력에서 비롯된 '역사적 권익'이라
는 것이었다. 때문에 '특수권익'이라는 것이었다. 곧 일본이 만주에 대
해서 중국보다도 더 '절실한 이해관계'를 갖는다는 것이었다. 목숨을 걸
고 청일전쟁과 러일전쟁이라는 대가를 치루면서 확보한 '역사적 기본권
익'이 곧 만몽에 대한 '특수권익'이라는 것이었다.

　일본은 일본의 만주에 대한 이해관계가 기타 제국이 갖는 현실적인
이익이나 제국주의적 영토침략과는 다르다고 역설하였다. 이권을 초월
한 생존의 위협에서 비롯된 이해관계이기 때문에 '근본적으로 특수한
관계'라는 것이 일본의 변이었다.35) 일본은 그렇게 작위적인 논리를 '생
명선'논리와 직결시켜서 중국 침략에 자기 정당성을 부여하는 한편으로
미국과 협정에 적용하여 사실상 제국주의 이익을 공고히 하는데 활용
하였다.

　일본은 서양 열강이 유럽에서 전쟁에 집중하느라 동아시아에 생긴
힘의 공백을 기회로 포착하여 만몽의 이익을 확보하고 대륙(중국)에 세
력범위를 확대하고자 하였다. 영일동맹을 명분으로 참전한 일본은 대
륙의 이권 확보와 팽창을 통해서 메이지유신 이래의 국가 목적인 서양

史槪說』, 124~126쪽; Roy W. Curry, 위의 책, pp.157~185.
35) 그러한 일본의 '특수권익'의 역사성에 대한 논의에 관하여는, 中村如峰,「滿洲に對
　　する日本の發言權」, 大連 社團法人 滿洲文化協會,『滿蒙』第一三年 第七號, 1932.7
　　참조.

열강 및 미국과 명실공히 동등한 열강의 일원이 되고자 하였다. 중국은 일본에게 국가적 이권의 대상이었지 외교 정책의 고려 대상이 아니었다. 일본은 참전 직후 확보한 중국 이권을 공고히 하기 위하여 일찍이 전후 강화회의에 대비하였다. 전쟁 중 일본이 서양 열강과 맺은 비밀협정은, 서양 열강으로부터 일본이 독일로부터 확보한 중국 내 이권을 지지하겠다는 약속을 받은 것이었다. 미국의 참전은 가장 큰 장애가 되었지만 중국문제보다 유럽의 전쟁에 더 관심을 기울였던 미국은 일본과 갈등이 심각해지는 것을 원하지 않았으므로 이시이-란싱협정으로 타협하였다. 미국은 유럽의 장기전으로 인하여 일본과의 소모적인 대립은 피하면서 자국의 이권은 크게 손상되지 않도록 타협하였다. 미국은 참전 목적인 자국의 이익과 위신을 살리는 현실적인 외교적 결정을 하였다.

결국 이시이-란싱협정은 미국과 일본 양국이 자국의 이익을 보호하기 위하여 외교적으로 타협한 것이었다. 그렇지만 일본의 입장은 미국과 달랐다. 일본의 입장에서 이시이-란싱협정은 강화회의에 대비하여 열강들과 체결한 비밀협약의 일환이었다. 따라서 미국이 일본의 이른바 '만몽특수권익' 문제를 유보한 것으로 생각한 반면에, 일본은 결국 미국이 일본의 요구를 인정한 것으로 간주하였다. 그리하여 이시이-란싱협정은 강화회의에서 일본이 동아시아의 패권을 공고히 하는 초석으로 활용되었다.

3. 러시아혁명과 윌슨의 '민족자결', 그리고 파리강화회의

1) 러시아혁명과 윌슨의 '민족자결'

일본과 미국이 참전하여 중국문제를 놓고 외교적으로 절충하는 사이 러시아에서 공산주의혁명이 일어났다. 1917년 3월에 이은 11월 혁명으로 제정러시아가 붕괴하고 볼셰비키 공산주의정권이 수립되었다. 볼셰비키정권의 수립은 그것이 주창하는 이데올로기적인 측면에서, 그리고 진행 중이던 전쟁의 목적과 관련해서 서양 열강에 큰 충격이었다. 수립된 볼셰비키정권은 독일과 강화조약을 체결하고 전선에서 이탈하였다. 또한 제정러시아가 맺은 비밀조약을 공표하고 무배상·무병합·민족자결원칙을 제안하였다. 이는 전쟁의 실제면에서도 윤리면에서도 당시 진행 중이던 제국주의전쟁을 부정하는 것이었다. 그리하여 제국주의전쟁으로 전개된 자본주의체제를 대체할 수 있는 이상적인 새로운 대안 체제의 가능성을 알리는 것이었다.[36] 이러한 러시아혁명의 영향은 즉각적으로 광범하게 확산되었다.

권력을 장악한 직후 볼셰비키정부는 교전국들에게 즉각적인 휴전을 요구하는 '평화에 관한 포고'를 의결하였다. 그리고 지주의 토지소유 무배상 폐지를 주요 내용으로 하는 '토지에 관한 포고'를 택하였다. 지주와 황실령 및 수도원의 토지를 농민에게 양도하고, 모든 공장과 광산 및 운수기관 등을 국유화하였다. 또한 제정러시아를 구성한 모든 민족의 정치적인 평등과 자결권을 허용하였다.[37] '평화에 관한 포고'에서 약

---

36) 野澤豊 외, 박영민 역, 『아시아민족운동사』, 백산서당, 1988, 92~94쪽; John M. Thompson, *Russia, Bolshevism, and the Versailles Peace*, Princeton, New Jersey: Princeton University Press, 1966, p.10.

37) W.Z. 포스터, 편집부 역, 『세계사회주의운동사 - 제1,2,3 인터내셔절의 역사』, 동녘,

속한 민족자결권을 '러시아 인민의 권리선언'을 공포하여 "모든 국민 및 민족집단의 자결권"으로 재천명하였다. 이러한 조치는 볼셰비키정부가 내부적으로 신정부의 기초를 견고히 하는 동시에 국제적으로 세계혁명 전략의 일부로 제국주의와 식민지 민족 간의 갈등을 이용하기 위하여 취한 전략적인 것이었다. 스스로 제창한 민족자결의 원칙을 실천적으로 드러내 보임으로써, 내외의 모든 피억압 약소민족의 독립 욕구를 자극하고 지지를 얻는 기반이 되었다.38) 이러한 러시아혁명의 영향으로 공산주의가 세계사조의 하나로 지식인과 피억압 대중에게 광범위하게 전파되었다.

이러한 상황에 직면한 자유주의 연합국 측은, 볼셰비키정부의 조치에 대하여 현재 진행 중인 전쟁의 도덕성을 증명해야 할 필요가 있었다. 그러나 유럽 각국은 전쟁 중이었으므로 여력이 없었다. 연합국 측의 미국 대통령 윌슨(Thomas Woodrow Wilson, 1856~1924)이 1918년 1월 8일 의회에서 전쟁의 종식과 민주주의 영구평화계획을 담은 '14개조 선언'을 제창하였다. 그 내용은, 종래의 비밀외교와 강대국 간의 세력균형에 의한 세계 분할을 도덕적으로 부정하는 것이었다. 종래 강대국들의 그러한 행위는 국가 간 전쟁과 무정부상태를 야기하므로 모든 영토와 주권은 각 민족에게 귀속되어야 하고 영토문제의 해결은 타협이 아니라 관계 국민의 이해와 복지, 의사에 따라서 결정되어야 한다는 민족자결의 원칙을 선언한 것이었다.39)

1988, 26~27쪽. 러시아로부터의 분리독립을 허용한다는 민족자결은 사실상 선언적인 것에 불과한 것이었지만 그것이 식민지 민족운동에 미친 영향은 지대했다.

38) 전상숙, 『일제시기 한국 사회주의 지식인 연구』, 지식산업사, 2004, 56쪽; 전상숙, 「제1차 세계대전 이후 국제질서의 재편과 민족 지도자들의 대외 인식」, 318쪽.

39) 이우진, 「임정의 파리강화회의외교」, 한국정치외교사학회 편, 『한불외교사』, 평민사, 1987, 130~131쪽; 미국사 연구회, 『미국 역사의 기본 사료』, 소나무, 1992, 237~240쪽.

14개조선언의 주요 내용을 보면 다음과 같다.[40] 제1조 공개적인 강화협약 이후 비밀외교 종식, 제2조와 제3조 항해의 자유와 자유무역, 제4조 군비경쟁 지양과 자제, 제5조 식민지 민족의 자결, 제6조 대러 협조주의, 전후 전쟁 당사국인 유럽 각국의 주권 회복을 명시한 제7조에서 제13조, 그리고 국제연합체제의 필요를 언급한 제14조이다. 이 가운데 특히 제5조와 제14조로 인하여 윌슨의 14개조선언이 볼셰비키정권에 대응한 윌슨의 민족자결선언으로 여겨졌다.[41] 한국을 비롯한 아시아 식민지 민족들은 윌슨의 선언이 독립의 서광을 비추는 복음과 같이 받아들였다. 제5조는 식민지의 주권문제를 결정할 때 직접 당사자인 주민들의 이익을 앞으로 지위가 결정될 정부의 정당한 권리 주장과 동등하고 중요하게 다룬다는 원칙을 엄격히 준수하고, 모든 식민지의 요구를 자유롭고 편견없이 또한 절대적으로 공평하게 조정한다고 하였다. 이것이 식민지 민족의 자결을 의미하는 것으로 받아들여졌다. 이 제5조의 내용은 제14조를 통해서 재확인된 것으로 생각되었다. 제14조는 국제연맹의 설립을 규정하였다. 강대국과 약소국 모두의 정치적 독립과 영토보전을 상호 보장하기 위하여 국가들 간에 하나의 일반적인 연합체제가 특별한 협약 하에 형성되어야 한다는 내용이었다. 이러한 윌슨의 14개조 선언은 대전 중 연합국 측의 필요에서 나온 정치적 약속이었다. 때문에 식민지 민족들이 그것을 "명료하고 의문의 여지없이 실행될 것"으로 기대하여 민족운동이 고양되었다.[42]

---

[40] An Address to a Joint Session of Congress, January 8th 1918, *The Papers of Woodrow Wilson, vol. 45. 1917-1918*, Arthur S. Link, et al., Princeton, New Jersey, Princeton University Press, 1966, pp. 536~538; Henry Steele Commager 지음, 한국미국사학회 엮음, 「윌슨의 14개조」, 『사료로 읽는 미국사』, 궁리, 2006, 283~286쪽.

[41] John M. Thompson, *Russia, Bolshevism, and the Versailles Peace*, p.17.

[42] 野澤豊 외, 박영민 역, 『아시아민족운동사』, 31~32쪽.

월슨과 레닌의 선언과 행위는 당대의 국제질서에 대한 개혁을 주창
한 것이었다. 양자의 입각점은 명백히 서로 다른 것이었다. 그렇지만
양측은 새로운 리더십과 보다 나은 삶을 원하는 대중의 욕구를 간파하
여, 반제국주의적 입장에서 국제정치의 구질서를 쇄신하고 세계를 구
원할 보다 적합한 대안을 실천하는 구원자가 되고자 하였다.[43] 국제정
치에서 제국주의적 구질서를 대신할 신질서의 필요가 본격적으로 대두
하며 경쟁하기 시작하였다.

2) 러시아혁명과 파리강화회의

볼셰비키정부는 3월 혁명 직후 무배상과 무병합을 전제로 한 평화협
상의 개시를 주장하였다. 그리고 11월 혁명으로 명실공히 '러시아혁명'
이 성공하자 단독으로 강화협상을 개시하였다. 1917년 12월 5일, 볼셰
비키정부는 중부 유럽 국가와 휴전협정을 맺었다. 1918년 3월 13일에는
독일과 브레스트–리트프스크 강화조약을 체결하고 동부전선에서 이
탈하였다. 이러한 러시아혁명정부의 단독행위는 서양 열강이 러시아혁
명에 대하여 갖게 된 위기의식을[44] 실제면에서 구체화하여 더욱 강화
시키는 결과를 낳았다. 당시 서유럽 국가들에서는 볼셰비키들이 독일
군국주의자들을 수중에 장악하고 있다는 막연한 인식이 팽배했었다.
그런 가운데 혁명 러시아가 전선으로부터 이탈하자 영국과 프랑스가
전력을 경주하고 있던 서부전선으로 독일군이 집중될 거라는 위기의식
이 고조되었다.[45] 이를 피하고자 서구 열강은 동부전선이 종식되지 않

---

[43] John M. Thompson, *Russia, Bolshevism, and the Versailles Peace*, p.17.

[44] 위의 책, pp.10~14.

[45] Roy W. Curry, *Woodrow Wilson and Far Eastern Policy 1918-1921*, p.214.

을 방안을 모색하였다. 결국 러시아혁명에 간섭하는 출병을 고려하였다. 그리하여 영국과 프랑스는 지리적으로 출병이 용이한 일본군에게 출병을 요청하였다. 독일군이 서부전선으로 이동하는 것을 막고 대독 전쟁수행의 기회를 만들고자 한 것이다.[46) 미국은 내정불간섭의 원칙에 입각하여 출병에 반대했지만 '체코군단사건'을 계기로 1918년 7월 6일 조건부로 동의하여 8월 5일 연합국이 시베리아원정을 시작하였다. 그렇지만 서양 열강 간에 내재한 모순적인 이해관계는 간단하지 않았다.[47)

서양 열강은 모두 자본주의를 부정하는 공산주의를 제창하며 수립된 러시아의 신정권과 그로 인한 전세의 불안으로 인하여 위기의식을 갖고 있었다. 러시아혁명은 그 자체로 연합국에게 큰 위기의식을 갖게 하였다.[48) 러시아혁명 직후 고조된 혁명운동은 식민지 민족운동에 반제국주의적 성격을 강화하였다. 또한 자유주의세계에서도 전쟁으로 발전한 자본주의적 발전에 대한 비판과 회의가 고조되었다. 소비에트 러시아의 존재는 제국주의 배후지에 타격을 주어서 식민지배체제에 위기를 야기하는 것이었다. 소비에트 러시아의 존재는 자본주의 열강에 대한 공산주의체제의 실존을 증명함으로써 세계를 두 개의 체제로 나누고 제국주의의 모순을 강조하여 전 세계 노동자들의 투쟁을 고무시켰다.[49) 이렇게 제국주의 열강의 러시아혁명에 대한 두려움은 기존 지배체제와 국제질서가 전복될 수 있다는 위기의식이었다.

특히 일본이 받은 충격은 더욱 컸다. 지리적으로 인접한 러시아에서 체제를 달리하는 '공산주의' 정권이 탄생한 것은 일본 천황제의 장래를

---

46) 池井優, 『三訂 日本外交史槪說』, 127~128쪽.

47) Roy W. Curry, *Woodrow Wilson and Far Eastern Policy 1918-1921*, pp.213~248.

48) John M. Thompson, *Russia, Bolshevism, and the Versailles Peace*, pp.10~14.

49) 전상숙, 「제1차 세계대전 이후 국제질서의 재편과 민족 지도자들의 대외 인식」, 318쪽.

위협하는 것으로 여겨졌기 때문이다. 1916년 일본이 제정러시아와 체결한 제4차 러일협약은 러일군사동맹의 성격을 갖는 것으로 실질적으로 영일동맹을 대체하는 의미를 갖는 것이었다. 일본은 제4차 러일협약을 제1차 대전 이후에 대처하기 위한 일본외교의 축으로 생각하였다. 따라서 러시아혁명으로 동맹국 제정러시아가 붕괴하고 공산주의 정권이 등장하자 일본은 고립감과 혼란에 휩싸였다.[50] 그리하여 서양 열강의 요청으로 블라디보스토크에 함대를 파견해 시베리아출병을 단행한 일본은 체코군 구출이 완료된 뒤에도 증병을 계속하였다. 그 이면에는 그러한 두려움도 작용하였다.

러시아혁명의 영향에 대한 두려움은 추축국 독일도 예외가 아니었다. 무엇보다도 독일이 우려한 것은 러시아가 강화협정을 파기하고 연합국 측으로 참전하는 일이었다.[51] 이 위기의식은 연합국의 시베리아 원정에 불만을 갖게 된 소비에트정부가 8월 27일 독일과 새로운 협정을 맺음으로써 해소되어 병력을 서부전선으로 이동시킬 수 있게 되었다. 그러나 독일은 이미 영토병합에 대한 집착으로 인하여 병력 이동의 시기를 놓치고 말았다. 8월초 독일의 패색은 짙어져 있었다. 반면에 연합국의 군사력은 미국의 참전으로 매월 증강되었다. 다른 한편으로, 독일 국내에서 볼셰비즘은 이미 노동운동뿐만 아니라 군인들에게도 영향을 미치고 있었다. 확산되는 볼셰비즘에 대한 두려움은 독일이 미국에 즉각적인 강화를 요구하는데 영향을 미쳤다.[52] 독일 또한 연합국 측과 마찬가지로 기존 체제의 본질적인 변화를 원한 것은 아니었기 때문이다.

러시아혁명이 종전에 미친 가장 큰 영향은 현실 정치체제의 형태로

---

[50] 池井優,『三訂 日本外交史槪說』, 126쪽.

[51] John M. Thompson, *Russia, Bolshevism, and the Versailles Peace*, p.20.

[52] 위의 책, pp.20~23.

등장한 볼셰비즘, 곧 공산주의에 대한 자본주의 열강의 막연한 두려움
이 기성 지배체제와 국제질서가 전복되는 현실적인 위기의식과 직결되
도록 한 데 있었다. 독일은 1918년 9월 29일 미국 대통령에게 사실상 군
사상의 패배를 고하였다. 10월 27일 독일은 미국이 제시한 조건을 무조
건 수락하였다. 11월 11일 휴전조약이 체결되었다. 그 조건은 첫째 다
시는 군사적 적대관계를 일으키지 않는다는 전제하에서만 휴전이 가능
하고, 둘째 '14개 조항'을 기초로 평화협상에 임할 것, 셋째 협상대표는
새로운 국민대표로 할 것 등이었다.[53]

    1919년 1월 18일부터 6월 28일까지 강회회의가 파리에서 개최되었다.
자연히 독일과의 휴전협상의 기초가 된 윌슨의 '14개 조항'이 강화회의
기본 원칙이 되었다. 미국 대통령 윌슨은 연합국의 군사적인 권리에 결
정적인 역할을 했으므로 파리강화회의에서 절대적인 위치를 점하였다.
그리하여 '민족자결'을 포함한 윌슨의 14개 조항에 기초한 파리강화회
의는 식민지·종속국, 특히 아시아 식민지 민족들의 뜨거운 독립에 대
한 기대 속에서 개최되었다.

    미국의 참전과 러시아혁명의 성공은 전쟁의 종결에 결정적인 영향을
미쳤다. 미국의 참전은 추축국에 대한 연합국 측의 전력을 일층 강화시
킴으로써 전세를 유리하게 이끄는 데 결정적인 역할을 하였다. 다른 한
편으로, 자본주의를 부정하는 러시아혁명의 성공은 연합국과 추축국
모두에게 공통된 위기의식을 갖게 하여 종전을 재촉하였다. 러시아혁
명의 영향으로 공산주의가 세계사조의 하나로 광범하게 전파되어 전쟁
으로 지친 유럽의 반제국주의·노동운동이 고양되고 식민지 민족운동
에 반제국주의적 성격을 강화하였다. 특히 혁명 직후 볼셰비키정부가
선언 후 솔선해서 실천해 보인 민족자결의 원칙은 식민지 약소민족의

---

53) 이기택, 『국제정치사 제2개정판』, 256~269쪽.

광범한 지지를 획득하는데 뿐만 아니라 윤리적으로도 자본주의 열강에 대해 소비에트러시아가 우월하다는 인식을 주기에 충분하였다.

이에 대응하여 전쟁목적의 도덕성을 증명해야 할 필요를 느낀 미국 대통령 윌슨은 '14개조선언'을 제창하였다. 이것은 볼셰비키정부의 선언과 마찬가지로 종래의 비밀외교와 세력균형에 의한 세계분할을 부정하고 무배상·무병합의 민족자결을 선언한 것이었다. 대전 중 연합국의 필요에서 나온 정치적 약속으로 받아들여진 동 선언은 약소민족들에게 식민지 민족들의 민족자결을 선언한 것으로 받아들여졌다. 그러나 그것은 실제 유럽의 현실과는 거리가 있는, 막연한 조항으로 이루어진 선언적인 것이었다. 러시아혁명의 결과 대전 중 연합국의 필요에서 나온 정치적인 것이었다.

4. 파리강화회의에서 식민지·약소민족의 독립문제와 한국

1) 윌슨의 민족자결선언과 식민지·약소민족의 독립문제

파리강화회의는 본질적으로 유럽전쟁이었던 대전의 전후 처리문제를 해결하기 위한 것이었다. 파리강화회의의 목적은 기본적으로 유럽에서의 전쟁과 직접 관련된 문제를 해결하는데 있었다. 제1차 대전은 오스트리아와 세르비아 간의 지역분쟁이 유럽전쟁으로, 그리고 미국과 일본의 참전으로 세계대전으로 전화되었다. 그렇지만 전쟁의 핵심은 유럽을 중심으로 한 서양 열강 간의 세력다툼이었다. 이것은 열강의 지배자들 간에 자명한 것이었다. 강화회의의 의제는 그러한 전쟁의 성격에 충실하게 채택되고 해결되었다. 파리강화회의는 전쟁의 주요 이해

당사자들의 이권이 집중된 유럽, 그리고 전쟁에 직접 관련된 국가와 영토에 집중되었다.[54]

월슨의 민족자결선언이 빚은 광범한 반향과는 정반대로, 연합국 어느 국가도 파리강화회의가 전 독일의 식민지 처리를 제외하고는 식민지문제를 논할 것으로, 또는 논해야 한다고 생각하지 않았다. 이 점은 식민지 민족들이 독립의 서광으로 받아들인 '민족자결'이 포함된 '14개 조선언'을 한 월슨 미국 대통령도 마찬가지였다. 월슨은 처음부터 민족자결은 전쟁에 관련된 지역에만 적용된다고 생각하였다. 그는 전쟁이 끝나기 직전에야 비로소 각처의 민족지도자들이 민족자결이라는 용어를 구호로 삼았다는 것을 깨달았다.[55] 독일의 식민지는 본질적으로 식민지문제로서가 아니라 전쟁과 직접 관련된 주요 관심사였고, 연합국에게 가치 있는 문제였다. 때문에 당연히 의제가 되었다.

식민지 민족자결의 문제가 연합국을 중심으로 한 열강과 직접 관련된 지역에 국한한다는 것은 강화회의를 위한 예비회담을 진행하는 과정에서 이미 분명해졌다. 1918년 10월 휴전이 임박하자 연합국 지도자들과 미국 측이 월슨의 14개 조항을 강화협정의 기초로 할 것인지 논하는 회담을 하였다. 미국은 이 논의과정에서 그것이 막연하고 또 복잡한 이해관계들을 해결하기에 불충분하다는 것을 인지하였다. 미국 측은 연합국과 논의하여 14개 조항에 관한 자세한 해석문서를 준비해 월슨 대통령의 인가를 받았다. 이때 식민지 민족자결의 문제가 전승국과 직접 관련된 곳에 국한된다고 하는 것이 재론의 여지없는 자명한 사실로써 확인되었다.[56]

---

54) U.S. Department of State, *Foreign Relations, Paris Peace Conference*(이하 FRPPC), 1919, Vol. I, pp.14~15.
55) 프랑크 볼드윈, 「월슨, 민족자결주의, 삼·일운동」, 531쪽.
56) 위의 글, 521~522쪽.

식민지 민족들에 대한 자결을 선언한 것으로 받아들여진 상기 제5항에 대한 해석은 "자결권은 분명히 전쟁으로 인한 식민지의 권리에 적용된다. 그것은 전쟁의 결과 국제적인 고려사항이 될 독일 식민지와 기타 식민지를 뜻한다"고 하여 그 입장을 분명히 하였다. 이에 대해 윌슨 미 대통령은 "만족"을 표하며 "불완전국가들이 강화회의에 입장하는 것은 극히 좋지 않다"는 의견까지 첨가하였다. 식민지·약소민족 대표들의 강화회의 참가를 원천봉쇄한 것이다. 이러한 조문해석이 필요했던 것은 서양 열강도 식민지 민족들과 마찬가지로 윌슨의 14개 조항을 식민지 민족에 대한 자결 선언으로 여겼기 때문이다. 당연히 열강은 기존의 식민지 이권은 물론이고 패전국 독일로부터 얻게 될 이권도 잃으려 하지 않았다. 미국은 14개 조항에 대한 조문해석을 통해서 그러한 연합국의 영토문제에 대한 우려를 불식시켰다. 열강이 그 해석을 받아들임으로써 14개 조항이 파리강화회의의 준거로 합의되었다.[57]

한국을 위시한 식민지·종속국에 중요한 이 해석은 윌슨의 민족자결 선언이 광범위한 영향력을 발휘하여 약소민족들이 독립에 대한 기대를 한창 고조시키고 있던 때 이루어졌다. 민족자결선언에 대한 상기 해석은 파리강화회의가 시작되기 전 전승한 연합국들 사이에서 합의된 분명한 강화조약의 원칙 가운데 하나였다. 파리강화회의에서 동북아와 관련하여 논의될 것은 일본이 독일로부터 획득한 이권과 관련된 문제뿐이었다. 파리강화회의는 평화조약의 기초를 작성하기 위하여 영국, 프랑스, 이탈리아, 미국과 일본, 5개국 대표 각 2명으로 구성된 10인위원회를 중심으로 진행되었다. 동아시아에서는 중국도 승전한 연합국의 일원이었지만 일본만이 두 명의 대표를 파견하였다.

제1차 대전을 북진 대륙 팽창의 좋은 기회로 여긴 일본은 참전 직후

---

57) FRUS, 1918, Supl.I, 1, pp.405~407, 421, 468~469.

장악한 중국 내 이권을 공고히 하고자 일찍이 강화회의에 대비하였다. 서양 열강과 이시이-란싱협약에 이르는 일련의 비밀협약을 체결해 놓았다. 파리강화회의에서 미국은 일본의 권익을 재고하고자 하였다. 그러나 파리강화회의에서 미국이 윌슨의 선언을 실행하는 방식을 합의하는 과정에서, 미국은 민족문제가 단지 일본만의 문제가 아니라 서양 열강 전반의 이권과 직결된 복합적인 사안이라는 사실을 자각해야 했다. 그 결과 일본이 의도했던 바대로 일본은 파리강화회의에서 사전에 준비한 대로 이권을 인정받을 수 있게 되었다.

일본은 파리강화회의에서 산동성과 적도이북 독일의 권익, 중국과 맺은 조약에 근거한 일본의 동아시아 패권, 그리고 서양 열강과 동등한 권리를 요구하였다. 산동에 대한 권익을 논하면서 일본은 14개 조항에 계획되어 있던 국제연맹의 규약에 인종차별철폐 조항을 삽입할 것을 강력하게 주장하였다. 이 요구는 일본이 자국의 이권을 관철시키기 위하여 서양 열강의 의견을 분열시키려는 전략이었다.[58] 파리강화회의에서는 서양 열강의 백인 중심주의와 황인 일본에 대한 견제가 국가 간 이권, 전쟁과 종전의 명분 등과 중첩적으로 얽혔다.

연합국 지도자들에게 일본의 중국 내 권익문제는 전쟁 중 일본과 체결한 비밀협정으로 이미 인정한 것이나 다름이 없었다. 문제는 이에 반대하는 중국의 국민적 저항 여론과 강화조약 조인식에 전권단조차 파견하지 않겠다는 중국, 그리고 특히 미국이었다. 미국은 전시 열강의 비밀협정과 무관하게 참전하여, 이를 인정하지 않은 채 전쟁의 종식을 이끌어 냈다. 파리강화회의에서 미국은 종래의 입장대로 중국의 영토

---

[58] FRPPC, 1919, Vol. III, pp.755~756; Ian Nish, *Japanese Foreign Policy in the Interwar Period*, Westport: Praeger Publishers, 2002, pp.20~21; Roy W. Curry, *Woodrow Wilson and Far Eastern Policy 1918-1921*, p.253.

보존과 민족자결원칙에 입각하여 산동문제를 5개국회의에서 결정된 영
토처리방식에 따라서 연합국이 처리할 것을 주장하였다. 그것은 일본
과 협약체결 시 미국의 입장에서는 유보했던 일본의 '특수권익' 문제를
미국의 위신을 살리는 방식으로 해결하고 일본의 팽창주의를 견제하려
는 것이었다.

　이러한 미국 측의 태도는 그 방식은 달랐지만 일본이 동아시아에서
패권을 확보하고자 취한 외교적 방식과 크게 다르지 않았다. 윌슨 미국
대통령은 민주주의의 영구평화를 지향하는 14개조 선언을 제창하고 재
정적, 군사적 영향력을 배경으로 그것이 파리강화회의의 기본 원칙이
되도록 하였다. 그럼으로써, 그의 이상주의적 구상을 파리강화회의와
결부시킨 국제연맹 결성을 통해서 구현하고자 하였다. 이러한 윌슨 미
대통령의 구상은 동아시아 일본과 갈등한 데서 알 수 있듯이, 미국의
권익과 위신이 손상되지 않도록 하면서 최강의 경제력을 최강의 정치
력으로 재편성하기 위한 새로운 세계체제 재편성 계획이었다.

　일본은 파리강화회의에서 미국의 견제에 대해, 이미 영국 · 프랑스 ·
러시아 · 이탈리아 4개국과 맺은 비밀조약을 통해서 독일의 산동권익
계승 지지를 확보하였다. 중국과도 일본의 이권 동의 조약을 체결해 놓
았다. 또한 미국과 체결한 이시이-란싱협약으로 미국도 일본의 '특수
권익'을 인정했다고 거듭 강조하였다. 영국과 프랑스는 식민지 영토문
제가 당사국 간의 문제로서 간섭 없이 해결되어야 한다는 입장에서 자
국의 이권을 유지하고자 전시비밀협정을 유지하는 입장이었으므로 미
국에 동조하지 않았다.59) 일본은, 미국과 협약을 체결할 때 상대인 란
싱이 일본의 '특수권익'을 인정하는 태도를 취했다는 점,60) 그리고 이를

---

59) FRUS, 1918, Supl. I, 1, p.407, 421~422; FRPPC, 1919, Vol. V, pp.129~130.
60) Roy W. Curry, *Woodrow Wilson and Far Eastern Policy 1918-1921*, pp.116~117.

인정해도 문제가 없을 것이라는 뜻을 표명했던 브라이언 국무장관의
서한[61] 등을 통해서 미국도 일본의 만몽특수권익을 인정한 것으로 해
석하고, 파리강화회의에서 강경한 태도를 취하였다. 일본은 파리강화회
의에서 산동의 권익을 인정하지 않으면 강화조약과 국제연맹에 불참하
겠다고 미국을 압박하였다.[62]

　이 두 가지는 파리강화회의를 주도하는 월슨에게 매우 중요한 문제
였다. 무엇보다도 미국은 산동문제가 단순히 일본과의 산동문제에 국
한하는 것이 아니라, 중국이 서양 열강과 체결한 조약 전반에 걸친 문
제라는 점, 곧 서양 열강의 식민지 이권 문제와 직결된 것이라는 점을
고려해야만 하였다. 또한 이미 이탈리아가 피우메 할양 요구가 받아들
여지지 않자 파리강화회의에서 탈퇴한 상황이었다. 일본마저 파리강회
회의에 불참하면 강회회의 자체가 무의미하게 될 것이었다. 미국은 이
러한 현실을 정치적으로 고려하지 않을 수 없었다. 더욱이 월슨의 정치
적 이상주의를 구현할 국제연맹에 일본이 참여하는 것은 민족 간의 인
종적 평등을 구현하는 상징적인 의미를 갖는 것이었다. 따라서 정치적
이상주의의 시험대가 될 국제연맹에 일본이 참가하는 것은 매우 중요
하였다. 게다가 이는 당시 문제가 되었던 미국과 일본 간 이민문제를
둘러싼 갈등을 완화시키는 효과도 가져올 것이었다.[63] 결국 미국은 일
본의 요구를 수용하였다.[64] 파리강화조약에 산동의 권익을 일본에 양
도한다는 규정이 삽입되었다. 이에 항의하여 중국에서는 5·4운동이 확
산되었고 중국정부는 파리강화회의에 불참하였다. 그리고 1919년 6월

---

61) 外務省 編, 「對華要求に關する加藤外相訓令」, 204쪽, 385~401쪽.
62) FRPPC, 1919, Vol. III, pp.755~756.
63) 전상숙, 「제1차 세계대전 이후 국제질서의 재편과 민족 지도자들의 대외 인식」,
　　316쪽.
64) Roy W. Curry, *Woodrow Wilson and Far Eastern Policy 1918-1921*, p.283.

28일 베르사유강화조약이 체결되었다.

월슨 미대통령의 14개조 선언은 전쟁 중 러시아혁명을 성공시킨 소비에트러시아가 민족자결을 선언해 도덕적 우위를 점하는 현실에 대응하여, 비도덕적으로 여겨지는 전쟁의 목적에 민주주의와 민족자결을 선언하여 도덕성을 입히고 증명하고자 한 것이었다. 월슨은 열강의 일원인 미국의 대통령이었고 미국은 전쟁 중이었다. 미국 대통령 월슨의 관심사는 구질서의 산물인 전쟁을 종결시키고 민주적인 신질서를 구축하는 것이었다. 물론 그 중심에는 미국이 있었다. 이러한 월슨의 신질서에 대한 구상이 집약되어 표명된 것이 14개조 선언이었다. 그것은 전쟁의 종식과 민주주의의 영구평화를 계획한 것으로 전쟁목적의 도덕성을 증명하는 것이기도 하였다. 그러나 거기에는 처음부터 식민지 민족일반의 민족자결이 없었다. 경제적인 우위를 정치적으로도 구현하고자 했던 미국 대통령에게 식민지 민족들의 민족자결은 주요 고려 대상이 아니었다. 식민지 민족들이 월슨의 선언에서 독립의 서광을 발견하고 희망을 걸 것 같은 것은 당초 의식조차 하지 못한 것이었다. 그러므로 현실과 거리가 있는 막연한 조항으로 이루어진 선언은 실제 적용되게 되었을 때 해석상의 문제와 그에 따른 혼란을 야기하여 현실적으로 타협되지 않을 수 없었다.

해석상의 혼란은 특히 식민지 민족들에서 광범하게 영향을 미쳤다. 월슨의 민족자결로 여겨진 제5조는 열강뿐만 아니라 식민지 민족 일반을 지칭하는 것으로 받아들여졌다. 거기서 약소민족들은 독립의 서광을 발견하고 파리강화회의에 기대를 걸었다. 대전 중 연합국의 필요에서 나온 선언은 의문의 여지없이 실행될 정치적 '약속'으로 받아들여졌다. 그렇지만 처음부터 식민지 민족의 자결을 고려하지 않은 월슨의 선언이 갖는 정치적 의미는 강화회의의 기본원칙이 되었을 때 분명해졌

다. 그것은 미국이 전후 패전국 처리를 둘러싼 첨예한 이해관계를 조정
하여 자국을 중심으로 새로운 전후 세계체제를 재편함으로써 내부적으
로 자본주의 모순을 완화하고 공산주의혁명에 대비하기 위한 것이라는
사실이었다.

2) 독립청원 외교활동의 실패와 한국

윌슨의 14개조선언에서 독립의 한 가닥 희망을 발견한 우리 민족 지
도자들은 파리강화회의에 참석하여 서양 열강에 독립을 청원하고 지원
을 얻고자 하였다. 윌슨의 민족자결선언과 그것이 논의될 파리강화회
의에 거는 기대는 국내외 각계각층을 막론하고 매우 컸다. 각지에 산재
해 있던 민족 지도자들은 대표를 파견하여 한국의 독립문제가 파리강
화회의를 통해서 타결되게 하고자 노력하였다. 1918년 10월 미국의 대
한인국민회는 이승만 · 정한경 · 민찬호를 대표로 선출하여 강화회의에
파견하기로 결의하였다.[65] 당시 중국 상해에서 1918년 11월 휴전이 성
립된 후 미국이 중국에 입장을 설명하기 위하여 특파된 찰스 크레인을
통해서 여운형은 한국 독립에 대한 지원 의사를 듣고, 장덕수와 함께
윌슨 대통령과 파리강화회의에 보내는 '한국독립에 관한 요망서'를 작
성해 전달하였다. 그리고 중국 상해의 독립운동가들과 신한청년단을
결성하여 김규식을 파리에 대표로 파견하였다.[66] 연해주의 대한국민회
의도 5개항의 결의안을 채택하고 김규식을 강화대사로 임명하는 한편,
한인신문 발행자 윤해와 고창일을 파리로 파견하였다.[67] 국내의 유림

---

65) 『독립신문』 1921. 3. 26.

66) 국사편찬위원회 편, 『한국독립운동사』 제3권, 1967, 10쪽; 이기형, 『여운형』, 창작
사, 1988, 47~50쪽; 경성지방법원 검사국, "여운형 피의자신문조서(제1회)", 몽양여
운형선생전집발간위원회 편, 『몽양여운형전집』 1, 한울, 1991, 409~410쪽.

대표들도 '파리장서'를 작성하여 파리의 김규식을 통해서 파리강화회의
에 제출하게 하였다.[68] 그밖에도 국내외 민족지도자들은 윌슨 대통령
에게 한국의 실정을 전하며 독립을 호소하여 파리강화회의를 통해서
독립문제가 타결되기를 지원하였다. 윌슨의 민족자결선언은 2·8독립
선언과 3·1운동의 주요 동인이 되어 한국인의 독립 의욕을 고조시킨
희망의 불꽃으로 작용하였다.

　그러나 이러한 한국인들의 독립청원 노력과 호소는 일본의 방해공작
과 장기간에 걸친 비밀외교 교섭과 연동된 열강의 이권관계, 파리강화
회의에 임하는 열강의 이권을 둘러싼 냉정한 국제정치 현실과 직면하
여 결과적으로 소기의 성과를 이루기에 역부족이었다.[69] 미국 정부가
일본과의 외교관계를 앞세워 비자발급을 거부하여 대한인국민회의 이
승만과 정한경은 출국조차 할 수 없었다. 그들은 후일의 독립을 도모할
목적으로 국제연맹에 위임통치를 청원하는 문서를 미 국무성과 신문사
에 발송하는 한편 윌슨에게 제출하려했지만 이 역시 거부당하였다.[70]
파리로 간 민족대표들은 일본의 방해와 열강의 소극적인 태도로 회의
장에 들어갈 수조차 없었고, 결국 파리강화회의는 기대를 이반하며 종
결되었다.

　앞에서 보았듯이 그것은 당연한 귀결이라고 할 수 있다. 윌슨의 14개
조선언이 파리강화회의의 원칙으로 채택되기 위해서 조문 해석이 이루
어졌을 때 이미 예상할 수 있는 것이었기 때문이다. 민족자결을 선언하

---

67) 파리위원부선전국편, 『구주의 우리사업』, 대한민국임시정부주파리위원부통신국,
　　1921. 12; 김정명 편, 『한국독립운동 II』, 原書房, 1967, 20쪽.
68) 한국유림운동 파리장서비건립위원회 편, 『한국유림독립운동 파리장서략사』, 한국
　　유림운동 파리장서비건립위원회, 1973, 39~43쪽.
69) 전상숙, 「제1차 세계대전 이후 국제질서의 재편과 민족 지도자들의 대외 인식」,
　　320~322쪽; 프랑크 볼드윈, 「윌슨, 민족자결주의, 삼·일운동」, 517~520쪽.
70) 『독립신문』 1926.3.26.

여 강화회의에 식민지 민족들이 독립에 희망을 갖게 했던 윌슨은 전쟁 당사국과 관련된 식민지 이외의 문제에는 관심이 없었다. 게다가 그는 이 사실을 분명히 하기 위하여 주석이 행해졌을 때 독립을 청원하는 식민지역 대표들의 강회회의 입장을 금지하였다.

한편, 한국의 민족자결에 직접 이해 당사자인 일본은 전승국의 일원으로 파리강화회의의 10인위원회에 참석하여 의제 설정과 전후 처리방식에 적극적으로 자국의 이익을 반영하고 있었다. 참전할 때부터 일본의 목적은 분명했다. 만몽을 비롯한 중국에서의 이권을 확보하여 북진 대륙 국가의 기반을 확충하고자 하였다. 전쟁 중 일본은 이 목적을 위하여 노력을 경주하였다. 파리강화회의에서는 비밀협약으로 인정받은 이권을 공식화하여 승인받기만하면 되었다. 일본은 파리강화회의에서 강화조약과 국제연맹에 대한 불참을 정치적 무기로 하여 결국 미국의 양보를 받아냈다. 전쟁 중 이룬 사전 비밀외교의 성과였다. 일본은 서양 열강 간의 복합적인 이해관계를 파악하여 이를 적극 활용하였다. 이는, 미국이 일본에 국한시켜서, 미국의 입장을 강력히 주장함으로써 일본이 기타 열강과 맺은 비밀조약의 내용을 무시할 수 없게 하였다.

일본은 미국에 의해서 문호를 개방하고 후발 제국주의 국가로 성장하였다. 서양 열강의 역학관계를 반면교사로 하여 동아시아의 유일한 제국주의 국가가 되었다. 일본은 열강의 이해관계가 복합적으로 얽힌 국제관계와 국제법의 특성을 공부하고 파악하였다. 윌슨이 14개조 선언을 통하여 파리강화회의와 직결시켜서 새로 신설될 국제연맹에서 일본이 갖는 상징적, 정치적 의미를 잘 알고 있었다. 그러므로 일본은 미국과의 정치적 타협으로 자국의 이권을 관철시킬 수 있었다. 이는 곧 파리강화회의에서의 서양 열강에 대한 한국의 민족자결 청원운동이 성공할 가능성이 원천적으로 차단된 것이었다고 할 수 있다.

월슨의 민족자결이 파리강화회의에서 적용되는 방식이나 일본이 파리강화회의에 임한 기본 입장과 비밀외교는 강대국의 이상주의적인 정치적 선언이 실제화되는 방식을 잘 보여준다. 추상적인 선언이 아무리 이상적일지라도, 국제정치의 현실은 선언의 의미나 이상적 정치가 아니라 현실적인 이해관계가 우선되는 약육강식의 세계이다. 이것이 한국인의 독립청원 외교활동이 결과적으로 실패하고 거족적 3·1운동을 통해서도 열강의 지원이라는 소기의 목적을 달성 할 수 없었던 결정적인 요인이었다고 할 수 있다. 일본이 메이지유신 이래 대륙국가화의 거점으로 인식된 조선을 식민지화한 상태에서 만몽의 특수권익을 주장한 것은 전승한 기타 연합국들과 마찬가지로, 이미 획득한 식민지는 논외로 하고 승전국의 일환으로서 획득한 새 이권을 확보하겠다는 것이었다. 파리강화회의에서 일본은 가장 강력한 반대 세력인 미국의 승인까지 이끌어내 그 목적을 관철하였다. 이와 대조적으로 한국은 파리강화회의에서 독립청원 외교의 성과를 거둘 수 없었다. '일본의 식민지 조선문제'는 파리강화회의에서 고려의 대상도 될 수도 없었다.[71]

베르사이유강화조약 결과 월슨의 14개조선언이 "승자를 위해서만 작용"하는[72] 것이라는 사실이 분명해졌다. 파리강화회의에 대한 기대가 컸던 만큼 한국인들은 미국을 비롯한 서양 열강에 크게 실망하였다. 실망은 불신과 환멸로 변하여 월슨을 비난하는 여론이 비등하였다.[73]

"민족자결주의 정의인도주의 … 이를 주창한 자가 … 口로는 정의인도주의를 唱하고 身으로는 의연히 몬로주의를 確持하여 … 불법한 인종차별로써

71) 고정휴, 「3·1민족운동과 미국」, 『3·1민족해방운동 연구』, 청년사, 1989, 432~439쪽.
72) 피에르 르누뱅, 김용자 역, 『제1차 세계대전』, 탐구당, 1985, 152쪽.
73) 전상숙, 「제1차 세계대전 이후 국제질서의 재편과 민족 지도자들의 대외 인식」, 322쪽.

당연타하여 이를 改悛치 아니하여, 比律賓의 독립도 아직 승인치 아니할 뿐
만 아니라 육군 해군을 확장하여 新小國을 원조함으로 구실을 작하여 실효
가 유한 원조를 하지 아니하니 이가 과연 윌슨 씨가 정의인도의 미명으로
외면을 장식하고 그 내막에는 자기의 세력을 부식하여 탐탐한 야욕을 교묘
히 운용코자 하는 야심에 出한 자인가."⁷⁴⁾

또한 열강 간의 이해관계와 미국의 정책에 대한 인식도 한층 냉정해
졌다. 동아일보는 사설에서 세계 대세를 보건데 미국이 민족자결주의
를 게양하여 구 강국의 결합을 파괴하고 정의·인도의 미명으로 약소
민족의 민족운동을 고조하게 해 놓고 육·해군의 군비를 확장하여, 좌
에는 현상파괴 정책을 우에는 민중적 신제국주의로 세계를 패권하려
한다고 비난하였다. 미국의 활동은 "엄연히 천상천하에 유아독전의 기
개가 有"하다⁷⁵⁾고 맹렬히 비판하였다.⁷⁶⁾

월슨의 민족자결은 사실 정치적 목적으로 선언된 이상론의 일부였지
만 그것이 파리강화회의 기준의 하나가 된 것은, 한국을 비롯한 식민지
민족들의 간절한 독립의 소망과 결부되어서 현실적으로 가능한 정치적
약속으로 받아들여졌다. 다른 한편으로 보면, 한국의 정치 지도자들이
14개조 선언의 정치적 의미나 민족자결선언의 실상을 알았다고 할지라
도 그러한 민족적 열망과 소망을 호소할 수 있는 기회를 저버릴 수는 없
었을 것이다. 파리강화회의에 민족 독립을 청원할 기회를 얻어 한국인들
의 독립 의지와 일본 식민지배의 실상을 알려야 했다. 그러나 열강 간
의 이해관계가 얽힌 국제정치는 그러한 기회마저 가질 수 없게 하였다.

---

74) 『동아일보』 1920.4.28 사설, 「전쟁의 종식은 何時에 在하뇨」(2).
75) 『동아일보』 1920.4.27 사설, 「전쟁의 종식은 何時에 在하뇨」(1).
76) 전상숙, 「제1차 세계대전 이후 국제질서의 재편과 민족 지도자들의 대외 인식」,
    331~332쪽.

그럼에도 불구하고 파리강화회의에 대한 한국 민족대표들의 외교활동이 있었기에, 평화회의 사무총장 두사타(Dusata)와 화이트(White)로부터 곧 창설될 국제연맹에 민족자결 문제를 제기해야 할 것이라는 답신을 받을 수 있었다. 또한 파리의 일부 신문이 한국에 대한 동정기사를 게재함으로써 한국문제를 국제문제로 부각시키는 계기를 만들 수도 있었다.[77] 이러한 성과는 사실 당시 파리강화회의를 통한 독립청원운동에 결과적으로 어떤 영향도 미치지 못한 부차적인 것이었다고 할 수 있다. 그러나 그러한 활동을 통해서 한국인들은 한국을 대표하는 정부기구와 그 기구의 국제법적 승인의 필요 및 외교적 독립운동의 필요 등을 자각하였다. 그리고 실천해 갔다. 이러한 지난한 독립운동 노력과 일련의 성과들이 결국 제2차 대전 이후 한국문제가 샌프란시스코강화회의에서 논의되는데 기여한 중요한 성과가 되었다.

민족대표들의 독립청원 외교활동은 사실 국제정세의 추이나 열강의 이해관계를 고려하여 국가이익에 기초해 가장 현실적일 수밖에 없는 국제관계의 실태를 인지했다고 해도, 이상주의적인 선언과 그에 기대를 거는 민족적 정서에 호응하여, 가장 현실적으로 접근해야할 식민지 민족의 독립 문제를 정서적으로 호소할 수밖에 없었던 식민지 지도자들의 모순적인 그러나 불가결한 독립운동의 일환이었다. 그 실현이 처음부터 불가능한 것이었다고 할지라도, 그럼에도 불구하고 그에 한 가닥 희망을 놓지 않고 궁극적인 목적은 아니더라도 소기의 성과라도 기대할 수밖에 없었던 것이 주권을 상실한 식민지의 현실이었다. 독립운동의 기대와 희망의 끈을 놓지 않고 전방위적으로 경주한 외교활동은 한국독립운동의 또 하나의 역사적 성과이고 교훈이다.

---

[77] 이옥, 「3 · 1운동에 대한 불 · 영의 반향」, 『3 · 1운동 50주년 기념논문집』, 동아일보사, 1969, 553쪽; 정용대, 『대한민국임시정부외교사』, 106~107쪽.

파리강화회의를 통해서 냉정한 국제관계의 현실을 체험했어도 한국인들은 독립에 대한 열망을 담아 전후 국제질서를 주도하게 된 미국에 독립에 대한 지원을 얻고자 노력하였다.[78] 파리강화회의에 이은 워싱턴체제의 정착은 열강 간 동아시아 지역의 이해관계를 조정하는데 성공함으로써 동아시아의 안정을 회복하는 데 성공하였다. 이에 반해서 한국인들의 기대는 또 다시 좌절되고 말았다. 이는 일본 제국주의의 국제적인 힘을 식민지 한국인들이 자각하는 계기가 되었다. 이후 자치청원운동 등 민족운동 선상의 분화가 촉진되는 한편으로 코민테른을 필두로 한 공산주의에 새로운 독립의 가능성과 기대를 갖게 되는 한 요인이 되었다.[79]

러시아혁명 직후 볼셰비키정부가 과시적으로 실행한 정책들은 윌슨의 민족자결선언에 실망한 식민지 민족들이 소비에트러시아와 그것이 표방하는 공산주의로 경도하는데 영향을 미쳤다. 식민지 한국도 예외가 아니었다. 윌슨의 민족자결에 고무되어 시도했던 3·1운동과 독립청원 외교가 좌절된 후 민족지도자들과 지식인들은 러시아혁명을 통해서 새로운 독립의 가능성을 찾고자 하였다. 러시아혁명의 영향으로 세계사조의 하나로 국내에 대거 유입되기 시작한 공산주의를 통해서 민족의 독립을 모색하려는 실천운동이 3·1운동으로 전환된 유화정책을 역이용하며 전개되었다. 러시아혁명과 소비에트러시아에 대한 기대는 근본적으로 민족자결에 대한 기대와 희망에서 비롯된 것이었다. 이 기대는 레닌이 윌슨의 민족자결선언에 대응하여 1919년 3월 코민테른을 결성하고[80] 식민지 민족해방운동에 대한 지원을 본격적으로 전개하면서

---

78) 이에 대하여는 전상숙, 「제1차 세계대전 이후 국제질서의 재편과 민족 지도자들의 대외 인식」 참조.

79) 전상숙, 위의 글, 324쪽.

80) John M. Thompson, *Russia, Bolshevism, and the Versailles Peace*, p.18.

러시아혁명과 소비에트러시아에 대한 지지로 연결되었다.

5. 맺음말

제1차 대전의 전후문제를 처리하기 위한 파리강화회의는 한국을 비롯한 식민지 민족들의 독립에 대한 기대와 열망 속에서 개최되었다. 파리강화회의의 기본 원칙이 된 윌슨의 14개조 선언에 식민지 민족들이 독립의 서광을 발견한 민족자결의 내용이 포함되어 있었기 때문이다. 윌슨의 선언은 대전 중 연합국 측의 필요에서 나온 정치적 약속이었기 때문에 이에 의거한 파리강화회의에 식민지 민족들이 거는 기대가 컸다.

그러나 윌슨 미국 대통령의 14개조 선언은 전쟁 중 공산주의혁명을 성공시킨 소비에트러시아가 민족자결을 비롯한 조치들을 통해서 대중으로부터 도덕적 정당성을 얻고 있는 현실에 대응하기 위한 것이었다. 비도덕적으로 여겨진 전쟁 목적에 민주주의와 민족자결을 선언하여 도덕성을 입히고자 한 선언적인 것이었다. 이러한 미국 대통령의 선언은 열강과 전쟁 목적에 동의하거나 합의하지 않고 참전한 윌슨의 정치적 이상과 관련된 것이었다. 열강의 현실과는 거리가 있는 모호하고 막연한 것이었다. 연합국의 일원이 된 미국의 대통령은 구질서의 산물인 전쟁을 종결시키고 미국을 중심으로 민주적인 신질서를 구축하고자 하였다. 러시아혁명정부에 대응하여 주창한 윌슨의 14개조 선언은 신질서에 대한 그의 이상적인 구상이 집약된 것이었다.

그렇지만 거기에는 처음부터 식민지 민족들의 보편적 민족자결은 고려되지 않았다. 경제적인 우위를 정치적으로도 구현하고자 했던 미국

대통령에게 식민지 민족들은 독립의 서광을 발견하고 희망을 걸었다. 월슨에게 민족자결은 전쟁에 관련된 지역에 적용되는 것이었다. 전쟁이 종결되기 직전, 강화회의를 위한 예비회담을 추진할 때에야 비로소 월슨은 자신이 선언한 민족자결이 식민지 민족지도자들의 구호가 되었으며, 기타 열강도 이에 의문을 품고 있다는 사실을 알게 되었다. 14개조 선언을 강화회의의 기준으로 삼기위하여 예비회담이 진행될 때, 열강의 현실과는 거리가 있는 모호한 조항의 적용을 놓고 해석의 혼란이 일어났다. 해석의 혼란은 제5항의 민족자결선언을 식민지 민족 일반을 포함하는 것으로 받아들인 식민지·약소민족들에게 가장 컸다. 그러나 그러한 혼란은 연합국 측도 마찬가지여서, 미국이 자결권이 전쟁과 관련된 지역에 국한한다는 것을 재가한 해석 내용을 확인한 후에야 14개조 선언이 파리강화회의의 원칙이 될 수 있었다.

한국을 비롯한 식민지 민족들에게 중요한 이 해석은 월슨의 민족자결선언에 대한 기대가 한창 고조된 때 이루어졌다. 그러한 해석에 근거하여 진행된 파리강화회의는 영국, 프랑스, 이탈리아, 미국, 일본을 중심으로 한 열강 간의 이해관계에 충실하게 진행되었다. 일본은 참전을 결의할 때부터 중국으로 북진해 팽창하고자 한 목적을 파리강화회의의 의제 설정과 전후 처리과정에서 적극적으로 반영하여 달성하였다. 참전한 일본은 전쟁을 수행하면서 국가 간의 현실적인 이해관계에 입각한 국제적 외교 교섭을 전 방위적으로 병행하였다. 서양 열강과 동등한 입장으로 전쟁을 수행한 일본의 적극적인 외교 교섭이 거둔 성과는 파리강화회의에서 식민지 한국인들의 독립청원 외교활동이 좌절될 수밖에 없었던 결정적인 요인이었다.

파리강화회의는 '민족자결'이 강대국, '승자를 위해서만 작용'하는 것이라는 국제정치의 힘의 논리를 분명히 하였다. 그렇지만 다른 한편으로 윌슨의 민족자결선언과 파리강화회의는 서양 열강이 종래 자신들에게 국한되었던 민족적 자결권, 평등한 국민국가 단위로 병존하는 국제법체제의 문제를, 비서구 식민지·약소민족의 자결에 대해서까지 고려하게 되는 계기이자 출발점이 되었다. 또한 식민지·약소민족들 역시 윌슨의 민족자결을 포함한 14개조 선언을 준거로 한 파리강화회의를 통해서 근대 국제법체제와 국제사회에서 통용되는 자결권의 문제를 분명하게 인지하기 시작했다고 할 수 있다. 이는 제1차 세계대전을 통해서 활성화된 식민지·약소민족의 반제국주의 독립운동이 본격적으로 전개되는 역사적인 동인이 되었다.

무엇보다도 파리강화회의를 통해서 한국인들은 한국을 대표하는 정부기구와 수립될 정부기구에 대한 국제법적인 승인 및 외교활동의 필요를 깨닫고 이를 실천하였다. 이 점이 파리강화회의에 대한 민족독립운동이 갖는 가장 중요한 의미라고 할 것이다. 이는 3·1운동의 거족적인 항거가 대한민국임시정부의 수립과 외교활동을 통한 그에 대한 국제법적 승인 활동으로 연계되어 한국독립운동의 시각과 실천이 확장되어 전개되는 동인이 되었기 때문이다. 그 결과 일본의 패전 이후 강화회의에서 한국문제가 논의되는 중요한 역사적 성과를 이룰 수 있었다.

참고문헌

『독립신문』, 『동아일보』

파리위원부선전국편, 『구주의 우리사업』, 대한민국임시정부주파리위원부통신국, 1921. 12.

「對華要求にする關加藤外相訓令」, 外務省 編, 『日本外交年表竝主要文書 上』, 原書房, 1965.

『滿蒙』 第一三卷 第七號, 1932. 7.

大山梓 編, 『山縣有朋意見書』, 原書房, 1966.

幣原垣, 『滿洲觀』, 東京寶文館, 1916.

黑田甲子郎, 『元帥寺內伯爵傳』, 元帥寺內伯爵傳記編纂所, 1920.

"An Address to a Joint Session of Congress, January 8 1918", *The Papers of Woodrow Wilson, vol. 45. 1917-1918*, Arthur S. Link, et al., Princeton: Princeton University Press, 1966.

U.S. Department of State, *Foreign Relations of United States 1915*, Washington, D.C., U.S.Department of State, 1915.

U.S. Department of State, *Foreign Relations of United States 1918*, Supl. I. Washington, D.C., U.S.Department of State, 1918.

U.S. Department of State, *Foreign Relations, Paris Peace Conference*, 1919, Vol. I, Washington, D.C., U.S.Department of State, 1919.

김정명 편, 『한국독립운동 II』, 原書房, 1967.

가토요코(加藤陽子) 지음, 박영준 역, 『근대 일본의 전쟁논리』, 태학사, 2003.

堀川武夫, 『極東國際政治史序說－21個條要求の研究』, 有斐閣, 1958.

藤村道生, 『日本現代史』, 山川出版社, 1981.

矢部貞治, 『最近 日本外交史』, 日本國際協會 太平洋問題調査部, 1940.

安藤實, 「第一次世界大戰と日本帝國主義」, 『岩波講座日本歷史18』, 岩波書店, 1975.

野澤豊 외, 박영민 역, 『아시아민족운동사』, 백산서당, 1988.

鈴木隆史,「滿洲國論」, 今井淸一 編,『體系・日本現代史』第二卷, 日本評論社刊, 1979.

井上淸,『條約改正－明治の民族問題』, 岩波新書, 1978.

佐藤誠三郎,「協調と自立の間－日本」, 日本政治學会 編,『年報政治學－國際緊張緩和の政治過程』, 岩波書店, 1969.

池井優,『三訂 日本外交史槪說』, 慶應通信, 1992.

W.Z. 포스터, 편집부 역,『세계사회주의운동사－제1,2,3 인터내셔널의 역사』, 동녘, 1988.

프랑크 볼드윈,「윌슨, 민족자결주의, 삼・일운동」,『삼・일운동 50주년 기념논집』, 동아일보사, 1969.

피에르 르누벵, 김용자 역,『제1차 세계대전』, 탐구당, 1985.

김성윤 엮음,『코민테른과 세계혁명 Ⅰ』, 거름, 1986.

동아일보사 편,『삼・일운동 50주년 기념논집』, 동아일보사, 1969.

몽양여운형선생전집발간위원회 편,『몽양여운형전집』 1, 한울, 1991.

미국사연구회,『미국 역사의 기본 사료』, 소나무, 1992.

신재홍,「대한민국임시정부외교사연구」, 경희대학교대학원 박사학위논문, 1988.

이기택,『국제정치사 제2개정판』, 일신사, 2000.

이기형,『여운형』, 창작사, 1988.

이서희,「국제법상 식민주의와 위임통치제도」,『국제법평론』50, 2018.

이우진,「임정의 파리강화회의외교」, 한국정치외교사학회 편,『한불외교사』, 평민사, 1987.

전상숙,『일제시기 한국 사회주의 지식인 연구』, 서울, 지식산업사, 2004.

전상숙,「제1차 세계대전 이후 국제질서의 재편과 민족 지도자들의 대외 인식」,『한국정치외교사논총』26-1, 2004.

전상숙,「러일전쟁 전후 일본의 대륙정책과 테라우치(寺內正毅)」,『사회와 역사』71, 2006.

정용대,『대한민국임시정부외교사』, 한국정신문화연구원, 1992.

한국미국사학회 엮음,『사료로 읽는 미국사』, 궁리, 2006.

한국역사연구회 편, 『3 · 1민족해방운동 연구』, 청년사, 1989.
한국유림운동 파리장서비건립위원회 편, 『한국유림독립운동 파리장서략사』, 1973.

A. Whitney Grisword, *The Far Eastern Policy of the United States*, New Haven and London: Yale University Press, 1938.

Cobban, Alfred, *The Nation State and National Self-Determination*, William Collins Sons & Co., Ltd, 英田卓弘 譯, 『民族國家と民族自決』, 早稻田大學出版部, 1978.

E.P.Young, *The Presidency of Yuan Shih-kai*, University of Michigan Press, 1977.

Ian Nish, *Japanese Foreign Policy in the Interwar Period*, Westport: Praeger Publishers, 2002.

John M. Thompson, *Russia, Bolshevism, and the Versailles Peace*, Princeton, New Jersey: Princeton University Press, 1966.

Roy W. Curry, *Woodrow Wilson and Far Eastern Policy 1918-1921*, New York: Bookman Associates, 1957.

뉴욕 소약국민동맹회의와 재미 한인의 독립운동

홍선표

1. 머리말

　제1차 세계대전 기간은 전 세계 사람들에게 전쟁의 참혹함을 알게 함과 동시에 다가올 새로운 희망의 기대치를 고조시킨 격동의 시기였다. 연합국의 일원으로 참전한 미국의 윌슨 대통령이 내건 14개조 평화조건과 민주주의의 이념 때문에 전쟁 후 개최될 강화회의가 과거 제국주의시대의 것과 다른 새로운 시대를 예고할 것이라는 점이 그러한 기대치를 더욱 높였다. 뉴욕에서 두 차례나 개최한 소약국민동맹회의는 비록 전후(戰後) 파리강화회의와 같은 관심을 받을 만큼의 국제회의는 아니었지만 약소국 민족들의 입장을 처음으로 대변해 향후 강화회의 때를 대비한다는 점에서 약소민족들에게 적지 않은 주목을 받았다. 이런 사정으로 미주 한인들은 경술국치 이후 처음으로 소약국민동맹회의에 참가해 식민지 한국의 입장을 호소하고 국제회의에 대한 경험을 쌓았다.

그동안 뉴욕 소약국민동맹회의를 중심으로 한 한인들의 활동을 고찰한 연구 성과는 거의 전무한 실정이다. 대신 1918년 파리강화회의를 대비한 외교활동에 초점을 맞추어 고찰할 때 단편적으로 언급하는 정도였다.[1] 소약국민동맹회의를 둘러싼 한인들의 활동상을 언급한 연구로는 박용만(朴容萬)과 뉴욕의 김헌식(金憲植)을 중심으로 고찰한 방선주의 글에서 처음으로 언급된다. 이후 3·1운동 전후 이승만의 활동을 언급한 고정휴의 글에서, 민족자결과 2·8독립운동을 언급한 송지예의 글에서 일부 언급되고 있다. 나가타 아키후미의 글에는 정한경(鄭翰景)의 독립청원활동과 뉴욕 신한회의 동향을 살피면서 단편적으로 소약국민동맹회의를 언급하였다. 이렇게 보면 1917년의 제1차 뉴욕 소약국민동맹회의 때부터 제1차 세계대전 종결 직후인 1918년의 제2차 소약국민동맹회의 때까지 소약국민동맹회의와 재미 한인의 독립운동에 대해 거의 연구가 이루어지지 않았다. 이에 따라 소약국민동맹회의 실체와 소약국민동맹회의의 참가활동에서 나타난 역사적인 의미를 제대로 파악하기 어려웠다.

한인 대표들이 참가했던 소약국민동맹회의는 미주의 한인들이 1910년대 들어 처음으로 참가한 국제회의이다. 소약국민동맹회의 원명은 League of Small and Subject Nationalities인데 번역 과정에서 '소약국동맹회', '약소국동맹회', '소약속국동맹회' 등으로 소개된다.[2] 본 글에서는 '소약국민동맹회'로 표기했는데 이것은 1918년 당시 미주 한인들이 이렇게 불렀

---

[1] 소약국민동맹회의를 둘러싼 한인들의 활동을 언급한 연구 성과는 다음과 같다.
방선주, 『재미한인의 독립운동』, 한림대아시아문화연구소, 1989; 고정휴, 『이승만과 한국독립운동』, 연세대학교 출판부, 2004; 나가타 아키후미 저, 박환문 역, 『일본의 조선통치와 국제관계』, 일조각, 2008; 송지예, 「민족자결의 수용과 2·8독립운동」, 『동양정치사상사』 11-1, 2012.

[2] 1919년 이후 League of Small and Subject Nationalities(소약국민동맹회)의 명칭은 'The League of Oppressed Peoples(피압박민족연맹)'으로 개명된다.

기 때문이다. 소약국민동맹회가 주최한 대회를 소약국민동맹회의(Congress of the League of Small and Subject Nationalities)라 한다. 미주 한인들은 이 같은 국제회의에 참가함으로써 그동안 한인 내부문제에만 몰두하고 있었던 상황에서 벗어나 한국의 독립문제를 국제적인 안목을 갖고 대비해야 한다는 소중한 역사적 경험을 갖게 했다.

본 글은 소약국민동맹회가 어떤 단체이고 이 단체가 추진한 대회가 어떤 성격이었는지를 살펴 그 실체를 조명할 것이다. 그리고 한인 대표들이 두 차례나 참가한 소약국민동맹회의에서 어떤 활동을 전개하였고 이를 통해 미주한인사회가 어떻게 변화되어 갔는지를 살펴볼 것이다. 특별히 2·8독립운동과 3·1운동으로 이어지는 단초를 열고 있다는 데 주목하고 소약국민동맹회의를 통해 나타난 재미 한인독립운동이 갖는 역사적인 의미도 고찰할 것이다. 이러한 고찰을 통해 한국독립운동사에 미친 영향과 함께 재미 한인독립운동의 위상을 바로 정립하는 데 적절한 기반을 제공하고자 한다.

2. 1917년 소약국민동맹회의의 개최와 박용만의 참가활동

1) 소약국민동맹회의의 개최

북미의 한인들이 소약국민동맹회에 대한 소식을 알게 된 것은 『아메리칸 리더(*American Leader*)』 1917년 6월 28일 자에 게재된 기사를 통해서다. 이 기사를 본 대한인국민회 북미지방총회장 이대위(李大爲)는 7월 7일 자로 본 잡지사 총무 칼드웰에게 소약국민동맹회 서기 잰코브스키(Vincent F. Jankovski)에게 문의하는 아래의 서신을 보냈다.

『아메리칸 리더』 금년 6월 28일자를 본 즉 소약국동맹회가 있다 하였는데 당신이 그 회 총무 중의 한 사람이라 하기로 나는 지금 당신에게 편지하여 그 회의 목적과 종지를 알고자 하오니 이 회가 만일 미국 정부 정치상에 저촉이 없으면 알려주기를 바라나이다.[3]

칼드웰은 7월 14일 자 편지에서 북미지방총회에 "소약국동맹회 총무 잰코브스키의 거처는 우리가 알 수 없나이다. 당신이 그 거처를 알려거든 뉴욕 폴란드 사람의 신문사에 알아보시오"라고 회신하였다.[4]

회신을 받은 이대위는 잰코브스키의 종적을 알 수 없는 상황에서 소약국민동맹회와 교섭하기 어렵다고 판단하였다. 다만 소약국민동맹회의가 열릴 경우 반드시 세상에 알려질 것이니 그럴 때 우리 한인들이 대표자를 보내되 일개인 혹은 일부분의 명의로 보내지 않을 것이므로 그때까지 우리 재외 한인 최고기관[대한인국민회]의 조사 발표와 전체 활동을 기다리는 것으로 방침을 정했다.

북미지방총회가 이런 내부 방침을 결정하고 있을 때 대한인국민회 하와이지방총회장 안현경(安玄卿)은 동년 10월 11일 자로 북미지방총회장 이대위에게 다음의 공문을 보냈다.

경계자. 금번 뉴욕에서 소약국동맹회로 회집한다는 공함을 급속히 접승(接承)하고 미처 귀 총회와 상의치 못하고 특히 본 지방 총회에서 박학사 용만군을 선정하여 대표로 금월 17일 발하는 맛소니아 선편에 금 29일 해(該) 회석(會席)에 참여케 하오니 조량하심을 무망함.[5]

---

3) 『신한민보』 1917년 10월 24일, 「소약국동맹회에 한인 대표자 보낸 사」.
4) 위와 같음.
5) 위와 같음. 미정리 대한인국민회 자료(독립기념관 소장), 36권-B3-427, 「안현경이 북미지방총회장에게 보낸 서신」(1917.10.11).

북미지방총회는 소약국민동맹회의 결성 소식을 듣고 서신을 보내 문의하고 향후 대표자 선발을 대한인국민회 차원에서 추진하기 위해 기다리던 상황이었는데 뜬금없이 하와이지방총회에서 박용만을 대표자로 선정해 소약국민동맹회의에 참가하기 위해 출발했다는 공문을 받은 것이다. 북미지방총회장 이대위는 내심 난감하고 하와이지방총회에 섭섭한 마음도 없지 않았을 것으로 보인다. 하지만 대표자로 선정된 박용만이 이미 선편으로 출발했다고 하니 어찌할 도리가 없었다.

『아메리칸 리더(*American Leader*)』는 미국에 거주하는 외국인계 미국인들의 입장을 대변하기 위해 뉴욕에 본부를 둔 외국어신문 미국인협회(The American Association of Foreign Language Newspapers: 회장 Louis N. Hammerling, 부회장 Don S. Momand)가 매월 두 차례씩 발행하는 잡지다. 이 잡지의 1917년 6월 28일 자 사설 "Small Nations Leagued Together"(약소민족들이 함께 연맹을 결성하다)에서 동년 6월 뉴욕에서 약소민족의 동맹회가 새로 결성되었다는 사실을 처음으로 알렸다.

『아메리칸 리더』 6월 28일 자 사설에서 소약국민동맹회는 "대표 없는 과세는 없다"라는 미국독립운동의 정신을 핵심 가치로 삼아 설립된 단체로 설명하였다. 그리고 민주주의의 참된 정신을 훼손하는 편견과 배타성을 극복하기 위해 미국으로 피난했던 각 민족들과 나아가 미국인들과도 상호 이해를 증진시켜 나갈 단체로 소개하였다. 소약국민동맹회의 설립 목적은 다음과 같다.

1. 약소하고 압박받는 민족들의 항구적인 의회를 설립한다.
2. 국제회의에 약소민족의 독자적인 발언권을 주장한다.
3. 약속 민족의 억울한 사정을 전 세계에 알린다.
4. 약소민족에게 제 권리를 부여하는 것이 중요하고 세계 평화의 필수 조건임을 강조한다.

5. 미국 내 각 민족들 간에 우호를 증진하여 미국 문화의 기반을 확대한다.[6]

설립 목적에서 보듯이 1917년 6월 뉴욕에서 결성된 소약국민동맹회는 세계 약소 민족국가를 대변하기 위해 설립된 국제단체이다.

소약국민동맹회가 결성하게 된 배경은 1917년 초 윌슨(Wilson, Thomas Woodrow) 대통령이 두 차례나 행한 연설이 적지 않은 영향을 미쳤다. 1916년 미 대통령 선거 때 제1차 세계대전 기간 동안 미국이 비교적 성공적인 중립을 지켰다는 여론에 힘입어 재선에 성공한 윌슨은 1917년 1월 22일 미 상원에서 '승리 없는 평화'(peace without victory)로 알려진 연설을 했다.

승리란 패자에게 강요된 평화이며 승자의 조건이 패자에게 강요된 평화를 의미한다. 그것은 용납할 수 없는 희생을 요구하며, 굴욕을 감수하며, 협박을 강요당하는 것이며, 그것은 고통과 분노와 모진 기억을 남길 것이며, 그런 조건에서 만들어진 평화조건은 영원히 지속될 수 없으며 사상누각에 불과하다. 동등한 조건에서 맺어진 평화만이 지속될 수 있다. …… 그것이 영토나 인종적 국가적 충성이라는 골치 아픈 문제에 대한 정당한 해결책이 될 것이다.[7]

---

[6] 소약국민동맹회가 발표한 설립 목적의 원문은 아래와 같다.
First, to establish a permanent congress of small, subject and oppressed nationalities.
Second, to assert their right to separate representation at international conference.
Third, to present their case to the world
Fourth, to emphasize the importance of granting their rights as an indispensable condition of world peace
Fifth, to promote a better understanding among all nationalities in America and thus broaden the basis of American culture.
("Small Nations Leagued Together", *The American Leader*, June 28, 1917; "Small Nationalities to Voice Their Demands", *The American Jewish Chronicle*, vol. 3, 1917)
[7] 박현숙, 「윌슨 평화주의의 모순: 1차 세계대전의 참전 결정과 베르사유 평화회담을 중심으로」, 『대구사학』 98, 2010, 11쪽.

윌슨의 연설은 제국주의적 전쟁을 종식시키고 향후 전쟁이 없는 공정하고 영구적인 평화를 담보하기 위한 것이었다. 그러나 윌슨의 연설 직후 1월 31일 독일이 무제한 잠수함작전을 개시하자 미국의 참전은 불가피한 상황으로 바뀌었다. 윌슨은 4월 2일 미 상·하 양원 합동회의에서 전쟁 선포를 요청하는 연설을 하면서 민주주의는 국가들 간 전쟁을 일으키는 질투와 의심과 비밀 음모를 막을 수 있는 최선책이고 평화를 유지하기 위한 안전장치이자 유일한 제도라고 역설하였다.[8] 즉, 민주주의를 민족자결주의, 자유주의적 자본주의, 국가 간의 평등을 유지할 수 있는 기본 전제라고 본 것이다.[9] 그의 연설에 힘입어 의회의 승인을 받은 미국 정부는 4월 6일 참전을 선포하고 연합국의 편에서 전쟁에 돌입하였다.

윌슨의 두 연설은 미국 내 약소민족과 피압박 민족에게 큰 반향을 일으켰다. 특히 그가 언급한 영원한 평화의 기반인 민족 간의 평등―영토나 자원의 평등이 아닌 권리의 평등―주장은 소약국민동맹회를 결성하는 데 주요 자극제가 되었다.[10]

소약국민동맹회의 조직은 크게 집행부와 평의회로 구성되었다. 결성 당시 집행부는 회장 하우(Dr. Frederic C. Howe),[11] 재무 듀톤(Dr. Samuel T. Dutton),[12] 서기 잰코브스키(Vincent F. Jankovski)[13]와 스미스(Marion

---

8) "The President Address", *The American Leader*, April 26, 1917.

9) 박현숙, 「윌슨 평화주의의 모순: 1차 세계대전의 참전 결정과 베르사유 평화회담을 중심으로」, 30~31쪽.

10) "Small Nations Leagued Together", *The American Leader*, June 28, 1917.

11) 회장 하우는 독일에서 공부하였고 뉴욕 엘리스섬에 있는 미국 이민국장이자 미국 인중립대회(American Neutral Conference)의 위원으로 이번 소약국민동맹회를 조직하고 대회를 이끈 중심인물이다.

12) 재무 듀톤은 컬럼비아대학교 교수이자 국제사법연맹(The World's Court League)의 서기이며 이번 대회 팸플릿에 나와 있는 공식 연사는 아니었지만 연사로 활동했다.

13) 서기 잰코브스키는 리투아니아인전쟁구제위원회(The Lithuanian War Relief Committee)

A. Smith)[14]였고, 1917년 제1차 대회를 마칠 무렵 잰코브스키만 제외하고 모두 유임되었다.[15] 평의회(Council)는 각국 또는 각 민족에서 3명 이내의 대표자가 참가해 구성하되 임기는 1년이고 주요 활동은 헌장 제정, 규정 개정, 회원 가입, 그리고 기타 조직 목적에 따른 사무 등을 처리하였다.[16] 1917년도 소약국민동맹회 평의회는 23개의 국가와 민족을 대표한 51명으로 구성되었고 한국의 평의원으로는 이승만이 들어가 있었다.

회원으로 참가할 자격은 자치정부(self government)를 획득하기 위해 또는 인류 보편의 형평성 (equity)을 확보하기 위해 조직적인 노력을 다하는 그런 국가나 민족의 사람들 가운데 평의원의 승인을 받아 회원이 될 수 있었다. 즉, 소약국민동맹회의 설립 목적에 찬동하고 지지하는 국가나 민족의 대표들에게는 모두 참가할 자격을 주었다.

소약국민동맹회는 1917년 10월 29일(월)부터 31일(수)까지 뉴욕 맥알핀(McAlpin)호텔에서 제1차 회의(First Congress)를 개최하였다. 평의회는 23개의 국가 및 민족 대표로 구성되었으나 대회에 참가해 연설하기로 예정된 인물은 24개 대표였다.

제1차 회의의 연사와 평의원 명단은 다음과 같다.

의 부회장이며 소약국민동맹회에서 리투아니아를 대표한 평의원이자 대회 연사로 활동했다.

[14] 서기 스미스는 소약국민동맹회에서 스코틀랜드를 대표한 평의원으로 이번 대회를 처음부터 계획한 핵심 인물이다.

[15] "Small Nations Leagued Together", *The American Leader*, June 28, 1917; "Economic Rights of Small Nations", *The Norwich Bulletin*, November 1, 1917.

[16] 『신한민보』 1918년 11월 28일, 「소약국동맹회규정」.

1917년 제1차 뉴욕 소약국민동맹회의 연사와 평의원

국가 및 민족	대회 연사	평의원
알바니아	Rev. F. G. Noli	Rev. F. G. Noli Nichilas Trimara Phocion Turtulli
알사스-로렌	Climent Rueff	Prof. Daniel Jordan Climent Rueff Rev. T. Wucher
아르메니아	Miran Sevasly	Dr. M. M. Housepian Vahan Kurkjian Miran Sevasly
앗시리아	Joel E. Werda	B. T. Jones A. Mirzaoff Joel E. Werda
벨기에	Prof. Henri La Fontaine	Prof. Henri La Fontaine
중국	Wellington Koo	(없음)
체코-슬라바스	Charles Pergler	(없음)
덴마크	Frode C. W. Rambusch	E. V. Eskesen Frode C. W. Rambusch
핀란드	Mme. Aino Malmberg	Mme. Aino Malmberg Toive Nekton
그리스	John D. Stephanidis	G. Caranicholas Dr. Constantine Carusso George D. Nicholas
히브리 (이스라엘)	미확정	Prof. Richard Gottheil Bernard G. Richards
인도	Lajpat Rai	J. R. Gaudhi Lajpat Rai
아일랜드	Mrs. Sheehy Skeffington	Dr. Gertrude B. Kelly Thomas J. Kennedy Denis A. Spellissy
한국	미확정	Dr. Syngnan Rhee
레츠(Letts)	미확정	Charles A. Carol Rev. John Kweetin
리투아니아	Vincent F. Jankovski	Vincent F. Jankovski P. S. Villmont J. O. Sirvydas

노르웨이	Edwin O. Holter	Edwin O. Holter
폴란드	미확정	W. O. Gorski Sigsismond Stojowski
루마니아	Dr. Demetrius Andronescu	Dr. Demetrius Andronescu
스코틀랜드	Chief of Clann Fhearghuis of Stra-chur	Chief of Clann Fhearghuis of Stra-chur Marion A. Smith
세르비아	Dr. V. R. Savitch	Thomas S. Mack Dr. V. R. Savitch Dr. Milos Trivunac
스웨덴	Dr. Johannes Hoving	Dr. Johannes Hoving
스위스	미확정	Dr. William A. de Watteville
트란스발	(없음)	General Joachim D. Visser
우크라이나	미확정	John J. Arden Emil Reviewk Miroslav Sichinsky

※ 자료출처: 연세대학교 이승만연구원 소장자료, League of Small and Subject Nationalities, First Congress(1917. 10. 29~31)

위 표에서 미확정으로 표기된 것은 연사 통보의 기한을 놓쳤거나 아니면 통보 기한까지 연사를 확정하지 못했기 때문이다. 한국인 연사는 미확정 상태로 되어 있다. 이것은 이승만과 하와이지방총회에서 늦게나마 한인 대표로 박용만을 선정했으나 통보 기한을 넘기면서 생긴 결과로 보인다. 24개 대표들 가운데 평의회에 참가하지 않았지만 대회 연사로 참가한 국가 및 민족은 중국과 체코-슬라브민족이고 Wellington Koo[17]와 Charles Pergler가 각각 대회 연사로 참여했다.

---

[17] Wellington Koo의 정식 영문명은 V. K. Wellington Koo이고 한자명은 顧維鈞(구웨이준)이다. 그는 1915년부터 미국과 쿠바에서 중국 공사로 재직한 외교관이었고 1919년 파리강화회의 때 중국대표단의 일원으로 참가했다. 또 1921년 11월 워싱턴회의와 1933년 1월 일제의 만주침략을 조사하기 위해 마련된 제네바 국제연맹회의에서 각각 중국대표단의 일원으로 활동한 대표적인 중국 외교관이다.

첫째 날 개회식에 55명, 둘째 날 회의에 55명이 참석한 것을 보면 3일 간의 대회기간 동안 일반인들의 참여 없이 주로 연사와 평의원들로 이루어진 연 160명 내외의 사람들이 참석한 것으로 보인다. 대회 일정은 29일 오후 3시와 8시, 30일 오후 3시, 31일 오후 3시와 8시에 각각 개최하는 것으로 정했고, 대회 공식 만찬은 30일 오후 8시 맥알핀호텔에서 가졌다.[18]

대회 첫날 개막은 1917년 10월 29일 예정보다 1시간 앞선 오후 2시 맥알핀호텔에서 회장 하우의 "대회의 원칙과 목적"이라는 연설로 시작되었다. 대회 진행은 초청 연사의 연설과 각 약소국 민족 대표들의 연설, 그리고 주요 안건들에 대한 토의 순으로 진행되었다. 한국인 대표 박용만은 개막 첫날 저녁 8시 회의 때 덴마크인, 핀란드인, 벨기에인, 리투아니아인 대표의 연설에 이어 연단에 서서 한국 문제에 대해 연설했다.[19]

이번 대회에서 연사로 참가한 24개 국가와 민족들의 구성을 보면 유럽지역이 압도적으로 많았다. 24개 곳의 대표들 가운데 18개 곳이 유럽지역 국가와 민족이다. 중동에서 2곳(앗시리아, 히브리), 아시아에서 3곳(한국, 중국, 인도)이고 나라를 특정할 수 없는 곳이 1곳(레츠)이다. 뉴욕 소약국민동맹회의에 열강의 식민통치로 고통받고 있는 아프리카 민족대표의 연사가 보이지 않는 것은 의외의 현상이다. 하지만 대회 공식 연사 명단에는 없었지만 영국의 식민지배를 받고 있던 아프리카 보아인의 트란스발에서 평의회의 평의원으로 참가한 것을 볼 때 이번 대회에 아프리카 대표가 참가한 것으로 보인다.[20] 참가한 나라와 민족 대표

---

[18] 대회 만찬준비위원장은 스웨덴 대표 Dr. Johannes Hoving이 맡았다.

[19] "Attack on Small Nations' League", *The Sun*, October 29, 1917.

[20] 아프리카인과 보아인의 참가에 대해선 *The Survey* (November 10, 1917)의 "Through Liberty to World Peace"에서 밝히고 있다.

들의 구성을 보면 소약국민동맹회의는 유럽 중심의 의제로 진행될 수
밖에 없었고 아시아와 중동, 나아가 아프리카의 약소민족의 문제는 부
차적으로 취급될 수밖에 없는 구조였다.

대회에서 제시된 주요 안건들은 모두 만장일치 방식으로 의결되었
다. 대회 마지막 날인 10월 31일에는 소약국민동맹회의 규정과 강령,
그리고 결의안 등을 채택하였다.[21]

소약국민동맹회의 규정과 강령, 대회 결의안은 『신한민보』 1918년 11월
28일 자부터 12월 26일 자까지 4회에 걸쳐 게재되었다. 이때 소개된 내
용은 1917년 10월 제1차 소약국민동맹회의에 참가했던 박용만이 동년
11월 29일 자로 북미지방총회 앞으로 보낸 것을 『신한민보』가 1918년이
되어서야 공개한 것이었다.[22] 박용만이 준 것을 여태 공개하지 않고 있
다가 1년이 지난 1918년 11월에서야 공개한 것은 제1차 세계대전 종결
직후 재개될 예정인 제2차 소약국민동맹회의에 민찬호와 정한경이 한
인 대표로 참가하는 상황에서 미주 한인들에게 소약국민동맹회가 어떤
단체임을 알려 관심을 촉구하고 두 대표의 활동을 적극 후원하기 위함
으로 생각된다.

강령은 설립 목적 1항 "약소하고 압박받는 민족들의 항구적인 의회
를 설립한다" 중 항구적인 '의회' 설립을 '소약국민동맹회' 설립으로 바꾼
것 외에 약간의 부연 설명을 더했을 뿐 전체적인 내용은 설립 목적과
거의 같다.[23] 3일 동안 열린 소약국민동맹회의에서 채택된 9개 결의안
의 주요 내용은 다음과 같다.

---

21) "Economic Rights of Small Nations", *The Norwich Bulletin*, November 1, 1917.
22) 『신한민보』 1917년 11월 29일, 「박용만 씨의 회정」.
23) 『신한민보』 1918년 12월 5일, 「소약국동맹회 강령과 결의」.

1. 약소민족의 정치·경제적 자유권의 회복과 이러한 권한이 또 다시 침범
   되지 않도록 충분히 대비할 것을 강조한다.
2. 어떤 특정 국가가 이익이나 특권을 독점하는 것을 배제하는 것과 한 나라
   를 발전시키기 위해 외부의 도움이 필요로 할 때 모든 나라에게 동등한
   조건과 자유로운 기회를 보장하는 것이 평화의 조건이다.
3. 평화회의에서 약소민족의 대표자에게 발언권을 줄 것과 이들의 사정을
   공개 석상에서 논의하여 결정할 것, 이를 위해 세계 민주주의와 약소민족
   의 자유를 옹호하는 모든 국민에게 호소하며 특별히 약소민족의 완전한
   발언권 확보를 위해 미국 대통령에게 호소한다.
4. 각국의 정치와 경제 문제 등을 공정하게 다룰 국제사법재판소의 설치를
   요구한다.
5. 어떤 민족이든지 언어나 종교의 차이 때문에 고통당하거나 압제 받지 않
   을 것이며 누구든지 동등한 권리를 가지고 양심과 종교의 자유, 언어와
   행복의 자유를 누려야 한다.
6. 전쟁 기간 동안 행해진 비난받을 야만적인 행동과 잔혹한 행위들을 기록
   으로 남긴다.
7. 무슨 이유든 간에 본국에서 강제 추방되었거나 망명한 모든 사람들을 본
   국으로 복귀시켜 주는 것과 강대국에 의해 당한 개인의 재산 피해를 배상
   하고 복구할 책임은 강대국에게 있으며 이 모든 궁극적인 책임 소재의 문
   제는 모든 국가와 국민을 대표하는 국제사법소에서 결정한다.
8. 압박하고 착취하는 것을 폭로하는 일에 모든 약소국과 약소국 민중들이
   소약국민동맹회와 함께 활동하기를 바라고 당장 세계 모든 피압박 약소
   민족을 위한 국제회의를 준비하여 현재의 부당성을 알리고, 보편적인 민
   주주의의 기반 위에서 세계 모든 국가와 민족들이 서로 소통할 것을 주
   장한다.
9. 약소국의 정치·경제·사회의 사정들을 서로 공유하고 경제상의 문제는
   공동의 이익을 꾀하도록 상호 간에 단합할 것을 촉구한다. 그리고 본회
   의 목적을 달성하기 위해 무슨 일이든 미국 정부의 동정과 협력을 얻도
   록 힘쓴다.[24]

채택된 결의안은 미국의 대통령과 상·하 양원, 그리고 해당 정부에게 전달될 수 있도록 각국의 공사관으로 전달되었다.

소약국민동맹회의는 전 세계 피압박 약소국과 약소민족의 입장을 대변할 목적으로 야심차게 첫 출발을 하였다. 그러나 미국 내 여론은 대체로 호의적이지 않았고 심지어 적대적인 태도까지 보였다. 특히 몇몇 주요 언론의 경우 이번 대회의 존립 가치와 의미를 의도적으로 축소 보도하거나 폄하하는 데 더 열을 올렸다. 그렇게 하게 된 주된 요인은 소약국민동맹회의가 전쟁을 일으킨 독일을 규탄하거나 비난하지 않고 오히려 친독(親獨)여론을 불러일으키고 있다는 의구심 때문이었다.

『뉴욕 타임스(The New York Times)』는 이번 대회 개회식 때부터 종결 직후까지 4일 연속 행사 내용을 보도했다. 10월 29일 자 『뉴욕 타임스』는 독일에 우호적인 소약국민동맹회를 비난하며 대표자들이 철수하였다는 부제를 담은 "Quit Convention For Small Nations(약소국을 위한 회의를 중단하다)"라는 장문의 기사에서 8명의 대회 반대자들의 주장을 중심으로 집중 보도하였다. 8명의 주장이 터무니없는 것이라고 반박한 하우 회장과 스미스 서기의 해명은 간략하게 실었다. 10월 30일 자 『뉴욕 타임스』는 "Denies Help For Germany(독일을 돕는 것을 부인하다)"란 기사에서 이번 회의가 독일과 터키의 입장을 은근히 대변하고 있다는 것과 연사들의 연설 내용을 검열하고 있다는 비판, 여기에 대한 하우 회장의 반박 사실 등을 게재하였다. 회장 하우는 윌슨 대통령의 연설을

---

24) 결의안의 원문은 The Survey (November 10, 1917)가 "Major Resolutions Adopted by the First Congress of the League of Small and Subject Nationalities"란 제목으로 발표했다. 그런데 이 결의안에는 8조까지만 있고 9조는 생략되어 있다. 나머지 9조는 『신한민보』 1918년 12월 26일 「소약국민동맹회 강령과 결안」에 있다. 『신한민보』에 게재된 결의안의 내용은 The Survey에 게재된 영문 결의안과 비교할 때 번역상의 문제 때문인지 약간씩 차이가 난다. 이런 사정을 감안해 본 글은 두 자료를 비교해 결의안을 재정리했다.

상세히 인용하며 항구적인 평화는 약소민족문제의 공정한 해결에 달려 있다고 주장하고 다른 나라에 대한 경제 투자에 공정성을 기하기 위해 국제 관리를 촉구하였다. 10월 31일 자『뉴욕 타임스』는 "Greek Wary of Germans"(독일인을 경계하는 그리스인)라는 기사에서 그리스의 작가이자 편집장인 폴리조이디스(Adamantios Polyzoidis)가 친독일주의 성향으로 의심되는 소약국민동맹회의에서 그리스의 사정을 연설하는 것이 적절하지 않아 연설을 철회했다는 내용을 중점 보도하였다. 또 연합국인 영국을 비난하며 아일랜드의 독립을 강조한 아일랜드 대표 스케핑톤(Mrs. Sheehy Skeffington)의 연설을 열렬히 지지한 청중들의 반응을 상세히 기술하였다. 여기에는 전쟁을 일으킨 독일보다 미국과 같은 연합국인 영국을 더 비난한 것에 대한 반감이 담겨져 있었다. 『뉴욕 타임스』 11월 1일 자 기사 "Silent To Wilson Praise(윌슨 찬양에 침묵하다)"는 *The Persian Courier*와 *The New Assyria*의 편집장으로 시리아인을 대표한 베르다(Joel E. Werda)가 대회 마지막 날인 10월 31일 세계 모든 민족에게 자결권을 주지 않으면 평화가 없다고 주장한 윌슨을 세계의 구원자로 찬양하자 청중들이 일제히 침묵했다는 사실을 보도했다. 대신 스코틀랜드의 입장을 옹호하며 영국을 공격한 한 연설자의 연설에 대해선 크게 박수를 보낸 사실을 비교 보도하였다. 이처럼『뉴욕 타임스』는 4일 내내 연합국의 입장을 대변해 주지 않고 오히려 친독주의 성향으로 기울어져 있다고 비판한 대회 반대자들의 주장 편에 서서 보도함으로써 이번 대회를 대체로 부정적인 시각으로 비평하였다.

　그 외 *The Sun*과 *The New York Tribune, The Evening Star, The Daily Ardmoreite, The Brattleboro Daily Reformer*도『뉴욕 타임스』와 비슷한 논조로 이번 대회를 비판적으로 보도했다.[25] 대회 개최 사실과 주최 측

25) 여기에 대한 기사는 다음과 같다. "Attack On Small Nations' League", *The Sun*, October

의 입장 위주로 간단히 보도한 신문은 필라델피아의 *The Public Ledger*
를 비롯해 *The Grand Forks Herald, The Norwich Bulletin* 등이다.[26]

　미국 언론 가운데 소약국민동맹회의 목적과 대회 의의를 가장 잘 정
리해 보도한 곳은 *The American Jewish Chronicle*과 *The Survey*이다. 알
파오메가(Alpha Omega) 출판사에서 발간하는 유대인 잡지 *The American
Jewish Chronicle*은 이번 대회의 목적을 알리고 향후 강화회의를 대비하
기 위한 약소민족들의 열망과 입장이 무엇인지를 명확히 설명하였
다.[27] 그리고 이번 대회에서 유대 민족도 자신들의 독립 열망을 강조할
것이라는 계획도 밝혔다.

　뉴욕에 본부를 둔 조사협회사(The Survey Association Inc.)가 발행한
미국 사회현상 조사 전문 주간 잡지 *The Survey*는 11월 10일 자 "Through
Liberty to World Peace(자유를 지나 세계 평화로)"라는 기사에서 최대한
객관적인 태도로 이번 대회를 상세히 정리하였다. *The Survey*는 소약
국민동맹회의를 역사 교과서에 실릴 만한 특별한 사건으로 간주하고
긴급하고 실제적인 새로운 목적을 위해 국제협력의 신시대를 연 대회
로 평가하였다. 그런데 전쟁을 일으킨 독일을 고발하지 않고 오히려 친
독여론을 일으켰다거나, 대형 언론들이 대회의 목적을 축소하고 폄하

29, 1917; "Greek Author Says Hosts Pro-German", *The Sun*, October 31, 1917;
"Ex-Leaders Call League for Small Nations Pro-Teuton", *The New York Tribune*, October
29, 1917; "Disloyalty Charge Stirs Convention", *The New York Tribune*, October 31,
1917; "Plan To Assert Rights at Conclusion of War", *The Evening Star*, October 29,
1917; "League of Small Nations Opens Congress in Gotham" *The Daily Ardmoreite*,
October 29, 1917; "Objected to Purposes", *The Brattleboro Daily Reformer*, October 29,
1917.

26) "Today's Events", *The Public Ledger*, October 1917; "Small Nations Must Be Assured of
All Rights, Says League", *The Grand Forks Herald*, November 1, 1917; "Economic Rights
of Small Nations", *The Norwich Bulletin*, November 1, 1917.

27) "Small Nationalities to Voice Their Demands", *The American Jewish Chronicle*, vol.3,
1917.

한 사실, 오해로 빚어진 대회 참석자들 간의 내부 갈등, 각 민족 대표자
들에 대한 과소평가의 시각 등으로 인해 일반 미국인들이 본 대회를 적
대적인 태도로 보게 만들었다고 했다. 그러나 이런 장애와 어려운 속에
서도 집행위원들의 성실한 노력으로 다양한 각국 민족 대표들이 참가
함으로써 대회가 예상했던 것보다 덜 혼란스럽게 끝날 수 있었다고 평
가했다. *The Survey*는 만약 아일랜드인, 한국인, 핀란드인, 인도인, 리
투아니아인, 러시아계 폴란드인 대표가 이번 대회에서 배제되었더라면
본 대회는 완전히 그 목적에서 실패했을 것이라 했다. 그렇게 되었다면
소약국민동맹회는 약소민족의 일반 감정과 여론을 대표한다고 내세울
수 없었을 것이라고 보았다. 수세기 동안 아일랜드를 압박한 것은 영국
이 아니라 경제적 이익을 축적하고 있는 소수 집단이며, 약한 이웃 민
족을 통제하는 것은 제국이 아니라 이 제국 안에 있는 소수의 경제 계
급이라는 소약국민동맹회장 하우의 말을 인용해 전쟁의 대상은 그들의
국가가 아니라 적은 숫자의 착취 계급이라 했다. 미국을 피압박 국가와
민족을 위한 진실한 친구로 간주한 것에 대해 일부 반론도 있었지만 결
의안을 통해 미국 정부의 도움과 지지를 호소하였다고 전했다. 소약국
민동맹회는 약소민족들 간 상호보호를 위한 조합과 같은 조직의 첫 걸
음이지만 이를 뛰어넘어 세계적인 조직의 결성이 필요하고 나아가 계
속 서로 단합해야 한다고 권면했다. 한 나라와 한 민족의 발전과 행복
은 정치적인 해방만으로는 불충분하고 반드시 경제적인 해방을 수반해
야 하고, 이를 위해 국가 간의 자유로운 교류관계를 보장할 것과 분쟁
해결을 위해 국제사법재판소를 설치해야 한다는 주장을 옹호하였다.
끝으로 *The Survey*는 대회에서 만장일치로 채택한 결의안의 주요 내용
을 소개하며 본 대회에 대한 보도를 마무리하였다.[28]

---

28) "Major Resolutions Adopted by the First Congress of the League of Small and Subject

*The Survey*는 이번 대회의 진행 과정과 그 결과로 나타난 결의안을 세밀히 분석하였고 그 평가도 대체로 긍정적이었다. 때문에 다른 언론에서 볼 수 없는 결의안의 주요 내용까지 세세하게 소개함으로써 소약국민동맹회의의 개최 목적과 의도를 최대한 객관적이고 구체적으로 일반 독자들에게 전달하였다.

2) 박용만의 대회 참가와 활동

박용만은 1917년 10월 17일 호놀룰루를 떠나 10월 24일 샌프란시스코에 도착했다. 도착 직후 바로 신한민보사를 들러 방문 목적을 간단히 설명했다.

> 나는 하와이 총회의 명령을 받아 본월 29일 뉴욕에 모이는 소약국동맹회에 출석하러 가노라. 동맹회의 이번 모임은 다만 임원 조직을 위함이라. 나는 이 모임에 소식을 가져 귀사에 통지하겠노라. 그러나 나는 이 동맹회에 관한 모든 일을 하와이지방총회의 명령을 받들어 행하겠노라.[29]

약소민족의 입장을 대변하기 위해 뉴욕에서 처음 열리는 소약국민동맹회의에 전체 대한인국민회의 대표가 아닌 하와이지방총회를 대표해 참가한다는 입장이었다.

박용만이 하와이지방총회의 입장을 대변하려 한다는 입장 표명은 그에게 선택의 여지가 없었기 때문으로 보인다. 1915년부터 대한인국민회 하와이지방총회를 장악해 온 이승만과 그 지지자들은 박용만과 그 지지자들을 점차 국민회의 활동에서 배제하고 있었다. 그리고 박용만

Nationalities", *The Survey*, November 10, 1917.
29) 『신한민보』 1917년 10월 24일, 「박용만씨 내상」.

이 심혈을 기우려 운영했던 대조선국민군단이 1917년 들어 완전히 폐쇄되어 하와이 내 그의 입지도 크게 축소되고 있었다. 이런 와중에 1916년도 대한인국민회 하와이지방총회 신 임원(회장 홍한식, 부회장 정인수)이 1916년 6월 12일 자신을 다시 『국민보』 주필로 채용하기로 의결하자 박용만은 이를 수용함으로써 기존 국민회와의 관계를 점차 회복하고 있었다.[30] 이에 따라 잠시 정간되었던 『국민보』는 동년 7월 2일 자부터 속간되었고, 하와이지방총회와 박용만의 관계, 나아가 이승만과 박용만의 관계도 1918년 1월 하와이지방총회에 내분이 재개되기 전까지 대체로 원만하게 유지되었다. 이런 점 때문에 박용만은 자신을 소약국민동맹회 한인 대표로 선정해 준 이승만과 이승만 지지자들로 구성된 하와이지방총회의 입장을 충실히 대변하지 않을 수 없었다.

이승만과 하와이지방총회가 박용만을 무슨 이유로 외교 대표로 선정하였는지를 알려주는 자료는 보이지 않는다. 이승만 스스로가 하와이 한인을 대표해 충분히 소약국민동맹회의에 참가할 수 있었는데 굳이 박용만을 한인 대표로 선정한 이유가 무엇이었는지를 명확히 파악하는 것은 쉽지 않다. 1917년 당시 이승만은 하와이지방총회의 새 총회장으로 당선된 안현경과 함께 서기 겸 재무로 있으면서 한인여학원 운영에 몰두하고 있었다. 그런데 외적인 비중과 달리 이 시기 이승만은 하와이 한인사회의 실질적인 지도자였다. 예컨대 하와이 파할나마울라지방회는 의무금을 총회로 보내지 말고 고명한 신사(이승만－필자)에게 맡기자 하였고 마위공동회는 교육기관을 하와이지방총회 학무부에 부속하되 그 운영은 고명한 신사에게 위탁하고 행정임원은 일체 간섭하지 못하게 하자고 결의하였다.[31] 그 외 힐로 지역 10개 지방 연합회는 재정

30) 『신한민보』 1916년 6월 29일, 「하와이」.
31) 『신한민보』 1917년 5월 3일, 「누가 국민회를 없이 코저 하느뇨」.

고문으로 이승만을 선정하였고, 고나 지역은 교육기관을 하와이지방총
회 학무부가 아닌 이승만에게 위탁하기로 의결하였다. 이승만의 하와
이 내 입지와 위상을 보여주는 이런 사례들을 보면 그에게 권력과 재정
이 집중되고 있었음을 알 수 있다.32) 따라서 하와이 한인사회 내 이승
만이 갖고 있는 위상을 볼 때 그는 충분히 소약국민동맹회의 한인 대표
로 참가할 수 있었다. 그런데 무장투쟁 독립운동가로 알려진 박용만을
굳이 외교활동의 전면에 내세운 것은 그동안 소원했던 박용만과 그 지
지자들을 적극 포용해 단결을 이루고 하와이 내 이승만의 지지 기반을
확고히 하기 위한 의도가 담겨 있었던 것이 아닌가 여겨진다.

　하와이지방총회에서 소약국민동맹회의에 관심을 갖기 시작한 때는
1917년 6월 말경부터로 보인다. 소약국민동맹회 평의회 조직 때 핀란드
인 대표로 활동한 아이노 말름버그(Mme. Aino Malmberg)가 6월 말경
미국 본토로 가는 도중 잠시 호놀룰루에 들렀을 때 하와이 한인들은 그
를 통해 처음으로 뉴욕에서 소약국민동맹회가 설립된 것과 소약국민동
맹회가 장차 뉴욕에서 첫 대회를 개최할 것이라는 사실을 알았다. 7월
13일 이승만을 비롯한 14명의 하와이 내 한인 유지들은 국민회 사무실
에 모여 소약국민동맹회가 탄압받고 있는 전 세계 약소민족들의 권리
와 입지를 대변한다는 사실을 알고 적극 지지하고 협력한다는 의미로
만장일치로 소약국민동맹회 가입을 의결하였다. 이승만은 그 다음날인
7월 14일 소약국민동맹회 서기 마리온 스미스(Marion A. Smith)에게 편
지를 보내 동맹회에 가입하기 위한 절차와 관련 규칙 및 규정을 알려
줄 것으로 요청했다.33) 그리고 장차 열리게 될 대회에 우리 한인 대표

---

32) 『신한민보』 1917년 5월 3일, 「하와이 국민회 정국의 암담한 정형」.

33) "Syngman Rhee to Marion Smith(1917.7.14)", *The Syngman Rhee Correspondence in English*, Institute for Modern Korean Studies, Yonsei University, 2008, p.14.

를 보내고 싶다는 희망도 전했다. 이 일이 있은 후 소약국민동맹회와
이승만 · 하와이지방총회 사이에 활발한 교류가 이루어져 소약국민동맹
회는 설립 목적과 규칙을 보내주었고, 뉴욕에서 첫 대회 개최가 확정되
자 한인 대표를 보내달라는 정식 초청장을 보냈다.

이승만과 하와이지방총회장 안현경은 이번 한인 대표 파견건을 처음
부터 공개적으로 추진하지 않았다가 대회 날짜가 점점 다가오고 한인
대표 파견을 위해 적어도 500달러의 경비가 필요한 데다, 대표 파견 이
후에 소약국민동맹회 지부 같은 조직을 하와이에 설치해 계속 외교사
업을 이어갈 의도로 모든 사실을 공개하기로 했다. 그리하여 『국민보』
330호(날짜 미상)에 소약국민동맹회의 목적과 규칙을 소개하였고[34]
1917년 9월 28일 이승만과 안현경의 이름으로 '특고(特告)'를 발행하여
박용만을 한인 대표로 선정한 사실을 널리 알리고 전체 한인들의 적극
적인 지원을 요청했다.

> [소약국민동맹회의] 목적은 『국민보』 330호에 말한바 모든 소약국이 합동
> 하여 이번 세계 전쟁 후 평화회의와 다른 국제상 담판에 소약국대표가 참예
> 하여 적고 약한 나라들에 권리를 찾자는 운동인데 이미 23국이 연합하였고
> 한인이 참예하여 24개국이 될 터인데 이에 우리도 대표회를 여는 자리에 우
> 리도 대표를 보내는 것이 일후 운동에 참예함 시작이라.
> 박학사 용만군을 청하여 이미 박학사에게 허락을 얻었으며 하루바삐 파
> 송할 터인데 래왕(來往) 5주일 동안을 친즉 500원은 가져야 되겠기로 귀하의
> 본래 애국열심과 성력을 아는 고로 자의 특고하오니 십분 심량하시와 위선
> 귀 지방에 참 찬성하실만한 제씨로부터 난상공의하야 곧 회신 하시오.
> 지금 본항에서는 박학사를 대표로 파송한 후 소약국민동맹회를 하와이에

---

34) 국사편찬위원회 편, 「공함」, 『대한인국민회와 이승만(1915~36년간 하와이 법정자
료)』, 1999, 94쪽.

확실히 조직하여 놓고 장차 큰 운동에 착수하리니 이번에 대표를 하루바삐
보내는 것이 긴한 기회로 아나이다.[35]

위 내용에서 언급한 대로 이승만과 안현경은 의연금을 모금해 박용
만을 대표로 파견하는 것으로 그치는 것이 아니라 이번 일을 기회로 삼
아 소약국민동맹회 지부 같은 조직을 설립해 향후 대외활동의 기회로
삼으려 했다. 또 이미 23개국의 나라에서 대회 참여 의사를 밝혔고 한
인 대표가 가게 되면 24개국이 된다는 것으로 보아 뉴욕의 소약국민동
맹회 본부의 대회 준비는 이미 상당히 진척된 상황이었다. 이렇게 보면
하와이지방총회는 뒤늦게 한인 대표로 박용만을 선정한 후 허둥지둥
뒤따라가는 모습이다. 이런 사정을 엿보게 하는 것은 아래와 같이 비밀
리에 일을 추진하고 있었기 때문이다.

　미국 뉴욕 있는 소약국민동맹회 총부에서 공함이 왔는데 뉴욕 맥알핀 호텔
에서 10월 29일, 30일, 31일에 연합대표회를 개최하고 31일에는 만찬회로 회집할
테이오니 하와이 한인에게서도 대표자를 보내 달라 하였기로, 본항에서는 몇
몇 신사들과 협의하여 비밀히 약속되었으나 날짜가 급박하여 지체할 수 없고
또한 이 일이 공포되기 전까지는 비밀히 하는 것이 지혜롭기로……[36]

소약국민동맹회의 설립 취지에 적극 찬동한 이승만과 하와이지방총
회가 뉴욕에 대회가 개최되니 한인 대표를 보내라는 공식 초청을 받고
도 비밀리에 추진했던 것은 아마 누구를 한인 대표로 파견할 것인지를
두고 의견이 분분했기 때문이 아닌가 싶다. 이미 7월 초에 소약국민동
맹회의 설립 취지에 찬동하였고 대회 개최시 한인 대표를 파견하는 것

35) 국사편찬위원회 편, 『대한인국민회와 이승만(1915~36년간 하와이 법정자료)』, 99쪽.
36) 위와 같음.

으로 결의한 바 있었는데 두 달이 넘은 9월 말이 되어서야 박용만을 한 인 대표로 선정해 알린 것은 임박한 대회 참가 일정을 고려해 더 이상 대표 선정을 미룰 수 없었기 때문에 나온 결정으로 보인다.

이승만은 박용만을 소약국민동맹회의에 참가할 한인 대표로 선정한 이유를 명확히 밝히지 않았다. 하지만 그가 한인 대표로서 충분한 자격 과 자질을 갖춘 적합한 인물이라는 점에 대해선 분명히 설명하였다. 이 승만이 소약국민동맹회 서기 스미스에게 보낸 편지(1917.9.29)에 따르 면 한인 대표로 박용만이 대회에 참가하게 될 것임을 알린 후 그의 인 물됨을 상세히 알렸다.[37] 박용만은 한국에 있을 때 정당한 재판도 없이 3년간 감옥생활을 했고 1905년 유학을 목적으로 도미한 후 네브라스카 헤스팅스에 한인 학생들을 규합해 군사학교를 시작했으며 1912년 하와 이 한인들의 초청으로 이곳에 온 후 하와이 대한인국민회를 재건하고 군사학교를 연 인물이라 했다. 즉, 하와이의 한인 지도자들은 박용만을 해외 한국인 가운데 가장 뛰어난 지도자 중 한 사람이자 애국자 중 애 국자로 인정하고 추천했다는 것이다. 1918년 1월 하와이지방총회의 재 정남용사건으로 하와이 한인사회에 큰 분쟁이 일어나기 전까지 이승만 과 그 지지자들이 박용만의 군사활동 경력을 긍정적이고 의미 있게 보 고 있었던 것은 주목할 부분이다.[38]

이승만은 한인 대표 박용만이 10월 15일 전에 호놀룰루에서 출발할 것임을 스미스에게 알리고 그에 대한 사진도 동봉해 보냈다. 그러면서

---

37) "Syngman Rhee to Marion Smith(1917.9.29)", *The Syngman Rhee Correspondence in English*, Institute for Modern Korean Studies, Yonsei University, 2008, p.15.

38) 이승만과 그 지지자들이 박용만의 무장투쟁 방략을 신랄하게 비판한 것은 1918년 1월 하와이지방총회의 재정남용을 빌미로 일어난 법정소송 분쟁 때다. 이승만은 박용만의 과거 군단 설립 등 군사활동 사실까지 들추어 이를 강하게 비판하였다 (홍선표, 「1910년대 하와이 한인사회의 동향과 대한인국민회의 활동」, 『한국독립운 동사연구』 8, 1994, 161~163쪽).

뉴욕 소약국민동맹회 평의회의 한국인 평의원 자격으로 이승만은 박용
만외 하와이의 송헌주(宋憲澍)와 워싱턴 주 위니치(Wenatchee)의 윤병
구(尹炳九)도 한인 대표로 적합한 인물이라고 추천하면서 두 사람의 간
단한 학력과 외교활동 이력, 그리고 주소를 알려주었다.[39] 이승만이 박
용만 외 별도로 두 사람을 더 천거한 것은 소약국민동맹회가 이 두 사
람에 대해서도 보다 많은 관심을 가져주었으면 좋겠다는 의도를 보인
것이었지만 그 이면에는 이번 일을 마친 후 혹 있을지 모를 만약을 대
비하기 위한 조치였다고 생각한다.[40]

　이승만이 박용만의 인물됨을 높이 평가하고 그를 한인 대표로 추천
한 것은 한편으로는 놀라운 일이지만 다른 한편으로 볼 때 당연한 결정
일 수 있다. 사실 1917년 당시까지 미국과 하와이에서 『신한민보』와
『국민보』 주필, 헤스팅스 한인소년병학교 설립, 대조선국민군단 설립,
대한인국민회 중앙총회 부회장 등 박용만만큼 활발하게 독립운동의 최
일선에서 활동한 인물을 찾아보기 힘들다. 이승만은 도미 이후 주로 학
업에 전념하였고 하와이에 정착한 뒤에는 교육과 교회 일에 전념할 때
여서 거침없이 독립운동의 전면에 나선 박용만의 활동경력과 비교하기
어려울 정도로 객관적인 면에서 인정하지 않을 수 없었다. 더구나 1917년
7월 상해에서 발송된 「대동단결선언」 제안자 14명 중 한 사람으로 박용
만이 포함된 사실은 그의 대내외 입지와 역량을 다시금 평가하는 계기

---

[39] "Syngman Rhee to Marion Smith(1917.9.29)", *The Syngman Rhee Correspondence in English*, Institute for Modern Korean Studies, Yonsei University, 2008, p.15.

[40] 이승만이 송헌주와 윤병구를 별도로 추천한 것은 박용만 한 사람으로 한인 대표로
보내는 것에 대한 일말의 우려를 갖고 있었기 때문인 것 같다. 그러한 이승만의 우
려는 박용만이 뉴욕 소약국민동맹회의를 마치고 그해 12월 중순경 하와이로 돌아
간 직후 발생하였다. 이번 대회 참가를 계기로 하와이 한인사회는 이승만과 하와
이지방총회를 중심으로 더욱 단합하고 부흥하기보다 소약국민동맹회의 참가여비
모금액을 둘러싸고 오히려 분쟁과 분열의 소용돌이에 빠져들었다.

가 되었을 것으로 짐작된다. 특히 「대동단결선언」에서 "해외 각지에 현
존한 단체의 대소은현(大小隱顯)을 막론하고 결합 통일하여 유일무이
의 최고기관을 조직할 것"과 "국정을 세계에 공개하여 국민외교를 실행
할 것" 등의 제안은[41] 해외 한인들이 나아가야할 방향이자 정당한 지침
이었다. 대내외에서 보인 이런 객관적이고 긍정적인 흐름이 박용만을
한인 대표로 선정할 수 있게 만든 요인이 되었을 것으로 생각한다.

또 한편 1915년 재정남용을 빌미로 총회장 김종학을 몰아내고 하와
이지방총회를 장악한 이승만 지지세력이 박용만을 한인 대표로 내세움
으로써 그동안 소원했던 그의 지지자들과 화합의 분위기를 조성할 수
있다는 계산도 염두에 두었을 것이다.

소약국민동맹회의의 한인 대표로 박용만을 선정한 이유와 의도가 무
엇이었든 간에 이승만과 하와이지방총회는 이번 일을 계기로 자신들의
위상과 입지를 강화하고 제고할 수 있는 좋은 기회였다. 스미스에게 보
낸 편지(1917.9.29)에서도 밝혔듯이 이승만은 뉴욕 소약국민동맹회에서
평의회를 조직할 때 한국 측 평의원으로 참가했다. 즉, 한국을 대표할
연사로 박용만을 선정해 통보하기 전 자신은 이미 소약국민동맹회의
평의원으로서 미리 위상을 구축하고 있었던 것이다. 이런 가운데 한국
을 대표할 연사로 누구를 파견할 것인지를 두고 고민하였고 그 결과 박
용만을 낙점한 것이었다. 이승만은 박용만을 선임함으로써 그 지지자
들을 내편으로 유도할 수 있는 유리한 여건을 만듦과 동시에 소약국민
동맹회와 뉴욕의 대회를 통해 자신의 국제적 위상을 제고시킬 좋은 기
회로 본 것이다.

이승만은 하와이지방총회장(안현경)의 명의로 다음의 공함을 발표
(1917.9.28)하고 대대적인 모금운동에 착수했다.

---

41) 방선주, 『재미한인의 독립운동』, 95쪽.

이제 또 두 번째 반가운 소식을 얻은바, 뉴욕에서 10월 29일에 소약국인에 대표자를 소집하여 동명케 되니 우리 한족된 자 누가 이같은 기회를 어찌 방관만 하리오. 그럼으로 소약국민동맹회에 참석할 대표자를 파송하여 오늘 한국에 지원극통한 설원을 하여야 하겠소. 우리의 사랑하는 동포들께서는 깊이 생각한바 대표자를 파송케 하시며 이 아래 노열한 조목을 따라 보시고 힘써야 하겠으니 조량하시오.(할 수 있는 대로 조용하게 하고 떠들지 말도록 함이 금일 형세인 줄 아시는 바 아니오?)

특연

1. 우리 국민들은 순전한 애국심으로 열성을 다하여 특연 지원자는 일원 이상에 금전으로 도울 일.

2. 일자가 심히 급한 즉 연금의 기록된 금액을 지방에서라도 대급하여 10월 13일 내로 보내어 총회에서 예비함이 군색지 않게 할 일.

3. 해 금액을 송헌주씨에게 부송하되 이 아래 번지를 주의할 일.

Rev. H. J. Song, 2603 Liliha St., Honolulu, T.H.[42]

위 공함을 보면 특연 지원자는 1달러 이상을 의연하되 10월 13일까지로 의연 기간을 한정했고 모든 돈은 송헌주에게 보내는 것으로 했다.

하와이지방총회장 명의로 공함을 발송한 그날 이승만은 안현경과 공동 명의로 '특고'를 발표해 이번 의연금의 명목을 '소약국민동맹회 대표 여비'로 부르고 송헌주에게 돈을 보내면 그의 이름으로 영수증을 발급할 것임을 알렸다.[43] 송헌주를 이번 모금운동의 임시 재무로 선임한 것

---

42) 국사편찬위원회 편, 「공함」, 『대한인국민회와 이승만(1915~36년간 하와이 법정자료)』, 1999, 94~95쪽. 여기에 대한 영문도 같은 책 93쪽에 실려 있어 한글 공함보다 이해하기가 더 쉽다. 그런데 방선주의 『재미한인의 독립운동』 96쪽에 따르면 법정 소송문건을 인용해 이승만이 모금운동을 비밀리 추진한 것으로 보았는데 이는 사실과 다르다. "할 수 있는 대로 조용하게 하고 떠들지 말도록 함이 금일 형세인 줄 아시는 바 아니오?"라는 글 때문에 비밀 모금운동을 추진한 것처럼 해석했는데 이는 혹시 모를 쓸데없는 오해나 분란을 방지하기 위한 사전 조치였지 비밀모금운동을 지시한 것은 아니었다.

43) 국사편찬위원회 편, 『대한인국민회와 이승만(1915~36년간 하와이 법정자료)』, 99쪽.

은 평소 그가 하와이 한인들로부터 신임을 두텁게 받아왔기 때문으로
보인다. 송헌주는 하와이 감리교단의 초청으로 1916년 3월 한인중앙학
원 교장이자 하와이 한인제일감리교회 목사로 부임했는데 1917년 3월
과 7월에 각각 한인중앙학원과 한인제일감리교회에서 사임하고 이승만
이 운영하는 한인여학원 부교장으로 전임했다.[44] 그가 한인여학원에서
이승만의 교육활동을 적극 돕게 되자 이승만은 그를 재무로 추천해 모
금운동에 중요한 역할을 맡긴 것 같다.

　불과 2년 전인 1915년만 해도 하와이지방총회의 내홍으로 하와이의
한인들은 크게 실망하고 상심했으나 이제 그 분란을 딛고 이승만과 박
용만이 서로 화합하며 일하게 되자 의연금 모금운동에 적극 참여했다.
예컨대 함호용이 작성한 1917년 10월 3일 자 마우이섬 푸우네네 사람들
의 의연금 모금장부를 보면 함호용, 홍한식 등 15명의 한인들이 각 1달
러씩 납부하였다.[45] 이렇게 하와이 각지의 한인들이 적극 호응한 결과
약 2주간의 짧은 모금기간 동안 당초 계획한 500달러의 금액을 훨씬 넘
어 1,500달러를 상회한 모금 실적을 거두었다.[46] 이것은 박용만을 외교
대표로 선정한 이승만이나 하와이지방총회 모두에게 명분과 실리를 가
져다 준 의미있는 성과였다.[47] 의연금 모금활동이 성공적으로 진척되

---

[44] 최기영, 「송헌주의 재미민족운동과 한인단체 연합활동」, 『한국독립운동사연구』 51, 2015, 56~58쪽.

[45] 국외소재문화재재단 편, 『미국 UCLA리서치도서관 스페셜 컬렉션 소장 함호용 자료』, 2013, 92쪽.

[46] 국사편찬위원회 편, "The League of Small Nationalities and Its Finance", 『대한인국민회와 이승만(1915~36년간 하와이 법정자료)』, 102쪽.

[47] 그러나 모금운동은 성공했으나 1918년 1월 송헌주의 장부 기록과 사용처가 불분명하다는 이른바 재정남용문제가 일어나 법정소송으로 비화되면서 하와이 한인사회는 이승만 지지세력과 반이승만세력으로 분열되는 계기가 되었다(홍선표, 「1910년대 하와이 한인사회의 동향과 대한인국민회의 활동」, 『한국독립운동사연구』 8, 1994, 162~165쪽). 이런 연유로 이승만은 제2차 뉴욕 소약국민동맹회의와 파리강화회의 한인 대표로 선정되어 미국 본토로 갔을 때 중앙총회장 안창호에게 박용만의 외교활

어 대표 파견계획이 차질 없이 진행됨에 따라 안현경은 비로소 10월 11일 자로 북미지방총회장 이대위에 공함을 보내 귀 총회와 상의 없이 박용만을 대표로 선정해 뉴욕 소약국민동맹회의에 파견한다는 사실을 알렸다.

박용만은 10월 24일 샌프란시스코를 떠나 10월 27일 토요일 오후 뉴욕에 도착했다. 28일 소약국민동맹회 서기를 찾아가 출석 절차를 밟고 29일 오후 대회 개막식에 참석했다.

박용만은 『신한민보』에서 밝혔듯이 대한인국민회 전체를 대표하지 않고 하와이지방총회의 명을 받들어 이번 대회에 참가한다고 했지만,[48] 실상 대회에 참가했을 때는 대한인국민회를 대표해 활동했다. 그는 연설에서 대한인국민회는 하와이 5천 명과 북미 2천 명의 한인들을 대표하지만 정치적으로 만주와 시베리아의 2백만 한인들과 연결되어 있으므로 실제 자신은 전체 한인 2천만 중 10%인 2백만을 대표하여 참석하는 것으로 설명했다.

호놀룰루를 떠나 샌프란시스코에 막 도착했을 때 박용만은 북미 한인들에게 소약국민동맹회의에 가는 것은 단지 임원 조직을 위한 것이고 대회 참가에 대해선 큰 의미를 두지 않는 것처럼 언급했다. 그러나 그것은 중앙총회 부회장의 입장에서 사전에 대한인국민회 중앙총회나 북미지방총회와 아무 상의 없이 하와이지방총회의 대표로 선정된 것에 대한 미안함이 묻어 있는 다분히 수사적인 말에 불과했다. 그는 이번 대회를 위해 장문의 연설문을 작성할 정도로 철저히 준비하여 10월 29일 개회식 첫날 저녁 회의 때 다섯 번째로 연설했다.[49]

동비로 사용하고 남은 1,119.50달러를 직접 전달하여 그간의 오해를 불식시켰다미정리 대한인국민회 자료 B8-251, 「백일규가 이승만에게 보낸 편지」(1919.2.6)].

48) 『신한민보』 1917년 10월 24일, 「박용만씨의 내상」.

49) "Attack On Small Nations' League", *The Sun*, October 29, 1917.

지금으로부터 103년 전에 행했던 그의 연설문은 다행히 방선주 선생에 의해 수집되어 학계에 알려졌으나 지금까지도 그 내용의 면면이 상세히 분석되지 않았다.[50] 이에 이 글을 통해 그 의미를 밝혀 정리하고자 한다.

박용만은 연설 서두에서 자유의 나라이자 민주주의의 본고장인 미국에서 연설할 기회를 갖게 된 것에 먼저 감사하였다. 이번 기회를 통해 그는 모든 행복과 자유를 무자비한 일본의 정복자들에게 빼앗긴 고국 한국에 대한 진실을 알리는데 힘쓰고 싶다고 했다. 그는 일본 식민통치하의 한국인의 상황은 일부 아프리카에서 목격할 정도로 무자비하고, 문화적 전통과 정신의 파괴, 종교, 특히 한국인 기독교인에 대한 탄압 행위는 계속되고 있음을 낱낱이 고발하였다. 그러한 가운데서도 한국인은 스스로를 구원하기 위해 다음과 같이 분기할 것이라고 했다.

> 그럼에도 불구하고 한국인은 자신의 구원을 위해 일하고 있습니다. 우리는 한국이 아직 완전히 끝나지 않았다고 생각합니다. 한국은 한국인의 것이며, 일본과 같은 다른 어느 인종에게도 통치 받을 수 없습니다.……그러므로 한국은 끝나지도 멸망하지도 않았습니다. 한국은 수술실 침대 위에 놓인 마취된 환자일 뿐입니다. 이것은 새로 건설되기 위해 낡은 것들을 부숴버리기 전까지의 짧은 휴식 시간입니다. 일본은 옛 군주주의 체제의 국가를 전복시켜주었는데, 이것은 어쩌면 한국인들이 준비되었을 때 민주적이고 자유로운 새로운 정부를 만들기 위한 미래의 일들을 애석하게도 일부 일본이 해 주었을 뿐이라는 심정을 전합니다.[51]

---

[50] 방선주 선생에 의해 수집된 연설문은 박용만기념사업추진회 한애라 사무처장을 통해 널리 학계에 공개되었다.

[51] 연설문의 원문은 아래와 같다.
In spite of that, however, we Koreans are working for our own salvation now. We think Korea is not lost yet. Korea is only for Koreans and can not be owned or governed by other race such as the Japanese. This very moment which is dark as a

과거 낡고 병든 군주주의의 체제를 단지 일본이 전복시켜 주었을 뿐, 한국은 여전히 끝나지도 망하지도 않았다는 사실을 알리고 향후 준비된 한국인들에 의해 민주적이고 새로운 정부를 만들어 갈 것이라고 역설했다.

망국 이후 일본은 한국인을 무지하고 독립이 불가능한 민족으로 선전하였으나 한국인은 과거의 유산들을 항상 자랑스러워한다고 했다. 그러면서 미국으로부터 자유와 평등, 정의와 민주의 새 사상들도 받아들여 새롭게 다듬어 가는 중이라고 했다. 특히 최근 윌슨 대통령이 언급한 "정부의 정의로운 권력은 피치자의 허락에 의해서만 나온다"는 것과 "모든 사람은 자신들이 사는 곳에서 자주권을 선택할 권리가 있다"라는 새 사상을 한국인들은 깊이 명심하고 있다고 했다. 윌슨이 언급한 이 말은 평화를 위한 전제조건으로 내건 민족자결의 원칙을 의미한다. 윌슨이 민족자결주의의 원칙을 밝히고 공식화한 것은 상·하 양원 합동회의에서 1918년 1월 8일 14개조 평화조건의 발표와 이어서 행한 1918년 2월 11일 연설 때였지만 이미 그 이전부터 그는 일관되게 민족자결의 원칙을 표명하고 있었다. 즉 1915년 11월 4일 맨해튼 클럽에서, 1916년 5월 27일 미국인동맹(American League) 만찬회에서, 1917년 1월 22일 상원 회의에서 일관되게 표명하였다.[52] 이런 연유로 박용만은 자신의 연설에서 윌슨의 민족자결 원칙을 인용하였고 그러한 원칙이 한

---

black night, is only an eclipse to the bright light of the Land of the Morning Calm. We consider, therefore, that Korea is not dead, nor is to be destroyed. She is at present merely a chloroformed patient on the operating table; and it is only a short interval until the old building is crushed down and the new one will be built. I am sorry to have to say that the Japanese have partly done what the Koreans ought to, and perhaps will do some day, in overthrowing the old monarchical system of government when we are ready to construct a new government on the basis of democracy and freedom.

52) 박현숙, 「윌슨의 민족 자결주의와 세계 평화」, 『미국사연구』 33, 2011, 155~160쪽.

국 민족에게도 그대로 적용될 수 있기를 희망했다.

박용만은 일본제국은 프로이센 군주국만큼이나 세계 민주주의에 위험한 나라임을 폭로하고 '제국주의는 독일·러시아·영국·프랑스 등 그 어떤 나라라 할지라도 모두 자유 국가의 적이다'라는 한 스위스 작가의 말에 동감한다고 했다. 일본은 진정 민주주의를 위해 싸우는 나라가 아니므로 한국은 그런 일본의 속박에서 벗어나 진정한 독립을 이루어야 한다고 역설하였다.

> 신사숙녀 여러분 제 말을 들어주십시오. 우리 민족이 우리를 정복한 자들에 비해 선천적으로 열등한 민족입니까? 우리가 강력한 국가의 국민이 되기 위해서 태어난 것입니까? 다시 말하면 우리가 다른 민족의 영원히 통치를 받아야 합당한 것입니까? 만약 이것이 사실이고 이것이 하늘이 정해준 운명이라면 저는 전혀 불평하지 않을 것입니다. 그러나 우리는 하나의 민족이자 스스로를 다스리고 독자적으로 일을 수행할 수 있는 자로 확신합니다. 이런 민족의 한 사람으로서 저는 한국이 한 국가로서 인정받고 한국인들은 정치적인 자유와 상업상의 권리를 향유할 수 있어야 한다고 주장합니다. 오늘 오후, 어느 기자는 "일본은 한국이 필요하기 때문에 한국을 포기하지 않을 것이다"라고 말했습니다. 그러나 제 관점에서 보자면 한국인들은 일본인보다 더 한국이 필요합니다.[53]

---

[53] "Listen to me, ladies and gentleman. Are we naturally the inferior race compared with our conqueror? Are we born subject peoples of the powerful nations? And, in other words, are we only fit to be governed by some other race forever? If that is true and it is our heaven-directed destiny, I would not complain of anything at all. But I know that we are a people, and I do know that there are none of us who are not able to govern themselves and carry out **** their ***** independent affairs. Being one of these people, I claim, therefore, Korea must be recognized as a national unit and the Koreans must enjoy political freedom and commercial rights. This afternoon one of the newspaper reporters said: "Japan won't give up Korea, because Korea is necessary to Japan". But in my point of view Korea is more necessary to the Koreans than to the Japanese."

박용만은 자유 없는 평화의 실상을 언급하며 약소민족의 정당한 생
존권을 호소하였다.

오늘날 일본뿐만 아니라 여러 열강들은 영구적인 세계 평화를 이야기합
니다. 그러나 미래 전쟁의 숨겨진 요소들과 명백한 징후들을 지금 평화롭게
사라지게 하지 않는 한 평화는 오지 않을 것입니다. 약소민족들에게 민족적
이고 경제적인 권리를 줄 때까지 세상의 얼굴에는 그들의 눈물과 피가 마르
지 않을 것입니다.[54]

그는 지금이야말로 조상으로부터 물려받은 권리를 되찾을 시기이니
단결된 힘으로 새로 진수한 거대한 배를 운영하자고 제안했다. 그러면
서 자신이 생각하는 가장 중요한 이념을 다음과 같이 제기하고 연설을
마무리하였다.

But the most important idea I suggest to this congress is that we must forget
all the different ideas of our own old glories and must build up our hopes with
the new freedom and the new democracy of the American ideals.

요컨대 과거 낡은 영광에 사로잡힌 모든 관념들을 잊어버리고 미국
인의 이상인 새로운 자유와 새로운 민주주의를 건설하는 것을 향후 우
리의 희망으로 삼자고 호소했다.
소약국민동맹회는 전쟁 후 강화회의나 국제회의 때 약소민족의 입장

---

54) "Today the Japanese as well as the other powers often speak of the permanent peace
of the world. But I am sure there would be no peace unless the hidden factors and
the apparent symptoms of a future war can be peacefully removed now. Unless these
small and subject nationalities with their national and economical rights the face of the
world will never be dry of their tears and blood."

을 대변하기 위해 결성된 단체다. 설립 배경으로는 윌슨 대통령이 제시한 자유와 평등, 이를 기반으로 한 민주주의와 민족자결의 원칙 기반 위에서 출발했다. 소약국민동맹회는 미국의 이상과 정신을 존중하여 미국을 약소민족들의 진정한 친구로 간주하였고 미국의 발전에 적극 동참하는 것을 설립 목적의 하나로 삼았다. 하지만 1917년 4월 이후 미국은 제1차 세계대전에 연합국의 일원으로 참전한 뒤 전쟁의 승리가 일차적인 목표가 되었다. 이런 상태에서 소약국민동맹회가 전쟁을 일으킨 독일과 오스트리아와 같은 동맹국과 마찬가지로 미국과 함께 싸우는 영국·일본 같은 연합국까지 약소민족의 이익을 옹호하고 대변한다는 취지하에 똑같이 규탄한다는 것은 미국 정부는 물론 미국인들의 보편적인 정서와도 통용하기 어려웠다. 즉 독일·오스트리아·터키·불가리아 등 침략 동맹국에 부속된 약소민족들이 자유와 평등의 이념으로 자결권을 주장하는 것은 당연한 논리로 볼 수 있었겠으나, 아일랜드인·스코틀랜드인·한국인 등과 같은 약소민족들이 그런 동맹국과 전쟁하는 연합국의 영국이나 일본을 상대로 자기 민족의 입장을 대변하며 규탄한다는 것은 용납하지 못하겠다는 것이다. 다시 말해 윌슨이 제안한 자유와 평등을 기반으로 한 민족자결의 원칙과 새로운 민주주의의 이상은 전쟁을 일으킨 당사국에게만 해당되어야 한다는 인식이 미국 정부 내에서나 미국인들 사이에 이미 보편적인 정서로 자리 잡고 있었음을 의미한다. 1918년 11월 전쟁 종결 직후 가진 파리강화회의에서 윌슨이 제안한 민족자결의 원칙을 연합국을 배제한 동맹국에게만 적용하는 것으로 변질한 것은 당시 미국 정부가 국제연맹 창설을 위한 명분 때문이라는 외적인 요인도 있었겠지만 본질적으로 1917년 소약국민동맹회의를 개최하기 전부터 연합국의 전쟁 승리를 기원하고 있던 미국인들의 일반 정서 속에서 이미 자리 잡고 있었다고 볼 수 있다.

한국인을 대표한 박용만의 연설에 대해 가장 민감하게 반응을 보인
곳은 The Survey였다. The Survey는 연사로 참석한 박용만에 진심으로
특별한 감사를 표하였고, 그가 연설에서 제시한 한국인에 대한 일본의
폭정 사례는 아시아·유럽·아프리카 등에서 실제 모든 피압박 영토에
서 발견되는 아주 유사한 것으로 인정하고 동감하였다.[55]

박용만은 대회를 마친 후 각지의 한인 동포들을 순방하고 1917년 12월
8일 샌프란시스코로 돌아왔다. 임무를 마치고 돌아온 그를 위해 50여
명의 한인들은 도착 당일 저녁에 환영식을 베풀어주었는데 그 자리에
서 그는 대회 내용을 간략히 설명하고 나름의 성과이자 소감을 밝혔다.

  우리가 이 동맹회에 참여함으로 갑자기 한국의 독립을 얻어 올 것이 아니
  로되, 어느 날이든지 한국이 독립하려면 실력은 있다 치더라도 외교, 군사의
  활동을 진행함이 필요하다.[56]

독립을 위해선 외교운동과 군사운동을 병행해야 한다는 그의 말은
그동안 평소 군사활동에만 중점을 두어왔던 그의 예전 모습과 비교할
때 상당히 진전된 의식이다. 이번 대회 참가가 아니었더라도 그는 독립
을 위한 군사활동을 결코 소홀히 할 사람이 아니었다. 하지만 대회 참
가 이후 그가 외교의 중요성까지 언급한 것은 향후 제1차 세계대전 종
결 이후 있을 강화회의와 같은 큰 국제회의를 한인들이 미리 대비해야
한다는 점을 분명히 제시한 의미있는 발전이었다.

55) "Through Liberty to World Peace", The Survey, November 10, 1917.
56) 『신한민보』 1917년 12월 13일, 「상항지방회에서 박용만씨를 환영」.

3. 1918년 제2차 소약국민동맹회의와 재미 한인의 선전·외교활동

1) 대한인국민회 중앙총회의 대표 파견 추진

제1차 세계대전의 종결로 국제사회는 향후 있을 파리강화회의에 모든 관심을 기울였다. 전쟁을 승리로 이끈 미국의 윌슨 대통령이 주창한 14개조 평화조건이 향후 어떻게 이행되고 적용될 것인가는 승전국 연합국이나 패전국은 물론 전 세계 약소민족 국가들에게도 초미의 관심사였다. 이미 14개조 평화조건에 의해 폴란드의 독립은 확정되었고 1918년 6월 오스트리아로부터 독립을 선언한 체코슬로바키아는 연합국의 승인을 받았다. 헝가리는 오스트리아에서 떨어져 나와 독립 정부를 건설하였고 아일랜드·인도 등 약소민족들은 독립국가 수립을 요구하고 있었다.

제1차 세계대전 종결 이후 파리강화회의에 대한 전 세계의 관심이 요원의 불길처럼 확산되고 있을 때 미주 한인들은 분주하게 대응 방안을 모색하였다. 대한인국민회 북미지방총회장 이대위가 1918년 11월 12일자로 중앙총회장 안창호에게 보낸 「품청서」를 보면 그러한 움직임이 여실히 드러난다.

> 금에 뉴욕 김헌식(金憲植)의 내함(來函)을 접준한 즉 그 사의(辭意)가 소약국동맹회에 한인 대표자 파견을 순의(詢議)인바 대저 동맹회 대표자 파견은 북미총회의 천행할 사건이 아님으로 내서(來書)를 동봉해 드리오니 조처하심을 위요.[57]

---

[57] 북미지방총회장 → 중앙총회장 안창호(1918.11.15), 도산기념사업회·도산학회 편, 『미주국민회자료집』11(대한인국민회북미지방총회 5), 경인문화사, 2005, 471쪽.

「품청서」에서 밝힌 대로 김헌식은 뉴욕 한인을 대표하여 북미지방총
회장에게 향후 있을 제2차 소약국민동맹회의의 한인 대표자 파견 문제
를 논의하자고 제안하였다. 그의 제안은 제1차 세계대전 종결 직전부터
뉴욕의 한인들이 국제정세의 격변에 대응하기 위해 소약국민동맹회의
에 한인 대표자 파견계획을 세우고 있었음을 의미한다.

소약국민동맹회의에 한인 대표자를 파견하자는 김헌식의 제안에 대
해 북미지방총회는 자신들이 담당할 본분이 아니라고 판단해 중앙총회
로 위임하기로 한 후 11월 14일 특별 임원회를 개최하였다. 그 결과 월
슨 대통령에게 민주주의의 승리를 치하하는 전보를 보낼 것, 중앙총회
에 시국문제를 주관해 나갈 것을 건의할 것, 북미지방총회는 중앙총회
의 지휘 하에 재정 원조를 담당하고 의연금 모금활동에 착수할 것 등을
의결하였다. 북미지방총회는 "이번 대전쟁에 연합군국과 미국의 승리
는 곧 월슨 [대]통령의 민주주의 승리니 세계 각 민족은 모두 자기 의향
에 의지하여 그 운명을 결단하는 동시 자유를 얻는 민족이 많을 것이
라"며, 국제정세가 급변하는 이 좋은 때를 이용하여 소약국민동맹회의
와 장래 강화회의까지 우리의 활동을 시험해 볼 것을 제안하였다.[58] 특
별 임원회의 의결 내용은 11월 15일 자 「통첩」으로 각 지방회장에게 전
달되었다.

이대위는 11월 15일 자로 중앙총회장 안창호에게 「품청서」를 보내
소약국민동맹회의와 강화회의를 대비하기 위해 중앙총회에서 대표자
를 공식 파견해 줄 것을 제안하였다.[59] 그 다음날인 11월 16일에는 북
미지방총회장의 이름으로 월슨 대통령에게 다음의 승전 축하 전보를

58) 이대위 → 각 지방회장(통첩, 1918.11.15), 『미주국민회자료집』 11, 473쪽; 『신한민
　　보』 1918년 11월 21일, 「북미총회보」.
59) 북미지방총회장 → 중앙총회장 안창호(1918.11.15), 『미주국민회자료집』 11, 474쪽.

보냈다.

　미국과 동맹국의 대승리를 진심으로 축하하고 미국의 개입으로 승리하여 모든 인민의 자유와 평등을 얻게 되었습니다. 인류에게 민주주의의 신시대를 열게 해 준 것을 크게 기뻐합니다.[60]

북미지방총회장의 전보에 대해 미국 백악관은 잘 받았다는 회신을 보내주었다.[61]

11월 20일 북미지방총회는 소약국민동맹회장에게 서신을 보내 가능한 빠른 시일 안에 우리 대표를 보낼 것이니 대회 일정을 알려줄 것을 요청하였다.[62]

이로 보면 북미지방총회는 제1차 세계대전 종결을 앞두고 국제정세를 예의 주시하고 있을 때 뉴욕 한인을 대표한 김헌식으로부터 소약국민동맹회의 대표자 파견 건을 제안받고 즉각 중앙총회를 움직여 행동에 착수하였음을 알 수 있다. 이러한 행동 이면에는 1917년 제1차 소약국민동맹회의 때 하와이지방총회의 선점으로 온전한 미주 한인의 대표자를 보내지 못한 것을 내심 유감스럽게 생각하고 과거와 똑같이 또 다시 뉴욕의 한인들에게 주도권을 빼앗길 수 없다는 절박함이 묻어 있는 것으로 보인다.

중앙총회장 안창호는 북미지방총회의 공문(1918.11.15)을 받은 직후인 11월 18일 정한경에게 편지를 보내 시국 현안에 대한 협조를 구했다. 안창호는 미국이 역사적인 파나마운하의 개통을 축하하기 위해

60) 이대위 → Woodrow Wilson(1918.11.16), 『미주국민회자료집』 11, 476쪽.
61) 미국 백악관에서 보낸 회신은 현재 내용은 없고 11월 25일 자 소인이 찍힌 겉봉투만 남아있다.
62) 북미지방총회장 → 소약국민동맹회장(1918.11.20), 『미주국민회자료집』 11, 480쪽.

1915년 2월부터 12월까지 샌프란시스코에서 파나마 만국박람회(Panama Pacific Expo)를 개최할 때 처음 정한경을 만난 적 있었는데 그 이후 간간히 그의 소식만 듣고 있다가 모처럼 편지를 보낸 것이었다.

고할 말씀은 지금 구라파 전쟁이 그치고 장차 강화담판이 열릴 터이라. 미주와 하와이 재류하는 동포들 중에서 이때에 우리도 우리나라의 자유를 위하여 미국 정부에 교섭하자는 이가 많습니다. 형의 의견은 어떠 하신지오.
제 생각에는 우리가 윌슨 대통령에게 교섭을 함으로 오늘 무슨 효험이 없을 줄 아오나 세상 사람들이 자기들의 자유와 평등을 위하여 말하는 이때에 우리만 가만히 있으면 독립을 원치 아니하는 이와 같을 지라. 우리의 뜻을 발표하는 것은 가하는 듯 하오이다. 형께서 이에 대하여 의견을 말씀하여 주소서.
이 일을 미주와 하와이의 한인 전체가 합하여 대한인국민회 명의로 대표자를 택하여 진행하게 되겠소이다. 형께서 이 일에 몸을 내어놓으사 여러 사람의 부탁을 받아 일 하실 수가 있을는지요. 알게 하여 주소서. 소약국동맹회는 어떠한 것이오니까.

안창호는 첫째, 강화회의가 열릴 때 미국 정부와 교섭하자는 의견에 대해 어떻게 생각하는지, 둘째, 윌슨 대통령과 교섭하는 일에 어떤 효과를 바라는 것은 아니나 가만히 앉아 있으면 독립을 원치 않는 것처럼 비치니 우리의 독립문제를 거론하자는 계획을 어떻게 생각하는지, 셋째, 대한인국민회에서 미주 한인 전체 대표자를 선정할 때 동참할 수 있겠는지, 넷째, 소약국민동맹회가 어떤 단체인지에 대해 물었다.
편지 내용을 볼 때 안창호는 장차 다가올 소약국민동맹회의에 정한경을 한인 대표자로 파견하기로 잠정 선택한 것처럼 보인다. 그렇지 않았다면 이렇게 구체적으로 시국문제를 협의하러 편지를 보내지 않았을 것이다.

안창호가 정한경을 한인 대표자로 염두에 두고 편지한 것은 그가 이전에 보여준 특별한 활동이 있었기 때문이다. 에반스톤의 노스웨스트대학교 경제학과에 조교로 근무하던 정한경은 1918년 11월 11일 대전종결이 선언된 날을 기해 재미 한인 동포들에게 장문의 영문 호소문을 보냈다. 대전 종결 이후 열릴 강화회의가 윌슨의 민족자결원칙과 민주주의를 기반으로 전개될 것임을 예상하고 이때를 당하여 한인들은 대표자를 뽑아 대비해야 할 것을 촉구하였다. 그는 대표자의 자격으로 첫째, 신용 있는 한인 애국자여야 하고, 둘째, 영어 구사력이 뛰어나야 하며, 셋째, 탁월한 지식을 소유한 자여야 한다고 했다. 이에 적합한 인물로 이승만을 꼽고 그를 사실상 한인 대표자로 추천하였다.[63] 그리고 그 이전에도 그는 중국 유학생 잡지인 *The Chinese Students' Monthly* (1918. 5)에 "Korea Under Japan"이란 글을 발표해 미주한인사회에 알린 적이 있었다.[64] 이 글은 한국과 중국을 이와 잇몸처럼 서로 뗄 수 없는 관계로 보고 일본의 압제를 받고 있는 한국의 고통이 바로 중국의 아픔으로 연결된다는 점을 상기시켜 중국인들에게 한국에 대한 동정을 불러일으켰다.

정한경의 이런 활동은 안창호를 비롯한 미국 내 주요 한인들에게도 알려졌을 것으로 보인다. 때문에 안창호는 그를 한인 대표자로 추천할 만하다고 판단하고 기꺼이 시국 자문을 요청한 것으로 보인다.

안창호의 편지에 대해 정한경이 어떻게 답신했는지는 자료를 찾지 못해 세부내용을 알 수 없으나 11월 28일 자로 안창호에게 보낸 편지를

---

[63] 정한경의 호소문은 국사편찬위원회 한국사데이터베이스에 수록된 일본 외무성 외교사료문서 『不逞團關係雜件-朝鮮人の部-在歐美(3)』, 「재미 조선인 독립운동에 관한 건」(1918.12.12)에 수록되어 있다. 영어 원문의 첫 문장은 My Fellow Countrymen을 향해 "The War has come to end. What now?"로 시작한다.

[64] 위와 같음.

보면 그가 바로 회신했음을 알 수 있다. 11월 28일 자 편지에 따르면 그는 안창호가 마지막으로 물었던 소약국민동맹회에 대해 자세히 설명하고 그 설립 목적을 알려주었다.[65] 또 소약국민동맹회 서기 스미스에게서 받은 11월 27일 자 편지 내용을 안창호에게 소개하였다. 스미스의 편지는 정한경이 소약국민동맹회 회장 하우에게 보낸 것에 대한 답신인데 오는 12월 14일부터 15일까지 뉴욕 맥알핀호텔에서 대회가 개최될 것이며 대회 목적은 강화회의에서 약소민족 국가들의 발언권을 확보하는 것이라 했다.

정한경에게 보낸 안창호의 편지에서 볼 때 중앙총회는 대전 종결 직후까지도 국제정세의 변화에 능동적으로 대처할 계획이나 향후 방도조차 세워놓지 못하고 있었다. 중앙총회는 예산과 인력도 없이 구성된 허명뿐인 조직이어서 실질적인 지도기관으로서의 위상을 갖거나 국제적인 대외활동에 관심을 가질 여건을 갖추지 못했다. 안창호가 1915년 4월 중앙총회장에 당선된 이후 벌인 주요 활동은 하와이 순방(1915.8.25~12.21)을 통한 한인사회의 분쟁 조정, 멕시코 순방(1917.10.12~1918.8.29)을 통한 한인생활 개선활동이었다.

1917년 4월 2일 윌슨 대통령이 상·하 양원 합동회의에서 자유와 평등, 그리고 민주주의의 실현이라는 명분으로 참전 선언 연설을 한 직후 『신한민보』에 나타난 재미 한인사회의 반응은 전쟁과 무관한 태도였다.

오직 우리 한인은 전쟁에 무슨 관계가 없나니 실로 태도의 표명여부가 없거니와 마땅히 재류국의 국기를 공경하여 성의를 보일 것이며, 언론과 교제를 조심할 것이오. 전쟁생활에 대하여는 스스로 예비할 자가 있나니 농산물

---

65) 미정리 대한인국민회 자료 B8-265, 「정한경이 안창호에게 보낸 편지」(1918.11.28).

요구에 노동은 많을 지나 모든 물가가 고등할 것은 밝히 알 일이라. 일반 동포는 더욱 경제하여 이 전쟁을 곱게 지내기를 바라노라.[66]

1918년 1월 8일 윌슨 대통령이 14개조 평화조건을 발표했을 때도 재미 한인들은 "재미 한인의 실업을 어떻게 발전할까" 하여 전쟁 후 예상되는 경제적인 문제에만 관심을 두고 있었다.[67]

이처럼 제1차 세계대전 시기 미주의 한인들은 대체로 전쟁과 무관한 채 생활에 전념하였고 미국의 참전 선언과 윌슨의 14개조 평화조건, 그리고 그가 주창한 민주주의와 민족자결의 원칙에 대해 진지하게 고민해 보거나 특별한 관심을 표명하지 않았다. 당시로서는 국제정세의 변화가 한국의 독립에 얼마만큼 영향을 미칠 것인지에 대한 국제적인 식견과 안목을 가질 형편이 못 되었다. 왜냐하면 중앙총회는 1915년과 1918년 두 차례에 걸쳐 일어난 하와이 한인들 간의 분쟁 때문에 1918년 11월 초까지도 한인사회 문제에 매달려 있었기 때문이다. 예컨대 중앙총회장 안창호는 1918년 11월 1일 자로 하와이지방총회, 하와이국민회 임시연합중앙회(이하 '연합중앙회'), 하와이 전체 동포들에게 각각 공문을 보내 한인들의 단결을 해치는 망동을 규탄하고 대한인국민회로 재결집할 것을 호소하는 데 집중하고 있었다.[68]

이처럼 하와이 한인사회 문제에 골몰하고 있던 중앙총회장 안창호는 북미지방총회의 요청에 따라 11월 25일 샌프란시스코에서 북미지방총회 임원과 유지인사 등 20여 명이 참석한 가운데 시국문제 논의를 위한

---

66) 『신한민보』 1917년 4월 12일 논설, 「미국 선전 후의 한인」.

67) 예컨대 1918년 11월 11일 전쟁이 종결된 직후에도 『신한민보』 11월 14일 자 논설 「재미 동포의 전란 이후의 계획」을 보면, 평화가 되는 날 농산물의 시세 변동이 염려되므로 더욱 절약하고 더 많이 생산할 것을 당부하였다.

68) 『신한민보』 1918년 11월 7일, 「중앙총회장께서 하와이에 보낸 공문」: "총회 당국에 권고한 글", "연합회 당국에 권고한 글", "전체 동포에게 권고".

중앙총회 임시협의회를 가졌다. 임시협의회는 "파리평화회의와 및 소약국민동맹회의에 한인 대표자 파견은 아 대한인 전체 민족의 대사건이라. 미·하·묵 재류 한인은 중앙총회 지휘 하에 진행을 일치 할 사"로 의결한 후[69] 다음의 세부 사항을 결정하였다.

1. 평화회와 소약국민동맹회에 한인 대표자 3인을 파견할 일.
2. 한인 대표자는 이승만, 민찬호, 정한경 3씨를 택정할 일.
3. 뉴욕 소약국민동맹회에 참여한 각 국민이 각기 평화회에 대표자를 파견하는 경우에는 한인 대표자 1인을 파리쓰 평화회까지 파견하기로 함.
4. 파리쓰 평화회에 대표자를 파견하는 경우에는 정한경 씨를 파견하기로 한 일.
5. 제2조 결의는 중앙총회 대표원에 묻기로 한 일.
6. 피선된 대표자가 사임하는 경우에는 중앙총회장이 자벽하여 대충하기로 한 일.
7. 이에 대한 경비는 북미, 하와이 양 지방총회로서 담부 판비케 한 일.[70]

요컨대 중앙총회의 총지휘 하에 이번 일을 추진하되 한인 대표자로 이승만·민찬호(閔燦鎬)·정한경 3명을 선택하여 소약국민동맹회의에 참가시키고 그중 정한경은 파리강화회의 대표자로 파견하는 것으로 의결하였다.

11월 26일 중앙총회는 위 결정사항을 담은 「훈시」를 북미와 하와이의 지방총회장에게 보내고 한인 대표자 파견에 필요한 구국특별의연금 모집에 착수할 것을 지시하였다.[71] 동시에 하와이지방회의 중앙총회

---

69) 「중앙총회협회록」, 『미주국민회자료집』 6, 186쪽.
70) 『신한민보』 1918년 11월 28일, 「호외」: "중앙총회협의회 사건 초록".
71) 미정리 대한인국민회 자료 B3-449, 「중앙총회장이 미·하 지방총회장에게 보낸 훈시」.

대표원 정인수·홍한식·박원걸에게 전보로 세부내용을 알렸고,[72] 뉴욕의 소약국민동맹회에 이승만·민찬호·정한경이 미주와 원동의 한국인을 대표한 대한인국민회의 공식 대표자임을 통보했다.[73] 같은 날 당사자인 이승만·정한경·민찬호에게도 한인 대표자로 선정된 사실을 알렸다. 정한경은 11월 26일 자 전보로 명령에 따르겠다고 회신하였고,[74] 민찬호는 중요한 책임을 받아 심히 영화롭게 생각하며 시기가 급박하여 감히 사양할 겨를이 없으므로 명일 뉴욕을 향해 떠나 위탁한 임무를 수행하겠노라고 회신했다.[75] 이승만은 안창호에게 보낸 12월 2일 자 전보에서 미국 본토로 갈 계획을 세워서 찾아 뵐 것이지만 만날 때까지 내 이름을 공표하지 말아달라고 당부했다.[76]

하와이지방총회의 중앙총회 대표원 정인수(鄭仁秀)가 11월 28일 자로 안창호에게 보낸 답신을 보면 이승만의 전보에서 나타난 하와이지방총회의 분위기가 어떠했는지 짐작하게 한다.

귀 전보를 받고 하와이지방총회장 안현경 씨를 심방한 후 중앙총회장 명령을 의준하여 지방총회장 명하로 회전하였사오며, 대표원 정인수는 회전으로 자세한 사건을 다 기록할 수 없어서 서간으로 대강 상달하오니 용서하심을 경요하나이다. 전보 받은 일야(一夜) 전에 무슨 부분 무론하고 지방총회

72) 『신한민보』 1918년 12월 5일, 「호외」: "중앙총회의 공전".
73) 대한인국민회 중앙총회장 → 소약국민동맹회(1918.11.26), 『미주국민회자료집』 11, 485~487쪽.
74) 미정리 대한인국민회 자료 B9-307, 「정한경이 안창호에게 보낸 전보」(1918.11.26).
75) 미정리 대한인국민회 자료 B8-271, 「민찬호가 국민회중앙총회협의회에 보낸 편지」(1918.11.29).
76) 미정리 대한인국민회 자료 B9-306(1918.12.2), 『신한민보』 1918년 12월 5일 자 「호외」의 "이승만 박사의 답전"에는 "나는 장차 각하를 회견하겠나이다"라고 되어 있으나 이것은 전보의 원 내용 "Have been planning trip to coast will see you then dont publish my name until I see you"와 약간 차이가 있다.

관에 모모 인이 모여 몇 가지 사안을 말하다가 균일치 못한 형세가 있어 퇴한한 후 다행히 명일 오전에 귀 전보를 받고 몇몇 분이 또 모여 상의한 결과로 중앙총회장 지위를 복종.

· 중앙총회를 존중히 여기지 아니하였으나 자기들도 할 수 없어 응종하는 모양.

· 이승만 씨는 본래 미주를 가겠다하던 차 아마 사행(私行)을 할 듯 하다고 안현경 씨 말

· 이 씨 주견은 공명으로는 갈 수 없고 사행할 의향이라고 자기 동 지인에게 말한 모양, 은근히 가장 수군수군

· 부비는 하와이지방총회도 속히 주선하여 중앙총회로 기부하겠다고 안현경 씨 단언

· 하와이지방회에 돈이라고 있는 것이 동맹회 돈 천 여원, 군비저축금 천여원.

안 씨 말은 곧 주선하겠다 하면서 하와이 동포에게 아무 말도 없고 간혹 말하기를 세상에 광포할 것 없고 비밀하게 할 일이라 하며 아직껏 아무 주선 없소이다. 차차 형편을 상고하고자 하나이다.[77]

정인수의 편지를 보면 중앙총회의 결정 통보에 한때 반발하였다가 결국 그 명령을 따르기로 했다는 것, 이승만은 당초 개인 일정으로 미국 본토를 갈 예정이었다는 것, 소요 경비는 하와이지방총회도 부담할 것이고 지금 하와이지방총회에 남아 있는 돈은 1917년 소약국민동맹회의 때 박용만을 대표로 보내고 남은 돈 1천여 달러와 군비저축금 1천여 달러라는 것, 안현경은 이번 일을 공개적으로 하는 것보다 비밀리에 추진하고 싶어 한다는 것 등이다. 이 같은 보고 내용을 볼 때 하와이지방총회는 중앙총회의 결정에 따르긴 했으나 마지못해 응하는 모습이었고 경비 조달을 약속하면서도 공개적으로 일을 추진하기보다 비밀리에 추

---

77) 미정리 대한인국민회 자료 B3-425, 「정인수가 안창호에게 보낸 편지」(1918.11.30).

진하기를 원하였다.

하지만 하와이지방총회장 안현경이 안창호에게 보낸 12월 5일 자 공첩에는 하와이지방총회의 공식 입장을 표명했다.

11월 28일에 보내신 전보를 거함은 소약국동맹회에 대표 파송할 사건을 중앙총회에서 착수하심을 공무에 정리로 알아 찬성하오나 경비 등사에 대하여는 여하히 조처하시는지 속히 통지하여 주심을 경요함.[78]

즉 중앙총회가 추진하는 대표 파송 건을 공무로서 찬성하며 경비 조달 방법을 알려달라고 했다. 이어서 안현경은 이승만은 하와이 이민국장과 미국 정부의 허락을 얻어야 하므로 10일 후 미국 본토로 출발할 예정이라고 밝힌 후 "뉴욕 소약국동맹회에서 대표를 보내라는 편지가 하와이에 와온즉 각하께옵서 정한경 씨나 민찬호 씨를 위선 뉴욕으로 파송하시와 상론케 하시옵기를 경요"라 했다.[79]

이를 보면 하와이지방총회는 이미 뉴욕 소약국민동맹회에서 대표 파견을 요청받았지만 과거 1917년의 경우처럼 단독 행동하지 않고 중앙총회의 결정에 따랐음을 알 수 있다.

이것은 1918년도 하와이 한인사회의 상황이 1917년과 확연히 달랐기 때문이다. 1918년 1월 하와이지방총회의 불분명한 재정처리를 둘러싸고 하와이 한인사회에 유혈 충돌이 일어나고 법정 소송까지 전개되자 13개 국민회지방회 대의원들이 1918년 3월 3일 연합중앙회를 설립하고 하와이지방총회와 분립하였다.[80] 이런 연유로 1918년 제1차 세계대전

---

78) 미정리 대한인국민회 자료 B3-426, 「안현경이 안창호에게 보낸 공첩」(1918.12.5).
79) 위와 같음.
80) 『공고서』 제8호(1918.3.6). 『공고서』는 연합중앙회에서 1918년 2월 9일부터 7월 1일까지 제35호까지 주 1회 또는 주 2회씩 등사판으로 발행한 소식지다. 7월 15일부터

종결 시점에는 하와이지방총회와 연합중앙회가 서로 완전히 갈라져 각자 독자활동을 펼쳐서 1917년의 경우처럼 하와이지방총회가 하와이 한인사회를 주도해 독단적으로 한인 대표를 파견할 형편이 못 되었다.

북미지방총회는 중앙총회의 의결사항을 11월 26일 「특별포고문」으로 만들어 『신한민보』 1918년 11월 28일 자 「호외」에 실어 미주 한인들에게 알렸다. 「특별포고문」에서 북미지방총회는,

> 이번 평화회는 세계 각 소약국 민족이 윌슨 통령의 전쟁 목적의 성공에 의지하여 자유 회복을 도모하는 때니 이것이 실로 우리 민족의 만나기 어려운 큰 기회라. 그런 고로 일반 동포는 평화회와 소약국민동맹회에 한인 대표자 파견을 창도하는바 나중 성공은 공리와 운명에 붙이려니와 오늘 진행은 우리 민족의 성력의 통일에 있는 것이라.

하고, 자유 회복을 도모할 큰 기회이므로 평화회의와 소약국민동맹회의에 대표자를 파견하는 것이니 일의 성패 여부를 떠나 우리의 성력을 통일해 경비를 지원하자고 호소했다.

중앙총회는 뉴욕 소약국민동맹회의에 참가하는 두 대표의 교섭 범위를 만들어 구체적인 활동 지침으로 삼았다. 안창호는 "뉴욕에 가는 제군은 응당 모든 일을 신중히 하려니와 보내는 나도 또한 부탁을 신중히 하노라. 그럼으로 나는 이 아래 몇 가지 조건을 기록하여 교섭의 범위를 정하여 주나니 뉴욕에 가서 이대로 행하고 만일 사세가 특히 변통할 경우에는 그 의견을 중앙총회에 제출하여 승낙을 얻은 후에 비로소 행

『연합회보』로 바뀌어 발행되다 11월 28일 『태평양시사』로 다시 변경되었다. 연합중앙회의 초대 회장은 김진호이며 이어서 유진영, 이종홍이 회장을 역임했다. 연합중앙회는 한시적인 임시 단체로 출발했으나 이승만 측과의 타협이 불가능해지자 3·1운동 발발 직후인 3월 3일 박용만이 설립한 대조선독립단에 흡수되었다.

할 것이라"라 하고 다음과 같이 교섭 범위를 제정했다.

1. 뉴욕에 모인 소약국민동맹회에 출석하여 전체 소약국민이 자유와 평등을 함께 얻을 만한 일에 좋은 방침을 확정하여 이를 실행할 일.
2. 합중국 대통령 윌슨 씨에게는 우리 민족이 독립 자유를 회복함에 동정을 구하는 뜻으로 장서를 올리되 한미조약과 한일관계를 자세히 전달하여 동양의 민주주의 실현에 동정을 구할 일.
3. 미국 각 정계에 교섭하여 우리 일에 동정하도록 운동할 일.
4. 우리 민족의 억원한 사정과 일본의 불의한 강제주의로 원동의 평화를 어지럽게 하는 모든 잔학한 일을 들어 각 신문 잡지에 공포할 일.
5. 우리 민족의 대표자가 파리쓰에 건너가는 경우에는 대표자 한 사람만 파견하되 정한경 씨를 파견할 일. (단 한 사람이상을 파견하여야 될 경우에는 중앙총회의 지정을 기다릴 일)
6. 대표자가 각처로 보내는 공문의 원고와 각처에서 연설하는 초본을 중앙총회에 보내며 진행하는 사건을 일일이 보고하여 중앙총회로 하여금 대표자의 활동을 밝히 알고 있게 할 일.
7. 각 대표자는 전항에 기록 진행 사항은 크나 적으나 반드시 일지하였다가 중앙총회로 보내어 역사의 재료로 삼게 할 일.
8. 뉴욕, 시카고에 재류하는 동포를 화동하며 권유하여 이번 일에 각각 분립하지 말고 대한 인국민회 범위 안에서 합동 일치케 할 일.[81]

중앙총회는 이번 한인 대표자의 파견건이 단지 뉴욕 소약국민동맹회의 참가에만 있는 것이 아니라 이를 계기로 미국 정부를 비롯해 각 언론에 한국문제를 거론하여 여론의 지지를 얻겠다는 계획을 염두에 두었다. 역사에 남길 수 있도록 활동 내용을 일일이 기록하고 보고하게

---

81) 『신한민보』 1919년 1월 23일, 「신한민보 호외」: "동맹회에 파견한 양 대표자의 교섭의 범위".

함으로써 이번 일이 민족의 대사라는 사실도 확인시켜주었다.

교섭의 범위와 내용은 한인 대표자에게만 전달하고 일반에게 공개되지 않다가 1919년 1월 4일 중앙총회가 개최한 임시국민대회 때에 밝혀졌다. 이것을 제정한 시기를 확인하기 어려우나 파리강화회의 대표자로 정한경만 선정한 것을 보면 1918년 11월 25일 임시협의회 때 만든 것으로 보인다.

북미지방총회는 12월 9일 임원회를 열고, 각 지방회의 대의원은 흩어져 있으며 중앙총회의 임원 구성이 제대로 되지 않아 의사진행에 장애가 많으니 미·포 재류 유지인사들을 망라한 임시위원회를 조직해 시국문제를 충실히 협의할 것을 중앙총회장에게 헌의하였다.[82] 이것은 파리강화회의의 대표자로 왜 정한경이 선정되었고 그것도 1인만 선정한 이유는 무엇인지, 그리고 정한경 외 이승만을 대표자로 더 추가해달라는 요구와 문의들이 각 지역의 한인들에게서 계속 올라왔기 때문이다.[83]

이에 따라 중앙총회장은 소약국민동맹회의가 끝난 뒤인 12월 23~24일 제2차 임시협의회 때 서면으로 제출한 민찬호·정한경의 소약국민동맹회의 참가 결과 보고서를 접수하고 임시위원 7인(임정구, 황사선, 최진하, 최응선, 이건영, 송창균, 홍언)을 선정하였다.[84] 그리고 이들 임시위원들을 중심으로 12월 24일 임시위원회에서 이승만을 파리강화회의 한

---

[82] 북미지방총회장 → 안창호(「헌의서」: 1918.12.10), 『미주국민회자료집』 11, 496쪽.
[83] 예컨대 디트로이트의 한인들이 중앙총회에 보낸 전보(1918.12.6)에 따르면 모든 한인들은 이승만이 파리강화회의에 가는 것이 옳다고 생각한다하여 정한경 외에 이승만이 반드시 한인 대표로 선정되어야 한다고 주장했다("Detroit Korean to Korean National Association(19187.12.6)", *The Syngman Rhee Correspondence in English*, Institute for Modern Korean Studies, Yonsei University, 2008, p.5).
[84] 「제2차 협의회록」, 『미주국민회자료집』 6, 191~193쪽. 그런데 무슨 이유에서인지 임시위원 7인 중 샌프란시스코지방회장 이건영이 빠지고 대신 백일규가 들어갔다.

인 대표자로 추가 선정하였다. 이미 소약국민동맹회의가 끝난 상황에
서 남은 과제는 강화회의 참석 문제였는데 중앙총회가 정한경 외 이승
만을 대표자로 추가 선정함으로써 계속 논란이 되어온 파리강화회의
대표자 선정 문제를 매듭지은 것이었다. 회의의 주요 의결 내용은『신
한민보』1918년 12월 28일 자「호외」로 공표되었다.

2) 뉴욕 한인의 신한회 결성과 외교활동

1910년대 말까지 뉴욕 한인의 수는 그 인근 지역을 포함해 약 30~40
명 정도였다. 주요 인물로는 1896년에 도미한 김헌식을 비롯해 1900년
이강(李堈: 의화군)의 미국 유학시 수행원으로 도미한 신성구(申聲求),
1907년부터 뉴욕에 정착해 대한인국민회 회원이자 흥사단원으로 활동
한 천세헌(千世憲), 그밖에 안정수, 이원익, 황용성, 서필순, 김승제, 차
두환, 안규선, 이봉수, 장수영, 박호빈, 조병옥, 임초 등이 있었다. 뉴욕
은 1907년 9월 한인공제회가 설립되어 활동했던 곳이고 1919년 3월 29일
한인공동회를 통해 처음으로 대한인국민회 뉴욕지방회(회장 천세헌)가
설립되기까지 대한인국민회의 지도력이 아직까지 미치지 않은 곳이었
다. 특히 초창기 뉴욕 정착자인 김헌식은 기존 세력인 대한인국민회를
인정하지 않고 독자적으로 활동하는 인물이었다.

뉴욕 한인들은 제1차 세계대전 종결이전부터 국제정세의 변화에 능
동적으로 대응하려 했다. 그들은 1917년 뉴욕에서 결성된 소약국민동
맹회가 대전 종결 직후 제2차 대회를 개최하리라는 것과 그 뒤를 이어
강화회의가 개최될 것이라는 소식을 알고 있었다. 때문에 이대위가 1918년
11월 12일 자로 중앙총회장 안창호에게 보낸「품청서」에서 밝혔듯이
뉴욕의 김헌식이 소약국민동맹회의에 한인 대표자 파견문제를 협의할

것을 북미지방총회에 먼저 제의했던 것이다. 그러나 이대위는 중앙총
회 중심으로 대표 파견을 추진하기로 함으로써 그의 제안을 거절하였다.

　김헌식과 신성구를 비롯한 18명의 뉴욕 한인들은 한국 독립을 호소
하고 추진하기 위해 1918년 11월 중순경 신한회(新韓會: The New Korea
Association)를 결성하였다. 신한회의 조직은 회장 신성구, 서기 조병옥,
외무원 김헌식·이원익으로 구성하였다. 신한회는 의연금 모금활동에
착수하였는데 동년 12월까지 모금한 금액이 약 900달러였다 하니 뉴욕
한인들의 애국 열성은 매우 뜨거웠다.[85]

　신한회는 11월 30일 특별회를 개최하고 만장일치로 12개 항의 독립
청원서를 채택하였다. 청원서의 주요 내용은 첫째, 한국의 국토가 일본
에 의해 강압적으로 병합되어 한국인이 피정복의 인종으로 전락된 것
은 부당하고 불법적이다. 둘째, 탐욕 때문에 약한 이웃 나라를 파멸시
키는 주의는 연합국의 승리로 파괴되었다. 셋째, 미국 정부와 국민 그
리고 전쟁에 승리한 연합국은 윌슨 대통령이 주창한 약소민족에 대한
민족자결의 대원칙을 지지한다. 그러므로 우리는 미국 정부와 강화회
의에서 정책을 결정하고 정치 지도를 그리는 당국자들을 향해 강한 이
웃나라인 일본에 의해 축적된 상처와 부정함에 대해 분노를 표현하며,
한국의 현 상황과 한국인의 분노를 담은 간결하고 구체적인 내용을 준
비해 이를 미국 대통령과 상·하원 외교위원회, 그리고 파리강화회의
미국대표단에게 제출한다고 했다.

　신한회의 독립청원서는 회장 신성구와 서기 조병옥이 서명한 후 김
헌식·신성구·이원익의 이름으로 작성한 12월 2일 자 공문에 첨부되
었다.[86] 신성구와 김헌식은 12월 3일 이 문서를 미국 상원 외교위원장

로지(Henry C. Lodge) 의원(공화당)을 만나 전달하려 했으나 로지는 이 문서를 국무부에 제출해야 하며, 외교위원회 위원 대부분도 이 문서를 받아줄 수 없을 것이라는 구실로 문서만 복사하고 접수를 거절하였다. 미 국무부를 찾아갔으나 접수조차 거절당하자 두 사람은 미국대표단의 일원으로 파리강화회의에 참가하고 있던 국무장관 랜싱(Robert Lansing)에게 독립청원서를 우송하였다.[87]

신한회에서 미국 정부와 의회를 상대로 독립청원서를 전달한 사실은 12월 4일 연합통신에 의해 즉각 보도되었다. 그 내용은 "한국은 미국 정부를 향하여 이왕 한미조약을 의지하여 한국의 독립을 보호하며 일본의 통치권에서 벗어나게 하여 달라고 하는 청원서를 제출한 것이 있다하더라"고 했다.[88] 『워싱턴 타임스(The Washington Times)』는 12월 6일 자 기사에서 재미 한인들이 강화회의에서 일본의 지배하에 있는 한국의 독립을 위해 윌슨 대통령과 상원 외교위원회에 호소했다고 보도했다.[89] 그리고 1882년 미국과 한국이 맺은 한미조약을 상기시키고 미국은 도덕적으로 한국의 독립 주권을 보호할 모든 수단을 강구해야 한다는 한국인의 주장을 실었다. 한편 샌프란시스코에서 발행되는 일인 신문 『일미보(日美報)』는 12월 5일 자 기사에서 한인들의 독립청원 활동을 경거망동한 것으로 비판하였다.[90]

신한회의 독립청원활동이 미국 언론에서 보도되자 홍언(洪焉)은 『신한민보』 1918년 12월 12일 자 논설에서 "마른 하늘에 벽력이 떨어졌

---

86) 독립기념관 소장자료 3-3861-193, 「신한회의 결의안」.
87) 방선주, 『재미한인의 독립운동』, 321쪽; 나가타 아키후미 저, 박환문 역, 『일본의 조선통치와 국제관계』, 105~106쪽.
88) 『신한민보』 1918년 12월 12일, 「한국 독립 보장 청원 미정부에 제출」.
89) "Want Demand Made for Independence of Korea", The Washington Times, December 6, 1918.
90) 『신한민보』 1918년 12월 12일, 「일미보의 '한국 독립 제창'을 비평한 것을 논박함」.

다. 재미 한인의 독립 제창이 와싱톤 연합통신의 전보로부터 세계를 진
동하는도다" 하며 크게 놀라워했다.[91] 이어서 그는 재미 한인의 독립청
원활동을 비판한 『일미보』의 논조에 대해 2회 연속 논설로 세세하게
반박하였다. 그는 이번 재미 한인의 활동을 "8년간 받아온 천고의 대치
욕을 씻으려고 일본에 대하여 선전서(宣戰書)를 걸어놓은 것"으로 높이
평가하였다.[92]

　신한회의 독립청원활동은 일본의 영자신문과 자국 언론에 그대로 보
도되었다. 먼저 『재팬 애드버타이저(The Japan Advertiser)』는 1918년 12월
15일 자 "Koreans Agitate for Independence(한국인들 독립을 선동하다)"
에서 미국 정부와 의회에 미주 한인들이 독립 청원서를 제출한 사실을
처음으로 보도하였다. 이어서 1919년 1월 18일 자 "Korean Independence"
에서도 미국 내 한인 단체가 민족자결의 원칙을 한국인에게도 적용해
달라는 결의안을 채택해 월슨 대통령과 파리강화회의 미국대표단, 그
리고 미 의회의 외교위원회에 발송했다고 보도했다. 물론 이 한인 단체
는 신한회를 의미한다.

　독립청원활동 외 신한회는 소약국민동맹회의에 한인 대표도 파견했
다. 외무원으로 신한회를 대표해 참가한 김헌식은 소약국민동맹회의에
서 한국인·인도인, 폴란드인, 러시아인, 아일랜드인, 체코슬로바키아
인, 라트비아인 등 7개국인의 집행위원 중 한 사람으로 선출되었다.[93]
이것은 대한인국민회에서 파견한 민찬호·정한경의 활동이 소약국민동
맹회의에서 특별히 눈에 띄지 않는 것과 비교하면 김헌식은 적극적으

91) 위와 같음.
92) 『신한민보』 1918년 12월 19일, 「일미보의 '한국 독립 제창'을 비평한 것을 논박함」.
93) "Small Nations Congress Indorses President's Stand", The New York Herald, December
　 16, 1918; "Small Nations, After Row, are Sure-fire Democrats", The New York World,
　 December 16, 1918.

로 활동하였음을 의미한다.[94]

3) 제2차 소약국민동맹회의의 개최와 한인 대표의 참가활동

제2차 소약국민동맹회의는 22개국 민족 대표들이 참가한 가운데 1918년 12월 14일부터 15일까지 제1차 대회 때와 같이 뉴욕 맥알핀호텔에서 개막했다. 두 번째 날인 15일 밤 8시 30분의 대회는 자유극장(Liberty Theatre)에서 가졌다.[95] 마지막 날 자유극장에서의 대회는 입장료 없이 일반인 누구나 참여할 수 있는 대중 집회로 개최되었다. 이날 대회에는 저명 연사로 아이다호 주의 보라(William E. Borah) 상원의원, 미국 내 아일랜드 독립운동가이자 노동운동가인 월쉬(Frank P. Walsh), 미국 National Child Labor Committee에서 활동하며 아동노동가로 이름을 떨친 러브조이(Owen R. Lovejoy)를 초청했다.[96]

소약국민동맹회는 "What will the Peace Conference do for Us?"란 표제어를 담은 대회 초청장을 월슨 대통령, 열강 수상, 소약국 정부, 그리고 각종 노동 단체들에게 보내 공개 토론회를 개최할 것임을 알렸다. 대회 초청장에서 보듯이 이번 대회의 주목적은 파리강화회의에 초점을 맞추고 있었다. 대회에 참가한 주요 외빈으로는 15일 밤 자유극장에서 연설한 세 명 외에 범미조합(汎美組合: Pan American Union) 총재 바레트

---

[94] 이런 적극적인 활동 외에 김헌식은 대한인국민회 대표로 온 민찬호와 정한경을 정식 한인 대표가 아니라고 주장하였고, 또 스스로 한인 단체의 대표자로 자칭하여 중국인들에게 의연금을 거두었다가 뉴욕 한인들로부터 거센 비난을 받았다. 김헌식의 활동에 대해선 방선주의 『재미한인의 독립운동』, 「김헌식과 3·1운동」과 『신한민보』 1919년 2월 13일, 「뉴욕한인공동회의 보고」 참조.

[95] Liberty Theatre는 뉴욕 시내 234 West 42nd Street에 위치해 있다.

[96] 이승만연구원 소장자료, The Fate of the Small and Subject Nations, Mass-Meeting (1918.12.15) 전단지.

(John Barret), 몬타나 주의 랜킨(Jeannette Rankin) 하원의원 정도였다.[97]

대회기간 동안 한국을 비롯해 아일랜드·인도·폴란드·이집트 등 약소국 대표들은 강화조약의 조건으로 민족자결을 강력히 요구하였다. 대회의 전반적인 내용은 The Survey의 12월 21일 자 기사에서 상세히 보도되었다. The Survey는 결의안의 서두에서 윌슨이 프랑스에서 가진 첫 연설 중 "미래 세계의 안전을 보장하는 것은 군비나 해군으로 무장하는 것이 아니라 상호 협력과 국제연맹의 설립이다"라는 말을 인용한 것이 이번 대회의 핵심을 잘 보여주는 것이라 보았다.[98] 채택된 결의안은 제1차 대회 때와 달리 언론에 보도되지 않았다. 이는 제1차 때의 내용과 크게 달라지지 않은 점도 있었겠지만 대체로 언론의 무관심이 더 큰 요인으로 작용했을 것이다. 제2차 대회 때 새로 추가된 주요 결의안의 내용은 다가올 강화회의에 민족자결의 원칙을 적용할 것과 새로 창립할 국제연맹에 약소국이 회원국으로 참여할 권한을 가질 것, 강화회의의 모든 회의 기록은 가감 없이 공개되고 그대로 보고서가 만들어질 것 등이었다.[99] The Survey는 특정 민족 대표의 분노와 특정 국가에 대한 비난도 많았지만 이번 대회는 토론을 통해 잘 진행되었고 대부분의 연사들은 고통당하는 약소민족의 편에 서서 연설하였다고 평가하였다.

제1차 대회 때도 그러했듯이 이번 제2차 대회에 대한 『뉴욕 타임스』의 보도는 여전히 비판적이었다. 『뉴욕 타임스』는 1918년 12월 20일 자 "A League Against England(영국에 대항한 동맹회)"란 글에서 대회 연사로 초청받은 『런던 데일리 뉴스(The London Daily News)』의 뉴욕통신원 윌슨(P. W. Wilson)의 사례를 들어 영국인인 그가 영미 간의 우호관계

---

97) "Small Nation's League Meets in New York", The Evening Star, December 14, 1918.
98) "Constant Association and Cooperation of Friends", The Survey, December 21, 1918.
99) 위와 같음.

를 희망하는 연설을 할 때 청중들에게 많은 야유를 받은 사실을 지적하
였다. 그래서 이번 대회를 친독 성향으로 본 데다 영국에 적대적인 아
일랜드 · 이집트 · 인도에 대한 언급이 많은 반영적(反英的)인 대회로 평
가하였다.

두 번째로 개최된 소약국민동맹회의는 대회 기간이 1차 때와 달리
이틀에 불과했고 참가국의 대표도 22개국으로 다소 줄었다. 대회에 대
한 미국 언론의 관심은 제1차 때보다 덜 주목을 받았다. 소약국민동맹
회 회장 하우가 강화회의 때 소약국의 참여와 입장을 대변하고 준비할
목적으로 파리로 건너가 이번 행사를 주관하지 않은 데다, 전 세계가
약소국이든 강대국이든 다가올 파리강화회의 개최에 거의 모든 관심을
기울이고 있었기 때문이다.

대한인국민회에서 한인 대표로 선정된 민찬호는 11월 29일 로스앤젤
레스를 떠나 시카고와 애크론을 거쳐 12월 10일 뉴욕에 도착해 활동을
시작하였고 12월 19일 뉴욕을 떠나 워싱턴-시카고를 거쳐 로스앤젤레
스로 돌아갔다. 정한경은 11월 26일 시카고에서 안창호의 전보를 받은
날부터 행장을 준비해 애크론을 거쳐 12월 10일 뉴욕에 들어갔다. 따라서
민찬호와 정한경이 뉴욕에서 합류해서 함께 활동한 기간은 12월 10일부
터 19일까지 10일간이었다. 정한경은 민찬호가 뉴욕을 떠난 뒤에도 계
속 남아서 하와이에서 출발한 이승만을 기다리며 선전활동을 계속하였다.

대한인국민회의 한인 대표자는 3명이었지만 이승만의 하와이 출발이
늦어 소약국민동맹회의를 둘러싼 활동은 민찬호와 정한경이 전담했다.
두 사람 중 민찬호가 연장자여서 정한경은 그를 위원장으로 추대하였
다. 하지만 대외 활동을 주도한 사람은 정한경이었다. 그는 윌슨 대통
령에게 보내는 청원서(1918.11.25), 미국 상원에 보내는 청원서(1918.12.
10)를 작성하였고, 소약국민동맹회의가 끝난 뒤에는 파리강화회의 대표

로 합류한 이승만과 함께 월슨 대통령에게 보내는 청원서(1919.2.25)도
작성하였다. 이들 세 청원서의 내용은 첫 청원서인 11월 25일 자의 것
과 동일하고 맨 마지막에 작성한 1919년도의 것은 향후 문제를 일으킨
위임통치의 내용을 새로 추가한 것이었다. 정한경이 소약국민동맹회의
에서 어떤 활동을 했는지는 알 수 없지만 그가 'Korea under Japan'이라
는 소책자를 만드는데 47.50달러가 들었다고 한 것으로 보아 이를 갖고
각 단체와 언론을 상대로 연설하고 선전활동을 하는데 주력한 것으로
보인다.[100]

소약국민동맹회의에 대한 활동 결과는 민찬호와 정한경이 중앙총회
에 보낸 12월 17일 자 서면으로 보고되었다.

1. 소약국민동맹회는 월슨 대통령에게 소약국민의 공동한 자치권과 권리를
   얻도록 주선하여 달라고 전보를 보낸 일.
2. 행정위원 7, 8인을 두어 모든 일을 협의 진행케 한 일.
3. 각 소약국민 단체로서 제출한 원청서를 거두어 책을 만들어 파리 평화회
   에 파견한 소약국민동맹회 대표자 하우스['하우'의 오기] 박사에게 보낸
   일.[101]

두 사람의 활동 결과를 볼 때 제2차 소약국민동맹회의 주된 목적은
파리강화회의를 대비하여 약소민족의 정당한 자치권과 권리 확보에 있
었다.

소약국민동맹회장 하우는 소약국민동맹회의 개최 전에 미리 파리로

---

100) 미정리 대한인국민회자료, B3-633, 「정한경이 안창호에게 보낸 재정보고」(1918.12.19).
    "Korea under Japan"의 글은 정한경이 중국 유학생 잡지 *The Chinese Students' Monthly*
    (1918.5)에 기고한 글이다.
101) 『신한민보』 1918년 12월 28일, 「호외」: "대표자의 보고".

가서 약소국 대표의 강화회의 출석권 교섭활동에 착수하였다. 만일 그
가 출석권을 얻을 경우 소약국민 대표자들은 모두 파리로 건너갈 계획
이었다. 그런데 민찬호와 정한경은 "미국 정부는 적민(嫡民)이 아니면
집조를 주지 않을 터"이고 "영·일 양국이 이 일에 대하여 극히 주의하
는 모양"102)이라 하여 한국인이 파리행 여권을 얻는 것이 지금으로선
쉽지 않다고 보고했다. 마지막으로 두 사람은 "본원 등은 현금 워싱턴
정부와 교섭 중이오. 또 각 신문 통신원을 심방하여 한국 사정을 미국
신문에 게재하기를 운동하나이다" 하여 미국 정부와 교섭을 계속하면
서 언론을 통한 선전활동에 매진할 계획임을 알렸다.

전반적으로 볼 때 대한인국민회와 신한회의 대표가 제2차 소약국민
동맹회의에서 구체적으로 어떤 활약을 전개했는지는 신한회 대표 김헌
식이 7개국인의 집행위원 중 한 사람으로 선정된 것 외에는 크게 드러
나 있지 않다. 그런데 일본에서 발행된 신문에서는 한인 대표들의 활동
근황을 간간히 소개하고 있었다. 『재팬 애드버타이즈』는 1918년 12월
18일 "Small Nations Ask to be Recognized(약소국가들의 승인을 요구하
다)"의 기사에서 한인 대표들이 리투아니아·폴란드·알바니아·앗시리
아·그리스·인도·아일랜드·페르시아 등 대표들과 함께 대회에 참가
했다고 짤막히 보도하였다. 『오사카아사히신문(大阪朝日新聞)』는 1918년
12월 18일 자 "민족자결의 인정을—소국 및 예속국민 연맹의 결의(民族
自決を認めと—小國及隸屬國民聯盟の決議)"와 12월 25일 자 "희랍인 자
유 획득을 요청(希臘人自由得要請)"의 기사에서 한국인들의 대회 참가
사실을 보도하였다. 교토제국대학 법과대학 민법교수 나카지마 다마키
치(中島玉吉)는 미국을 시찰한 후 일본으로 귀국한 뒤, 오사카아사히신
문사와 가진 대담에서 지난 해 11월 민족자결주의에 의거하여 샌프란

---

102) 위와 같음.

시스코의 대한인국민회가 윌슨에게 도움을 요청했다는 사실을 밝혔다.[103] 이러한 보도들은 국제정세의 변화를 예의주시하며 독립운동을 모색하고 있던 재일한인유학생들에게 특별한 자극을 주었을는지 모른다.[104]

한인 대표자들의 뉴욕 활동에서 주목되는 부분은 소약국민동맹회의에 대한 것보다 대한인국민회와 신한회의 대표들이 외교활동을 위해 상호 협력을 추진한 점이다. 신한회 회장 신성구와 서기 조병옥은 중앙총회장 안창호에게 보낸 1918년 12월 7일 자 전보에서 뉴욕 한인들이 결속해 미국 대통령과 의회, 그리고 파리강화회의 미국대표단에 청원서를 보낸 사실을 알리고 이번을 기회로 한인 전체가 합심하여 독립운동을 추진해 나갈 것을 제안해 상호 협력할 뜻이 있음을 밝혔다. 뉴욕에 도착한 민찬호와 정한경이 안창호에게 보낸 12월 10일 자 전보와 12월 11일 자 편지에서 신한회 사람들과 논의한 결과 현 상황에 대해 상호 협력하기로 동의하였고 위치와 외교의 편리함 때문에 뉴욕에 지부를 설치하여 외교권을 부여하면 좋겠다고 제안하였다.[105] 그리고 외교원으로 3인이나 5인을 택해 뉴욕에 두고 시기에 따라 무슨 긴급한 외교 사건이 있을 경우 중앙총회로 전보 혹은 서보(書報)한 후 5인의 공결로 시행하는 것으로 협의했음을 알렸다.[106] 민찬호와 정한경은 미국 정부

103)『大阪朝日新聞』, 1919년 1월 6일, 「米國を視察して－中島玉吉博士談」.
104) 재일유학생을 비롯해 국내 한인들에게는 대회 기간이 짧은 제2차 소약국민동맹회의보다 파리강화회의 참가를 앞두고 펼친 한인 대표들의 동향에 더 큰 영향을 받았을 것으로 생각한다.
105) 미정리 대한인국민회자료, B9-299, 「민찬호·정한경이 안창호에게 보낸 전보」(1918.12.10); 미정리 대한인국민회자료, B8-274, 「민찬호·정한경이 안창호에게 보낸 편지」(1918.12.11).
106) 미정리 대한인국민회자료, B8-274, 「민찬호·정한경이 안창호에게 보낸 편지」(1918.12.11).

와 의회를 상대로 독립청원활동을 전개하고 이를 위해 불과 18명가량
의 한인들이 8, 9백 달러의 거액을 모아 열심히 활동하고 있는 신한회
의 모습에 큰 감명을 받은 것 같다. 이런 연유에서인지 두 사람은 신한
회의 관계자들을 잘 인도하여 서로 합동하여 일하면 좋겠다는 뜻을 중
앙총회장에게 보고하였다. 별도로 신성구도 안창호에게 전보(12월 11일
자)를 보내 신한회 위원 신성구·천세헌·조병옥이 국민회 대표들과 상
호 협력하고 있다는 소식을 알렸다.[107]

   민찬호는 중앙총회협의회 앞으로 보낸 12월 14일 자 편지에서 그동
안 신한회 대표(신성구, 조병옥, 천세헌)들과 협의해 도출한 4개항의 합
의 결과를 보고했다.[108] 첫째, 양측 대표원 총부를 뉴욕에 설치한다. 둘
째, 총부 임원인 회장, 서기, 재무는 뉴욕에 있는 사람으로 택한다. 셋
째, 재정과 문부는 뉴욕 총부에 둔다. 넷째, 외교 사무는 양측에서 주최
한다. 이 같은 보고 이외에도 민찬호는 신성구와 조병옥의 심정에는 국
민회와 합동하기를 원하지 않는 모양이라고 파악하였다. 그 원인은 국
민회가 그동안 아무 일도 하지 않고 있다가 자기네들이 일을 다 해놓으
니 그 명의를 빼앗으려 한다고 본 때문이라는 것이었다. 그런데 천세헌
은 신성구·조병옥과 다툰 후 자신이 준 의연금을 환부해주면 신한회
에서 출회하겠다고 하였고, 신한회가 925달러를 모금했다고 했으나 현
재 400달러가량 지출하고 남은 돈이 60여 달러에 불과해 재정적인 면에
서 국민회에 도움이 되지 않을 것 같다고 보고했다.

   한편 신한회의 신성구는 12월 14일 자 안창호에게 보낸 전보에서 양
측이 최선의 결과를 얻기 위해 합동(union)하는 것보다 협력(cooperation)

---

107) 미정리 대한인국민회자료, B9-298, 「신성구가 안창호에게 보낸 전보」(1918.12.11).
108) 미정리 대한인국민회자료, B8-271, 「민찬호가 국민회중앙총회협의회에 보낸 편지」
     (1918.12.14).

하는 편이 좋겠다고 제안하였다.109) 민찬호가 중앙총회협의회 앞으로
보냈던 편지의 내용과 같이 신한회와 대한인국민회가 서로 분립한 상
태에서 연합하여 일하자는 것이었다.

안창호는 민찬호와 정한경에게 보낸 12월 15일 자 편지에서 신한회
가 국민회지방회로 성립되더라도 헌장 때문에 지방회 명의하에 외교권
을 줄 수 없고 중앙총회 외교부에서 뉴욕에 출장소를 설치할 경우 뉴욕
의 사람들을 외교원으로 택용할 수 있겠다고 회신하였다.110) 사실상 합
의 결과를 거부한 셈이었다. 이에 따라 정한경이 12월 20일 전후 경 안
창호에게 보낸 편지에서 신한회와 협력하기 위한 시도는 의견이 일치
하지 못해 그만두었다고 보고함으로써 사실상 종결되었다.

4. 맺음말

뉴욕 소약국민동맹회의는 윌슨의 민족자결의 원칙과 민주주의의 신
시대의 영향을 받은 전 세계 22~24개 약소국 민족대표들이 참가한 국제
대회였다. 이 회의는 제1차 세계대전 종결 직후 예상되는 강화회의 때
약소민족의 권리와 입장을 단결된 힘으로 주장하고 관철하기 위해 개
최되었다.

1917년과 18년 두 차례에 걸쳐 개최한 뉴욕 소약국민동맹회의에 한
인 대표자들은 빠짐없이 참가해 활동하였다. 1917년의 경우 대한인국
민회 하와이지방총회가 추진하였고 1918년의 경우는 미주 한인 전체를

---

109) 미정리 대한인국민회자료, B9-296, 「신성구가 안창호에게 보낸 전보」(1918.12.14).
110) 미정리 대한인국민회자료, B8-269, 「안창호가 민찬호·정한경에게 보낸 편지」
     (1918.12.15).

대표한 대한인국민회 중앙총회가 이승만·민찬호·정한경을 대표로 파견하였고 별도로 조직한 신한회는 김헌식을 한인 대표로 참가시켰다.

1917년 첫 번째 대회에 참가한 박용만은 각국의 대회 참가자들에게 한국의 독립문제를 동정하고 호소하는 감동적인 연설을 했다. 그가 남긴 연설문은 오늘날까지 명연설문으로 기억될 만하다. 하지만 하와이 지방총회가 단독으로 추진한 영향 때문인지 박용만 개인의 명성을 크게 제고시킨 것 외에 미주한인사회 전체에 미친 영향은 그리 크지 않았던 것 같다. 대신 박용만을 한인 대표로 선정해 파견한 이승만과 하와이지방총회는 이번 일로 하와이 한인들로부터 신임을 얻고 입지를 넓힐 수 있었다.

1918년의 경우는 대한인국민회 중앙총회가 직접 한인 대표를 선발하여 추진함으로써 전 미주 한인들의 관심을 불러일으켰다. 그리하여 한인들의 자발적인 지원과 성원 속에 추진될 수 있었다. 하지만 제1차 대회 때와 달라 각국의 대회 참가자들이나 언론을 통해 한국문제에 대한 특별한 인상이나 영향을 받았다는 흔적을 발견하기 어렵다. 오히려 뉴욕 한인들이 결성한 신한회의 적극적인 독립청원활동이 미국과 일본의 언론에 보도됨으로써 미주 한인들은 물론 해외 한인들에게 감명을 주고 독립운동의 열기를 불러일으켰다.

대한인국민회 중앙총회는 소약국민동맹회의를 다가올 파리강화회의를 대비하기 위한 징검다리로 간주했다. 주된 관심은 소약국민동맹회의보다 파리강화회의에서의 활동이었다. 그렇다고 중앙총회는 소약국민동맹회의의 비중을 가볍게 여기지 않았다. 즉, 한인 대표의 활동 지침을 구체적으로 제정하고 재정 지원을 아끼지 않는 등 특별한 관심 속에 소약국민동맹회의를 대비하고 추진하였다. 다만 그러한 노력에 비해 한인 대표의 활동성과가 그리 뚜렷하지 못했을 뿐이었다.

소약국민동맹회의는 제1차 세계대전 종결의 전후시기 한국 민족과 같은 약소국 민족들에게 이상적인 국제회의였다. 이런 국제회의에 한인 대표자들이 빠짐없이 참가해 활동한 것은 1910년대 들어 한인사회의 내부문제에만 치중하며 생존을 위한 삶에 주력하였던 미주 한인들에게 처음으로 겪어보는 국제경험이었다. 가시적인 성과를 떠나 두 차례에 걸친 국제외교활동의 경험은 미주 한인들에게 국제정세의 변화 속에서 한국독립문제를 어떻게 대응하고 준비할 것인가에 대한 안목과 식견, 그리고 내적 능력을 배양시켰다. 나아가 재미 한인의 국제외교활동은 국제정세의 변화에 힘입어 새로운 독립운동을 모색하던 일본 도쿄의 한인 유학생들과 국내의 민족운동가들에게 힘과 용기를 주었을 것으로 생각한다. 이처럼 소약국민동맹회의를 둘러싼 외교활동은 미주 한인들에게 독립운동의 열기를 불러일으키고 추진하는 원동력이었다. 동시에 재일 한인유학생의 2·8독립운동과 국내 3·1운동으로 이어진 대대적인 국내외 독립운동의 단초를 열어준 1910년대 한국독립운동의 선구자적인 발자취를 남겼다.

참고문헌

『신한민보』, 『공고서』, 『大阪朝日新聞』

The American Jewish Chronical, The American Leader

The Battleboro Daily Reformer, The Daily Ardmoreite

The Evening Star, The Grand Forks Herald

The Japan Advertiser, The New York Herald

The New York Times, The New York Tribune

The New York World, The Norwich Bulletin

The Public Ledger, The Sun, The Survey

The Washington Times

도산기념사업회·도산학회 편, 『미주국민회자료집』 6·11, 2005.

독립기념관 소장자료 3-3861-193, 「신한회의 결의안」.

이승만연구원 소장자료,

　　　League of Small and Subject Nationalities, First Congress(1917.10.29~31)

　　　The Fate of the Small and Subject Nations, Mass-Meeting(1918.12.15) 전단지

[독립기념관 소장 미정리 대한인국민회 자료]

B3-425, 「정인수가 안창호에게 보낸 편지」(1918.11.30)

B3-426, 「안현경이 안창호에게 보낸 공첩」(1918.12.5)

B3-427, 「안현경이 북미지방총회장에게 보낸 서신」(1917.10.1)

B3-449, 「중앙총회장이 미·하 지방총회장에게 보낸 훈시」(1918.11.26)

B3-633, 「정한경이 안창호에게 보낸 재정보고」(1918.12.1)

B8-271, 「민찬호가 국민회 중앙총회협의회에 보낸 편지」(1918.12.14)

B8-274, 「민찬호·정한경이 안창호에게 보낸 편지」(1918.12.10)

B8-265, 「정한경이 안창호에게 보낸 편지」(1918.11.28)

B8-269, 「안창호가 민찬호·정한경에게 보낸 편지」(1918.12.15)

B9-296, 「신성구가 안창호에게 보낸 전보」(1918.12.14)

B9-299, 「민찬호·정한경이 안창호에게 보낸 전보」(1918.12.10)

B9-306, 「이승만이 안창호에게 보낸 전보」(1918.12.2)

B9-307, 「정한경이 안창호에게 보낸 전보」(1918.11.26)

국사편찬위원회 편, 『대한인국민회와 이승만(1915~36년간 하와이 법정자료)』, 1999.

국외소재문화재단 편, 『미국 UCLA리서치도서관 스페셜 컬렉션 소장 함호용 자료』, 2013.

일본 외무성 외교사료문서, 『不逞團關係雜件 – 朝鮮人の部 – 在歐美(3)』, 「재미 조선인 독립운동에 관한 건」(1918.12.12) (국사편찬위원회 한국사데이터베이스)

Institute for Modern Korean Studies, *The Syngman Rhee Correspondence in English*, Yonsei University, 2008.

고정휴, 『이승만과 한국독립운동』, 연세대학교 출판부, 2004.

나가타 아키후미 저, 박환문 역, 『일본의 조선통치와 국제관계』, 일조각, 2008.

박현숙, 「윌슨 평화주의의 모순: 1차 세계대전의 참전 결정과 베르사유 평화회담을 중심으로」, 『대구사학』 98, 2010.

박현숙, 「윌슨의 민족자결주의와 세계 평화」, 『미국사연구』 33, 2011.

방선주, 『재미한인의 독립운동』, 한림대아시아문화연구소, 1989.

송지예, 「민족자결의 수용과 2·8독립운동」, 『동양정치사상사』 11-1, 2012.

최기영, 「송헌주의 재미민족운동과 한인단체 연합활동」, 『한국독립운동사연구』 51, 2015.8.

홍선표, 「1910년대 하와이 한인사회의 동향과 대한인국민회의 활동」, 『한국독립운동사연구』 8, 1994.

1922년 원동민족혁명단체대표회와 한국독립운동

반병률

1. 머리말

1922년 1월 21일~2월 2일 모스크바에서 개최된 '원동민족혁명단체대
표회'(또는 원동노력자대회. 이하 '대회'로 약칭)'는 워싱턴회의에 대항
하기 위한 목적으로 제3국제공산당(The Third Communist International,
이하 '국제공산당'으로 약칭)이 소집한 회의로 원동 각국의 혁명운동단
체 대표들이 대거 참가하였다. 대회 개최 기간에는 '(제1회)원동혁명청
년대회'와 '(제1회)원동각국노력부인협의회'가 개최되었는데, 대회 참가
대표들의 일부가 참석하였다.[1]

대회는 1920년 7~8월에 개최되었던 국제공산당 제2회 대회, 같은 해
9월에 개최된 바쿠(Baku)에서의 (제1회)동방인민대회(The Congress of

---

[1] 山極晃, 「極東民族大會について(1)」, 『横浜市立大學論叢』(人文科學系列) 第17卷 第
2.3合倂號, 1966, 20쪽. 선행연구에서는 '원동혁명청년대회'가 동시에 개최된 사실은
알려졌으나, '원동각국노력부인협의회'의 개최에 대해서는 언급되지 않았다. 이 글
에서는 이 두 대회를 다루지 않았다.

the Peoples' of the East)와 동일한 취지에서 개최되었다. 그 목적은 구미
(歐美) 제국주의 국가들에서의 "프롤레타리아트의 운동과 약소민족의
운동을 유기적으로 결합하기" 위한 노선을 실천하는 데 있었다.[2] 이와
더불어 대회의 목적은 이들 원동 각국 민족들을 반제국주의 투쟁의 중
심인 소비에트러시아에 결합시키는 데 있었다.[3]

　대회는 원동 각국에서 공산주의자들의 영향력을 확고히 하기 위한
집중적 캠페인의 도화선이었으며, 조직된 공산당들에게 활동의 발판을
만들어주었다.[4] 대회는 국제공산당이 제국주의 국가들의 회합인 워싱
턴회의에 맞서 원동의 혁명단체 대표들을 소집하였던 만큼, 한국의 독
립운동가들이 큰 관심을 가졌고, 대회의 결과 역시 한국 독립운동의 향
방에 적지 않은 영향을 끼쳤다.

　일본에서는 가타야마 센(片山潛)의 측근으로 대회에 참가하였던 와타
나베 하루오(渡邊春男)가 1955년에 집필한 자신의 회고록 『片山潛と共
に(가타야마 센과 함께)』를 바탕으로 고야마 히로타케(小山弘健)와 공
동 집필로 1957년과 1959년, 두 차례에 걸쳐 두 편의 논문을 발표하였
다.[5] 보다 학술적인 연구로는 야마기와 아키라(山極晃)가 1966년에 발

---

2) 여운형,「나의 回想錄: 旅行篇」,『中央』1936년 3월(몽양여운형선생전집발간위원회
　편,『몽양여운형전집』1, 한울, 1991(2004), 44쪽). 이하『몽양여운형전집』으로 약함.

3) "An Appeal from the Far Eastern Secretariat of the Executive Committee of the
　Communist International to the Central Committee of the Communist Organizations in
　China and to the Communist Parties of Japan and Korea with regard to the Congress
　of the Nations of the Far East in Irkutsk to be summoned in December, 1921," *Bulletin*
　of the Far Eastern Secretariat of the Third Communist International, Congress Issue
　No.1, Dec. 1921, p.1.

4) E.H. Carr, *The Bolshevik Revolution, 1917-1923*, vol.3 New York and London: W.W.
　Norton & Company, 1953, p.519.

5) 渡邊春男,『片山潛と共に』, 和光社, 1955; 渡辺春男·小山弘健,「極東民族大會の思
　い出」,『思想』391号, 1957年 1月; 渡辺春男·小山弘健,「ふたたび極東民族大會につ
　いて」,『思想』426号, 1959年 12月.

표한 논문을 들 수 있다. 야마기와는 대회의 공식 의사록인 영어판과 더
불어 대회의 주요한 보고와 결의들을 모아 놓은 러시아어판 문서집과
독일어판 문서집을 활용하여, 대회의 개최 배경, 각국 참석대표, 참가단
체들을 분석해 놓았으며, 국제공산당 의장인 지노비예프(G.E. Zinoviev)
와 가타야마 센, 각국 대표들의 연설을 소개하여 놓았다.[6] 이어 다카야
사다쿠니(高屋定國)와 쓰지노 이사오(辻野功)가 1970년에 영문의사록의
일본어 번역판 서문에서 그동안 일본학계의 성과들을 바탕으로 대회와
관련된 기본적인 사실들을 개략적으로 정리하여 놓았다.[7]

러시아에서는 소르킨(G.Z. Sorkin)의 연구를 들 수 있다. 소르킨은 각
종 회의의 속기록 등 문서보관소 문서, 신문 보도 등을 활용하여 대회
의 개최 배경, 일정, 장소와 과제, 대표구성, 대회의 보고와 결의 등 대
회에 관한 주제들을 전반적으로 다루었는데, 대회와 관련하여 선구적
인 연구성과로 평가할 수 있다. 다만 대회의 공식의사록인 영문의사록
을 활용하지 않은 한계를 갖고 있다.[8]

미국에서는 서대숙,[9] 스칼라피노·이정식[10]의 한국 공산주의운동사
에서 이 대회를 부분적으로 다루었다. 한국의 경우에는 권희영,[11] 반병

---

[6] 山極晃,「極東民族大會について(1)」, 21쪽. 글의 작성에 일본학계의 선구적인 연구
성과인 야마기와의 논문을 크게 참조하였다.

[7] コミンテルン編, 高屋定國·辻野功譯,『極東勤勞者大會』, 合同出版, 1970(1974),
1~21쪽.

[8] Г. З. Соркин, "Съезд народов Дальнего Востока," Проблемы Востоковед
ения, No.5, 1960, pp.76~86.

[9] Dae-Sook Suh, *The Korean Communist Movement, 1918-1948*, Princeton: Princeton
University Press, 1967.

[10] Robert A. Scalapino·Chong-sik Lee, *Communist in Korea(part 1): The Movement*,
University of California Press, Berkeley, Los Angeles and London, 1972.

[11] 권희영,「제1차 극동노력자대회 및 극동혁명청년대회에서의 한국혁명의 문제」,『정
신문화연구』13-3(통권 40호), 1990, 89~103쪽; 권희영,『한인사회주의운동 연구』, 국
학자료원, 1998, 352~373쪽.

률,[12] 임경석 등의 연구를 들 수 있다. 특히 임경석의 연구는 대회에 관한 러시아 측 문서보관소의 자료들을 광범하게 활용하여 선행연구들에서 부정확하게 처리하거나 혼선이 있었던 사실들을 해명하였다. 임경석의 기여는 무엇보다도 조선대표들의 선발과정, 명단과 소속 단체를 구체적으로 밝혀놓은 점이다. 중국어판 의사록을 참조하여 가명으로 되어 있는 대회 발언자들의 실명을 밝혔다.[13]

일본, 중국, 미국 그리고 한국에서 이처럼 연구 성과가 그런대로 축적된 상태에 있다고 할 수 있다. 그럼에도 불구하고 통일적 민족혁명기관의 수립문제(임시정부 개혁문제), 워싱턴회의에의 한국대표 파견 문제와의 관계, 모스크바 자금 문제나 상해파와 이르쿠츠크파의 분파투쟁 등 당시 한국 독립운동의 여러 현안 문제들이 대회의 개최 경위, 대회의 과정, 그리고 결과와 어떻게 관련되고 있었는지에 대한 분석이 필요하다고 생각된다.

초청장에 명시된 바, 대회의 목적은 첫째 조선, 중국, 일본, 몽골의 혁명세력이 러시아 프롤레타리아트에 의해 개시된 세계해방투쟁과 결합하는 것이고, 둘째 워싱턴회의의 개최로 제국주의 국가들이 연합함으로써 새로운 위험에 직면하게 된 원동의 노력자들을 단결시키는 것이었다.[14] 이 글에서는 이러한 목적 외에도 유럽에서 혁명이 퇴조되고 러시아가 기근과 내전으로 시달리고 있었던 상황에서 대회를 통하여 유럽의 혁명세력과 러시아 인민을 상대로 혁명적 분위기를 진작하고 소비에트 정부의 위상을 과시하기 위한 대내외적인 선전·홍보의 목적을 갖고 있었다고 보았다.

---

12) 반병률,『성재 이동휘 일대기』, 범우사, 1998, 346~363쪽.
13) 임경석,『한국 사회주의의 기원』, 역사비평사, 2003, 495~545쪽.
14) 山極晃,「極東民族大會について(1)」, 22쪽.

그동안 선행연구들에서는 대회가 이르쿠츠크에서 1921년 11월 12일에 개최하기로 했다가 1922년 1월 22일로 연기된 배경과 이유에 대하여 다양한 해석을 했지만, 1차로 11월에서 12월로 연기되고, 다시 2차로 1월 하순으로 연기되면서 장소도 이르쿠츠크에서 모스크바로 변경된 이유를 검토한 바 없다. 이 글에서는 대회 연기가 2차례 있었고 특히 대회 연기와 장소 변경이 앞에서 언급한 대회의 목적과 긴밀한 관계가 있다고 보았다. 이와 관련하여 일본의 저명한 사회주의자 가타야마 센의 위상과 역할에 주목하였다.

이 글에서는 우선 대회의 명칭과 관련한 혼선을 정리하기 위하여 국제공산당 집행위원회의 결의나 문건 그리도 대회의사록에서 사용된 명칭의 변화와 용례를 검토하였다.

이 글의 작성에는 국제공산당(The Communist International)이 1922년 페트로그라드(Petrograd)에서 출판한 영어판 의사록 *The First Congress of the Toilers of the Far East*을 기본 자료로 활용하였고,[15] 독일어판 문서집을 부분적으로 참조하였다.

당시 대회에 대표로 참석했거나 대회 전후에 현장에 체류하며 대회를 관찰하였던 인물들의 회상록이나 자서전 역시 중요한 자료들이다. 대회에서 미국과 한국학계에서 널리 활용해온 여운형의 회상기와 대회 참가자의 회상록으로서 일본학계에서 1차 사료로 널리 활용한 와타나베 하루오의 『片山潛と共に』, 그리고 중국 대표단 단장으로 활약한 초기 중국공산당의 지도자였던 장궈타오(張國燾)의 회고록을 새롭게 활용하였다.

---

[15] The Communist International, *The First Congress of the Toilers of the Far East (Held in Moscow, January 21st-February 1st 1922. Closing Session in Petrograd, February 3rd 1922)*, Petrograd: The Communist International, 1922. 이와 더불어 영문의사록의 일본어번역본인 コミンテルン編, 高屋定國・辻野功譯, 『極東勤勞者大會』를 참조하였다.

대회 전후 시기에 러시아의 이르쿠츠크와 모스크바를 여행하면서 목격한 사실들을 유자(遊者)라는 가명으로 기록한『一九念一遊者觀察 新俄回想錄 』(발간지, 발간연도 미상)을 크게 참조하였다.[16] 이 회상록의 필자는 반소·반공주의적인 편견이 없지 않지만, 대회 몇 년 후에 발간된 것으로 당시 대회 전후의 정황과 사실들을 생생하게 기록하고 있다. 이상의 자료 외에 국제공산당 원동비서국(Far Eastern Secretariat of the Third Communist International)에서 대회를 준비하면서 1921년 12월 이르쿠츠크에서 간행한 것으로 보이는 *Bulletin of the Far Eastern Secretariat of the Third Communist International,* Congress Issue No.1을 새롭게 활용하였다.

2. 대회 개최의 배경

1) 대회의 명칭

우선 대회의 명칭과 관련한 논의를 하고자 한다. 일본 학계에서는 일반적으로 '극동민족대회'라고 부르고 있다. 대회에 참가한 바 있는 가타야마 센의 측근이었던 와타나베 하루오가 자신의 회고록『片山潛と共に』에서 '극동민족대회(極東民族大會)'라고 썼고, 역시 대회에 참가하였던 스즈키 시게미로(鈴木茂三郎) 역시 와타나베의 회고록에서 같은 명칭을 썼다.[17] 이후 와타나베가 고야마 히로타케와 함께 쓴 두 편의 논

---

16) 이 자료의 존재는 스칼라피노·이정식의 저서 *Communism in Korea: The Movement*를 통해서 알게 되었다. 遊者의『一九念一遊者觀察』은 원본에 있었던 70쪽 분량의 부록을 빼고, 1926년 7월에『新俄回想錄』이란 서명으로 上海의 護憲社에서 重刊되었는데 당시 저자는 '海中 周哀輪'으로 되어 있다.

문들에서 역시 '극동민족대회'라고 쓰게 되면서[18] 일본학계에서 널리
통용된 것으로 판단된다. 스즈키 역시 1958년에 간행한 자신의 회고록
『ある社會主義者の半生』에서 '극동민족대회' 명칭을 사용했다.[19] 대회
에 직접 참가했던 두 사람이 사용한 명칭이라 일본학계에서 별다른 비
판 없이 받아들여진 것으로 보인다.

소련 학자 소르킨(Sorkin)은 대회의 명칭이 10여 개에 이르도록 다양
하다는 점을 지적하면서, '원동민족대회(Съезд народов Дальнего
Востока)'라고 썼다. 소르킨은 대회 명칭으로 "Съезд народов Дальнего
Востока(원동민족대회)"가 적합하다고 결론지은 이유를 "국제공산당
집행위원회의 기본문헌들의 공식적 표현과 대회의 성격에 가장 정확하
게 부합하기" 때문이라고 했다. 대회의 공식의사록인 영문판을 참고하
지 않았기 때문에 내린 결론이라고 판단된다.[20] 야마기와 아키라는 대

---

17) 渡邊春男, 『片山潛と共に』, 和光社, 1955. 와타나베는 "같은 해 11월 개최 예정을 다
　　음해 1월까지 연기하고 장소도 이르쿠츠크에서 모스크바로 변경, <u>대회의 명칭도
　　'극동민족대회'로 변경하였다.</u> 이것은 전후 급격하게 고양된 식민지, 반식민제국 약
　　소민족의 해방운동이 특히 중시된 결과이고 이 대회에 참가 동원된 범위도 노동자
　　를 중심으로 하여 소부르죠아에까지 확대되었다. <u>따라서 이 대회를 '제1회 극동근
　　로자대회'라 부르는 것은 옳지 않다.</u>"고 단언하였다(같은 책, 73쪽).[밑줄-인용자]

18) 渡辺春男・小山弘健, 「極東民族大會の思い出」; 渡辺春男・小山弘健, 「ふたたび極東
　　民族大會について」.

19) 鈴木茂三郎, 『ある社會主義者の半生』, 文藝春秋新社, 1958, 123~127쪽.

20) Г. З. Соркин, "Съезд народов Дальнего Востока," p.77. 소르킨이 소개한
　　명칭은 다음과 같다. 'Съезд народов Дальнего Востока'(the Congress of
　　Peoples of the Far East), 'Съезд коммунистических и революционных
　　организаций Дальнего Востока(the Congress of the Communist and
　　Revolutionary Organizations of the Far East),' 'Конгресс коммунистов и
　　революционеров Дальнего Востока (the Congress of the Communists and
　　Revolutioanaries of the Far East),' 'I съезд трудящихся Дальнего Востока(The
　　First Congress of the Toilers of the Far East),' 'Первый съезд революционных
　　организаций Дальнего Востока (the First Congress of the Revolutionary
　　Organizations of the Far East),' 'I съезд коммунистических и революционных
　　организаций Дальнего Востока (the First Congress of the Communist and

회에서 채택한 선언에서 '극동의 공산주의적, 혁명적 조직의 제1회 대
회'(The First Congress of the Communist and Revolutionary Organizations
of the Far East)라는 명칭을 사용하였기 때문에 이 명칭이 정식명칭이라
고 생각해도 좋을 것이라고 하면서도, 국제공산당 집행위원회 의장 지
노비예프가 대회의 개막연설에서 "극동노력자대회(The Congress of the
Toilers of the Far East)를 선언한다"라고 한 점을 유념하여 판단을 유보
한다며, 일본에서 통용되고 있던 명칭인 '극동민족대회'를 사용하였다.[21]

미국의 선구적 한국공산주의운동사 연구자인 서대숙이나 이정식은
대회의 영문의사록의 표지 제목에 따라 'The (First) Congress of the Toilers
of the Far East)를 사용하였다.[22] 영문의사록을 활용한 권희영 역시 같
은 맥락에서 '제1차 극동노력자대회'로 호칭했다. 반병률은 이동휘의 전
기에서 '원동민족혁명단체대표회'라는 명칭을 도입하였는데,[23] 이는 대
회 참가 조선대표들의 신임장에 사용된 명칭 가운데 많이 사용되었고,
특히 이 명칭이 영문의사록에 수록된 대회 선언서의 영문 명칭에 사용
된 대회 명칭에 부합한다고 보았기 때문이다.

임경석은 여러 관련 자료들에서 사용된 다양한 명칭들을 검토한 후
'극동민족대회' 명칭을 선택하였다. 임경석은 "'원동'이라는 용어가 오
늘날 거의 통용되지 않고 러시아어와 영어로도 사용되고 있는 대회의

Revolutionary Organizations of the Far East),' Московский съезд трудящихся
Дальнего Востока (Moscow Congress of the Toilers of the Far East),' Съезд
трудящихся Дальнего Востока (Congress of the Toilers of the Far East)'.

[21] 山極晃, 「極東民族大會について(1)」, 17쪽, 46쪽 주 (1).

[22] Dae-Sook Suh, *The Korean Communist Movement, 1918-1948*과 Robert A. Scalapino·
Chong-sik Lee, *Communist in Korea: The Movement*. 흥미로운 것은 이들 두 저서의
한국어 번역본에서는 각각 '(제1차)극동피압박민족대회' '극동피압박인민대회'라고
번역하였다(서대숙, 현대사연구회 역, 『한국공산주의운동사』, 화다, 1985, 45쪽; 스
칼라피노·이정식, 한흥구 역, 『한국공산주의운동사』 1, 돌베개, 1986, 77쪽).

[23] 반병률, 『성재 이동휘 일대기』, 346~363쪽.

명칭을 택하였다"고 그 이유를 제시했다.[24]

대회 명칭과 관련해서는 기본적으로는 대회를 주최한 국제공산당의 공식문서를 중시해야 한다고 생각한다. 우선 1921년 8월의 국제공산당 집행위원회에서 워싱턴회의에 맞서 대회의 소집을 결정했을 때나 중국의 장타이레이(張太雷)가 기초한 대회의 초청장에서는 "Congress of Toilers of the Far East"로 표기하였다.[25] 국제공산당 집행위원회, 그리고 원동비서국은 당초 '원동(또는 극동)노력자(또는 근로자)대회'라는 명칭을 썼던 것이다.

이후 대회 개최일이 1921년 11월에서 12월로 연기되고 대표들이 이르쿠츠크에서 대기하고 있던 시기에 국제공산당 원동비서국[26](The Far Eastern Secretariat of the Third Communist International)이 발간한 *Bulletin of the Far Eastern Secretariat of the Third Communist International* (Congress Issue Number One)에서는 대회의 명칭을 일관되게 "The Congress of the Nations of the Far East," 즉 '원동(또는 극동)민족(또는 제민족)대회'라고 하였다.[27]

대회의 명칭이 처음에는 '제1회 극동노력자대회'였지만 이후 '극동민족대회'로 바뀌었다고 기억한 와타나베 하루오의 회상이나,[28] "개회 통

---

24) 임경석, 『한국 사회주의의 기원』, 495~497쪽.

25) E.H. Carr, *The Bolshevik Revolution, 1917-1923*, vol. 3, p.525; 山極晃, 「極東民族大會について(1)」, 21~22쪽.

26) '극동서기처' 또는 '극동서기국'으로 번역될 수 있으나 당시에는 '동양비서부'라고도 불렀다. '극동국' 등으로도 번역되기도 한다. 여기에서는 '원동비서국(遠東祕書局)'이라고 쓰기로 한 바, 그것은 『독립신문』의 기사 「일쿠스회의개회」에서 '원동비서국'으로 쓴 바 있고, 당시 한인독립운동자들이 흔히 쓰던 용어로 판단되었다.

27) "The Congress of the Nations of the Far East," The Far Eastern Secretariat of the Third Communist International, *Bulletin of the Far Eastern Secretariat of the Third Communist International*, Congress Issue No.1.

28) 渡邊春男, 『片山潛と共に』, 73쪽.

지에는 동방피압박민족대회라고 되어 있었지만, 당시 일본 대표가 20여
명 참가한 관계상 개회에 즈음하여 원동민족대회라고 명칭을 바꿨다"
라고 한 여운형의 회상은[29] 1921년 8월에서 12월에 이르는 시기에 대회
개최일이 연기되면서 대회 명칭이 바뀐 과정에 대한 파편적인 기억의
소산이라고 판단된다.

　다음으로 대회의 공식문건인 대회 의사록에서 대회 명칭을 어떻게 사
용했는가를 검토해 보기로 한다. 먼저 국제공산당(Communist International)
에서 대회의 공식의사록으로 1922년 페트로그라드에서 간행한 영문의
사록에서 표지에는 'The First Congress of the Toilers of the Far East'로 되
어 있고, 대회에서 채택된 선언서에는 'Manifesto of the First Congress of
the Communist and Revolutionary Organizations of the Far East'라고 되어
있다. 번역하면 각각 '제1회 원동(또는 극동)노력자대회,' 그리고 '원동
공산주의적, 혁명적 조직 등의 제1회 대회'가 될 것이다.[30] 선언서에서
사용된 명칭은 1922년 함부르크에서 국제공산당에서 발간한 독일어판
문서집[31]과 러시아어문서집도[32] 동일하게 쓰이고 있다. 중국어의사록
에서 '원동공산혁명당 제1차대회'라고 기록한 것도[33] 같은 취지에 따른
것이라 보여진다.

29) 「피의자신문조서(여운형) 제4회」(1929년 8월 3일), 몽양여운형선생전집발강위원회
　　편, 『몽양여운형전집』 제1권, 491쪽.
30) The Communist International, *The First Congress of the Toilers of the Far East*, cover
　　page.
31) Der Kommunististichen International, *Der Erste Kongreβ der kommunistichen und
　　revolutionären Organisationen des Fernen Ostens, Moskau, Januar 1922*, Hamburg: Der
　　Kommunistischen International, 1922, 표지 및 p.133의 대회 선언 참조.
32) 山極晃, 「極東民族大會について(1)」, 20쪽. 대회의 러시아어문서집의 서명은
　　"ПербЫйСезд Реболюцион-ных ОрганизацийДальнего Востока"(원동의 혁
　　명적 조직들의 제1회 대회)이다.
33) 임경석, 『한국 사회주의의 기원』, 496쪽. 중국어의사록에서 '조직(organizations)' 대
　　신에 'parties'를 사용하고 있지만 사실상 같은 명칭이라고 할 수 있다.

　영문의사록에 확인할 수 있는 대회 연설문이나 보고문에서 사용한
용례를 보자. 국제공산당 집행위원회 의장인 지노비예프는 대회 개막
연설에서 "원동노력자대회(The Congress of the Toilers of the Far East)를
선언한다"라 하였고, 대회 기간에도 내내 '노력자(toilers)'를 일관되게 썼
으나, 국제공산당 동양부장 사파로프(Georogii, I. Safarov)는 'toilers'와
'communist and revolutionary parties' 모두를 사용하였다. 대회에서 발언
한 사람들은 'toilers'와 'communist and revolutionary parties' 가운데 하나
를 사용했는 바, 대회에서 두 가지 명칭이 혼용되고 있었음을 확인할
수 있다.

　대회의 공식의사록에 사용된 두 명칭 가운데 구태여 하나를 선택한
다면, 대회를 마무리하며 채택한 선언서에서 사용한 명칭, 즉 "First Congress
of the Communist and Revolutionary Organizations of the Far East"(원동
(또는 극동)의 공산주의적, 혁명적 조직들의 제1회 대회)가 더 공식적인
명칭이라 판단된다. 이는 선언서가 국제공산당 동양부장 사파로프를
비롯하여 각국 대표단의 단장들이 참여한 의장단에서 정리하고 대회에
서 채택된 사실을 중시한다면 당연한 결론이라 할 수 있다.

2) 국제공산당 집행위원회의 대회 개최 결정

　'대회' 소집의 직접적인 계기는 워싱턴회의(태평양회의)의 개최였다.
1921년 7월 미국을 중심으로 한 구미 열강과 일본은 군비축소와 태평양
문제를 논의하기 위한 회의를 그해 연말에 워싱턴에서 개최하기로 하
였다. 미국은 제1차 세계대전의 종결일(Armistice Day)인 11월 11일을 개
회일로 정하고 영국, 일본, 프랑스, 이탈리아, 벨기에, 네덜란드, 포르투
갈 등 주요 열강과 중국을 워싱턴에 초청하였는데, 중국을 비롯한 동아

시아 지역과 태평양 지역을 둘러싼 열강의 이해관계를 조정하기 위한
데 그 목적이 있었다.

워싱턴회의는 미국의 주도로 군축문제와 중국문제 해결을 통하여 향
후의 군사적 충돌을 방지하기 위하여 개최하게 된 것이지만, 궁극적으
로는 동아시아와 태평양에서의 일본의 세력 팽창을 저지하는 데 그 목
적이 있었다. 이를 위하여 미국은 그동안 동아시아에서의 일본의 세력
확대를 뒷받침해왔던 영일동맹의 개정(연장) 방지와 폐기, 그리고 열강
의 해군력 증강 경쟁을 저지하고자 했다.[34] 제1차 세계대전의 결과, 전
쟁 당사자였던 영국, 프랑스, 독일이 전쟁으로 국력이 약화되면서 미국
과 일본은 전쟁의 최대 수혜자로서 강국으로 등장하였다. 미국, 영국,
프랑스 등은 일본과 시베리아내전에 공동으로 출병한 바 있으나, 1920년
1월 이후 철병을 개시하여 4월 초에 이르러 미군을 마지막으로 철병을
완료하였다. 그러나 최대 규모인 8만 명의 군대를 파병한 일본은 니항
사건(尼港事件, 1920년 3월, 5월)을 빌미로 북부 사할린을 점령하는 등
계속 주둔을 고집하고 있었다. 시베리아 주둔 일본군의 정책과 계속 주
둔을 달갑지 않게 여기고 있던 미국은 특히 자국 군대의 철병 후에 러
시아원동지역의 시베리아횡단철도와 동중철도 관리를 일본이 접수하
는 것을 원치 않았다.[35]

1921년 7월, 워싱턴회의가 소비에트 정부의 참여 없이 개최될 것이라
는 소식이 언론에 보도되었다. 당시 모스크바에서는 제3회 국제공산당

---

[34] Walter LaFeber, *The Clash: U.S.-Japanese Relations throughout History*, New York ·
London: W.W. Norton & Company, 1997, pp.135~137. 미국 대통령 하딩은 제1차 세
계대전 종전일을 기념하여 11월 11일(Armistice Day)을 국가 공휴일로 선언하였고,
회의 참가 9개국 대표들로 하여금 알링톤 국립묘지(Arlington Cemetery)의 무명용사
묘지를 참배케 하였다.
[35] 위의 책, p.134.

대회가 개최되고 있던 상황에서(6월 22일~7월 12일), 소비에트정부는
영국, 프랑스, 미국, 중국, 일본에 외무인민위원 치체린(Gregorii Vasil'evich
Chicherin)의 명의로 7월 19일 자 항의서를 보냈다. 치체린은 러시아공
화국과 원동공화국이 태평양 연안에 접한 영토를 통치하고 있음에도
불구하고 열강이 이 두 국가의 대표를 워싱턴회의에 초청하지 않기로
결정한 것에 대하여 항의하였다.[36)]

　단기적으로 보면, 대회는 워싱턴회의에 대항하기 위해 계획된 측면
도 있지만, 국제공산당의 역사에서 보면 대회는 "제3인터내셔널=국제
공산당]의 실천적 사업의 하나"로서 계획된 것이다.[37)] 국제공산당은
1년 전인 1920년 7~8월 모스크바에서 개최된 제2회 국제공산당 대회에
서 '식민지 민족문제에 관한 테제'를 채택하여 식민지에서의 통일전선
에 관한 전술을 채택한 바 있다. 이 테제의 기본 노선에 입각하여 1920년
9월 바쿠(Baku)에서 동방인민대회(Congress of the Peoples of the East)가
개최되었고, 터키 235명, 페르시아 192명, 아르메니아 157명, 그루지야
100명 등 근동지역과 중국인, 인도인 등 37개 민족들의 대표 1,891명이
참가하였다.[38)]

　바쿠에서의 동방인민대회 직후인 1920년 9월 27일, 국제공산당 집행
위원인 벨라 쿤(Bela Kun)이 산하 소위원회(Small Bureau)의 명의로 제출
한 제안을 받아들여 국제공산당 집행위원회는 바쿠대회와 유사한 원동
(Far East) 인민대표들의 대회를 시베리아의 도시(이르쿠츠크)에서 개최

---

36) "Protest from Chicherin to Britian, France, the United States, China, and Japan, against
　　the Exclusion of the RSFSR from the Proposed Washington Conference" (July 19, 1921),
　　Jane Degras, *Soviet Documents on Foreign Policy*, vol.1 (1917-1924), New York:
　　Octagon Books, 1978, pp.249~250.
37) 여운형, 「나의 回想錄: 旅行篇」, 『中央』 1936년 3월(『몽양여운형전집』 1, 44쪽).
38) コミンテルン編, 高屋定國・辻野功 譯, 『極東勤勞者大會』, 2쪽. 바쿠대회에는 임정
　　특사인 한형권을 비롯하여 한인대표 3명이 참가했다.

하기로 결정하였다. 이후 대회가 개최되기까지 1년 4개월의 기간에 여러 개의 위원회(Commission)들이 준비를 담당하게 됨으로써 대회 명칭, 개최 시기 그리고 대회의 목표에 관한 정확하지 않은 버전들이 생기면서 혼선이 발생하게 된 것이다.[39] 대회 개최의 결정 과정에는 일본인, 중국인, 조선인 '동지'들이 참여하였다고 한다. 그러나 바쿠대회에 비견할 만한 대규모의 대회를 개최한다는 이러한 계획은 실현되지 못하고 있었다.[40]

1921년 8월 26일 국제공산당 집행위원회는 워싱턴회의에 대한 비판적인 테제들을 내놓았다. 국제공산당 집행위원회는 같은 회의에서 워싱턴회의에 대항하는 '원동노력자대회(Congress of the Toilers of the Far East)'를 이르쿠츠크에서 개최하기로 하고 임시적으로 11월 11일을 개회일로 정하였다.[41]

러시아 공산당 기관지 이즈베스치야(Izvestiia)는 대회가 원동 인민의 주요 억압자인 일본의 제국주의적 음모를 폭로하고, 이에 대항하기 위하여 동아시아의 노력 대중들(toiling masses)의 조직된 의지를 보여줄 것이라고 선언하였다. 이는 8월 26일에 시작된 다롄(大連)에서 철병문제를 둘러싸고 원동공화국 대표와 협상(大連會議)에 들어간 일본을 겨냥한 것이었다.[42]

결국 신흥 소비에트러시아는 패전국인 독일과 함께 워싱턴회의에 초청되지 않았다. 소비에트러시아는 "태평양 열강의 주요한 회의"에의 참

---

39) Г. З. Соркин, "Съезд народов Дальнего Востока," p.77.

40) E.H. Carr, *The Bolshevik Revolution, 1917-1923*, vol. 3, pp.524~525.

41) 위의 책, p.525; 山極晃, 「極東民族大會について(1)」, 21쪽. 소로킨은 국제공산당 집행위가 개최를 결정한 대회 명칭을 'Съезд народов Дальнего Востока'라고 했다(Г. З. Соркин, "Съезд народов Дальнего Востока," p.78 참조).

42) E.H. Carr, 위의 책, p.524.

가를 거부당함으로써 자국의 이익과 위상에 타격을 받게 된 것이다.[43]
그러나 미군의 시베리아철병 이후 일본군의 철병을 꾸준하게 요구해온
미국은 워싱턴회의에 원동공화국(Far Eastern Republic) 대표단에게 입국
비자를 내주었다. 대표단은 워싱턴회의 개최 동안에 적극적인 자본유
치 활동을 벌였고 일본의 침략정책을 비판하였다. 원동공화국 대표단
을 비공식적으로 초청한 셈이 된 미국의 조치는 물론 일본을 견제하기
위한 것이었다.[44]

대회의 목적은 두 가지였다. 첫째는 서구 프롤레타리아트와 동아시
아의 노력자(勞力者)의 결합과 동시에 동아시아 각 민족 노력자들 간의
단결을 강화하는 것, 둘째로 워싱턴회의에 대항하는 동아시아 제민족
의 의지를 표명하는 것이었다.[45]

대회의 준비는 1921년 1월 15일에 설립된 국제공산당 원동비서국(Far
Eastern Bureau, Far Eastern Secretariat)이 주관하였는데 그 책임자인 슈
미야츠키(Boris Zakharovich Shumiatsky)가 총지휘를 하고 그의 조역인
보이틴스키(Grigorii Naumovich Voitinsky)가 실무를 책임졌다. 슈미야츠
키는 국제공산당(Communist International)의 대표로서 대표선발의 기준
을 정한 인물이었다.[46] 이들 원동비서국 책임자들의 지휘 아래 제3회
국제공산당 대회에 참석하였던 장타이레이(張太雷)와 미국에서 파견되
어 온 다구치 운조(田口運藏)가 대회 준비에 참여하였다.[47] 장타이레이
는 대회의 초청장을 기초한 인물이며,[48] 후에 언급하게 되겠지만 보이

43) 위의 책, p.525.
44) 위의 책, p.524. 미국정부가 원동공화국 대표에게 "상업적 목적"의 명의 하에 비자
　를 발급한 것은 10월 4일이었다.
45) 山極晃, 「極東民族大會について(1)」, 22쪽.
46) The Communist International, *The First Congress of the Toilers of the Far East*, p.237.
47) 山極晃, 「極東民族大會について(1)」, 22쪽.

틴스키의 뜻에 따라 중국으로 귀환하여 당시 국제공산당 대표로 와 있
던 마링(Maring, 본명 Sneevliet, Hendricus)의 지원을 받아 일본에 파견
되어 일본대표들의 대회 참가를 교섭한 인물이었다. 다구치는 가타야
마 센이 이끌던 재미일본인사회주의자단(在美日本人社會主義者團)의
일원으로 제3회 국제공산당 대회와 원동민족혁명단체대표회 두 대회에
참석하고자 러시아로 파견된 인물이다.[49] 다구치는 국제공산당 대회
참가 후 이르쿠츠크로 옮겨 가서 일본 국내대표들을 영접하고 일정과
회의장소 변경의 통고와 협의 등의 일을 담당했다.[50] 원동비서국에서
는 러시아 공산당 당원들과 특히 한인공산당원들을 각지로 파견하여
대회 참석을 극력 설득하였다.[51]

3) 대회의 연기와 장소 변경

(1) 대회 개최의 1차 연기

소비에트정부는 워싱턴회의가 임박한 11월 2일, 치체린의 명의로 영
국, 프랑스, 이탈리아, 일본과 미국에게 역시 러시아가 회의에 배제된
데 대하여 다시 항의서를 보냈다. 7월 19일 자로 보낸 항의서에 대한
답변이 없는 사실을 지적하며, "워싱턴회의 결정은 국제관계에 있어서
평화가 아니라 불화와 증오를 가져올 것"이라고 경고했다.[52]

워싱턴회의의 개최가 임박하여 사실상 소비에트러시아가 초청되지

---

[48] 山極晃, 「極東民族大會について(1)」, 22쪽.

[49] 渡邊春男, 『片山潛と共に』, 72~74쪽.

[50] 위의 책, 108쪽.

[51] 遊者, 『一九念一遊者觀察 新俄回想錄』, 153쪽.

[52] "Protest from Chicherin to Britian, France, Italy, Japan and the United States against
Russia's Exclusion from the Washington Conference" (November 2, 1921), Jane Degras,
Soviet Documents on Foreign Policy, vol.1 (1917-1924), pp.271~272.

않는 것이 확실하게 된 상황에서, 국제공산당은 11월 11일에 개최하기로 한 당초의 계획을 변경하였다.[53] 대회 연기 결정과 관련된 이러한 사정은 『독립신문』에도 보도되었다.

일쿠스크회의 연기. 1개월 연기함은 화성[톤]결과를 관망 호(乎) 본월 11일 아령 일쿠스크에서 열린 원동각민족혁명단체총연맹회의는 일 개월간 연기하기로 되엿다는바 이는 아마 화성톤회의에서 되는 결과를 보아 거기 적의(適宜)한 대응책을 취(取)코져 함인 듯 하더라.[54]

7월 이후 얼마동안 미국, 영국, 프랑스 등을 압박하여 소비에트 정부의 대회 참가(그리고 사실상의 국제적 승인)를 얻어내려 했지만, 그 가능성이 사실상 물 건너 가버린 상황에서 대회를 연기한 것이다.

한편, 국제공산당 집행위원회는 멕시코에 머물고 있던 일본의 저명한 사회주의자 가타야마 센에게 사람을 파견하여 급히 러시아로 올 것을 요청하였다. 국제공산당 집행위원회는 이미 1921년 8월 26일의 워싱턴회의에 관한 테제 채택과 이르쿠츠크에서의 대회 개최를 결정한 회의에서 가타야마 센의 모스크바 초청을 결정한 바 있었다.[55] 국제공산당이 그의 초청을 결정한 것은 그가 국제공산당과 오래전부터 관계를 맺어 왔기 때문이기도 하지만, 그가 동양의 강국인 일본의 대표적인 사회주의 인사로서 대회의 성과를 높이고자 하는 대회의 목적에 부합되는 인물이었기 때문이었다.[56] '재미일본인사회주의자단'의 지도자 가타

---

53) 대회의 연기와 관련하여 와타나베가 정세의 변화와 준비 상태, 그리고 가타야마 센의 러시아 도착 지연 등을 제시하였다(渡邊春男, 『片山潜と共に』, 73쪽 참조).

54) 「일쿠스크회의 연기」, 『독립신문』 1921년 11월 26일 2면.

55) Г. З. Соркин, "Съезд народов Дальнего Востока," p.78.

56) 遊者, 『一九念一遊者觀察 新俄回想錄』, 153~154쪽. 카타야마는 1920년 국제공산당 제2회 대회 이후 국제공산당 집행위에서 국제공산당의 중남미 Agency의 의장으로

야마 센은 워싱턴회의 개회 다음 날인 11월 12일 체류하고 있던 멕시코를 떠났다.[57] 가타야마 센이 유럽을 거쳐 모스크바에 도착한 것은 1921년 12월 11일이다.[58] 1개월 연기된 대회 일정에 맞추어 도착한 것으로 보인다.

임명된 상태였다.

[57] Hyman Kublin, *Asian Revolutionary Sen Katayama*, Princeton: Princeton University Press, 1964, p.286. 재미일본인사회주의자단의 다른 대표들이 9월 미국을 출발한데 비하여, 2개월 후인 11월 12일에야 멕시코를 떠난 것을 보면, 가타야마 센은 처음에는 대회 참가 의사가 없었던 것이 아닌가 판단된다.

[58] 山內昭人,「片山潛, 在美日本人社會主義團とコミンテルン」, 初期コミンテルンと東アジア硏究會 編著,『初期コミンテルンと東1アジア』, 不二.出版株式會社, 2007, 122쪽. 와타나베 하루오는 12월 14일 가타야마 센이 모스크바에 도착한 사실을 매우 감동적으로 회상하였다. "우리가 모스크바에 도착한 후 1개월 정도 지난 12월 하순 가타야마 센의 모스크바 입성이 보도되었다. 일본 노동운동의 아버지, 국제적 공산주의운동의 주역으로 특히 러시아인들에게는 플레하노프와 악수한 이래 노인의 이름은 잘 알려져 있다. 그 가타야마 센이 국빈으로서 모스크바에 도착한 일은 바로 세계적인 빅 뉴스였다. 당일 당연히 우리들도 출영하기 위하여 모스크바역으로 갔다. 역두에는 당시 아직 민족인민위원이었지만 이미 레닌의 후계자로서 명성이 높았던 스탈린을 비롯하여 적위군의 총수 트로츠키, 기타 제3회 대회에서 거론한 원수 칼리닌, 지노비예프, 라덱, 루나찰스키 등등 소비에트 정권과 코민테른을 대표하는 대관(大官), 요인이 문자 그대로 기라성 [같은 인물들]이 밀집하여 나란히 출영하였다. 레닌은 그 무렵 한 소녀의 권총 저격으로 병구를 크레믈린 궁전 깊숙이 조용히 요양하고 있었기 때문에 그 모습을 볼 수 없었다고 해도 그 이외의 대관, 요인은 거의 나왔다고 해도 좋다. 역의 구내에서 홈에 걸쳐서 적군의 정예가 무장하고 (중략) 바로 국빈을 맞이함에 걸맞는 장중한 광경을 보여주었다. 곧 열차가 서서히 홈에 도착하자, 기차 출구로부터 붉은 반백 머리의 건강한 노인이 웃는 얼굴로 나타났다. 노인이 미소를 띠어가면서 기차에서 내리자 출영한 거두들이 차례로 앞으로 나와서 노인과 악수를 나누었다. 한 바퀴 돈 후에 트로츠키가 앞으로 나아가서 노인과 친밀한 환영의 말을 교환하였다. 아마 뉴욕[에서 만난] 이후 오랜만에 인사를 나누고 서로의 건강을 기뻐하였을 것이다. 이어서 노인이 옆에 있는 작은 단상에 올라 영어로 간단하게 사의를 표하였다. 그 후 노인은 도열하고 있던 적군의 앞을 열병하면서 구내로 향하였는데 이때 노인은 출영하고 있던 나를 슬쩍 보았고 (중략) 나도 일세 일대의 광영일 뿐 (중략) 間庭을 이끌고 주저없이 노인의 배후를 따랐다. 숙연하게 정열한 적군의 捧銃 숲 가운데를 활보하여 가는 것만큼 장쾌한 것은 없었다(渡邊春男,『片山潛と共に』, 102~104쪽 참조).

(2) 대회 개최 2차 연기와 개최장소의 변경

이르쿠츠크에서 대회를 준비하고 있던 국제공산당 원동비서국에서 1921년 12월에 작성한 "원동의 공산당에게 보내는 호소문(Appeal of the Far Eastern Secretariat to the Communist Parties of the Far East)" (1)에 의하면, 국제공산당 집행위원회가 이 대회를 소집한 애초의 목적은 두 가지였다. 첫째, 세계의 제국주의자들이 워싱턴에서 동양의 민족들에 대항하여 꾸미고 있는 적대적인 음모를 폭로하는 것, 둘째로 제국주의에 대한 투쟁의 총참모부인 소비에트러시아를 중심으로 이들 민족을 결합시키는 것으로,59) 이 목적은 이르쿠츠크에서 대회를 개최하여도 충분히 충족될 수 있는 목표였다.

이제 대회가 다시 1922년 1월 하순으로 연기되고, 장소 역시 이르쿠츠크에서 모스크바로 바뀌게 되었다. 대회 일정의 연기와 장소 변경은 앞에서 제시한 대회의 목적 외에 또 다른 목적을 고려하였음을 추정케 한다. 그 과정을 살펴보기로 한다. 국제공산당 원동비서국 책임자 슈미야츠키는 12월 3일 국제공산당 집행위원회 동양부장 사파로프 앞으로 대회 개최일의 조속한 통지를 요청하였다.60) 하루 전인 12월 2일 국제공산당 집행위원회 상임간부회는 "어떠한 경우에도 1922년 1월 1일 이전에 (대회가) 시작되어서는 안 된다"고 결정하였다. 대회의 간판으로 활용할 일본의 가타야마 센이 아직 도착하지 않은 사정을 비롯하여, 워싱턴회의의 결과가 아직 드러나지 않았고 대회의 실질적인 준비 등을

---

59) The Far Eastern Secretariat of the Third Communist International, *Bulletin of the Far Eastern Secretariat of the Third Communist International*, Congress Issue No.1, p.1.

60) 임경석, 『한국 사회주의의 기원』, 516쪽. 이르쿠츠크에 머물고 있던 대표들은 보이틴스키에게 대회가 일정대로 열리지 못하는 데 대하여 물었으나 언제 어디서 열릴지 알 수 없다는 답변만 들었다고 한다(Chang Kuo-tao, *The Rise of the Chinese Communist Party, 1921-1927, of the Autobiography of Chang Kuo-t'ao*, vol.1 (Lowrence · Manhattan, Wichita: The University Press of Kansas, 1971, p.188 참조).

고려한 결정이라고 판단된다. 같은 회의에서는 또한 대회를 모스크바
에서 개최할 수 있는지 여부를 검토하자는 제안이 제시되었다.[61]

마침내 12월 25일 집행위원회 상임간부회는 대회의 조직위원회
(Organizational Commission)를 구성하고, 그 첫 회의를 크레믈린 스베르
들로프(Свердлов) 홀에서 개최하기로 결정하였다.[62] 사실상 국제공산
당 집행위원회가 대회를 직접 주관하기로 결정한 것이다. 마침내 1921년
12월 25일 국제공산당 집행위원회 의장단은 모스크바에서 대회를 개최
한다는 최종 결정을 내렸다.[63] 이 결정은 곧바로 이르쿠츠크의 원동비
서국과 각국 대표단들에게 통지되었다.[64] 대회 장소가 이르쿠츠크에서
모스크바로 변경된 이유는 밝혀진 바 없다.[65]

대회 실무 책임을 맡았던 보이틴스키가 독일어판 대회의사록 서문에
서 밝힌 바에 따르면, 한편으로 개최장소가 멀어 행사진행이 쉽지 않
고, 다른 한편으로 중국공산당과 같은 원동의 몇몇 조직들로부터 제국
주의의 가면(假面)을 보다 잘 폭로할 많은 자료들을 확보하기 위해서는
워싱턴회의의 종료까지 기다리는 편이 좋을 것이라는 의견이 제출되었

---

61) Г. З. Соркин, "Съезд народов Дальнего Востока," p.78.
62) 위와 같음.
63) 위와 같음.
64) 국제공산당 집행위의 결정이 통보된 것은 1921년 12월 25일경이라 판단된다. 당시
    대회를 준비하고 있었던 슈미야츠키가 대회와 관련하여 12월 25일까지 이르쿠츠크
    에서는 준비 작업만을 담당했다고 회상했다.(Alexander Pantsov, *The Bolsheviks and
    the Chinese Revolution 1919-1927*, Honolulu: University of Hawai'i Press, 2000, p.53 참
    조).
65) 카(E.H. Carr)는 워싱턴회의 기간 중에 미국에서 활동하고 있던 원동공화국의 대표
    단이 원동공화국의 민주적 성격과 독립적 지위를 항변하고 있었던 상황에서 자기
    의 영역 내에서 대회를 개최함으로써 그러한 입장을 약화시킬 것을 우려했을 가능
    성을 제시했다(E.H. Carr, *The Bolshevik Revolution, 1917-1923*, vol. 3, p.526, note 2;
    山極晃, 「極東民族大會について(1)」, 22쪽 참조). 이르쿠츠크는 원동공화국의 영내
    가 아니기는 하지만 가까운 지점에 위치하고 있었던 만큼, 일리 있는 해석이라 할
    수 있다.

다고 한다.[66] 즉, 12월 중순에 이르러 4국조약과 9국조약 체결로 동아시아(중국의 산동, 몽골, 만주, 시베리아)와 군축문제에 관한 열강 간의 합의가 이루어지는 등 워싱턴회의의 결과들이 나오게 되면서 이에 대한 본격적인 분석과 혁명운동 방략을 수립할 필요가 생겼다고 보인다.

소비에트러시아의 수도인 모스크바에서 대회를 개최하게 된다는 것은 대회가 대내외적인 주목을 받게 된다는 것을 의미한다. 국제공산당은 물론 소비에트정부의 관여 정도가 커짐을 뜻한다. 이제 격상된 대회의 위상과 확대된 목표의 범위는 당초 대회를 주관하기로 했던 원동비서국의 권한을 크게 벗어나는 것이기도 하다.

일정을 1개월여 연기하고 대회 장소를 모스크바로 변경한 것과 관련하여 중국대표단 단장으로 활약했던 장궈타오의 회상이 흥미를 끈다. 장궈타오는 대회 장소 변경의 배경에는 피부색이 다른 동양 사람들을 모스크바의 대중들에게 보여줌으로써 국제공산당이 동양에서 진전을 가져오고 있고 미래의 전망이 밝다는 점을 보여주려는 선전홍보의 목적도 있었다고 회상했다. 장궈타오는 국제공산당에서는 대표들을 이곳저곳으로 관광을 시켜주었는데, 대표들에게 소비에트러시아의 혁명 과정을 시찰케 하려는 목적도 있었겠지만, 대표들을 모스크바 대중들에게 보여주려는 목적도 있었다고 회고했다.[67]

선행연구들에서는 대회에 참석했던 일본인들의 회고록에서는 비중 있게 거론된 바 있지만, 일정 연기와 장소 변경 등 대회와 관련하여 가타야마 센의 비중을 간과한 측면이 없지 않았다. 러시아 볼셰비키들 사이에서 가타야마 센은 러일전쟁, 제1차 세계대전, 국제공산당 창립, 미

[66] Der Kommunistischen Intenrnational, *Der Erste Kongreβ der kommunistichen und revolutionären Organisationen des Fernen Ostens*, p.VII; 山極晃, 위의 글, 22쪽.

[67] Chang Kuo-tao, *The Rise of the Chinese Communist Party, 1921-1927*, p.201.

국에서의 볼셰비즘의 선전 활동 등 볼셰비키들과 오랫동안 같은 국제
노선을 걸었던 인물로 알려져 있어서 1921년의 시점에서 국제 사회주
의운동사에서 명실상부하게 아시아를 대표하는 사회주의자로 평가받
고 있었다. 워싱턴회의가 미국과 일본 간의 외교협상의 장이었던 만큼,
미국이나 아시아의 최강국 일본에서의 반제국주의적 프롤레타리아혁
명에 큰 비중을 두었던 국제공산당 입장에 볼 때 가타야마 센은 최적의
인물이었다.

　그리하여 국제공산당 집행위원회가 이미 8월의 회의에서 그를 초청
하기로 결정한 바 있다. 12월 11일 가타야마 센이 모스크바에 도착할
당시 소비에트 정부는 그를 대대적인 환영행사로 맞이했고 러시아 인
민들 사이에서도 여러 매체를 통하여 그에 대한 대대적인 선전홍보를
전개하였던 사실에서 이를 확인할 수 있다.[68] 그는 실제로 대회의 명예
주석으로서 사실상 대회를 대표하는 인물로 내세워졌고 회의의 연설에
서 지노비예프를 비롯한 볼셰비키들이 그에 대한 찬사를 아끼지 않았
던 것이다.

3. 대회 개최 이전 한국독립운동의 상황

1) 상해의 대한민국 임시정부

　1921년에 들어와 1월 23일 국무총리 이동휘가 탈퇴한 이후 주요한 각
원들이 연이어 탈퇴하게 되면서 임시정부는 이승만을 옹호하는 기호파
출신들 중심으로 구성되어 그 위상이 크게 추락하였다. 북경과 상해의

---

[68] Hyman Kublin, *Asian Revolutionary Sen Katayama*, pp.276~291.

반임정세력들을 중심으로 1920년 가을 이후 이승만의 위임통치 청원 문제를 제기하며 임시정부의 존재 자체를 부정하며 격렬한 반대운동을 전개하고 있었다. 이러한 상황에서 1921년 2월 초 상해에서는 박은식, 원세훈, 최동오, 안병찬, 유례균, 왕삼덕, 김창숙 등 15명이 「아동포에게 고함」을 반포하여 '국민대표회'의 소집을 제창하였다. 이어 5월 이후에는 임정을 탈퇴한 안창호와 여운형을 비롯하여 김규식, 남형우 등 상해의 주요 인사들이 전면에 나서 국민대표회기성회를 조직하는 등 국민대표회의 개최 여론이 높아져 갔다.[69] 1921년 8월에는 상해, 북경, 천진의 대표들이 국민대표주비회를 구성하기에 이르렀다.

워싱턴회의와 원동민족혁명단체대표회가 동시에 개최될 것이라는 소식에 한국의 독립운동자들이 양분화되는 양상을 드러냈다. 임정 지지 세력과 반대세력이 두 대회에 대한 상반된 입장을 표명하였다.

워싱턴회의 개최 소식에 접하자, 8월 15일 한중호조사(韓中互助社)는 "한국의 독립을 회복하고 중국의 주권을 완전히 함"을 근본 취지로 한 11개 항목의 조건을 워싱턴회의에 제출하기로 하고 이를 선언서로 발표하였다. 일본의 한국과 중국에 대한 침략과정에서 획득한 권리와 이권을 회복하고, 구미열강에게는 중국에서의 이권을 반환하라는 요구였다.[70] 임시정부 역시 워싱턴회의에 대한 대책을 수립하고 행동에 나섰

---

[69] 반병률, 『성재 이동휘 일대기』, 279~281쪽.
[70] 「太平洋會議와 韓中互助社의 決議」, 『獨立新聞』 1921년 8월 15일 4면.
  11개 항의 조건은 다음과 같다.
  1. 한국은 절대로 독립을 要할지니 일본은 1905년에 체결한 불법의 보호조약과 밋 1910년에 체결한 불법의 합병조약을 취소할 일.
  2. 일본은 한국에서 정치, 경제 及 군사상의 시설을 일체 철거할 일.
  3. 한국과 및 원동공화국에서도 대표를 파견하야 同會議에 출석케 할 일.
  4. 한중 양국의 주권과 밋 동아평화에 장애가 되는 英日續盟을 취소할 일.
  5. 1915년 5월 26일에 체결한 중일협약 21개조와 滿蒙鐵路草約과 高徐順濟兩路草約 及 란싱石井의 선언을 一竝 취소할 일.

다. 임시의정원은 9월 29일 대표단을 선임하였다.(대표장: 대통령 이승
만, 부대표: 서재필) 아울러 10월 17일에는 대표단의 활동을 후원하기
위한 외교후원회를 조직하였다.[71)

　임시정부를 중심으로 하여 워싱턴회의를 적극 활용해야 한다는 주장
이 강력하게 제기되었다. 임시정부는 포고문을 발표하고 워싱턴회의에
한국의 "생사의 문제"가 달려 있다고 주장하였다. 같은 맥락에서 워싱
턴회의를 상대로 외교활동을 담당하게 될 구미위원부는『통신』(제30호)
에서 워싱턴회의는 "한일 양국의 대판결"의 기회가 될 것이라며, 이 기
회는 "우리의 천재일시(千載一時)오 다시 오기 어려운 기회"라고 주장
했다. 외교후원회는 발기문에서 "한국의 독립문제도 이 회의 중 가장
중요한 안건에 속할 것은 또 당연한 사실이라"고 하였다.『대동보(大同
報)』와 협성회도 같은 주장을 발표하였고, 박은식 역시 이 회의의 시기
로써 "오족의 사활관계(死活關係)로 인정하여 대부방침(對付方針)을 결
행함이 가하다"고 주장했다.[72)

　워싱턴회의에 절대적인 기대를 걸고 적극적인 외교활동을 주장한 이
러한 움직임에 대하여,『신한민보』는 조심스러운 논조를 펼쳤다. 즉,
"이번 회의는 특별히 원동과 태평양문제를 위하여 개최되는 것이니 우
리 한국 문제는 원동 문제 중의 하나이라. 우리 일을 한번 의론치 아니

6. 중국은 무조건으로 膠州灣과 및 일본이 山東에서 강점한 一切의 이권을 회수할
　일.
7. 일본이 滿蒙과 福建에서 취한 특수세력을 打消케 할 일.
8. 중국은 臺灣을 회수할 일.
9. 중국은 외국인에게 許하엿던 영사재판권과 郵政權을 회수할 일.
10. 각국은 중국에서 借得하엿던 租界를 반환할 일.
11. 각국은 중국에 주둔하엿던 군대를 철퇴할 일.
71)「臨時議政院 決議事項」;「太平洋會議와 歐美委員部 活動」;「太平洋會議에 대한 外
　交後援會」,『獨立新聞』1921년 10월 5일 3면.
72)「太平洋會議 好韓機會? 非機會」,『獨立新聞』1921년 10월 14일 1면.

하면 불공평한 일이라" 하면서도 "천재일우요 공전무후(空前無後)의 기회라 하지 아니하고 다만 우리들이 비상한 힘으로 운동하여 보아야 할 시기"라고 주장하였다.[73]

한 논자는 『신한민보』의 주장에 동조하며 과거에도 파리강화회의를, 국제연맹을 천재일우라고 한 적이 있다면서, 임시정부 등의 주장을 "과장적 언론과 안가(安價)의 투기적 언론으로 국민에게 신용을 실추함보다 차라리 정직하고 성실한 고백으로 소수 진정 애국자의 자각적 희생을 바람이 낫다"고 지적하였다.[74] 이어 이 논자는 우리는 이런 의미에서 워싱턴회의를 "우리의 사활(死活)의 문제"라고 볼 수 없다고 비판했다.

워싱턴회의에 대한 근본적인 비판과 함께, 이르쿠츠크에서 개최될 대회에 대한 무한한 기대를 거는 글도 발표되었다. 한 논자는 『독립신문』에 기고한 글에서 워싱턴회의에 대항하여 이르쿠츠크에서 개최될 '원동회의(遠東會議)'의 개최에 대한 축하와 기대를 피력하였다.

모름지기 한편에는 칼날과 마술의 괴력을 가진 강탈자 특권계급들의 모임이오. 그와 대상인 한편에는 평화를 위하며 자유를 노래하는, 보다도 그것을 한없이 그리워하는 인생 자연의 사명 그대로를 지키고 있는 어린 양 같은 무리들의 모임일세라. 간단히 말하면 한편에는 빼앗으려는 강도들의 공론이오. 한편에는 아니 빼앗기려는 정직한 주인들의 공론인 것이다. 한편 회의는 자기 창자만을 채우려는 침략주의 야심주의의 산물인 동시에 한편 회의는 전 세계 사람에게 동일한 행복을 주려는 평화주의와 박애주의의 산물인 것이다.[75]

---

73) 위와 같음.
74) 위와 같음.
75) 「遠東會議에 對한 吾人의 感想과 希望」, 『獨立新聞』 1921년 10월 14일 3면.

2) 고려공산당

3·1운동으로 고조되었던 국내외 독립운동세력 사이에서는 파리강화
회의에서 한국 문제가 전혀 언급조차 되지 않고 종결되면서 미국 등 열
강에 대해 걸었던 기대가 실망감으로 바뀌었다. 그리하여 외교적 활동
을 통하여 한국의 독립문제를 해결하고자 하는 임시정부의 일부 세력
들을 제외하고는 전반적으로 신흥 소비에트러시아와 공산주의 운동으
로 경도되어 갔다. 특히 국내에서 청년 학생들을 중심으로 사상단체들
이 생겨나면서 그야말로 러시아 볼셰비키 혁명의 영향력이 점점 확산
되어 갔다. 특히 1920년 가을 이후 시베리아내전에서 적위파의 승리가
명백해지고 그동안 중앙의 혁명정권을 상대로 버티고 있던 옴스크의
콜챠크 정부 등 시베리아와 러시아원동의 백위파 정권들이 붕괴하게
되면서 공산주의운동이 더욱 확산되어 갔던 것이다. 그리하여 연해주
를 비롯한 러시아 원동지역과 만주지역에서 한인공산당 조직들이 우후
죽순처럼 생겨났다.

이러한 국내외적 상황은 공산주의운동을 위하여 매우 유리한 환경이
될 수 있었지만, 오히려 한인 공산주의운동은 1921년 내내 치열한 분파
투쟁에 휘말리게 된다. 1921년 5월 각각 별도의 고려공산당을 창립한
상해파와 이르쿠츠크파는 이르쿠츠크를 비롯한 동시베리아 지역과 자
바이칼주, 아무르주, 연해주 등 원동공화국 경내, 그리고 북간도 등 만
주지역, 북경, 상해 지역에서 치열한 파벌투쟁을 전개하였다. 고려공산
당 양파 간의 파벌투쟁은 공산주의운동을 물론 전체 독립운동에 매우
부정적인 폐해를 끼치고 있었다. 1921년 6월 아무르주(흑룡주)의 자유
시(스바보드니)에서 이르쿠츠크파의 모략과 선동에 의하여 상해파 계
열의 빨찌산부대와 독립군 병사들을 학살한 자유시참변은 그 절정이라

할 수 있다.

또한 이들 양 파는 한인사회당이 받아온 모스크바 자금 40만 루블의 사용을 둘러싼 상호비방과 모략을 반복하였고, 이후 한형권이 임시정부의 '내부정리'를 명목으로 추가로 받아낸 20만 루블을 확보하기 위하여 치열한 외교전을 벌이게 된다. 그리하여 '대회' 개최 계획이 알려지게 되는 1921년 가을에는 고려공산당 양 파가 핵심인물들로 구성된 대표단을 모스크바에 파견하여 국제공산당과 소비에트 정부를 상대로 치열한 상호공방의 외교전을 전개하였다. 국제공산당 집행위는 검사위원회를 구성하고 고려공산당의 양 그룹을 대상으로 조사를 진행하였다. 그리하여 고려공산당 파쟁의 수습안으로 제시한 것이 5개항으로 된 1921년 11월 15일 자 「제3국제공산당 검사위원회 결정서」이다.[76] 이에 따라 국제공산당 집행위는 고려공산당 연합중앙간부를 구성하였다. 간부로 임명된 8명 가운데 당시 모스크바에 머물고 있던 상해파의 이동휘와 홍도가 고려공산당을 대표하여 그 권한을 행사하였다.[77] 그럼에도 불구하고 국제공산당 동양부장 사파로프, 원동비서국 책임자인 슈미야츠키와 보이틴스키 등 3인의 절대적인 지원을 받고 있었던 이르쿠츠크파는 '대회' 개최 이전의 대표 선발에서부터 대회 후에 이르기까지 상해파에 대한 공격과 탄압을 계속함으로써 파쟁이 더욱 심화되었다.

---

[76] 이 결정서의 채택과정과 내용에 대하여는 임경석, 『한국 사회주의의 기원』, 474~494쪽을 참조할 것.

[77] 반병률, 『성재 이동휘 일대기』, 339~340쪽.

4. 대회의 준비

1) 각국대표들의 선발과정

원동비서국은 산하에 각 민족부(고려부, 중국부, 몽골부, 일본부)를 두고 각각 책임자를 두었는데, 이들 민족부를 통하여 각국의 대표 선발과 파견을 담당케 하였다. 고려부의 책임자들은 이르쿠츠파 고려공산당의 중앙위 위원들이기도 했다.[78] 이들은 슈미야츠키 등 국제공산당 동양혁명 책임자들의 권위와 지원을 배경으로 러시아공산당 중앙위 원동부 산하 한인부[치타] 간부들을 비롯한 상해파 인사들에 대한 탄압(정치적 재판)과 자유시 참변에 등에 깊이 관여했다.[79] 조선 대표의 선발은 대회 준비를 주도하고 있던 슈미야츠키가 일방적으로 후원하던 고려공산당 이르쿠츠크파 간부들에 의하여 추진되었다. 그리하여 상해파 인물들의 경우 국제공산당 원동비서국에 의해서 투옥되었거나 자유시 참변에 의해 탄압을 받고 있어서 대회에 참여할 수 없는 형편에 있었다.[80] 모스크바에 체류 중인 상해파 인사들 역시 이동휘나 홍도 등 2, 3인을 제외하고는 생활조차 유지할 수 없을 정도로 곤란한 상태에 있었다.[81]

상해 지역의 경우는 이르쿠츠크파 상해지부의 간부들인 김만겸(책임비서)과 안병찬(서기)이 각각 고려공산당 중앙위원회의 책임비서와 서

---

[78] 1921년 11월 당시 원동비서국 고려부의 한인 위원은 한명세, 최고려, 이형근이었다 (임경석,『한국 사회주의의 기원』, 498쪽 참조).

[79] 한형권, 「러시아사회주의연방공화국 외무인민위원회에게」(1921년 8월 2일), 국사편찬위원회 대한민국임시정부자료집 편찬위원회,『대한민국임시정부자료집 별책』제5권, 국사편찬위원회, 2011, 264~265쪽.

[80] 반병률,『성재 이동휘 일대기』, 350쪽.

[81] 遊者,『一九念一遊者觀察 新俄回想錄』, 130~131쪽.

기로서 대회 참가자들을 심사했고, 박헌영과 김단야가 고려공산청년총국 책임비서와 서기로서 같은 시기에 개최될 원동혁명청년대회 참가대표들을 심사하였다. 또한 여운형은 고려공산청년회 상해지회장으로서 (서기는 김단야 겸임) 조선, 일본, 중국, 몽골, 자바 등 대회 참가자들의 여권 수속 등 준비에 관계된 일들을 도맡아 했다.[82]

이러한 제반 상황에서 볼 때 상해파가 대회에 참가할 수 있는 여건은 거의 없었다.[83] 김동한, 문시환, 이석기 정도가 고려공산당 임시연합중앙간부 이동휘의 힘으로 이르쿠츠크에서의 국제공산당 원동비서국과의 협의에 따라 고려공산당 중앙위 파견대표로 참가할 수 있게 되었을 뿐이었다.

중국의 경우, 국제공산당 주(駐)원동대표인 마링이 이르쿠츠크로부터 귀환한 장타이레이를 통하여 이르쿠츠크의 원동비서국으로부터 중국과 일본대표의 대회 참석을 성사시키라는 국제공산당의 지시를 부여받았다.[84] 마링은 중국공산당 대표의 선발을 중국공산당 중앙위 선전주임 장궈타오에게 맡겼고, 아울러 중국의 다른 혁명단체들에게도 초청장을 비밀리에 전달하는 임무를 부여했다.[85] 마링은 1921년 10월 상해에서 쑨원(孫文)이 보낸 중국국민당 선전부장 장지(張繼)와 회동하고 국민당 대표의 파견을 요청하였다. 그리하여 10월말 쑨원은 장추바이

---

82) 여운형, 「나의 回想錄: 旅行篇」, 『中央』 1936년 3월(『몽양여운형전집』 1, 44쪽).
83) 한편, 김철수에 따르면, 상해파는 이르쿠츠크파가 주도하는 대회임을 알면서도 최팔용과 장덕수가 주선하여 김철수를 통하여 김규식, 여운형, 나용균, 김상덕, 정광호, 장덕진 등 5명의 여비를 대주었다고 한다(김철수, 「김철수 친필유고」, 『역사비평』 5, 1989년 여름, 354쪽). 한편, 나용균은 당시 대표 가운데 일부에게는 모스크바에서 205원씩의 여비가 와서 하얼빈을 경유하는 노정을 택했다고 한다(이정식, 『金奎植의 生涯』, 신구문화사, 1974, 77쪽 참조).
84) 서상문, 『혁명러시아와 중국공산당(1917-1923)』, 백산서당, 2008, 436쪽.
85) Chang Kuo-tao, *The Rise of the Chinese Communist Party, 1921-1927*, p.175.

(張秋白, 일명 張伯亞)를 국민당 대표로 선정했다.[86] 중국공산당 중앙위는 대표로 장궈타오가 선발되었다.[87]

마링은 일본 국내 대표 선발의 책임도 부여받았는데, 이를 위하여 장타이레이를 일본 동경(東京)으로 밀파하면서 중국공산당 중앙위에는 비밀로 했다. 장타이레이는 국제공산당의 비밀서한을 휴대하였고, 중국공산당 당원이면서 일본에 유학중인 시순통(施存統) 앞으로 쓴 당서기 서리 조우포하이(周佛海)의 소개장을 갖고 갔다.[88] 장타이레이는 시(施)를 통해 일본의 사회주의자인 야마카와 히토시(山川均), 사카이 도시히코(堺利彦)를 만나서 동의를 얻었고, 7명의 대표들이 선발되었다. 이들 가운데는 공산주의자로는 수요회(水曜會)의 도쿠다 규이치(德田球一), 효민회(曉民會)의 다카세 기요시(高瀨淸) 2명이었고, 나머지는 모두 아나르코-생디칼리스트였다.[89]

일본대표단의 경우는 국외에서 가타야마 센이 이끌고 있던 '재미일본인사회주의자단'에도 대표 파견을 요청하였다. 당시 가타야마 센을 보필하고 있었던 와타나베 하루오에 의하면, 어느 날 가타야마 센이 제2회 국제공산당 대회와 '원동민족혁명단체대표회'에 대하여 "일본에도 똑같은 통지가 간 것은 틀림없고 반드시 누군가 출석할 것이다"고 말했다고 한다. 그리고 "일본에 공산당을 조직하기 위해서는 이곳에서도 대표를 파견하여 이 기회에 모스크바에서 충분한 협의를 할 필요가 있다"고 말하고, "코민테른은 재미일본인사회주의자단을 내가 직접 지도하고 있는 점만으로 실제 이상으로 높게 평가하고 있는 같다"고 털어놨다고

---

86) 서상문, 『혁명러시아와 중국공산당(1917-1923)』, 437쪽.
87) Chang Kuo-tao, *The Rise of the Chinese Communist Party, 1921-1927*, p.175.
88) 위의 책, p.160.
89) 渡邊春男, 『片山潛と共に』, 107쪽.

한다. 그리하여 가타야마 센이 6명을 선발하였다.[90]

이 가운데 다구치 운조가 국제공산당대회에도 대표로 참석하기로 하고 앞서 출발하였다. 이들을 위하여 가타야마 센은 멕시코로 출발하기 전 일본인 대표들에게 영국, 프랑스, 독일을 경유하는 각국의 동지들과 트로츠키, 콜론타이 여사 등에게 소개장을 써 주었다. 그리고 미국 공산당 아시아뷰로에서도 신임장이 교부되었다.[91] 미국의 일본인 대표들은 개인적으로 또는 그룹으로 1921년 9월 러시아로 떠났다.[92] 앞서 출발한 다구치를 제외한 5명이 유럽을 거쳐 모스크바에 도착한 것은 11월 19일이었다.[93]

2) 이르쿠츠크로의 집결과정

상해지역의 대표들인 여운형, 김규식, 최창식, 현순, 나용균, 정광호, 조동호, 김상덕 등 10여 명은 1921년 11월 27과 28일 양일에 걸쳐 상해를 출발하였다. 이들은 상해임시정부에 반대하는 인물들이었다.[94] 당초 대회의 개최 예정일을 훨씬 넘긴 후였다. 아마도 이들은 대회가 연기된 사실을 알고 새로운 개최일, 즉 12월 중순에 맞춰 떠난 것으로 짐

---

90) 이들 6명은 와타나베 하루오(渡邊春男), 다구치 운조(田口運藏), 마니와 스에요시(間庭末吉), 노나카 세이지(野中誠之), 니카이도 우메요시(二階堂梅吉), 스즈키 시게미로(鈴木茂三郎)였다(위의 책, 74~75쪽 참조).

91) 위의 책, 74~76쪽. 와타나베 하루오느 가타야마 센의 서명이 들어간 소개장은 제3인터내셔널에 가맹한 세계 각국의 어디에 가더라도 매우 권위 있는 것이었다고 회상했다.

92) Hyman Kublin, *Asian Revolutionary Sen Katayama*, pp.285~286.

93) 渡邊春男, 『片山潛と共に』, 87~92쪽.

94) 「김인감과 제봉(이희경) 그리고 신암(안공근) 등이 상해에서 발송한 서신」(1921년 11월 29일), 국사편찬위원회 편, 『대한민국임시정부자료집 별책』 제5권, 275쪽. 나용균의 증언에 따르면, 그는 여운형, 김규식과 동행하였다고 한다(이정식, 『金奎植의 生涯』, 77~78쪽 참조).

작된다. 이들 가운데 여운형이 이르쿠츠크로의 여정에 관한 기록을 남겼다. 여운형 등이 취한 여정은 일본 밀정들의 감시가 심한 만주 경로 대신에, 중국 서북부의 장가구(張家口) - 몽골의 고륜(庫倫, 현재의 울란바토르), 트로이카 삽스크(賣買城) - 베르흐네우진스크 - 이르쿠츠크 루트였다.[95]

여운형 일행은 몽골 고륜에서 몽골 대표로 가는 단잔(Ajvain Danzan, 丹增)과 합류하여 이르쿠츠크까지 동행하였다. 이들은 단잔을 통하여 몽골 국경까지 필요한 여권을 발부받았다. 여운형 일행의 조선 대표들과 몽골 청년대표인 유학생들까지 모두 10여 명이 일행이 되어 출발하였다.[96] 단잔은 일본을 다녀온 일이 있어 '야뽄 단잔(Japanese Danzan)'이라는 별칭을 가졌는데, 당시 몽골 혁명정부의 수상인 보두(Dogsomiin Bodoo)의 친척이자 몽골인민혁명당 중앙위 의장이었다.[97] 여운형에 따르면, 국제공산당은 "각국의 대표들을 초청하는데 있어서 가급적 신중한 비밀주의를 채용하였다"고 한다. 예를 들어 베르흐네우진스크에서 이르쿠츠크로 들어가기 전날 밤에는 정거장의 낡은 차량 속에서 밤을 보낸 후 다음 날 아침에 출발하였는데 일행들을 극비리에 숨기기 위해서였다고 한다.[98]

여운형 등 상해에서 떠난 대표들을 안내하고 편의를 제공한 사람들은 국제공산당 원동비서국과 소비에트 정부의 요인들이었다. 예를 들어 고륜에서는 소비에트 대표 오홀라(Marta Iakovlevicha Okhola)[99]와 원

95) 여운형, 「나의 回想錄: 旅行篇」, 『中央』 1936년 3월, 4월, 5월, 6월(『몽양여운형전집』 1, 44쪽, 47쪽, 54쪽, 64쪽).
96) 여운형, 「나의 回想錄: 旅行篇」, 『中央』 1936년 5월(『몽양여운형전집』 1, 44쪽, 47쪽, 59쪽, 61쪽).
97) B. Baabar, *History of Mongolia*, Cambridge: The White Horse Press, 1999, pp.229~230, p.257.
98) 여운형, 「나의 回想錄: 旅行篇」, 『中央』 1936년 6월(『몽양여운형전집』 1, 64쪽).

동비서국 몽골부의 린치노(Elbegdorju Rinchino), 국경도시 트로이카 삽스크에서는 소비에트정부 대표 사파로프 등이었다.[100]

상해에서 출발한 중국 대표들의 여행경로는 장궈타오가 자신의 회고록에서 자세히 기록하여 놓았다. 여운형이 처음에 검토했다가 취소한 루트 즉, 만주리를 거쳐 이르쿠츠크로 들어가는 여정이었다. 장궈타오는 남경-천진-봉천-하얼빈-만주리-치타-베르흐네우진스크를 거쳐 이르쿠츠크로 들어가는 여정을 취했다. 장궈타오는 1921년 10월 중순에 이르쿠츠크 행 준비를 완료하였다. 그의 여비는 첸두슈(陳獨秀)로부터 받았다. 장궈타오의 이르쿠츠크 행을 도와준 인물은 마링의 조역으로 활동하고 있던 상해의 니콜라예프스키(Nikolaevskii)와 만주리의 러시아인이었다. 장궈타오는 만주리에서 8마일 떨어진 원동공화국 영내의 자그마한 역까지는 기차가 아닌 썰매로 국경을 건넜다. 장궈타오는 며칠 전에 도착해 있던 10여 명의 중국 대표들과 일본, 조선 대표들을 만났다. 이들 대표의 명단이 전보로 이르쿠츠크로 전해졌고, 이후 통관이 끝난 명단이 되돌아왔다. 이어서 기차를 이용하여 치타로 갔는데, 여기에서 며칠 후 만주리로부터 온 또 다른 그룹의 대표들과 합류하였는데 모두 40~50명이었다. 이들이 두 개의 차량에 나누어 기차를 타고 베르흐네우진스크를 거쳐 이르쿠츠크로 들어갔다.[101]

---

99) 오홀라는 1921년 6월 28일에 발생한 자유시참변을 조사한 책임자로 특히 고려혁명군정의회 측에 특별조사위원회(임시조사부)를 조직하고 자유시참변 당시의 "폭동과 선동행위의 주모자들"을 밝히는 등 사건관련자들을 조사하게 하였다(반병률, 『성재 이동휘 일대기』, 328~329쪽; 반병률, 『홍범도 장군: 자서전 홍범도 일지와 항일무장투쟁』, 한울아카데미, 2013, 188~189쪽 참조).

100) 여운형, 「나의 回想錄: 旅行篇」, 『中央』 1936년 5월, 7월(『몽양여운형전집』 1, 56~59쪽, 80쪽).

101) Chang Kuo-tao, *The Rise of the Chinese Communist Party, 1921-1927*, pp.177~182. 장궈타오는 치타는 당시 원동공화국 수도로 중국인, 일본인 정탐들이 많아서 밖으로 돌아다니지 못했다고 회상했다. 소비에트러시아 영내인 이르쿠츠크로 들어가기

장궈타오와 함께 했던 4, 5명의 대표들은 여운형의 경우와 달리, 당초의 대회 개최일에 맞춰 이르쿠츠크에 도착하였다. 장궈타오는 자신의 회고록에서 당시 이르쿠츠크에 도착한 각국 대표들에 대하여 소개하였는데, 7명의 중국 대표들에 더하여 조선대표단의 김규식과 여운형, 자바 대표인 세마운(Semaun)을 기억했다. 일본 대표들의 경우 4명이었는데, 1명은 학생이고 나머지 3명은 노동자들이었다고 했다.[102]

1921년 12월 상순에 이르러 이르쿠츠크에 모인 대표들의 수는 대략 한인 30여 명, 중국인 29명, 일본인 6,7명, 몽골대표들은 많지 않아 총수는 100인이 되지 못하였다고 한다.[103] 여운형에 의하면, 이르쿠츠크에 도착할 당시, 앞서 도착해 있던 조선 대표들을 비롯하여 이르쿠츠크에서 체류하고 있던 러시아인, 중국인 동지들이 이르쿠츠크역에 나와서 성대한 환영식을 해 주었다고 한다. 여운형 등 조선 대표 일행은 몽골대표들과 헤어져 중국대표들과 함께 합동숙소로 이동하였는데, 비로소 30여 명의 조선 대표들이 모두 집결하게 되었다.[104] 조선대표들은 중국과 일본의 대표들과 같은 숙소에서 머물렀고, 몽골 대표들은 다른 곳에 머물렀다. 당시 '조선대표단'은 김규식, 중국대표단은 장궈타오가 단장을 맡았다. 일본 국내로부터 오는 일본 대표들의 경우는 국제공산당 대회(제3회)에 참석하였던 다구치 운조가 연락을 담당하여 제반 편의를

전에 원동공화국 영내인 베르흐네우진스크에서는 엄격한 검사가 진행되어 서류와 짐은 물론 기차의 곳곳을 샅샅이 검사하였다고 한다(같은 책, p.185 참조).

102) 위의 책, pp.187~189. 장궈타오는 김규식에 대해서 주에서 특별히 부연 설명하고 있다(같은 책 p.698 참조).

103) 遊者, 『一九念一遊者觀察 新俄回想錄』, 45쪽. 임경석의 연구에 따르면, 11월 11일 이전에 이르쿠츠크에 도착한 한인대표는 전혀 없었고 대표들은 중국인 3명, 일본인 1명으로 모두 4명에 불과했고, 이후 한인대표들은 11월 11일 11명, 13일에 7명, 26일에 1명, 12월 9일에 14명이 도착했다고 한다. 12월 9일에 모두 33명이 이르쿠츠크에 도착한 셈이다(임경석, 『한국 사회주의의 기원』, 504~505쪽 참조).

104) 여운형, 「나의 回想錄: 旅行篇」, 『中央』 1936년 6월(『몽양여운형전집』 1, 68쪽).

제공하였다.105)

이르쿠츠크에서 각 민족 대표들은 각자의 대표단을 조직하였고, 단장이 사무를 관장하였다.106) 이들은 국제공산당 동양부장(원동부장) 슈미야츠키를 방문하여 대회 개최를 재촉하였다.107) 원동비서국의 책임자 슈미야츠키는 너무 많은 직책을 맡고 있어서 서기국의 일상적 일은 보이틴스키에게 일임하고 있었다.108) 대회 일정이 연기되고 장소가 모스크바로 변경되면서 이르쿠츠크에서의 모임은 결과적으로 예비회의가 되었지만, 이르쿠츠크에서 대표들은 대회에 필요한 많은 일들을 수행했다.109)

이르쿠츠크에 집결하였던 대표들은 각 민족별(중국, 일본, 조선, 몽골)로 대표단을 구성하고, 11월경에는 주요 이슈들을 논의하기 위한 회의를 갖고 각국 사정에 대한 보고서 작성 등 대회 준비에 들어갔다.110) 10월 중순에 이르쿠츠크에 도착한 장궈타오에 의하면, 대표들은 100쪽이 넘는 보고서를 작성하였다고 한다.111)

이르쿠츠크에서 국제공산당 원동비서국의 지도 아래 각국 대표들이 총회, 분과회의, 민족별 회의를 거쳐 준비한 성과의 일단을 보여주는 자료가 남아 있다. 1921년 12월 제3국제공산당 원동비서국(Far Eastern

---

105) 渡邊春男, 『片山潜と共に』, 93쪽.
106) 遊者, 『一九念一遊者觀察 新俄回想錄』, 47쪽.
107) 여운형, 「나의 回想錄: 旅行篇」, 『中央』 1936년 6월(『몽양여운형전집』 1, 68쪽).
108) Chang Kuo-tao, *The Rise of the Chinese Communist Party, 1921-1927*, p.187.
109) Г. З. Соркин, "Съезд народов Дальнего Востока," p.77.
110) 한 연구자에 의하면, 당시 이르쿠츠크에 집결한 대표들은 11월 중에 예비회의를 개최하였는데 125명의 대표가 출석하였다고 한다. 총회는 1회만 열리고 기타 분과회의로 나누어 협의하였다고 한다(Eudin, Xenia. Joukoff. & North, Robert Carver, *Soviet Russia and the East 1920-1927*, Standford: Stanford University Press, 1957, p.16; 山極晃, 「極東民族大會について(1)」, 17쪽).
111) Chang Kuo-tao, *The Rise of the Chinese Communist Party, 1921-1927*, p.197.

Secretariat of the Third Communist International)이 영문으로 발간한 회보
이다(*Bulletin of the Far Eastern Secretariat of the Third Communist
International* (Congress Issue Number One)). '대회 제1호'라고 호수를 매
긴 점, '원동민족대회(The Congress of the Nations of the Far East)'가 이
르쿠츠크에서 1921년 12월에 개최할 것이라고 언급한 점(날짜 표시 없
음) 등을 보면,[112] 국제공산당 집행위원회가 대회 연기와 모스크바로의
장소변경을 결정되기 전에 발간되었을 것으로 판단된다.[113]

이들 문건의 대부분은 국제공산당 집행위원회 산하 기관들(Far Eastern
Secretariat, Far Eastern Secretariat of the Communist Internnational of Youth,
Woman's Secretariat of the Communist International)에서 작성한 문건들이
고, 각국의 혁명운동에 대한 보고서들은 원동비서국이 각국 대표들과
의 회합을 통해서 정리한 것으로 판단된다.

이들 문건은 한편으로 대표들에 대한 교육과 계몽의 차원에서 작성
된 것으로 보이며, 그 기본적인 내용이 이후 대회에서 각국 대표들의
보고와 토론이나 결의 그리고 선언서에서도 반영되고 있다는 점에서
대회의 중요한 기초자료로 활용되었을 것임에 틀림없다.[114]

---

[112] The Far Eastern Secretariat of the Third Communist International, *Bulletin of the Far Eastern Secretariat of the Third Communist International*, Congress Issue No.1, 표지, p.1, p.9, p.10.

[113] 타이핑으로 작성된 80쪽에 달하는 이 '대회 회보'에 실린 15건의 문건들의 제목을 소개하면 다음과 같다: 1. Appeal of the Far Eastern Secretariat to the Communist Parties of the Far East, 2. Appeal of the the Far Eastern Secretariat to the Nations of the Far East, 3. The Congress of the Nations of the Far East (Article), 4. Washington and Moscow (Article), 5. The Washington Conference(Article), 6. Revolutionary Movement in the Far East (Article), 7. China-Review, 8. Japan - Review, 9. Korea-Review, 10. Mongolia-Article, 11. The Russian Far East-Review, 12. The Youth Movement, 13. The Woman Movement (To the Working Women and Mothers of the World), 14. Famine in Russia(Article), 15. A Review of the Western Countries.

[114] 이 '대회 회보'와 이후 모스크바에서의 대회에서의 각종 보고서와 비교·분석 작업은 별도의 글에서 검토할 필요가 있다.

3) 이르쿠츠크의 '조선대표단'

조선인 대표들은 이르쿠츠크에 체류하는 동안 기막힌 사건을 겪게 된다. 이들은 5개월 전에 발생한 자유시참변에서 체포된 후 압송되어 이르쿠츠크 감옥에 감금되어 있던 상해파 계열의 사할린특립의용대 소속 장교들 49명에 대한 재판에 배심원으로 참여한 것이다. 재판은 1921년 11월 28일부터 30일까지 3일에 걸쳐 진행되었는데, 이르쿠츠크파 인물들로 구성된 고려혁명군법원이 주도하였다. 재판부는 소비에트적군 제5군 직속의 고려혁명군여단 소속의 정치부장 채동순을 재판위원장으로, 여단의 군정위원장인 박승만과 제1대대장인 홍범도를 위원으로 구성되었다. 재판부는 장교 3명에게 징역 2년, 5명에게 징역 1년, 그리고 24명에게 1년 집행유예를 선고했고 나머지 17명은 방면했다.[115]

당시 고려공산당 연합중앙간부인 이동휘와 홍도가 국제공산당 검사위원회의 결정서(1921년 11월 15일 자)를 실행하기 위하여 이르쿠츠크로 왔는데, 자유시참변 관련자들에 대한 재판이 행해진 직후였다. 1921년 12월 21일, 이동휘와 홍도는 국제공산당 원동비서국 고려부의 비서인 한명세와 다비도비치(S. Davidovich)와 회의를 갖고 고려공산당 중앙위에서 '대회'에 파견할 대표 6명을 선정하였다. 이르쿠츠크파에서 여운형, 조동호, 한명세, 상해파에서 김동한, 문시환, 이석기로 안배하였고,

115) 반병률, 『성재 이동휘 일대기』, 342쪽; 반병률, 『홍범도 장군: 자서전 홍범도 일지와 항일무장투쟁』, 188~189쪽. 반란죄로 징역 2년을 선고받은 그리고리예프(러시아인), 김민선, 최파벨, 박그레고리 4명 가운데 박그레고리는 "신임의 보증에 의하여" 석방되었다. 여운형은 홍범도가 재판장이었다고 잘못 회상했다. 여운형은 회상록에서 이 재판을 "조선의 운동사에 저 유명한 흑하사변에 관련한 반동분자의 처벌"이라고 하였고, 흑하사변을 "그 후 오랫동안 조선의 민중운동을 망쳐온 저 파벌투쟁의 선구였으며 또 가장 부끄러운 표현이었다"고 비판적으로 회상했다(여운형, 「나의 回想錄: 旅行篇」, 『中央』 1936년 6월(『몽양여운형전집』 1, 69쪽 참조).

최고려의 경우는 대회의 주석단에 위임하였다.[116]

이동휘와 홍도는 대회를 준비하고 있었던 '조선대표단'과도 회합을 가졌다. 이 회합에는 고려공산당을 대표한 이동휘를 비롯하여 '조선대표단'의 공산당 프랙션, 그리고 대표단의 간부들이 참석하였다. 회의에서는 조선혁명운동세력을 대표하는 5개 그룹으로, '조선대표단'(4명), 고려공산당 중앙위원회(4명), 상해의 국민대표회준비회(4명), 상해임시정부(2명), 노령의 대한국민의회(2명)의 대표 총 16명으로 구성하는 국민대표회의 준비위원회를 조직하기로 합의하였다. 이어 12월 30일 이동휘도 참가한 '조선대표단'의 공산당프랙션 회의에서는 5개 그룹의 대표수를 모두 4명씩 동일하게 하는 것으로 수정 통과하고, 다음날 열린 '조선대표단' 전원회의에서 최종적으로 확정하였다.[117]

4) 모스크바로의 이동과 대환영 행사

여운형에 따르면, 12월 하순경 국제공산당 집행위로부터 당초 이르쿠츠크에서 개최될 예정인 대회를 모스크바에서 개최할 것이니 대표들이 모스크바로 오라는 연락이 왔다고 한다. 여운형 등 대표들은 대회장소를 모스크바로 바꿔 개최하게 되었다는 소식을 감격적으로 받아들였다.[118]

116) 반병률,『성재 이동휘 일대기』, 344쪽.
117) The Representatives of the Korean Delegation to the First Congress of the Communist and Revolutionary Parties of the Far East, "To the Executive Committee III Communist International", April 5, 1922, pp.3~4; 반병률, 위의 책, 345쪽.
118) 여운형,「나의 回想錄: 旅行篇」,『中央』1936년 6월(『몽양여운형전집』1, 70쪽). 여운형은 당시를 "이왕 시일이 늦어지고 했으니 모스크바까지 이 극동의 대표자들을 초청하야 건설기에 들어선 새 러시아의 발자한 공기를 충분히 호흡케 하려는 기쁜 소식이었다"고 하며, "레닌이 살고 있는 곳 신흥 러시아의 ... 지도자들을 눈앞에 볼 수 있는 모스크바! 우리를 뛰는 가슴을 누르면서 행리를 다시금 수습하였

이르쿠츠크에 집결하였던 각 민족대표들은 국제공산당 원동비서국 책임자인 슈미야츠키의 지도하에 모스크바까지 기차로 10여 일을 이동하였다. 여운형에 따르면, 슈미야츠키와 원동비서국의 요원들과 각 민족대표단의 주요인물들은 1등실에 '총사무소'를 설치하였고, 이르쿠츠크에서 구성한 분과별로 차실을 배정하였다. 대표들은 매일 저녁 식사 이후 시간에 식당차에서 전체회의를 가졌다.[119]

이르쿠츠크에 집결하였던 대표 100여 명이 슈미야츠키와 보이틴스키의 지휘하에 기차로 모스크바에 도착한 것은 1922년 1월 중순이었다.[120] 이르쿠츠크로부터 온 동양의 대표단들을 환영하기 위하여 모스크바 역에는 거대한 군중이 '인터내셔날'을 부르며 대대적인 환영식을 거행하였다. 앞서 와 있던 가타야마 센도 환영인파 속에 들어 있었고 영어로 환영사를 했다.[121] 모스크바에 도착하는 각 민족대표들에 대한 환영은 열광적이었다. 후일 여운형은 당시의 장면을 감동적인 필치로 당시를 회상하였다.[122]

환영연설이 끝난 후 도착하기 전 성대한 환영식을 예상하여 환영에 대한 답사 연설자로 선출되었던 여운형이 도착한 대표들을 대표하여 영어로 연설하였다. 연설을 마친 여운형은 영하 30도의 추운 날씨에도 불구하고 "상쾌한 땀으로 추근추근한 것을 느끼었다"고 회상했다.[123]

다"고 감격스러운 필치로 회상했다. 장궈타오 역시 대회 개최장소가 모스크바로 변경되어 개최된다는 소식에 두 달이나 체류하고 있던 이르쿠츠크를 떠나 붉은 수도(Red Capita)를 보게 된다는 사실에 대표들이 기뻐했다고 회상했다(Chang Kuo-tao, *The Rise of the Chinese Communist Party, 1921-1927*, p.199 참조).

119) 여운형, 「나의 回想錄: 旅行篇」, 『中央』 1936년 6월(『몽양여운형전집』 1, 70쪽).

120) 遊者, 『一九念一遊者觀察 新俄回想錄』, 157쪽. 한편, 여운형은 대표들이 1922년 1월 7일 아침에 모스크바에 도착하였다고 회상했다(여운형, 「나의 回想錄: 旅行篇」, 『中央』 1936년 6월(『몽양여운형전집』 1, 72쪽 참조)).

121) Chang Kuo-tao, *The Rise of the Chinese Communist Party, 1921-1927*, p.200.

122) 여운형, 「나의 回想錄: 旅行篇」, 『中央』 1936년 6월(『몽양여운형전집』 1, 72쪽).

한편, 당시의 환영행사를 관찰했던 중국인에 의하면, 당시 영상 촬영기로 환영식을 촬영하였는데, 먼저 모스크바에 와 있던 가타야마 센이 마치 동양의 각 민족 대표들과 함께 막 도착한 것처럼 연출하기 위하여 먼저 기차에 올라갔다가 장궈타오 등 대표들을 이끌고 플랫폼에 내려왔다고 한다. 적군 병사들이 총을 받들어 예(禮)를 표하고 군악대가 크게 연주하였는데 벼락소리 같았으며 가타야마 센이 대표들을 이끌고 모자를 높이 들고는 미소를 짓고 머리를 끄떡이며 감사의 뜻을 표했다고 한다. 환영식 후 대표들은 10여 대의 차량으로 국제공산당이 준비한 초대소로 출발하였다.[124]

다음날 대표들은 모스크바시가 주최한 제9차 소비에트 대회에 참석하게 되었다. 국제공산당은 이 행사에 참여한 대표들을 환영케 하였다. 개회식 후에 가타야마 센이 동방 각국의 대표들을 대표하여 단상에 올라 축사를 하였다. 이어 몽골인민공화국에서 소비에트 적위군에게 보내는 군기를 받치는 의식이 시작되었다. 원동비서국 책임자이자 몽골 대사인 슈미야츠키가 스스로 몽골대표가 되어 몽골병사 1개 소대와 열린 앞깃과 말발굽 모양의 소매를 한 몽골 관리 여러 명을 이끌고 단상에 올라 연설하였다. 연설이 끝나자 자수로 장식한 깃발을 공손하게 트로츠키에게 전달하였다. 이 깃발을 바칠 때 군악이 크게 울렸고 군인들이 창을 높이 들었다. 단상 아래의 시회 의원들이 우뢰 같은 박수를 쳤다. 일본, 조선, 몽골의 동방 대표들 또한 전부 박수를 쳤지만, 중국대표의 경우에는 소수만이 박수를 쳤고 다수는 이를 기뻐하지 않았다고 한다.[125] 이 행사는 몽골혁명으로 상징되는 바 슈미야츠키의 동양혁명

---

123) 위의 책, 72쪽.

124) 遊者, 『一九念一遊者觀察 新俄回想錄』, 165쪽.

125) 위의 책, 169~170쪽. 이 행사를 참관하였던 여운형과 홍범도는 인상 깊었던지 자신들의 회상록에서 특기하였다(여운형, 「나의 回想錄: 旅行篇」, 『中央』 1936년 6월

지도의 성공을 과시하는 것이었다. 몽골 독립문제는 중국 정치세력들의 향후 노선과 관련하여 이후 대회에서 국제공산당 간부들과 중국대표들 간에 미묘한 이슈가 되는 중요한 논쟁점으로 부각하게 된다.

5. 대회의 진행과 논점들

1) 대회의 진행

대표들이 모스크바에 도착한 이후에는 각 민족대표단의 집행위원회 위원들은 모두 룩스호텔로 옮기었고 슈미야츠키, 보이틴스키, 가타야마 센과 더불어 대회를 준비하였다.[126] 룩스호텔에는 대회 사무소가 설치되어 있었고, 일반 대표들은 제정러시아시절의 희랍정교 신학교 제3기숙사(혁명 후에는 소비에트3관)에 머물렀다. 곧바로 신임장 조사위원회(Credential Committee)가 구성되어 집결한 대표들의 자격을 심사하였다. 이들이 참가 대표들의 참석권을 물론 대표들의 의결권과 심의권을 심사하였다.[127]

(『몽양여운형전집』 1, 73~74쪽) 및 반병률, 『홍범도 장군: 자서전 홍범도 일지와 항일무장투쟁』, 94쪽 참조).

[126] 遊者, 위의 책, 168쪽.

[127] 여운형에 의하면 신임장조사위원회는 코민테른 위원 1인과 각 민족대표 1인으로 구성되었다고 한다(여운형, 「나의 回想錄: 旅行篇」, 『中央』 1936년 6월(『몽양여운형전집』 1, 72쪽)). 한편, '국제공산당 대표 슈미야츠키(Comintern Representative B. Shumiatsky)의 명의로 마련된 대표의 자격에 관한 규정(Standing Orders of the Credential Committee)은 다음과 같다(The Communist International, *The First Congress of the Toilers of the Far East*, p.237 참조).

1. 모든 대중적 민족혁명, 사회주의, 또는 공산주의 조직(당, 조합, 협동조합, 군사 조직).

2. 1항의 모든 조직마다 100명이 넘지 않는 회원을 가질 경우 의결권 2명, 3명 이내

대회는 1월 21일에 개막된 후 1월 30일까지 11차 세션을 가진 후 페
트로그라드로 장소를 옮겨 2월 2일 페트로그라드 소비에트와 우리츠키
궁전(Uritzky Palace)에서 12차 회의를 마지막으로 대회를 마쳤다.[128] 대
회에는 최대 인원이 참가한 조선 대표 56명을 비롯하여, 중국대표 37명,
일본대표 13명, 몽골대표 14명, 칼미크 대표 2명, 자바대표 1명 등 의결
권을 가진 119명과 심의권을 가진 17명(인도 2명, 중국 5명, 일본 3명,
야쿠트 3명, 부리야트(러시아연방과 원동공화국) 4명이 참석하였다.[129]
　　조선 대표들은 국내에서 15명, 간도와 국내에 걸쳐 활동하는 단체로
부터 7명, 중국관내(주로 상해)로부터 13명, 러시아로부터 19명, 일본으
로부터 1명, 기타 1명으로 주로 러시아의 이르쿠츠크와 상해 지역으로
부터 온 대표들이 대다수를 점하였다.[130] 조선 대표들을 정치이념으로

　　의 심의권을 주고, 회원이 100명을 넘을 경우, 초과된 100명마다 의결권 1명,
　　2명 이내의 심의권을 부여한다.
　3. 1항에 포함되지 않는 단체는 대표를 파견할 수 있으나 심의권만을 부여하며 대
　　표의 수는 신임장 심사위원회에서 결정한다.
　4. 의결권과 심의권을 갖고 대회에 참석하기 위해서는 자기 단체의 신임장을 제시
　　하여야 한다. 그러나 대회에 도착한 대표들이 처한 음모적 조건(conspirative
　　conditions)을 고려하여 신임장 심사위원회에게 개별적 사례에 대하여 이 규정
　　의 예외로서 적용할 수 있다.

[128] The Communist International, *The First Congress of the Toilers of the Far East (Held
in Moscow, January 21st-February 1st 1922. Closing Session in Petrograd, February 3rd
1922)*, Petrogrda: The Communist International, 1922.

[129] The Communist International, *The First Congress of the Toilers of the Far East* 전문(全
文) 참조. 그리고 각국 참가자 수는 이 회의록의 p.237 참조. 조선대표단의 경우
Representatives of the Korean Delegaion to the First Congress of the Communist and
Revolutionary Parties of the Far East, "Memorandum: Information Relative to the Korean
Delegation on the Congress of the Communist and Revoultionari Parties of the Far
East"(February 8, 1922) (РГАСПИ, ф.495 оп.154 д.175)에 근거하였다. 공식 회의록
에서 확인되는 조선 대표들의 수는 정확히 54명이라고 보아야 할 것이다(대회 회
기 중에 모스크바 거주 한인학생 2명을 합하여). 조선대표단이 제출한 "Memorandum"
이 대회 폐회후인 1922년 2월 8일에 작성되었다는 점을 고려하면 추가되었을 가능
성이 크다.

[130] Representatives of the Korean Delegaion to the First Congress of the Communist and

보면 공산주의자 37명, 공산주의청년동맹 5명, 무당파 6명이었고(조사
에 응한 48명 가운데), 사회적 신분을 보면 지식인 18명, 노동자 3명, 농
민 25명, 기타 2명이었고, 교육수준을 보면, 고등교육 10명, 중등 29명,
초등 9명이었다. 농민의 비중이 몽골 다음으로 컸음을 알 수 있다(몽골
은 16명 가운데 농민이 12명, 중국은 18명 가운에 농민이 9명, 노동자 9명,
일본은 농민 없음). 다른 대표단과 비교하여 공산주의자가 절대 다수였
는데 48명 가운데 42명이 공산주의자였고, 무당파가 6명이었다.[131]

　대회의 의사 일정을 보면, 1.세계정세와 워싱턴회의의 결과(지노비예
프), 2.각국의 보고(중국, 일본, 조선 각각 3명씩, 자바, 몽골 각각 1명
씩), 3.민족·식민지 문제와 민족혁명당과의 협력 문제에 있어서의 공
산주의자의 위치(사파로프), 4.선언서 발표의 순서였다.

　대회의 개막식은 1월 21일(토요일) 저녁 8시에 모스크바 크레믈린궁
의 작은 소극장에서 개막되었다.[132] 제3국제공산당(Comuintern) 집행위
원장인 지노비예프의 개회사에 이어 대회를 주도할 간부들을 선출하였
다. 대회의 명예회장단에 레닌, 트로츠키, 지노비예프, 가타야마 센(片
山潛), 그리고 스탈린 등 5명이 선임되었다. 이어 대회를 이끌어갈 주석
단을 선출하였는데, 지노비예프가 가타야마 센을 추천하였고, 대표들
간에 논의를 거쳐 추천된 16명의 주석이 선출되었다. 이들 가운데는 실
질적으로 대회 진행을 주도할 국제공산당의 실무책임자라 할 수 있는
동방부장 사파로프와 원동비서국장 슈미야츠키(Shumaitskii) 외에 각국

Revolutionary Parties of the Far East, "Memorandum: Information Relative to the Korean Delegation on the Congress of the Communist and Revoultionari Parties of the Far East"(February 8, 1922) (РГАСПИ, ф.495 оп.154 д.175). 대회 참가 조선인대표들의 명단은 임경석, 『한국 사회주의의 기원』, 508~509쪽 및 반병률, 『성재 이동휘 일대기』, 349쪽 참조.

[131] The Communist International, *The First Congress of the Toilers of the Far East*, p.238.

[132] 遊者, 『一九念一遊者觀察 新俄回想錄』, 174쪽.

대표단으로부터는 조선의 김규식과 여운형을 비롯하여 중국의 장궈타오, 몽골의 단잔(Danzan) 등과 함께 개별적으로 참여한 인도의 로이(M.N. Roy), 자바의 시마운(Simaun), 헝가리의 벨라 쿤(Bela Kun), 미국의 카(Carrr) 등이 포함되었다.[133] 이들 가운데 명예주석인 가타야마 센과 서기인 슈미야츠키가 대회를 대외적으로 대표하였다.[134]

개막식은 대회 참석자들의 열렬한 환영 속에 주석단이 입장하여 단상의 중앙에 자리 잡았다. 대회의 명예주석인 가타야마 센이 가운데에 앉고 왼쪽으로 중국대표 장궈타오, 그 다음이 조선 대표 김규식이 앉았다. 가타야마 센의 오른쪽으로는 원동비서국장 슈미야츠키, 그 다음으로 몽골대표(Din-Dib), 칼리닌이 자리 잡았다. 레닌과 트로츠키는 참석하지 않았다.

지노비예프가 국제공산당 집행위원회를 대표하여 개막사를 하였다. 지노비예프는 대회가 "노력자들(toilers)의 국제적 형제애로 조직된 것"이라고 하면서 유럽 중심의 세계혁명관을 비판하였다. 그동안 "너무 자주 세계혁명의 개념이 유럽혁명으로 대체되어 왔다"고 지적하면서 "국제공산당은 유럽과 미주(歐美)의 프롤레타리아트와 동양의 각성한 노력대중의 동맹이 우리들의 승리에 절대적으로 필요하다는 사실을 완벽하게 이해하고 있다. 그렇기 때문에 우리들은 1년여 전에 유명한 바쿠

133) The Communist International, *The First Congress of the Toilers of the Far East*, pp.6~7. 대표들을 파견한 국가들 가운데 일본, 중국, 조선은 각기 3명[일본: 片山潛, Nogi, Kato, 중국: 張國燾(Tao), Li Kieng, Wong, 조선: 김규식(Pak-Kieng), 여운형, Pak-Kop (최고려?)], 몽골은 2명(Donzan, Din-Dib)이 선출된 것으로 보인다(회의록, p.204 참조). Pak-Kop를 일단 최고려로 추정하였는데 이는 최고려가 간부회의 일원이고 총회검사위원회의 일원이었다는 기록에 따른 것이다(김마트베이, 『일제하 극동시베리아의 한인사회주의자들』, 역사비평사, 1990, 170쪽). 회기 중에 프랑스공산당의 Ker와 독일공산당의 Walter를 명예주석으로 선출하였다.

134) Der Kommunististischen Intenrnational, *Der Erste Kongreβ der kommunistichen und revolutionären Organisationen des Femen Ostens, Moskau, Januar 1922*, p.133.

대회를 조직하고자 했던 것이고, 코민테른은 이제 원동으로부터 코민
테른이 소재하고 있는 나라로 온 노력대중과 그들의 지도적 대표들과
소통하려고 한다"고 선언하였다.[135]

이어서 지노비예프가 '일본혁명의 원로'라고 소개한 가타야마 센이
국제공산당과 주석단을 대표하여 연설하였다. 가타야마 센은 워싱턴회
의를 비판하며 대회의 목적과 방향을 다음과 같이 제시하였다. "워싱턴
회의, 그들은 군비축소와 원동제국(諸國)문제에 관한 회의라 부른다.
실제로는 그들은 중국과 조선, 시베리아와 다른 원동의 나라들을 착취
할 수단을 찾고자 노력하고 있다. (중략) 그들은 어떻게 착취할 것인가,
어떻게 억압할 것인가, 어떻게 진압할 것인가에 관하여 타협한다. (중
략) 흉금을 열어놓고, 자유롭게, 그리고 우호적으로 동지적인 정신으로
중국, 시베리아, 원동을 황폐화시키고 있는 서양제국의 제국주의를 어
떻게 박멸할 것인가를 토론하기 위하여 당신들이 여기에 왔고, 우리가
당신들을 이곳에 초청한 것이다."[136]

다음으로 칼리닌(전러노동자농민대표소비에트 중앙위), 로조프스키
(적색노조인터내셔날), 일본대표단의 요시다, 부녀조직을 대표한 왕리
훈(王麗魂), 자바대표 세마운(Simpson), 쉴러(공산주의청년인터내셔날),
인도대표 로이(Roy), 미국대표 카(Carr) 등이 환영사를 했다.[137]

중국의 장궈타오에 이어 조선대표단의 김규식이 연설하였다. 김규식
은 "과거 여러 해 동안 우리는 워싱턴이 미국의 소위 자유주의, 민주주
의 그리고 번영의 중심지라고 여겨왔다. 그러나 세계는 변하고 있다"
며, "우리는 이것이 이제는 실제로는 반대의 상태로 되었다는 것을 이

---

135) The Communist International, *The First Congress of the Toilers of the Far East*, pp.3~4.
136) The Communist International, *The First Congress of the Toilers of the Far East*, p.7.
137) The Communist International, *The First Congress of the Toilers of the Far East*,
pp.8~19.

해하게 되었다. 모스크바(Muscovite) 권력은 더 이상 이곳을 대표하고 있지 않다. 모스크바는 세계 프롤레타리아혁명의 중심지로서 여기에 있으며, 모스크바는 원동의 피압박인민을 팔을 벌려서 자기들의 혁명운동 속으로 환영하고 있다는 것을 우리는 알고 있다. 여기에서 워싱턴은 세계자본주의적 착취와 제국주의적 팽창의 중심지로 존재한다"고 말하여 모스크바와 워싱턴을 극적으로 대비시켰다. 김규식은 대회의 성격과 목적을 가장 압축적으로 표현하였고, 연설시간도 가타야마나 장궈타오보다 길었다.[138]

당시 개막식을 참관했던 한 중국인은 "주석단을 대표하여 가타야마가 자못 노숙한 대의를 토로하였으나 깊은 정채는 없었다"고 평했고, 장궈타오 역시 "어눌하고 소리가 가늘어 들을 수 없었"으나, 오직 김규식의 연설이 유창하여 영기(英氣)가 왕성하였다고 평했다.[139] 대회 주최 측이 촬영한 개막식 영상은 이후 모스크바의 각 극장을 순회하며 상영되어 러시아 인민들을 위한 대내 선전용으로 활용되었다. 회의에서 채택된 결의들을 매일 전보로 유접 전역에 배포되어 대외선전 자료로 활용되었다.[140]

개막식 이후의 회의는 대표들의 숙소가 있는 소비에트 제3관(기숙사)의 거실에서 열렸다.[141] 두 번째 회의(1월 23일, 오전)에서는 대표들의 자격을 심사한 자격심사위원회(Mandate Commission)가 구성되었는데, 선출된 13명의 위원들은 각국 대표단과 국제공산당 집행위원회를 대표

---

138) The Communist International, *The First Congress of the Toilers of the Far East*, pp.12~13.
139) 遊者, 『一九念一遊者觀察 新俄回想錄』, 176쪽. 김규식은 한국어로 연설을 끝내고는 스스로 영어로 통역하여 통역원의 도움을 받지 않았다고 한다.
140) 遊者, 위의 책, 177쪽.
141) 「여운형 피의자 신문조서(제5회)」, 몽양여운형선생전집발간위원회편, 『몽양여운형 전집』 1, 한울, 1991, 2004, 524쪽.

하였다. 그리하여 Nogi(일본), 로이(인도), Sun(중국), Won(중국?), Tsoy (최고려, 조선), Zadvayev(러시아?), Kim(조선), Buyan-Namkhu(몽골), Yurin(러시아), Trilisser(러시아), 보이틴스키(국제공산당, 러시아), Dalin, Shumiatsky(국제공산당, 러시아),[142] 이들 가운데 단연 주목을 끄는 인물은 역시 대회 주석단에도 선출된 원동비서국장 슈미야츠키와 부국장인 보이틴스키 두 사람이다.

회의에서 발언자들은 각자의 언어로 하였고, 러시아어와 영어로 속기록을 만들었고, 이를 번역하여 다른 민족 대표들에게 배포되었다.[143] 예를 들어 중국어 연설은 러시아어와 영어로 속기록이 만들어지고, 이를 다시 한국어, 일본어, 몽골어로 통역하여 해당 민족 대표들에게 배포되었다.[144] 대회가 진행되면서 이렇게 회의 때마다 바로 통역하여 전달하는 것이 시간이 걸리자 각국어로의 통역은 뒤로 미루고 보고를 계속하였다. 예를 들어 한국어 보고(Wong Kieng)의 영어번역본은 중국과 일본대표단에, 러시아어 번역은 몽골대표단에 전달되었다.[145] 회의는 오전 11시에서 3시까지, 그리고 저녁 6시에서 11시까지 하루에 2번의 회의를 갖고, 각 민족의 보고서는 일본, 중국, 조선이 각 3개, 자바와 몽골은 각 1개로 정하였다.[146] 대회는 모스크바에서 주요한 회의 일정은 마친 후 대표들이 페트로그라드로 옮겨가 1922년 2월 2일 마지막 회의(폐막회의)를 페트로그라드 소비에트와 합동 형식으로 가졌다.

---

142) The Communist International, *The First Congress of the Toilers of the Far East*, p.20.

143) The Communist International, *The First Congress of the Toilers of the Far East*, p.136, p.174.

144) The Communist International, *The First Congress of the Toilers of the Far East*, p.136, p.174.

145) The Communist International, *The First Congress of the Toilers of the Far East*, p.44, p.48.

146) The Communist International, *The First Congress of the Toilers of the Far East*, p.21.

2) 대회의 주요 논점들

대회에서 국제공산당 집행위는 두 개의 주요한 보고서인 「세계정세와 워싱턴회의의 결과」(지노비예프)와 「민족·식민지 문제와 민족혁명당과의 협력 문제에 있어서의 공산주의자의 위치」를 의장인 지노비예프와 동방부장인 사파로프가 발표하여 대회의 기조로 삼았다.

지노비예프는 두 번째 회의에서 발표한 「세계정세와 워싱턴회의의 결과」에서 워싱턴회의에서 12월 10일 미국, 영국, 프랑스, 일본 간에 체결된 4국조약을 "네 흡혈귀들의 동맹(Alliance of the Four Bloodsuckers)"이라고 신랄하게 비판하였다.[147] 지노비예프는 국제공산당 제2회 대회에서 세계각지로부터 집결한 43개국의 당들이 피압박민족들이 소비에트러시아을 중심으로 단결하자고 선언한 사실을 강조하였다.[148] 그리하여 지노비예프는 대표들에게 서방에 대한 기대를 버릴 것을 경고하면서, 특히 민족주의자들이 베르사이유와 워싱턴에 대한 신뢰를 버릴 것을 촉구하였다.[149]

지노비예프의 보고 가운데 중국과 조선 대표들의 관심을 끈 것은 일본프롤레타리아트의 역할을 강조한 부분이다. 보고에서 지노비예프는 "일본이 빠진 이슈는 없다. 일본 프롤레타리아트는 자신들의 손에 원동문제 해결의 열쇠를 쥐고 있"다고 하면서, 마르크스가 "영국에서의 혁명이 없이는 유럽혁명은 찻잔 속의 폭풍에 지나지 않을 것"이라고 한 말을 일본의 혁명에도 적용할 수 있다며, "일본의 혁명 없이는 원동에서의 어느 다른 혁명도 상대적으로 덜 중요한 지방 차원의 일에 불과할

---

147) The Communist International, *The First Congress of the Toilers of the Far East*, p.24.
148) The Communist International, *The First Congress of the Toilers of the Far East*, p.36.
149) The Communist International, *The First Congress of the Toilers of the Far East*, p.37.

것이다. (중략) 원동 문제를 진정으로 해결할 수 있는 유일한 것은 일본 부르죠아지의 패배와 일본혁명에서의 최종적 승리"라고 단언했다.[150]

사파로프 역시 자신의 보고서에서 일본 프롤레타리아트와 일본혁명의 중요성을 강조했는데, 지노비예프와 자신의 이러한 주장에 대한 중국과 조선 대표들의 지적에 대하여도 반박하였다. 사파로프는 이러한 주장이 "편협한 민족주의적 의미에서 해석되어서는 안 된다"고 하면서, 일본의 제국주의가 제정러시아의 제국주의처럼 탄압적이며 러시아 노동자, 농민의 혁명, 즉 근동과 동유럽에서 러시아 짜리즘을 분쇄함으로써 근동과 동유럽에 거주하는 모든 민족들의 운명에 결정적 영향을 끼친 사실을 지적하였다. 그는 이와 마찬가지로 일본 노동계급의 단결된 힘에 의하여 일본제국주의 괴물을 전복시킨다면 전체 원동을 위한 위대한 혁명적 대격변이 될 것임을 강조했다. 사파로프는 자신의 주장을 다시 한번 강조하여, "일본에서의 프롤레타리아운동이 없이는 원동의 어떠한 나라도 자신의 해방을 획득할 수 없"지만, "일본 프롤레타이아트가 독자적으로 이를 이룰 수 있다고 상상하는 것은 소부르죠아지적이며 어리석은 일"이라고 역설했다.[151]

지노비예프는 보고서에서 구체적인 사항들을 언급했다. 그는 먼저 워싱턴회의에서 조선문제가 전혀 다뤄지지 않은 사실을 지적했다. "조선문제가 어떻게 해결되었는가? 우리는 조선해방운동의 몇몇 활동적인 인물들조차 무슨 기적이 일어나지 않을까, 어떻게 하던지 조선문제에 대한 해명이 뒤따르지는 않을까 하며 워싱턴회의에 희망을 가졌었다는 것을 알고 있다. 지금 무엇이 일어났는가? 워싱턴회의에서 마치 한국이

---

150) The Communist International, *The First Congress of the Toilers of the Far East*, pp.32~33.
151) The Communist International, *The First Congress of the Toilers of the Far East*, pp.196~197.

지구상에 존재하지 않는 것같이, 조선이 존재하고 있다는 것을 들은 적
이 없는 국가들이 워싱턴에서 모인 것같이 조선이란 말은 워싱턴회의
에서 언급조차 되지 않았다"고 비판했다.[152] 지노비예프는 유럽과 아시
아 제국주의자들의 환심을 사는데 성공할 것이라고 예상하면서 구미열
강과 파리강화화의에 기대를 걸었던 조선의 지도자들을 비판하였다.
그리하여 그는 모든 조선의 혁명가들은 자신들과 인민들로부터 유럽과
아메리카의 선진적인 혁명적 노동자와의 긴밀한 동맹에 의거하지 않는
다른 방법으로 조선의 문제를 해결할 수 있다고 하는 어떠한 희망의 잔
재도 단호하게 제거해야 할 것이라고 경고했다.[153]

'조선대표단' 단장으로 활약한 김규식은 대회의 주석단에 선출되었으
며 '조선대표단'을 대표하여 인사를 하였다. 특히 조선에 관한 3개의 보
고서 가운데 가장 중요한 문건이라 할 수 있는 「조선의 혁명운동(The
Korean Revolutionary Movement)」을 보고하였다. 뿐만 아니라 그는 일본
의 가타야마 센, 중국의 장궈타오, 몽골의 단집과 함께 선언서(Manifesto)
의 초안수정위원으로도 활약하였다.[154]

「조선의 혁명운동」은 전근대 시기의 계급투쟁, 특히 양반과 상놈 간
의 계급관계를 서술한 이후 19세기 후반 동학혁명 이후 조선의 혁명운
동사를 개관하고 있다. 이 보고서에서 주목을 끄는 것은 한인사회당에
관한 언급이 전혀 없을 뿐만 아니라, 여기에서 더 나아가 한인사회당·
상해파 고려공산당과 대립적 관계에 있었던 대한국민의회와 이르쿠츠

---

152) The Communist International, *The First Congress of the Toilers of the Far East*, p25;
     이정식, 『金奎植의 生涯』, 83쪽.
153) The Communist International, *The First Congress of the Toilers of the Far East*,
     pp.30~31.
154) The Communist International, *The First Congress of the Toilers of the Far East*, p.6,
     pp.11~14, pp.20~21, pp.74~98.

크파 고려공산당의 입장을 적극 옹호하고 있다는 점이다.[155] 단적인 예
로, 보고서는 대회 개최 전 불과 몇 개월 전에 일어났던 자유시참변을
서술하면서 이르쿠츠크파의 입장을 적극 대변하였다.

> 이처럼 종전의 분산되고 잡다한 한인독립군들은 얼마간의 불가피한 논쟁
> ─통합과정에서의 블라고베시첸스크 충돌─을 거친 후 하나의 지휘 체계로
> 들어갔으며, 동시에 조선의 혁명적 대중에게 새롭고 확실한 길을 여는 데
> 있어서 소비에트러시아와 코뮤니스트 인터내셔날과 밀접하게 관계를 맺게
> 된 것이다. 현재 고려혁명군의 중심은 고려공산당의 정치적 감독과 소비에
> 트러시아 제5군에 부속되어 있는 이르쿠츠크에 있는 고려군대인 것이다.[156]

보고서의 이 같은 내용은 대회 준비과정에서 상해파가 철저히 배제
된 가운데 마련된 것이기 때문에 지극히 당연한 결과라 할 것이다. 이
르쿠츠크에 머물고 있을 때부터 각 분과위원회별로 준비한 점에서 이
보고서는 '조선대표단' 구성원들의 성격을 잘 반영하고 있는 것이다.
즉, 상해임시정부 탈퇴파인 김규식, 여운형, 김단야, 최창식, 나용균, 조
동호와 노령 대한국민의회와 이르쿠츠크파의 중심인물인 한명세, 김철
훈, 최고려, 김하석 등의 입장이 절충된 것이었다. 그리하여 상해를
3·1운동의 시발지로 파악하고 있으며, 특히 김규식이 활약하였던 구미
위원부의 외교활동과 연통제와 같은 상해임정의 초기 활동을 매우 적
극적으로 평가하고 있는 것이다.
보고서는 고려공산당이 명확한 혁명적 강령을 수립해 놓고 있고 실
제로 조선혁명운동의 진정한 활력이 되고 있다고 평가하였다. 이어서

---

155) The Communist International, *The First Congress of the Toilers of the Far East*, pp.94~95.
156) The Communist International, *The First Congress of the Toilers of the Far East*, p.95.

고려공산당의 정책으로서 두 가지를 제시하였는데, 하나는 제국주의 열강의 착취에 대항하여 조선의 대중들을 통일된 입장으로 결집하는 것이고, 또 하나는 조선 인민의 진정한 해방을 위하여 노력하는 것이라고 하였다. 그리하여 고려공산당은 "이러한 2개의 주요한 목적을 가지고 가능한 대로 전체 조선혁명운동의 통일[과정]에 도움을 주기로 결정하였다. 그리고 [고려공산당은] 이를 달성하기 위한 수단으로 다양한 그룹의 현재 운동과 직접·간접으로 협력하여 이들 그룹의 대표들이 국민대표회의로 모이도록 하고 있다. 이는 이들 모든 다양한 분자들을 화합·통일된 포괄적인 중앙혁명조직기관내로 끌어들이기 위한 것이다. 현재 상해에는 여러 다른 지역으로부터 온 대표들로 구성된 조직위원회(주비위원회)가 구성되어 있다."157)

상해파에 대한 비판은 토론과정에서도 표출되었다. 사파로프의 「민족·식민지문제와 이에 대한 공산주의자의 태도에 관한 보고」에 대한 토론이 이루어진 제9회의에서, 이르쿠츠파 고려공산당 간부인 채동순은 "그러나 우리들 가운데는 박쥐처럼 행동하는 '공산주의자들'이 있다. 이들이 바로 워싱턴회의에 상해정부의 대표 파견을 지지하는 부류이고, 그들 가운데는 자신들을 어떤 당의 중앙위원들이라고 자임하는 자들이 있다"158)며 상해파를 겨냥했다. 이처럼 채동순은 상해파를 공격하기 위한 목적으로 사실 왜곡도 서슴지 않았던 것이다.

조선혁명운동에 관한 보고는 김규식 외에 김원경(Wong-Kieng)이 「워싱턴회의와 조선의 관계에 관한 보고」와 조동호(Kho)가 「조선의 경제상황」을 발표했다.159) 김원경은 워싱턴회의의 결과에 대하여 "미국은 확

---

157) The Communist International, *The First Congress of the Toilers of the Far East*, p.98.

158) The Communist International, *The First Congress of the Toilers of the Far East*, p.177; 임경석, 『한국사회주의의 기원』, 530~531쪽. 한인사회당이 워싱턴회의에 기대를 걸거나 대표 파견을 지지한 적이 없었던 것은 주지의 사실이다.

실하게 일본으로부터 중국에서 자국을 위한 많은 특권을 획득하려고 했으며, 그 보상으로 [일본에게] 한국에 대한 완전한 노예화를 주었다."고 비판했다. 그는 "이러한 의미에서 모든 희생자들과 함께 조선의 혁명운동은 피압박대중을 해방으로 이끌어가는 투쟁으로서가 아니라, 일본을 미국과의 협상과정에서, 특히 워싱턴회의에서의 협상 과정에서 덜 유리한 위치에 두게 하는 싸움으로서 가치있는 것이다"라고 지적했다.[160]

보고와 토론과정에 흥미를 끄는 부분은 3·1운동에 대한 평가이다. 김규식과 김원경의 3·1운동에 대한 설명은 나름대로 그 의의를 설명하고 있지만, 지노비예프나 사파로프의 평가는 매우 혹독하다. 사파로프는 자신의 보고에서 "1919년의 3월 혁명은 - 조선 인민들의 삶에서 큰 사건 - 그처럼 억압된 대중들의 봉기였고, 승리로 이어질 수 없었다. 조선 인민들이 열정으로 가득차서 밀집된 대형의 일본 군인들의 총검을 향하여 행진하여 영웅적으로 죽어가고 있을 때 이는 성공할 수 없는 봉기"였다고 서술하였다.[161]

이에 비하여 가타야마 센은 지노비예프의 보고에 대한 토론에서 3·1운동의 긍정적 측면을 지적하였다. "조선인들은 생명과 고통, 그리고 다년의 감옥생활이란 엄청난 대가를 치렀지만 독립운동과 봉기는 조선인들에게 미래의 투쟁에 대한 희망과 자극을 주었다. 그들은 전 세계에 자신들의 봉기 역량과 민족적 단결을 과시하였다. 1919년의 조선인 봉기는 미국 선교사들의 직접적 영향과 분명하게 러시아 볼셰비키혁명의 간접적 영향이다. 조선인민은 민족적으로 외래의 제국주의적 멍에로부터의 해방에 대하여 각성되었다."[162]

---

159) 임경석, 위의 책, 535쪽.
160) The Communist International, *The First Congress of the Toilers of the Far East*, p.73.
161) The Communist International, *The First Congress of the Toilers of the Far East*, p.168.

6. 대회와 한국독립운동

1) 대회 개최 기간

(1) 원동비서국과 이르쿠츠크파의 편파적, 독선적 행위

대회 개최 중에 고려공산당 두 파의 관계는 악화되었는데, 대회를 주도하고 있었던 사파로프, 슈미야츠키, 보이틴스키 등 동양과 원동지역의 혁명운동을 책임지고 있던 국제공산당 간부들이 상해파를 편파적이며 적대적인 입장을 취했기 때문이다. 이들은 이동휘와 박진순 등 상해파 대표단의 활동으로 자신들이 상해파로부터 빼앗았던 조선혁명의 주도권이 위협을 받게 되었다고 판단하였다. 그리하여 이들은 대회를 통하여 상해파를 제압하고자 했다. 슈미야츠키는 조선혁명의 간판 인물이라고 할 이동휘의 명성과 권위를 깎아내리기 위하여 홍범도를 '조선독립군의 총지휘자'로 소개하였다. 홍범도는 국제공산당측이 선전자료로 제작한 활동사진에서 크게 부각되었으며, 레닌을 만났을 때 자유시참변에 대한 질문에 자유시참변이 별다른 유감이 없는 사건이라고 해명하였던 것이다.[163]

대회를 전후하여 치타, 이르쿠츠크를 거쳐 모스크바에 머물고 있던 한 중국인(海中 周哀輪)에 따르면, 당초 이동휘는 국제공산당에서 그를 신임하여 일본의 가타야마 센(片山潛), 중국의 쟝강후(江元虎)를 일본, 조선, 중국을 대표하는 수령으로 내세우고 보이틴스키를 실무자로 하여 3인이 대회를 주도하기로 되어 있었다고 한다.[164] 당시 사파로프,

---

162) The Communist International, *The First Congress of the Toilers of the Far East*, p.147.
163) 「홍범도 일지」, 반병률,『홍범도 장군: 자서전 홍범도 일지와 항일무장투쟁』, 94쪽; 金圭冕,『老兵 金規勉의 備忘錄에서』(手稿本), 86쪽.
164) 遊者,『一九念一遊者觀察 新俄回想錄』, 157쪽. 당시 이동휘는 연합중앙간부로서

슈미야츠키, 보이틴스키의 3인방의 방해공작이 치열하였던 상황에서 이 방안은 실현될 수 없었다.

이동휘는 상해파 한인공산당원들을 탄압하고 자유시참변으로 한인 독립군들을 대량 학살한 슈미야츠키를 비판하기 위하여 대회에 공고서 (控告書)를 제출하겠다고 공언하였고, 이를 두려워 한 슈미야츠키는 이동휘의 대회 참가를 막기 위하여 국제공산당에서 이동휘에게 보내도록 지시한 전보를 보내지 않았다. 뿐만 아니라 슈미야츠키는 동양부장인 사파로프로 하여금 이동휘가 자신의 대리인으로서 모스크바에 주재시키고 있던 박진순의 대회 참가자격을 박탈하였을 뿐만 아니라, 그가 머물고 있던 룩스호텔로부터도 추방하였다. 이에 더해 사파로프는 소비에트정부 외무인민위원부 동방부에 교섭하여 국제공산당 동양부의 허가 없이 박진순을 접촉하지 말도록 조치하였다.[165]

슈미야츠키는 대회의 주석, 서기, 검사위원 등의 권한을 활용하였는데, 여기에는 '조선대표단'을 적극 동원하였다. '조선대표단'의 집행위원회(단장: 김규식, 서기: 한명세, 위원: 최창식, 김시현)는 대표단 결의로써 박진순의 대회 참가 자격권을 박탈할 것을 요구하는 서한을 자격심사위원회에 제출하였다. 서한은 박진순이 "조선에 한 번도 가 본 적이 없고, 조선의 혁명운동과 그 역사에 대하여 완전히 무지하며," 제2회 국제공산당 대회와 국제공산당 집행위원회에 허위보고를 함으로써 "국제공산당과 전 세계를 기만했다"고 규탄했다. 그리하여 대회의 자격심사위원회에서 박진순의 대회 참석은 물론, 발언권조차도 허용하지 말 것을 요구하였다.[166]

이르쿠츠크에 가 있었고, 장강후는 바쁘다는 핑계로 사양했다고 한다.

165) 위의 책, 182쪽.

166) Executive Committee of the Korean Delegation to the Congress of Communist and Revolutionary Parties of the Far East, "To the Mandate Commission, First Congress of

(2) 국제공산당과 소비에트정부 간부들과의 대담

대회 후 국제공산당은 각국 대표단과 개별적인 회합이 가졌고 각자의 국내정세를 검토하고 구체적인 방침을 세웠다. 각국 대표단과의 회합을 책임졌던 인물은 국제공산당 동방부장인 사파로프였다. 일본의 경우는 가타야마 센이 국제공산당 집행위 위원이었기 때문에 일본대표들과의 협의를 직접 담당하였다.[167]

레닌은 대회의 공식 일정에는 참석하지 않았지만, 각국 대표단의 주요인물들을 초청하여 대담을 가졌다. 중국 대표 장궈타오에 따르면, 중국 대표인 자신과 장추바이, 등베이(登培) 3인이 조선대표단장인 김규식과 함께 레닌을 만났다고 한다. 레닌은 장추바이와 장궈타오에게 중국혁명과 관련하여 중국공산당과 국민당의 협력 가능성에 대하여 질문하였고, 철도노동자인 등베이에게는 혁명에서의 철도노동자들의 중요한 역할을 강조했다고 한다.[168]

김규식 외에 조선대표들 역시 레닌을 만났다. 이들 가운데는 홍범도, 한명세, 최고려 등이 있다.[169] 대회 검사위원회 위원이면서 레닌과의 면담에서 통역을 맡은 것으로 알려진 최고려는 "레닌은 아버지처럼 자애롭게 그들과 대화를 나누고 따뜻하게 한 사람 한사람과 악수를 나누며, 과업의 성공을 빌어주었다"고 회상했다.[170] 홍범도는 레닌에게 '독립군 대장'으로 소개되었고, 레닌으로부터 '레닌으로부터 홍범도에게'라는 글자가 새겨진 싸총(마우저 권총), 상금 100루블, 그리고 적군 모자

Communist and Revolutionary Parties of the Far East,"(1922년 1월 21일 자)(РГАСПИ, ф.495 оп.154 д.175).

167) 渡邊春男, 『片山潛と共に』, 120쪽.

168) Chang Kuo-tao, *The Rise of the Chinese Communist Party, 1921-1927, of the Autobiography of Chang Kuo-t'ao*, vol.1, pp.206~209, p.699.

169) 김마트베이, 『일제하 극동시베리아의 한인사회주의자들』, 126쪽, 139쪽, 170쪽.

170) 위의 책, 170쪽.

와 군복을 선물로 받았다. 홍범도는 적군 복장을 하고 크레믈린 앞에서 찍은 사진을 오랫동안 기념으로 지녔고, 주변의 사람들에게도 기념으로 나누어주기도 했다.[171]

2) 대회 폐회 후

(1) 고려공산당 파쟁의 심화 – '조선대표단'과 고려공산당 연합간부의 대립

'조선대표단'은 대회 후 4명의 위원으로 구성된 '외교교섭단'(단장: 김규식, 서기 한명세, 위원 김시현, 최창식)을 조직하였는데, 그 주목적은 국제공산당과 소비에트정부를 상대로 한 외교활동을 통하여 국민대표회의 소집 등에 필요한 자금을 마련하는 것이었다. 이에 앞서 조선대표 50여 명은 국민대표회의를 속히 개최하자는 결의를 하였다.[172]

대회 후 2, 3개월의 기간에 외교교섭단과 고려공산당 연합간부 이동휘, 홍도 간에 조선 혁명의 현안들을 둘러싸고 치열한 각축전이 전개되었다. 이르쿠츠크에 머물고 있던 이동휘와 홍도가 모스크바로 귀환한 것은 대회가 종결된 1922년 2월 초였다. 대회를 주관하였던 국제공산당 집행위원장 지노비예프가 "동양대회에 대한 것과 고려혁명에 관한 제반 문제 처리"를 위해 모스크바로 출두하라고 연락을 하였기 때문이었다.[173] 당시 국제공산당 집행위는 고려공산당 연합간부인 이동휘와 홍

---

171) 반병률, 『홍범도 장군: 자서전 홍범도 일지와 항일무장투쟁』, 202쪽, 204쪽, 206~207쪽. 홍범도 사진은 원래 대회에 참가했던 최진동과 함께 찍은 것인데, 홍범도는 자신만의 독사진을 만들었다.

172) 「국민대표회에 대한 각단대표의 결의」, 『독립신문』 1922년 3월 31일 2면.

173) 在魯高麗革命軍隊 文明部, 「在露高麗革命軍隊沿革」, 김준엽·김창순 편, 『한국공산주의운동사 자료편』(고려대 아세아문제연구소, 1980), 358쪽; The Representatives of the Korean Delegation to the First Congress of the Communist and Revolutionary Parties of the Far East, "To the Executive Committee III Communist International,"(1922년 4월 5일 자), p.4.

도의 승인을 필요로 하고 있었다. 첫째는 지노비예프가 말한 "동양대회
에 대한 것"으로 '원동민족혁명단체대표회'에서 채택한 선언서에 고려
공산당의 서명이 필요했던 것이다.

그러나 이동휘는 대회에서 채택한 「원동의 제민족에게 보내는 원동
공산주의적, 혁명적 조직들의 제1차 대회 선언서(Manifesto of the First
Congress of the Communist and Revolutionary Parties of the Far East)」에
대한 서명을 거부했다. 사정은 이러하다.

대회가 끝난 후 사파로프는 대회에 관하여 보고하기 위하여 레닌을
만났다. 레닌은 대회의 선언서에 이동휘의 서명이 없는 것을 발견하고
이동휘는 동양혁명의 중요인물인데 이와 같이 중요한 일에 어찌하여
그의 서명이 없는가 하고 질책하였고, 사파로프는 곤경에 처하게 되었
다. 이동휘가 이르쿠츠크로부터 모스크바로 귀환하자 사파로프는 이동
휘에게 대회에서 각국 대표들이 공식적으로 표결한 선언서이므로 서명
하라고 요구하였다. 이에 이동휘는 대회에 참석하지 않아서 "의견을 발
표할 수 없었으니 서명할 수 없는 것이 당연하다"고 반박하였다. 이에
사파로프가 "그대는 공산주의자로서 (국제)공산당의 명령을 듣지 않을
수 있는가"고 힐책하자, 이동휘는 "우리 공산당은 당연히 당의 명령을
따른다. 그대가 국제공산당 총부(總部)[집행위원회]의 정식 서명이 있
는 명령을 가져오면 당연히 이를 준종(遵從)할 것"이라며 거부했다고
한다.[174] 실제로 대회 선언서의 각국의 참가 단체 서명에 중국과 일본
의 공산당을 비롯하여 참가 단체들의 명단이 포함되어 있으나, 고려공
산당의 서명이 빠져 있다. 당시 이동휘가 연합중앙간부의 대표로서 서
명하지 않은 사실을 확인할 수 있는 것이다.[175]

174) 遊者, 『一九念一遊者觀察 新俄回想錄』, 182쪽.
175) The Communist International, *The First Congress of the Toilers of the Far East,*

둘째, "고려혁명에 관한" 것은 '조선대표단'과 관련된 문제였다. '조선 대표단'은 대회 후 소비에트 정부와 국제공산당과의 교섭과 외교활동에 관한 전권을 부여하고 모스크바에 남겨둔 외교교섭단(사절단. 단장 김 규식, 서기 한명세, 위원 최창식, 김시현)을 구성하였다. 이들은 대회 종료 후 1주일 후인 2월 8일, 소비에트정부 외무인민위원부와 국제공산 당에 서한을 발송하였다. 대회에 참가한 '조선대표단'이 "다양한 국내외 조선 인민의 다양한 혁명적 요소들의 당당한 대표체로서 공식적으로 구성되었으며, 현재 혁명적 노력을 하고 있는 조선 인민을 대변할 권한 과 권위를 갖고 있다"고 자임하였다.[176] '조선대표단'은 국제공산당 원 동비서국과 상의한 후, 사파로프의 주선으로 지노비예프와 소비에트정 부 외무인민위원부 당국자를 만났다. 그러나 국제공산당과 소비에트정 부 외무인민위원부의 대답은 '조선대표단' 집행위원회(교섭단)는 "단순 한 조선의 공산주의 및 혁명 정당 파견 대표들의 대표에 불과할 뿐 어 느 정부나 기관의 대표들이 아니므로, 이 문제를 국제공산당과 상의해 야 한다"고 통보하였다. 국제공산당의 입장은 '조선대표단'으로 하여금 향후 새로이 구성될 고려공산당 임시연합간부가 소집되어 명확한 방침 에 합의할 때까지 기다리라는 것이었다.[177]

'조선대표단' 외교교섭단원들은 또한 소비에트 정부 외무인민위원부 에 교섭하여 이르쿠츠크에 있는 고려혁명군대에 대한 원조를 요청하여

pp.233~234.

176) Representatives of the Korean Delegaion to the First Congress of the Communist and Revolutionary Parties of the Far East, "Memorandum: Information Relative to the Korean Delegation on the Congress of the Communist and Revoultionari Parties of the Far East", February 8, 1922, p.4.

177) The Representatives of the Korean Delegation to the First Congress of the Communist and Revolutionary Parties of the Far East, "To the Executive Committee III Communist International,"(1922년 4월 5일 자), p.1.

낙관적인 통보를 받았다. 국제공산당 동방부에서는 이와 관련하여 "무산혁명을 인도하는 국제공산당에서 고려민족혁명을 원조함은 역시 세계혁명을 운전함에 긴요한 도화선을 구함이니, 민족혁명도 후원함은 물론이려니와 고려에 공산당이 있는 이상, 이 공산당의 정견에 의거하면서 후원함은 세계혁명총참모부 제3국제공산당의 정략이니라"고 하였다. 그리하여 국제공산당은 고려공산당 연합중앙간부인 이동휘의 승인을 요구했던 것이다.[178]

'조선대표단'은 대회의 권위를 후광으로 조선혁명을 대표하는 기관으로 부상시켜 그 교섭력으로 소비에트 정부와 국제공산당의 자금지원을 확보하고자 했으나, 국제공산당이 이동휘의 승인을 받아오라고 요구함으로써 난관에 봉착하게 된 것이다.

이르쿠츠크에서 돌아온 이동휘와 홍도는 대회 의사록의 내용을 비판함과 동시에, 고려공산당 당원인 한명세가 연합간부인 자신들의 승인 없이 대표단의 서기로 활동한 사실을 추궁했다.[179] 이 서한에서 이동휘는 국제공산당 집행위원장인 지노비예프에게 서한을 보내어, '원동민족혁명단체대표회'의 '조선대표단'은 "정당하지 못하게 일방적으로 구성되었으므로 신임이나 승인해서는 안 된다"고 주장했다.[180] 같은 맥락에서 이동휘는 '조선대표단' 외교교섭위원들 가운데 파벌적 배타성이 강한 한명세와 최창식 두 위원을 소환하고, 대신에 공산대학 학생인 김규찬과 박애

---

178) 在魯高麗革命軍隊 文明部, 「在露高麗革命軍隊沿革」, 50쪽; 반병률, 『성재 이동휘 일대기』, 35~357쪽.

179) The Representatives of the Korean Delegation to the First Congress of the Communist and Revolutionary Parties of the Far East, "To the Executive Committee III Communist International,"(1922년 4월 5일 자), p.4.

180) The Representatives of the Korean Delegation to the First Congress of the Communist and Revolutionary Parties of the Far East, "To the Executive Committee III Communist International,"(1922년 4월 5일 자), p.4; 在魯高麗革命軍隊 文明部, 「在露高麗革命軍隊沿革」, 51쪽.

를 임명하였다. 이들 새로운 '조선대표단' 외교교섭단이 임정특사인 한
형권과 엄밀하게 협력하여 활동해야 한다고 주장했다. 이에 이르쿠츠
크파가 '조선대표단' 외교교섭단과 고려공산당 연합중앙간부의 합동회
의 설치를 제의하였지만, 이동휘는 '조선대표단' 교섭단의 구성을 바꾸
지 않는 한 어떠한 협상에도 임하지 않을 것이라 반박했다.[181)

이동휘는 1921년 말 이르쿠츠크에서 자신이 대표하는 고려공산당 연
합중앙간부와 원동비서국 고려부 그리고 '조선대표단'과 합의했던 '국민
대표회의 준비위원회' 구성에 관한 합의도 철회했다. 여기에서 더 나아
가 이동휘는 고려공산당이 단독으로 '국민대표회의'를 소집해야 한다는
입장을 취했다.[182) 결국 김규식을 간판으로 내세워 '조선대표단'을 고려
공산당, 상해국민대표회준비위원회, 상해임시정부, 노령 국민의회와 더
불어 '국민대표회의 준비위원회'에서 한 지분을 차지하려던 이르쿠츠파
=국민의회파의 계획은 좌절되고 말았다.

특히 1921년 1월 창설된 원동비서국이 해체되었고,[183) 슈미야츠키 역
시 이란대사로 전보되었다. 러시아공산중앙위 원동부(원동국) 산하 한
인부 해산, 이르쿠츠크 고려공산당 창당와 제3국제공산당대회 대표 파
견, 자유시참변 등, '원동민족혁명단체대표회' 파견대표의 구성과 운영
등에서 슈미야츠키와 보이틴스키 등 원동비서국 간부들의 절대적 지지

---

181) 「연합중앙간부 한명세·안병찬이 코민테른 집행위원회에 보낸 보고서」(1922년 날
짜 미상), 국사편찬위원회 대한민국임시정부자료집 편찬위원회, 『대한민국임시정
부자료집 별책』 제5권, 308~309쪽.

182) The Representatives of the Korean Delegation to the First Congress of the Communist
and Revolutionary Parties of the Far East, "To the Executive Committee III Communist
International,"(1922년 4월 5일 자), p.5; 「이동휘·홍도·박애가 한형권에게 보낸 서
신」(1922년 3월), 국사편찬위원회 대한민국임시정부자료집 편찬위원회, 『대한민국
임시정부자료집 별책』 제5권, 277쪽.

183) 「이동휘·홍도·박애가 한형권에게 보낸 서신」(1922년 3월), 국사편찬위원회 대한
민국임시정부자료집 편찬위원회, 『대한민국임시정부자료집 별책』 제5권, 278쪽.

를 받았던 이르쿠츠크파는 치명적 타격을 받았다.

이렇게 되자 '조선대표단'(집행위 [교섭단])은 1922년 4월 5일 자로 국제공산당 집행위원회에 8쪽에 달하는 장문의 서한을 보내어 고려공산당 연합간부로 하여금 '조선대표단'과 국민대표회의의 소집에 관련하여 협력하도록 명령할 것을 요청하였다.[184]

(2) 모스크바 자금을 둘러싼 3파전

1922년 초 2, 3개월간은 한국독립운동의 주요한 3개 세력 즉, 고려공산당의 두 그룹 외에 임시정부가 파견한 사절단(이희경·안공근) 간에 소비에트정부와 국제공산당 집행위를 상대로 치열한 상호비방과 공격을 전개하였던 바, 그야말로 "모스크바 외교대전"이라 할 만하다.

앞에서 서술한 바, 대회 후 이동휘, 홍도, 박애는 소비에트 정부와 국제공산당 등 관련 기관들을 대상으로 '조선대표단'의 활동을 무력화하기 위한 반대 활동을 전개하는 한편, 한인사회당에서 임정 특사로 소비에트 정부에 파견하였던 한형권에게 서한을 보내어 자파의 입장을 설명하며 협조를 요청하였다. 이는 당시 한형권이 이르크츠크파-국민의회파로 넘어가지 않도록 하기 위한 노력의 일환이었다.[185]

한형권은 이미 소비에트정부 외무인민위원 치체린과 교섭하여 결렬된 임시정부의 '내부 정리'를 위한 운동비로 모스크바 3차자금 20만 루블을 수령한 후 독일 베를린을 거쳐 1921년 11월 21일 상해로 귀환하였다. 한형권은 국민의회에서 파리강화회의에 파견하였던 고창일의 협

---

184) The Representatives of the Korean Delegation to the First Congress of the Communist and Revolutionary Parties of the Far East, "To the Executive Committee III Communist International,"(1922년 4월 5일 자), p.6.

185) 「이동휘·홍도·박애가 한형권에게 보낸 서신」(1922년 3월), 국사편찬위원회 대한민국임시정부자료집 편찬위원회, 『대한민국임시정부자료집 별책』 제5권, 277~278쪽.

력을 받아 독일의 베를린 주재 소비에트대사관을 통하여 자금을 확보
하고 고창일과 함께 갔다.[186] 한형권은 상해로 귀환한 후 김구, 이시영,
신익희, 이동녕 등 임시정부 간부들에게 앞서 수령했던 40만 루블에 대
한 보고를 하였는데, 이를 계기로 모스크바 자금사용의 주도권을 둘러
싼 분란이 일어났다.[187] 그러나 한형권은 이 자금을 고려공산당이나 임
시정부 등 어느 세력에게도 넘겨주지 않았다. 상해임시정부는 김립과
한형권을 처단하기 위한 테러단(감찰단)을 조직했고, 이후 한형권은 윤
해, 고창일 등 국민의회 측 인사들의 도움을 받으며 도피했다.[188]

상해임정은 1922년 1월 26일 자로 이동휘와 김립에 대한 성토문을 냈
고,[189] 얼마 후인 2월 10일 아침 파오퉁(Paoutung)거리에서 김립은 김구
의 감찰단 소속인 오면직, 노종균에게 7발의 총탄을 맞고 피살되었다.[190]

적어도 1922년 3월 중순의 시점에서, 이동휘 등 상해파는 한형권이
원세훈이나 안창호 등 상해에서 국민대표회의를 준비하고 있는 인사들
과 관계를 맺고 있다는 소문에도 불구하고 한형권을 붙잡기 위한 노력
을 계속하고 있었다.[191]

---

186) 반병률, 「대한민국임시정부와 노령지역 독립운동」, 한국근현대사학회편, 『대한민
국임시정부수립 80주년기념논문집』 상권, 국가보훈처, 1999, 481쪽.

187) 韓馨權, 「革命家의 回想錄: 레닌과 談判, 獨立資金 20億元 獲得」, 『三千里』 6, 1948년
10월호.

188) 반병률, 「金立과 항일민족운동」, 한국근현대사학회편, 『한국근현대사연구』 32, 2005,
97쪽.

189) 金正柱, 『朝鮮統治史料』 제7권, 韓國史料硏究所, 1971, 99~101쪽.

190) 반병률, 「金立과 항일민족운동」, 97쪽. 상해임정은 이미 한형권, 고창일, 윤해가 상
해에 도착한 후인 1921년 11월 이후 김립을 [프랑스조계의] 경찰본청을 통해 체포
할 방책을 마련한 바 있다(「김인감과 제봉(이희경) 그리고 신암(안공근) 등이 상해
에서 발송한 서신」(1921년 11월 29일), 국사편찬위원회 대한민국임시정부자료집
편찬위원회, 『대한민국임시정부자료집 별책』 제5권, 275쪽 참조).

191) 「이동휘·홍도·박애가 계봉우·박밀양에게 보낸 서신」(1922년 3월 12일), 국사편
찬위원회 대한민국임시정부자료집 편찬위원회, 『대한민국임시정부자료집 별책』
제5권, 279쪽.

'조선대표단' 외교교섭단이 1922년 4월 5일 자로 국제공산당 집행위에 서한을 보낸 배경에는 당시 임정 특사로 모스크바에 파견되었던 한형권이 소비에트정부 외무인민위원부로부터 받아낸 60만 루블의 잔금 20만 루블이 이동휘의 계획대로 쓰이게 될 것을 우려하였기 때문이었다. 이 서한에서 '조선대표단'은 대회 후 2개월 가까이 자신들의 주장을 거부하고 있는 이동휘를 신랄하게 비판하였다. 서한은 또한 모스크바의 지도자들이 "조선운동의 베테랑급 지도자"로 생각하고 있는 이동휘가 3·1운동 전후의 "파리강화회의 대표 파견, 3·1운동 발발과 임시정부 수립"에 관하여 전혀 몰랐던 "수동적이고 주도적이지도 못한 분자"에 불과하다고 비판했다. 서한은 "모든 조선혁명가들(특히 국내의)이 이동휘를 운동에 도움이 되기보다는 해악을 끼치는 인물"로 간주하고 있다고 비판하였다.[192]

'조선대표단' 외교교섭단은 소비에트 정부, 국제공산당 집행위, 러시아 공산당으로부터 조선혁명을 대표하는 기관으로 승인을 받지 못하였으나, 국제공산당 동방부장 사파로프의 지원을 받아 앞서 한형권이 받은 자금을 몰수하고자 했다. 이를 위해서 이들은 임시정부에서 파견한 이희경과 안공근에게 공동으로 소비에트 정부 외무인민위원부를 상대로 한 외교활동을 벌이자고 제안했다.[193] 김규식은 임정사절단의 안공근에게 국민대표회의 소집과 관련하여 소비에트정부 외무인민위원부의 협력을 요청하는 서한을 부탁하였다. 임시정부의 '내부정리', 즉 국

---

192) The Representatives of the Korean Delegation to the First Congress of the Communist and Revolutionary Parties of the Far East, "To the Executive Committee III Communist International,"(1922년 4월 5일 자), p.6.

193) 「이동휘·홍도·박애가 계봉우·박밀양에게 보낸 서신」(1922년 3월 12일), 국사편찬위원회 대한민국임시정부자료집 편찬위원회, 『대한민국임시정부자료집 별책』 제5권, 279쪽.

민대표회의 소집 명목으로 한형권이 소비에트정부로부터 받아낸 지원
자금(20만 루블)을 빼앗기 위해서는 소비에트정부가 발행한 서류가 필
요하다는 이유에서였다. 안공근은 이 지원자금에 대해서 공식적으로
아는 바가 없다며 김규식의 제안을 거절하였다.[194]

　앞서 임시정부 임시대통령 이승만은 한형권을 소환하는 한편, 외무
차장인 이희경을 주러시아대사로 임명하고 안공근과 함께 모스크바로
파견하였다. 이들은 한형권의 활동 내역을 파악하고 소비에트 정부와
한형권의 관계를 단절시키는 것 외에 임시정부와 소비에트 정부 그리
고 국제공산당과의 관계를 수립하고, 자금지원을 확보하는 것을 목적
으로 삼고 있었다. 이희경은 이미 상해 출발 전에 상해에서 고려공산당
의 활동을 지도하고 있는 코민테른의 비밀요원들과 연락을 취하고, 활
동문제와 관련하여 수차례 논의를 하였던 것이다.[195]

　모스크바에 도착한 이희경은 임시정부 특별전권대사의 명의로 소비
에트 정부 외무인민위원 치체린에게 서한(1922년 3월 22일 자)을 보냈
다. 이 서한에서 이희경은 한형권과 그 동료들이 임시정부 대표부의 역
할을 하고 있다고 비판하며 조속한 시일 내의 면담을 요청하였다.[196]
이후 이들 임정 대표들은 소비에트 정부와 접촉하는데 성공하였고, 소
비에트정부가 외국공사들을 초대하는 저택에 머물렀다.[197]

---

194) 「대한민국 상해임시정부 문제에 관한 안동지의 금년 4월 29일 자 구두보고」(1922년
　　 5월 18일), 국사편찬위원회 대한민국임시정부자료집 편찬위원회, 『대한민국임시정
　　 부자료집 별책』 제5권, 289쪽.
195) 「김인감과 제봉(이희경) 그리고 신암(안공근) 등이 상해에서 발송한 서신」(1921년
　　 11월 29일), 국사편찬위원회 대한민국임시정부자료집 편찬위원회, 『대한민국임시
　　 정부자료집 별책』 제5권, 275쪽.
196) 「대한민국 상해임시정부 특별전권대사 이희경이 소비에트 러시아 외무인민위원부
　　 치체린에게 보낸 서신」(1922년 3월 22일), 국사편찬위원회 대한민국임시정부자료
　　 집 편찬위원회, 『대한민국임시정부자료집 별책』 제5권, 275쪽.
197) 遊者, 『一九念一遊者觀察 新俄回想錄』, 174쪽.

안공근은 4월 29일 이후 5월에 걸쳐 여러 차례 소비에트정부 측 인물을 만나 상해의 임시정부를 비롯하여 한국의 독립운동과 관련한 매우 자세하고 포괄적인 정보를 제공하고 임시정부와 관계를 수립하고자 하는 희망을 피력했다. 이 구두 보고는 한인 공산주의운동을 비롯한 러시아에서의 한인 혁명운동을 설명하고 있고, 많은 부분을 상해 임시정부를 소개하는데 할애하고 있다. 안공근은 상해임정 특사로서 파견된 한형권이나 그를 도와주고 있는 고창일의 비행을 구체적으로 지적하고 있다. 안공근은 또한 한명세, 문창범, 홍범도 등 러시아지역의 혁명운동에 관여하고 있는 인물들이나 이승만 등에 대하여 언급하고 있지만, 많은 부분을 당시 모스크바에서 치열한 외교전을 벌이고 있는 김규식이나 이동휘 그리고 여운형을 평가하는데 치중하고 있다. 특히 김규식이나 이동휘에 관한 비판은 가혹했다. 안공근은 상해 임시정부를 비난 또는 부정하고 있는 김규식과 이동휘의 개별적 특성이나 품성을 비롯하여 이들이 관여했던 임시정부에서의 활동을 소개하면서 이들이 한국의 혁명운동을 이끌 자격이나 능력이 없음을 강조하고 있다.[198]

이동휘와 김규식은 이승만과 적대적이라는 이유에서 이승만에 압력을 행사하여 그를 사퇴시키기 위하여 처음에는 상호 결탁했던 관계였으나, 지금은 "상호 적대적 관계를 유지하고 있다"고 단언했다. 안공근은 김규식이 "과거에는 활동적이고 정열적인 사람이었으나 이제는 완전히 환자가 되어 버렸"으며, "뇌수술을 받은 이후에는 완전히 비정상인 사람이 되었"고, 더구나 그는 소비에트 정부 외무인민위원부와 "회

---

[198] 「대한민국 상해임시정부 문제에 관한 안동지의 금년 4월 29일 자 구두보고」(1922년 5월 18일), 284~299쪽; 「대한민국 상해임시혁명정부 사절단의 차석 안동무가 임시정부의 활동 문제와 관련하여 금년 5월 동안에 행한 추가 구두 보고의 총괄」(1922년 5월 31일), 국사편찬위원회 대한민국임시정부자료집 편찬위원회, 『대한민국임시정부자료집 별책』 제5권, 300~305쪽.

담을 진행할 권리가 있는 전권 사절이 아니라"고 주장했다.[199] 이동휘
역시 "상해임시정부를 공격함으로써 자기 스스로 혁명지도자의 대열에
서 이탈시켜 버렸"으며, "그의 일파의 규모는 크지 않으며 3~4명에 불
과"할 뿐이며, 특히 한형권의 파견과 모스크바 자금과 관련하여 "인민
의 신망을 상실한 만큼, 결국 시베리아에서도 체포될 것"이라고 단언했
다.[200]

　이 구두 보고서에서 흥미로운 부분은 안공근이 자신을 파견한 이승
만이 "학자풍의 노혁명가이지만 우유부단한 인물로서 그의 대응방식은
많은 면에서 적절하지 못하다"고 지적하며, "상해임시정부의 수장이 될
수 있는 유일한 인물은 안창호"라고 주장한 점이다. 안창호에 대하여
"활동적인 일꾼이자 웅변가인 그는 일본인들에 대한 즉각적인 공격이
무익하다는 차원에 입각하여 전술과 선전 그리고 혁명을 준비해야 한
다고 주장하고 있다"고 매우 긍정적으로 소개했다.

　모스크바 자금과 관련하여 안공근은 상해임시정부는 소비에트정부
로부터 어떤 지원금도 제공받기를 원하지 않는다는 점을 밝혔다. 상해
임정의 사절단(이희경, 안공근)이 대표성을 인정받았을 경우에 한하여
이미 지급된 지원금의 반환문제와 관련된 회담을 할 수 있을 것이라는
입장을 제시하였다.[201]

　안공근은 4월 29일에 행한 첫 번째 구두보고의 결론에서 소비에트정

---

199) 「대한민국 상해임시정부 문제에 관한 안동지의 금년 4월 29일 자 구두보고」(1922년
　　5월 18일), 국사편찬위원회 대한민국임시정부자료집 편찬위원회, 『대한민국임시
　　정부자료집 별책』 제5권, 285쪽, 295~296쪽.
200) 「대한민국 상해임시정부 문제에 관한 안동지의 금년 4월 29일 자 구두보고」(1922년
　　5월 18일), 국사편찬위원회 대한민국임시정부자료집 편찬위원회, 『대한민국임시
　　정부자료집 별책』 제5권, 285쪽, 292쪽.
201) 「대한민국 상해임시정부 문제에 관한 안동지의 금년 4월 29일 자 구두보고」(1922년
　　5월 18일), 국사편찬위원회 대한민국임시정부자료집 편찬위원회, 『대한민국임시
　　정부자료집 별책』 제5권, 289쪽.

부가 상해임시정부와의 관계 구축에 관심을 갖고 있는지 궁금하다면서 4가지 질문을 제시하였다. 1)소비에트정부는 민족주의, 공산주의 또는 사회주의운동 가운데 한국에서 어떤 운동을 지지하는 것이 바람직하다고 보는가, 2)소비에트정부는 한국의 혁명을 지지할 준비가 되어 있는지의 여부, 3)만약 준비가 되어 있다면 공산당이나 민족주의 정당 가운데 무엇을 통해서 지원을 제공할 의도인가, 4)소비에트정부는 상해임시정부의 사절단에 대해서 어떤 관점을 견지하고 있는가, 그리고 향후 그 사절단을 어떻게 대할 것인가. 이상의 질문에 대해서 만족할 만한 해결안이 있을 경우 임시정부의 원동에서의 활동계획을 제출하겠다고 맺고 있다.[202]

결국 이들 임정대표는 소비에트 정부로부터 별다른 성과를 거두지 못하여 귀환할 수밖에 없었다.[203] 이희경과 안공근은 모스크바에 너무 늦게 도착한데다 그들의 외교활동 역시 실패할 수밖에 없었다. 소비에트정부나 국제공산당이 대회이후 고려공산당 연합중앙간부나 '조선대표단'의 활동을 비롯하여 4월 22일 자 국제공산당 검사위원회의 결정 등을 통해서 이미 그 방침을 정해놓고 있었던 것이다.

마침내 1922년 4월 22일 국제공산당 집행위는 블란드르, 쿠시넨, 사파로프 등 3인으로 검사위원회를 구성하였다. 이들은 고려공산당 연합중앙간부의 모든 문서를 검사하고 상해, 이르쿠츠크 양 파의 대표를 불러 질문을 한 후, 6개 항의 결정서를 작성케 하였다. 1)이르쿠츠크 당대회[1921년 5월]와 거기서 선출된 중앙위가 출당한 모든 당원들을 복귀

---

[202] 「대한민국 상해임시정부 문제에 관한 안동지의 금년 4월 29일 자 구두보고」(1922년 5월 18일), 국사편찬위원회 대한민국임시정부자료집 편찬위원회, 『대한민국임시정부자료집 별책』 제5권, 299쪽.

[203] 遊者, 『一九念一遊者觀察 新俄回想錄』, 174쪽. 안공근은 당시 모스크바에 체류 중이던 중국사회당의 창립자인 江亢虎를 찾아가 만났다.

시킬 것. 2)박진순, 박애, 최고려, 김규식 등 4인을 고려공산당의 연합이 달성될 때까지 일체의 당무에 직접 관련할 수 없게 한다. 3)양당 통합에 3개월의 기간을 부여한다. 4)이 3개월 동안 고려공산당은 국제공산당으로부터 재정지원을 받을 수 없다. 5)중앙간부의 위치는 치타에 두고, 국내에 조선부를 설치할 책임을 진다.[6항 생략][204)

이 결의안의 핵심은 국제공산당이 고려공산당의 활동과 관련하여 연합이 이루어질 때까지 자금지원을 중단한다는 것이고, 조선대표단의 단장으로 활동하던 김규식이 박진순, 박애, 최고려 등 한인 2세 지도자들과 함께 고려공산당 활동에 관여할 수 없게 되었다는 점이다. 결국 대회를 통하여 조선 혁명의 통합과 활성화를 기대하였지만, 조선의 경우 자금지원 중단과 주요 활동가들의 활동 정지 등 한국의 독립운동은 치명적인 타격을 받았다. 이 점은 대회가 혁명노선을 명확히 정립하고 조직을 정비하게 함으로써 혁명운동이 도약하게 되는 계기가 되었던 중국과 일본의 경우와 크게 대비되는 점이다.

7. 맺음말

원동민족혁명단체대표회는 1922년 1월 21일부터 2월 2일까지 모스크바와 페트로그라드에서 개최된 원동 민족혁명단체 대표들의 회합이었다. 대회는 1920년 7~8월에 개최되었던 국제공산당 제2회 대회와 같은 해 9월에 개최된 바쿠에서의 (제1회)동방인민대회(The Congress of the Peopels of the East)와 동일한 취지에서 개최되었다. 초청장에 명시한

---

204) 金正柱, 『朝鮮統治史料』 제7권, 193~194쪽.

바, 대회의 목적은 첫째 조선, 중국, 일본, 몽골의 반제반식민지혁명운
동을 러시아 프롤레타리아트에 의해 개시된 세계혁명과 결합시키는 것
이고, 둘째 워싱턴회의의 개최로 제국주의 국가들이 연합함으로써 새
로운 위험에 직면하게 된 원동의 노력자들을 단결시키는 것이었다.[205]
구체적으로는 원동의 각국 민족들을 반제국주의 투쟁의 중심인 소비에
트러시아와 결합시키는 데 있었다.

　　이 글에서는 국제공산당 집행위원회가 1921년 8월 워싱턴회의에 대
항하여 대회 소집을 제창한 이래 대회 개최가 두 차례 연기된 사실을
밝혔다. 즉, 처음에는 1921년 11월 11일에 이르쿠츠크에서 개최하려고
했으나 대표들의 도착 지연과 준비 부족 때문에 같은 해 12월로 연기하
였다(1차 연기). 그리하여 대회장소인 이르쿠츠크에 각국 대표들이 집
결하였고, 민족별 회의와 분과별 회의를 통하여 보고서를 작성하는 등
대회 준비가 어느 정도 되어 있었지만 다시 다음 해 1월 하순으로 연기
되고 장소도 모스크바로 변경되었다(2차 연기).

　　그 이유는 개최장소가 멀어 행사 진행이 쉽지 않다는 점과 워싱턴회
의의 결과를 기다려 보다 많은 자료들을 갖고 제국주의를 비판하자는
제안이 있었기 때문이었다. 공식적인 이유 외에 다른 한편으로는 피부
색이 다른 동양의 혁명운동단체 대표들을 모스크바의 대중들에게 보여
줌으로써 국제공산당이 동양에서 많은 진전을 가져오고 있고 미래의
전망이 밝다는 점을 보여주려고 한 선전홍보의 목적도 있었다. 이와 관
련하여 이 글에서는 일본의 저명한 사회주의자 가타야마 센의 역할에
주목하였다. 대회 개최의 연기나 모스크바로의 대회 장소의 변경을 가
타야마 센과 관련시켜 설명하였다.

　　이 글에서는 대회에 관한 일반적인 문제로서 두 가지를 검토하였다.

---

205) 山極晃, 「極東民族大會について(1)」, 22쪽.

첫째로는 대회의 명칭에 관한 것이다. 1920년 9월 바쿠에서의 동방민족
(인민)대회 이후 1년 4개월 만에 대회가 개회됨으로써 명칭에서도 많은
혼선이 있었다. 명칭에 관한 혼선을 정리하기 위하여 이 글에서는 공식
적인 문건상에 나타난 명칭의 변화를 분석하였다. 이 분석의 결과 이 글
에서는 대회에서 채택한 바, 원동의 각 민족에게 보내는 선언서(Manifesto)
에서 사용한 "The First Congress of the Communist and Revolutionary
Organizations of the Far East"('원동의 공산주의적, 혁명적 조직들의 제1회
대회)가 참가 대표들의 성격에 부합한다고 보았다. 보다 중요한 것은
이 명칭을 사용한 선언서가 국제공산당 간부와 각국 대표단 단장들이
참여하여 작성되었고 대회에서 채택된 것이기 때문이다.

대회의 개최를 전후하여 한국 독립운동세력은 통일적 민족혁명기관
의 수립문제(임시정부 개혁문제), 모스크바자금 문제나 상해파와 이르
쿠츠크파의 분파투쟁 등 중요한 여러 현안에 직면해 있었다. 특히 한인
들의 공산주의운동은 심한 파벌투쟁을 벌이고 있었으나, 국제공산당의
개입으로 연합중앙간부를 구성하는 등 대회 개최 이전에는 통일의 조
건이 마련되어 있었다. 고려공산당의 두 파벌의 연합은 향후 통일적인
민족혁명기관의 수립 등 독립운동의 진전을 위한 필수적인 선제적 조
건이었다. 12월 21일 이르쿠츠크에서 고려공산당 연합중앙간부와 대회
참가 조선대표단 간에 맺어진 국민대표회의 준비위원회 구성에 관한
합의는 매우 중요한 결정이었다.

당시 조선 혁명에 대한 지대한 영향력을 갖고 있던 국제공산당 동양
혁명 책임자들(슈미야츠키, 보이틴스키 등 원동비서국 간부들)의 역할
은 매우 중요했다. 이들이 대회를 어떻게 이끌어 가느냐에 한국독립운
동의 향방이 달려 있었다. 대회 후 한국 독립운동의 전개와 관련하여
대회는 자유시참변으로 상징되는 1921년 이후의 파벌투쟁의 폐해를 극

복해야 하는 과제를 갖고 있었다. 그러나 유감스럽게도 대회는 그러한 방향으로 진행되지 않았다.

'원동민족혁명단체대표회'는 국제공산당과 소비에트 정부가 워싱턴 회의에 대항하여 선전의 목적으로 소집된 것이었지만, 조선, 중국, 몽골, 일본 등 동아시아의 혁명운동에 큰 영향을 끼쳤다. 각국의 혁명운동을 세계 프롤레타리아운동과 결합시켜야 한다는 대회의 명제를 인식하게 되었던 것이다. 중국대표단의 단장으로 활약한 장궈타오는 중국혁명에 관한한 대회는 상당한 영향을 끼쳤다고 평가하였다. 대표들은 대회의 공식, 비공적인 토론과정을 통하여 중국혁명의 반제국주의적 성격을 확인하게 된 사실을 큰 성과로 꼽았다. 대표들은 토론을 통하여 "중국 내의 반동세력들은 외국 제국주의의 단순한 도구에 불과하며, 제국주의에 대한 반대가 중국혁명운동의 출발점이 되어야한다는 사실"에 만장일치로 의견을 모았다는 것이다. 대회를 통하여 "중국혁명은 세계혁명의 일부이다"라는 이론을 이해하게 되었고, "단결하라, 세계의 프롤레타리아트와 피압박민족들이여"와 국제공산당의 리더십과 "반제국주의 통일전선"의 새로운 사상을 얻게 되었다는 것이다. 이러한 대회의 성과들은 중국공산당 제2차대회에서의 제1차 선언서에 반영되었다고 한다.[206]

가타야마와 함께 대회에 참석하였던 와타나베 하루오는 대회의 결과, 볼셰비즘과 아나키즘이 확연하게 구별되어 공산당 결정의 기반이 견고하게 되었다고 평가했다. 사회주의운동도 단순한 사상운동의 영역에서 전면적으로 구체적인 일상 투쟁에로 걸어 나가게 되었다는 것이다. 일본의 사회주의운동이 세계의 혁명운동과 긴밀하게 제휴하기 시

작하였는데, 일본공산당의 결성(1922.7.5)이 이를 반영한 것이라고 하였다.[207]

   대회에 참석하였던 한국의 대표들 역시 대회 참가를 통하여 제국주의에 대한 인식이 깊어지고 세계혁명 그리고 일본의 프롤레타리아운동과의 연대와 협력에 대한 전망을 갖게 되었을 것이다.[208] 그러나 중국과 일본의 경우 대회의 결정과 국제공산당과의 협력을 통하여 구체적인 운동의 성과로 연결되었지만, 한국의 경우는 대회 이전부터 심화되어오던 분파투쟁 등 내부의 문제를 극복하지 못하고 오랫동안 그 후유증을 겪어야 했다.

---

207) 渡邊春男, 『片山潛と共に』, 117쪽.

208) 이러한 추정은 '조선대표단'의 단장으로 활약한 김규식이 *Communist Review*(공산평론); (모스크바 발간), 1922년 7월호에 기고한 글 「아시아의 혁명운동과 제국주의」에서 확인할 수 있다(이정식, 『金奎植의 生涯』, 85쪽 참조).

부록: 12차례의 회의를 주재한 주석과 발언자들

제1회의(1월 21일) - 주석: **지노비예프**
연설: 카타야마(공산주의인터내셔날), 칼리닌(전로시아노농소비에트중앙
집행위원장), 로조프스키(적색노동조합인터내셔날), Yoodzu, 渡辺春男(와타
나베 하루오, 일본대표단), 張國燾(중국대표단), Pak-Kieng(金奎植, 조선대표
단), Wong(王麗魂 Wang Li-juen, 중국 부인대표단 및 부녀애국회, 광동의회
의원 겸 작가), Din-Dib(몽골대표단), Simpson(Semaun, 자바대표단), Schiller
(청년공산주의인터내셔날), Roy(인도), Carr(미국)

제2회의(1월 23일, 낮) - 주석: **사파로프**
지노비예프(보고: 국제성세와 워싱턴회의의 결과)

제3회의(1월 23일, 밤) - 주석: **사파로프**
Li-Kieng(중국 정세에 관한 보고, 중국어)
Wong-Kien-Ti(중국노동자의 상태에 관한 보고)

제4회의(1월 24일, 낮) - 주석: **사파로프**
Ping-Tong(Teng P'ei 登培, 중국의 경제정세에 관한 보고)
Tao(張秋白, 중국의 정치정세에 관한 보고)

제5회의(1월 24일, 밤) - 주석: Pak-Kieng(**김규식**)
Wong(王, 중국의 부인의 지위에 관한 보고, 여성조직들의 대표)
Wong Kieng(김원경, 워싱턴회의와 조선의 관계에 관한 보고)
Pak-Kieng(김규식, 조선의 혁명운동에 관한 보고)

제6회의(1월 25일, 낮) - 주석: Shumiatsky
Din-Dib(몽골의 과거와 현재의 상태에 관한 보고)
Kho(趙東祜, 조선의 경제, 노동자및 농민의 상황에 보고)

片山潛(일본의 정치·경제문제에 관한 보고)
Yakiwa(일본공산당의 조직과 정책에 관한 보고)

제7회의(1월 25일, 밤)-주석: **사파로프**
지노비예프의 보고에 관한 토론
연설자: Yodoshu(吉田一), 片山潛, Flore (조선?), Tao(張秋白), Kim-Khu(林元根), Booyan-Manhu (몽골), Simpson(Semaun, 자바)
답변: 지노비예프

제8회의 (1월 26일, 낮)-주석: **Din-Dib(몽골)**
사파로프(민족·식민지문제와 그에 대한 공산주의자의 태도에 관한 보고)

제9회의(1월 27일, 낮)-주석: **Wong(조선공산주의여성조직들의 대표)**
연설자: Din-Dib(몽골), Kor Khan(蔡東順, 조선), Khwong(中國, 부인분과), Kim Chow(李在坤, 조선), Tao(張秋白, 중국 국민당 대표), Koo(중국), Kolokolov(?), Shumiatsky(서기로서 발언시간에 대한 설명), U-An(중국), Nagano(일본), Yakova(일본), Kato(加藤)

제10회의(1월 27일, 밤)-주석: Tjan-Guo-Tao(**張國燾**)
사파로프의 보고에 관한 토론에 대한 사파로프의 답변
Zand-Bei(Zadbayev) 자격심사위원회의 보고-참가대표들의 국가별 숫자(의결권, 심의권별로), 이후 참석대표들의 사회적 지위, 교육수준, 소속 당 관련 등에 관한 정보 제공.
-모스크바의 공산대학 소속의 중국인학생 2명과 모스크바 거주 조선인학생 2명에게 의결권 부여.

제11회의(1월 30일, 밤)-주석: Shumiatsky
연설: Ker(프랑스공산당), Walter(독일공산당)
-지노비예프와 사파로프의 보고에 관한 결의안 초안에 관한 토론

연설자: Sun(중국대표단을 대표하여, 張國燾?), 片山潛(일본대표단을 대표하여), Kho-Syl-Mon(조선대표단을 대표하여, 김규식?), Din-Dib(몽골대표단을 대표하여)

－지노비예프와 사파로프의 보고서를 채택하기로 결의.

－지노비예프와 페트로그라드 프롤레타리아트의 초청 만장일치로 수락.

－선언서(Manifesto)의 초안을 수정할 위원회 선출－사파로프, 片山潛, Pak- Yeng(김규식), Din-Dib, Tao(중국, 張國燾?), Li-Kieng(중국)

제12회의(2월 2일, Petrograd Soviet와 합동회의, Uritzky Palace.)－주석: **지노비예프**

연설: Smirnov(러시아공산당 페트로그라드), Evdokimov(페트로그라드노동조합평의회), Naumov(페트로그라드관구와발틱함대혁명군사평의회), Nikolaevan(페트로그라드부인노동회), Lang-Tsa-Sin(북경－봉천철도 철도원, 공산주의자), **片山潛**, Wong(광동국회의원, 중국 여성운동), Khem(현순, 조선), Tan-Zam(Danzan, 몽골인민혁명당 중앙위 위원, 몽골대표, 인쇄조합 노동자), Li(청년대표, 조선대표), Ker(프랑스공산당), Carr(미국공산당)

사파로프에 의한 "극동제민족에 대한 원동의 공산주의및 혁명 조직의 제1회대회의 선언" 낭독.

(출처: コミンテルン編, 高屋定國・辻野功譯, 『極東勤勞者大會』, 合同出版, 1970(1974), 8~12쪽)

참고문헌

『독립신문』.

몽양여운형선생전집발간위원회편, 『몽양여운형전집』 1, 한울, 1991(2004).

국사편찬위원회 대한민국임시정부자료집편찬위원회, 『대한민국임시정부자료집
　　　별책』 제5권, 국사편찬위원회, 2011.

遊者, 『一九念一遊者觀察 新俄回想錄』(발간지, 발간연도 미상).

渡邊春男, 『片山潛と共に』, 和光社, 1955.

鈴木茂三郎, 『ある社會主義者の半生』, 文藝春秋新社, 1958.

コミンテルン編, 高屋定國·辻野功譯, 『極東勤勞者大會』, 合同出版, 1970(1974).

The Far Eastern Secretariat of the Third Communist International, *Bulletin of the Far
　　　Eastern Secretariat of the Third Communist International*, Congress Issue
　　　No.1, Dec. 1921.

The Communist International, *The First Congress of the Toilers of the Far East (Held
　　　in Moscow, January 21st-February 1st 1922. Closing Session in Petrograd,
　　　February 3rd 1922)*, Petrograd: The Communist International, 1922.

Der Kommuntistischen Intennmational. *Der Erste Kongreβ der kommunistichen und
　　　revolutionären Organisationen des Fernen Ostens*, Moskau, Januar 1922,
　　　Hamburg: Der Kommunistischen International, 1922.

Jane Degras ed. *Soviet Documents on Foreign Policy*, vol.1 (1917-1924), New York:
　　　Octagon Books, 1978.

권희영, 『한인사회주의운동 연구』, 국학자료원, 1998.

반병률, 『성재 이동휘 일대기』, 범우사, 1998.

반병률, 『홍범도 장군: 자서전 홍범도 일지와 항일무장투쟁』, 한울아카데미, 2013.

서상문, 『혁명러시아와 중국공산당(1917-1923)』, 백산서당, 2008.

이정식, 『金奎植의 生涯』, 신구문화사, 1974.

임경석, 『한국 사회주의의 기원』, 역사비평사, 2003.

渡辺春男·小山弘健,「極東民族大會の思い出」,『思想』391号, 1957年 1月.

渡辺春男·小山弘健,「ふたたび極東民族大會について」,『思想』426号, 1959年 12月.

山極晃,「極東民族大會について(1)」,『横浜市立大學論叢』(人文科學系列) 第17卷
　　第2.3合併號, 1966.

山內昭人,「片山潛, 在美日本人社會主義團とコミンテルン」, 初期コミンテルンと
　　東アジア硏究會 編著,『初期コミンテルンと東1アジア』, 不二出版株式會
　　社, 2007.

Edward Hallett Carr, *The Bolshevik Revolution*, vol. 3, *1917-1923*, New York·London:
　　W.W. Norton & Company, 1953.

Eudin, Xenia. Joukoff. & North, Robert Carver, *Soviet Russia and the East 1920-1927*,
　　Standford: Stanford University Press, 1957.

Hyman Kublin, *Asian Revolutionary Sen Katayama*, Princeton: Princeton University
　　Press, 1964.

Dae-Sook Suh, *The Korean Communist Movement, 1918-1948*, Princeton: Princeton
　　University Press, 1967.

Chang Kuo-tao, *The Rise of the Chinese Communist Party, 1921-1927, of the
　　Autobiography of Chang Kuo-t'ao*. vol.1, Lowrence·Manhattan, Wichita: The
　　University Press of Kansas, 1971.

Robert A. Scalapino and Chong-sik Lee, *Communist in Korea(part I): The Movement*,
　　University of California Press, Berkeley, Los Angeles and London, 1972.

Walter LaFeber, *The Clash: U.S.-Japanese Relations throughout History*, New York·
　　London: W.W. Norton & Company, 1997.

B. Baabar, *History of Mongolia*, Cambridge: The White Horse Press, 1999.

Alexander Pantsov, *The Bolsheviks and the Chinese Revolution 1919-1927*, Honolulu:
　　University of Hawai'i Press, 2000.

Г.З. Соркин. "Съезд народов Дальнего Востока." Проблемы Востоковедения.
　　No.5, 1960.

제2부
국제정세의 변동과 해외 한인의 3·1운동

중국 관내 신한청년당과 3·1운동

정병준

1. 머리말

신한청년당은 1919년 3·1운동기의 대표적인 독립운동 정당이다. 신한청년당의 창립시점, 해산시점, 동제사·신아동제회 등과의 연관성 등에 대해서 부분적인 쟁점은 있지만, 전반적 면모는 신용하·김희곤·강덕상 등의 탁월한 선행연구에 의해 잘 밝혀져 있다.[1]

신한청년당이 한국독립운동에서 차지하는 활동과 위상도 이미 잘 평가되어 있다. 신한청년당이 3·1운동과 한국독립운동에 기여한 공로는 다음과 같이 정리할 수 있다. 첫째 신한청년당은 파리강화회의에 한국

---

[1] 신용하, 「신한청년당의 독립운동」, 『한국학보』 44, 1986; 김희곤, 「신한청년당의 결성과 활동」, 『한국민족운동사연구』 1, 1986; 김희곤, 「신한청년당」, 『한민족독립운동사』 3, 국사편찬위원회, 1988; 강덕상, 『여운형평전I: 중국·일본에서 펼친 독립운동』, 역사비평사, 2007; 강영심, 「제3장 대동단결선언과 신한청년당」, 『한국독립운동의역사17: 1910년대 국외항일운동II-중국·미주·일본』, 독립기념관 한국독립운동사연구소, 2008.

대표를 파견함으로써, 국내외 한국인들이 파리강화회의와 전후체제에 대한 희망과 염원을 가질 수 있도록 했다. 둘째 신한청년당은 파리뿐만 아니라 국내·일본·만주·연해주 등에 당원들을 파견해 파리강화회의 파견대표를 후원하기 위한 선전·자금모금활동을 벌임으로써 국내외에서 3·1운동이 촉발될 수 있도록 했다. 셋째 신한청년당은 초기 대한민국임시정부의 중심조직이자 지지조직으로 임시정부가 상해에 안착하는데 중요한 인적, 물적 자원을 제공했다. 신한청년당은 파리강화회의 대표파견의 최초 공로자였으며, 이를 통해 3·1운동의 해외 기획자·준비자 역할을 수행했고, 3·1운동의 결과 수립된 임시정부의 중심축이자 인적 저수지가 되었던 것이다. 종합하면 신한청년당은 제1차 세계대전 이후 국제정세에 능동적으로 대처함으로써, 3·1운동이 발생할 수 있는 국제적 가능성을 구체화했으며, 임시정부를 적극적으로 옹호한 것이다. 즉 신한청년당은 파리강화회의-3·1운동-대한민국임시정부로 이어지는 연쇄적 독립운동에서 중심 조직으로 활약한 것이다.

이 글은 선행연구들의 성과에 기초해 다음과 같은 점을 추가로 해명하거나 새로운 이야기를 덧붙이려고 한다. 첫째 신한청년당에 앞서 중국 상해지역 독립운동을 주도한 동제사 등과의 관련성 문제이다. 둘째 신한청년당과 3·1운동의 연관성 관련이다. 셋째 신한청년당 주요 인물들의 3·1운동기 활동에 대한 해명이다. 넷째 신한청년당 기관지『신한청년』에 대한 분석이다.

2. 신한청년당의 창당과 이념적 지향

1) 창당과 조직

신한청년당은 3·1운동 발생 이전인 1918년에 조직되었는데, 창당의 정확한 시점에 대해서는 이견이 있다. 창당일을 둘러싼 여러 설은 대부분 1929년 여운형이 상해에서 일제에 체포된 후 진술한 내용에서 비롯되었다. 창당 후 십여 년 뒤의 진술이었고, 경찰·검찰의 심문과정에서 여운형이 관련자 및 비밀을 보호하기 위해 의도적으로 혼란스럽게 설명했을 개연성이 있다. 여운형의 진술에 따라 신한청년당의 창당일은 1918년 8월설, 1918년 11월설 등으로 나뉜다.[2]

여운형은 먼저 경찰·검찰의 예심과정에서는 1918년 8월 이래 장덕수, 조동호, 김철, 선우혁, 한진교 등과 함께 2차례 회합하고 터키청년당을 모방해서 신한청년당을 조직했다고 진술했고, 조동호 역시 이에 동의하는 진술을 했다. 반면 실제 본공판에서는 1918년 8월에는 조직의 준비 단계였고 실제로는 11월에 조직했다고 진술했다.

- 1918년 8월 조직에 관한 진술
(여운형의 진술) 1918년 8월 나 외에 장덕수, 조동호, 김철, 선우혁, 한진교 등 6명으로, 상해 프랑스조계 백이부로 25호에서 조직하여, 그 후 당원 14, 15명을 모집하였다.[3]
(여운형의 진술) 나, 장덕수 이외의 조동호, 김철, 선우혁, 한진교 등이 발

---

2) 신용하는 1918년 8월 조직·11월 확대강화설을, 김희곤은 1918년 11월 조직설을 주장했다. 신용하, 「신한청년당의 독립운동」, 96쪽; 김희곤, 「신한청년당의 결성과 활동」, 151쪽.
3) 「피의자신문조서(제2회)」(1929.8.1. 경성지방법원 검사국), 몽양여운형선생전집발간위원회 편, 『몽양여운형전집』 1, 한울, 1991, 469~470쪽.

기하고 1918년 6, 7월경에 조직했다. 목적은 조선독립 뿐만 아니라 더 나아
가서 풍속, 문화, 도덕 등을 새롭게 하기 위해 20세 이상 40세 이하의 사람을
입당시키는 것으로, 터어키청년당을 모방하여 표면단체로 운동하였다.[4]

(여운형의 진술) 나는 장덕수와 김철, 선우혁, 한진교, 조동호를 불러 1918년
8월 하순경 상해 프랑스조계 백이부로 25호의 우리 집과 동 프랑스조계의
모 중국요리점에 전후 2회 회합하여 의논한 결과 조선의 독립을 모의할 목
적으로 신한청년당이라는 결사를 조직하여 당의 발전책에 부심하던 중이
다.[5]

• 1918년 11월 조직에 관한 진술

(여운형의 진술) 신한청년당의 모의를 시작한 것은 1918년 8월 무렵이지
만, 신한청년당이라는 명칭이 생기고 명실공히 조직된 것은 1918년 11월 무
렵이다. [예심의 진술과 조동호의 진술은 1918년 8월이지만] 조직된 것은
1918년 11월이었고, 그 이전에는 준비 중이었다.[6]

(여운형의 진술) [1918년 8월 하순경에 상해 프랑스조계의 중국 요리점에
서 신한청년당을 조직했다는 진술과 관련해] 즉심에서 그러한 공술을 한 적
은 없다. 신한청년당을 조직했던 것은 사실이지만 그것은 동년 11월 하순의
일이다. 따라서 당시는 아직 내부조직도 만들 수 없었고, 1919년 1월이 되어
서야 비로소 내부간부도 갖추어져 조직이 정비되었다. 그 점에 대해서는 경
찰이래 검사정 및 예심정에서도 동일하게 말했다. 내가 한 종래의 진술이
지금 심문하는 대로 되어 있다면 그것은 통역관계상 무언가 잘못된 것이다.
나는 결코 공술을 바꾸지는 않는다.[7]

4) 피의자신문조서(제5회)」(1929.8.5. 경성지방법원 검사국), 『몽양여운형전집』 1, 505~
511쪽.
5) 「공판조서) 피고인신문조서(제1회)」(1930.2.22. 서대문형무소), 『몽양여운형전집』 1,
559~560쪽.
6) 「공판조서(제1회)」(1930.6.2. 경성복심법원 법정), 『몽양여운형전집』 1, 626쪽.
7) 「공판조서」(1930.4.9. 경성지방법원 공개법정), 『몽양여운형전집』 1, 600~602쪽.

여운형이 크레인에게 수교한 청원서의 날짜는 11월 28일 자로 되어 있으며, 신한청년당의 공식기관지인 『신한청년(新韓靑年)』 중국문 창 간호는 당의 창당 일자가 1918년 11월 28일이라고 밝히고 있다.[8] 여운 형은 1918년 8월 "당시는 아직 내부조직도 만들 수 없었고, 1919년 1월 이 되어서야 비로소 내부간부도 갖추어져 조직이 정비되었다"고 진술 했다.[9] 여운홍 역시 청원서 제출을 위해 신한청년당이 벼락정당 · 급조 정당으로 만들어졌다고 회고했다.[10] 이를 종합한다면 여운형은 1918년 여름부터 장덕수, 김철, 선우혁, 한진교, 조동호 등과 긴밀한 연관을 맺 고 있었으며, 크레인 청원서 제출을 계기로 1918년 11월 28일 신한청년 당을 공식 조직한 것으로 판단된다. 여운형은 20세 이상 40세 이하의 사람을 입당시켰는데, 이는 터키청년당을 모방한 표면단체라고 했다. 상해주재 터키청년당의 일원인 아멜 베이(Armel Bey)에게 관련 사실을 들었고, 그 이전에도 터키 역사를 공부한 사실이 있었는데, 장덕수도 동일하게 알고 있었다고 했다.[11]

여운형의 진술에 따르면 1918년 11월 28일 창당 당시 신한청년당의 조직체계는 명확하게 성립되지 않았고, 1919년 1월에야 내부간부가 갖 추어져 조직이 정비되었다. 여운형이 크레인에게 쓴 청원서에는 자신 을 총무로 소개하고 있으며, 여운형이 총무 겸 대표로 당의 사무를 담 당하였다. 신한청년당의 명확한 조직체계는 『신한청년』 창간호(국문판) 에 드러나 있다.

---

8) 「本黨紀略」, 『新韓靑年』(중국문) 창간호, 1920.3.1, 77쪽.

9) 「공판조서」(1930.4.9. 경성지방법원 공개법정), 『몽양여운형전집』 1, 600~602쪽.

10) 여운홍, 『몽양여운형』, 청하각, 1967, 26쪽.

11) 「피의자신문조서(제5회)」(1929.8.5. 경성지방법원 검사국) 『몽양여운형전집』 1, 505~ 511쪽. 터키청년당에 대한 추가 정보는 현재 확인되지 않는다.

당헌(黨憲)

제1조 본당은 명명하야 신한청년당이라 함

제2조 본당은 인류의 문화를 증진하야 평등 자유 순결 급 박애의 眞體를 대
지에 실현하야써 인생의 天職을 遂完함으로써 宗旨를 삼음

제3조 본당은 덕행이 敦篤하고 특히 前條의 이상을 동경하는 20세 이상의
남녀로써 조직함

제4조 본당에 좌의 직원을 置함

총재 1인

이사 10인

총재와 이사는 총회에서 선거함

이사장은 이사 중 1인을 호선하야 이사회를 대표케 함

직원의 임기는 1개년으로 함

이사는 서기 급 사무원 약간인을 임용함을 득함

제5조 총재는 본당을 대표함

총재가 유고할 때는 이사장 이사가 그 직권을 대리함

이사는 당무를 분부집행함

제6조 매년 춘계에 총회를 개함

총재 급 이사 반수 이상이 일치할 시는 임시회를 개함을 득함

제7조 신입당원은 반다시 당원 2인 이상의 소개를 요하되 이사회에서 그 許
否를 결정함

제8조 본당의 정신에 위반되는 행동을 취히 한 당원은 이사회에서 차를 黜
黨함을 得함

제9조 본당헌은 당원 사분삼 이상의 열석과 열석 당원 사분삼 이상의 결의
로써 차를 개정함을 득함.[12]

여운형의 진술에 따른다면 신한청년당의 당헌과 조직체계는 간부진

---

12) 「신한청년당 당헌(新韓青年黨 黨憲)」, 『新韓青年』(국한문) 창간호, 1919.12.1, 132~
133쪽.

이 결정된 1919년 1월경에 확정된 것으로 보인다. 김규식의 파리파견과 여운형 등 핵심 당원들의 국내외 파견이 결정되는 1919년 2월 1일의 회의 이전에 조직체계가 완비되었을 것이다. 김규식이 이사장으로 추대되었고, 총재는 공석으로 두었다. 3·1운동의 국내 지도자였던 손병희를 총재에 추대하자는 의견이 있었지만 교섭에 이르지는 못했다.[13] 조직은 총재−이사장−이사−직원(서기·사무원)의 체계로 나타나 있다. 여운형은 일제 심문과정에서 이사장(김규식) 밑에 서무부(이사 서병호), 교제부(이사 여운형), 재무부(이사 김인전)를 두었다고 밝혔다.[14] 여운형은 크레인에게 청원서를 쓸 때는 임시적으로 총무직제를 설치했다가 곧 폐지했다고 했다.

신한청년당의 당헌에는 신한청년당의 이상을 동경하는 "20세 이상의 남녀"라고 되어 있고, 여운형은 일제 심문과정에서 '20세 이상 40세 이하'의 연령이었다고 했다. 당헌 제7조에는 "신입당원은 반다시 당원 2인 이상의 소개를 요하되 이사회에서 그 許否를 결정함"이라고 되어 있다. 현재 송헌주에게 발급된 신한청년당의 당원증이 남아있는데, 이에 따르면 송헌주는 김규식과 여운홍의 소개로 당원이 되었다.[15] 즉 기성 당원 2명의 추천으로 새로운 당원이 입당하는 것은 사실이었던 것으로 판단된다.

---

13) 「피의자신문조서(제2회)」(1929.8.1. 경성지방법원 검사국), 『몽양여운형전집』 1, 467~470쪽.

14) 「피고인신문조서(제2회)」(1930.2.27. 서대문형무소), 『몽양여운형전집』 1, 563쪽.

15) 송헌주의 외손자 김동국 소장. 최기영교수 제공. 송헌주에 대해서는 최기영, 「宋憲澍의 재미민족운동과 한인단체 연합활동」, 『한국독립운동사연구』 51, 2015를 참조.

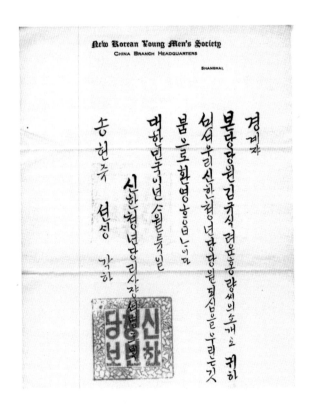

New Korean Young Men's Society

CHINA BRANCH HEADQUARTERS

SHANGHAI

경계자

본당당원 김규식 려운홍 량씨의 쇼개로 귀하쯰셔 우리 신한청년당 당원

되심을 우리는 깃붐으로 환영ᄒ옵ᄂ이다

대한민국이년ᄉ월륙일

신한청년당리사쟝 셔병호

송헌쥬 션싱 각하 (신한청년당보 인)

송헌주는 김규식의 로녹대학(Roanoke College) 후배로서 구미위원부 위원이 된 인물인데, 이미 1907년 헤이그평화회의에 한국대표단의 통역으로 유럽에 파견되었던 경력이 있다. 로녹대학 상업과·경영과·본과를 수료했으며, 로녹대학의 선배인 서병규처럼 프린스턴대학원을 다녔다. 영문 레터헤드(Letter Head)에 "신한청년당 중국지부 본부 상해"라는 표현이 있는 점, 송헌주가 구미위원부 위원이었던 점을 고려하면 1920년경 미주에 여러 명의 신한청년당 당원이 존재했으며, 나아가 미주지부 등 지역지부가 조직되었을 가능성이 있다.

1918년 8월 창당 논의가 시작될 무렵 신한청년당의 핵심은 여운형, 장덕수, 조동호, 김철, 선우혁, 한진교 등 6명으로 상해 프랑스조계 백이부로 25호에서 회합했고, 그 후 당원 14~15명을 모집했다고 한다. 여운형은 신한청년당 당원 총수가 약 30명 정도였다고 일제 심문과정에서 밝혔는데, 이는 이미 일제가 파악하고 있던 신한청년당원을 진술한 것으로 추정된다. 여운형이 기억하는 신한청년당원은 장덕수, 김철, 한진교, 이유필, 선우혁, 조동호, 김규식, 조상섭, 서병호, 김순애, 김인전, 신국권, 김갑수, 이광수, 임성업, 김병조, 손정도, 이원익, 도인권, 양헌 등이었다. 여운형은 입당권유는 주로 자신이 했고 그 외 약간은 서병호, 선우혁, 조동호 등이 권유했다고 밝혔다.[16]

여운형 권유 입당자 : 김규식, 서병호, 김순애, 신국권, 김갑수, 이광수
조동호 권유 입당자 : 임성업
선우혁 권유 입당자 : 양헌
권유자 미상 : 도인권, 이유필

---

16) 「피고인신문조서(제2회)」(1930.2.27. 서대문형무소), 『몽양여운형전집』 1, 563쪽.

1920년 1월 현재 신한청년당 이사장은 서병호로 되어 있는데, 서병호는 자신이 어느 날 갑자기 신한청년당 당수가 되었다는 취지의 증언을 남긴 바 있다. 서병호는 김규식의 처인 김순애의 언니 김구례와 결혼했으므로, 김규식과는 동서지간이었다. 또한 김규식, 언더우드의 아들과 함께 유아세례를 받은 한국 개신교의 첫 신도이기도 했다. 서병호는 경신학교를 졸업한 후 모교 학감을 지내다 1914년 금릉대학으로 유학을 떠났다. 나기호의 회고에 따르면 1918년 제1차 세계대전의 전황이 급박해지자 서병호와 함께 상해로 내려왔다고 되어 있고, 또 다른 증언에는 천진의 김규식과 서로 연락을 주고받다가 1919년 1월 김순애와 함께 남경에서 상해로 내려온 것으로 되어 있다. 서병호는 김규식과 밀접한 사이였지만, 1918년 이래 여운형과의 관계는 분명하지 않다.

신한청년당의 마지막 구성은 1925년 일제 정보자료에 등장하는데 이 시점에서 새 간부진은 이사장 김규식, 이사 여운형·박진·정광호·서병호·한진교(별명 韓松溪)·김철로 되어 있다.[17] 창당 시점부터 따지면 여운형, 김규식, 서병호, 한진교가 당의 핵심이었음을 알 수 있다. 여운형, 김규식, 정광호는 1922년 모스크바극동민족대회에 참가한 공통 경험을 지녔다.

현재까지 확인되는 자료에 따르면 신한청년당의 이사장은 1919년 초대 김규식, 1920년 서병호, 1925년 김규식으로 되어 있다. 여운형은 신한청년당을 조직한 핵심인물이지만, 이사장을 맡지 않았다는 점에서 이 정당의 주요 특징과 여운형의 활동 스타일이 드러난다. 신한청년당원 중 알려진 주요 인물들을 정리하면 다음과 같다.

---

[17] 「新韓青年黨의 부흥에 관한 건」(高警 제1479호, 1925.5.4. 조선총독부 경무국장), 대한민국임시정부자료집 편찬위원회, 『대한민국임시정부자료집』 32권, 국사편찬위원회, 2009.

[표] 신한청년당 당원 이력

이름	출생지 (이명)	출생년 (1919년 나이)	망명 시기	출신학교	종교	입당 전/후 활동	신한청년당 내 역할 (입당연도)	임정 내 역할
강규찬 姜奎燦	평남 평양 (金文淑)	1874(45)	—	한학	기독교	목사, 105인사건, 평양만세운동		—
김갑수 金甲洙	충남 서천	1894(25)	1915	남양대		여운형교류·축구선수·상해유학생회	(베를린 유학)	의정원의원
김 구 金 九	황해 해주	1876(43)	1919	한학	기독교	교육, 신민회	이사?(탈당)	경무국장
김규식 金奎植	경남 동래	1881(38)	1913	로녹대	기독교	선교, 교육, 동제사	이사장, 파리 파견	외무총장, 구미위원장
김병조 金秉祚	평북 용천	1877(42)	1919	평양신학	기독교	목사, 33인	(탈당)	의정원의원
김석황 金錫璜	황해 봉산	1894(25)	1919	와세다대		2·8독립선언	1920체포	의정원의원, 병인의용대
김순애 金順愛	황해 장연	1889(30)	1912	정신학교, 남경명덕학교	기독교	교육·김규식처	국내파견	대한애국부인회
김인전 金仁全	충남 서천	1876(43)	1910		기독교		이사(탈당)	의정원의원, 부의장
김 철 金 澈	전남 함평	1886(33)	1917	메이지대	기독교		이사, 국내파견, 자금모금	교통차장, 의원
나기호 羅基瑚	경기 가평	1895(24)	1917	금릉신학, 컬럼비아대	기독교		국내파견	적십자
도인권 都寅權	평남 평양	1879(40)	1919	무관학교	기독교	신민회	(탈당)	군무부군사국장, 비서장
류자명 柳子明	충북 충주	1894(25)	1919	수원농림		충주간이 농업학교	비서, 국내파견	(의열단)
민병덕 閔丙德				일본대		학우회웅변	창당	상해민단, 시사책진회
박은식 朴殷植	황해 황주	1859(60)	1910	한학	대종교	동제사	신한청년 주필	국무총리, 대통령
박 진 朴 震	전남 장흥	1897(22)	미상	상해YMCA, 윌리엄스대		재상해청년단	이사	의정원의원
백남규 白南圭	경북 대구	1888(21)	1919		기독교	노령·중국활동, 백남채의 동생		의정원의원
서병호 徐丙浩	황해 장연	1885(34)	1918	금릉대	기독교	교육, 김규식동서	이사, 국내파견	내무부 지방국장

이름	출신지	생년(나이)	연도	학교	종교	활동	비고	직위
선우혁 鮮于爀	평북 정주	1882(37)	1916	숭실중학, 금릉신학	기독교	교육, 신민회, 동제사	(1918), 국내파견	교통부차장
손정도 孫貞道	평남 강서	1872(47)	1919	숭실전문	기독교	목사	(탈당)	의정원의장
송병조 宋秉祚	평북 용천	1881(38)	1919	평양신학	기독교	목사, 1912유배형		재무부참사
송헌주 宋憲澍	경기 고양	1880(39)	1904	로녹대, 프린스턴대	기독교	하와이 한인상조회, 헤이그밀사통역	(1920)	구미위원부위원
신국권 申國權 (申基俊)	서울	1897(22)	미상	남양대, 오벌린대		1915상해한인유학생회/체육	(1918)	외무부외사국장
신창희 申昌熙	간도 연길	1877(42)	1921	세브란스의전	기독교	1921상해	(탈당)	
안정근 安定根	황해 신천	1885(34)	1910	양정의숙, 금릉대	가톨릭	1919길림독립선언	(1919),이사, (탈당)	내무부차장
양 헌 梁 憲 (梁濬明)	평북 선천	1876(43)	1919			신민회, 105인사건, 신성중학		안동교통사무국장
여운형 呂運亨	경기 양평	1886(33)	1914	금릉대	기독교	전도사, 교육	이사,만주·노령파견	외무부차장
여운홍 呂運弘	경기 양평	1891(28)	1919	우스터대	기독교		파리 파견	의정원의원
유경환 柳環煥	경남 산청	1891(28)	1919	주오대		일본유학생, 상해청년단 부단장		의정원의원
이광수 李光洙	평북 정주	1892(27)	1919	와세다대	기독교	교육, 동제사 1913·1918·1919	(1918),신한청년주필	의정원서기
이규서 李奎瑞	평북 의주	1887(32)	1919			교원	(탈당)(1932 밀정처단)	재무부참사, 의정원의원
이원익 李元益	평북 선천	1885(34)	1919		기독교	목사		국무원서무국장
이유필 李裕弼	평북 의주	1885(34)	1919	경성법학전문	기독교	신민회, 105인사건	(탈당)	내무부비서국장
임성업 林盛業 (金利寶)	평남 평원	1890(29)	1919			상해 임성공사, 상해고려상업회의소	국내파견	내무부, 특파원
임재호 任在鎬	경기 인천					은행원, 상해거류민단 간사		재무부참사, 의정원비서
장덕수 張德秀	황해 재령	1894(25)	1916	와세다대	기독교		(1918),일본 파견, 1919체포	—

장 붕 張 鵬	서울	1877(42)	1919		기독교	내부주사, 전도사	(탈당)	의정원의원
정광호 鄭光鎬	전남 광주	1895(24)	1919	메이지대		2·8독립선언	이사	교통부참사
정대호 鄭大鎬	평남 진남포	1884(35)	1916			안중근의거, 한인회하얼빈 지방총회		의정원의원
조동호 趙東祜	충북 옥천	1892(27)	1914	금릉대	기독교	동제사	(1918),이사	국무위원
조상섭 趙尙燮	평북 의주	1884(35)	1919		기독교	목사/지창공사	(탈당)	학무총장, 인성학교장
조용은 趙鏞殷	경기 양주	1887(32)	1913	메이지대	육성교	동제사, 박달학원, 대동단결선언	(파리외교 특파원)	국무원비서장, 의원
주요한 朱耀翰	평남 평양	1900(19)	1919	메이지중학, 상해滬江대		창조등단		『독립』편집
주현칙 朱賢則	평북 선천	1882(37)	1919	세브란스 의전	기독교	의사, 신민회, 105인사건		재무부참사
최 일 崔 一 (崔明植)	황해 안악	1880(39)	1919			신민회, 해서교육총회, 안악사건	(탈당)	시사책진회 (임정유지파)
한원창 韓元昌						함흥자유노조	창당	
한진교 韓鎭敎	평남 중화	1887(32)	1911	양정의숙, 금릉대	기독교	해송양행, 동제사	이사	의정원의원

*출전: 신용하,「신한청년당의 독립운동」; 김희곤,「신한청년당의 결성과 활동」, 154쪽; 李延馥,
「대한민국 임시 정부의 성장과정」하,『경희사학』3, 1970, 103~108쪽; 류자명,『나의 회억』,
료녕민족출판사, 1985; 나기호,『비바람 몰아쳐도』, 양서각, 1982; 몽양여운형선생전집발간
위원회 편,『몽양여운형전집』1, 한울, 1991; 崔明植,『安岳事件과 三一運動과 나』, 서울문
예사, 1970; 국가보훈처 공훈전자사료관『독립유공자공훈록』

· 1918년 8월경 : 여운형, 장덕수, 조동호, 김철, 선우혁, 한진교 등 6명
· 1918년 11월 크레인 면담 전후 : 여운형, 장덕수, 조동호, 신국권, (신석우)
· 1919년 2월 1일 : 여운형, 김규식, 장덕수, 이광수, 선우혁, 김철, 서병호,
  김순애

1919년 이전 신한청년당은 여운형을 중심으로 한 중국·일본유학 경

험이 있는 엘리트 출신들이 중심을 이루었는데, 크게 4단계의 결합과정을 거쳐 정당으로 정립된 것으로 판단된다. 첫째 여운형을 중심으로 한 중국 유학생그룹이다. 여운형, 조동호, 김철, 선우혁, 한진교 등은 1914년 전후 중국에 유학한 후 상해에 생활근거를 마련하고 활동 중이었다. 여운형은 기성의 재중국 독립운동 그룹과 직접적으로 연계되지 않았지만, 조동호 · 선우혁 · 한진교 등은 동제사 회원으로 연계를 가지고 있었다.[18] 둘째 그룹은 장덕수, 이광수 등 일본 유학생그룹으로 일본 유학 후 1914~1918년 사이 중국의 독립운동 · 중국혁명운동에 관련된 인물들이었다. 후술하듯이 장덕수와 이광수는 모두 동제사와 연관을 맺고 있었으며, 한중 연대에 관심을 갖고 있었다. 셋째 그룹은 1919년 김규식의 파리 파견을 계기로 합류한 서병호, 김순애 등 김규식과 개인적으로 밀착된 인물들이었다. 이들의 리더인 김규식은 1914년 망명 이후 동제사 그룹의 핵심적 역할을 담당하고 있었고, 서병호와 김순애는 중국유학생 출신이었다. 첫째 · 둘째 · 셋째 그룹이 3 · 1운동 이전 신한청년당의 핵심이었는데, 중국유학생 출신을 중심으로 여운형의 측근과 김규식의 측근들이 결합한 형태였다. 넷째 그룹은 1919년 3 · 1운동 이후에 가담한 사람들로 출신과 배경이 다양한 인적 자원들이었다.

---

[18] 장건상 외, 『사실의 전부를 기술한다』, 희망출판사, 1966, 413쪽. 장건상은 1916년 가을 동제사에서 김규식과 한진산(한흥교)를 만났고, 김원봉의 상해행 길안내도 담당했다. 면담 이정식, 편집해설 김학준, 수정증보 김용호, 『혁명가들의 항일회상』, 민음사, 2006, 200~201쪽.

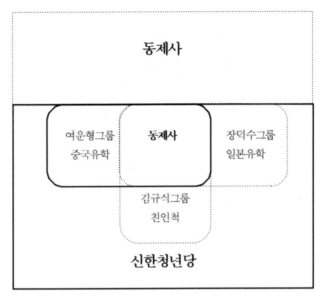

[그림] 신한청년당의 구성집단·동제사와의 관계

1918년 8월 이래 여운형, 장덕수, 김철, 선우혁, 한진교, 조동호 등 6명이 핵심 그룹이 되어 1918년 11월 창당한 후 15명 정도가 더 가담해 20여 명으로 증가했고, 1919년 1월경에 조직체계가 정비된 것이다. 선행연구에 따르면 신한청년당은 소수정예주의의 조직원칙을 고수했기에 초기 당원수는 최소 50명가량으로 신용하는 그중 31명, 김희곤은 36명의 이름을 거론하고 있다.

김희곤의 분석에 따르면 신한청년당은 지역적으로는 평안·황해·경기지역 출신이 다수를 점했으며, 연령별로는 20~40대가 다수이며 40대 이상도 5명이 포함된 전반적으로 소장층 중심이었으며, 중국 망명시기는 1919년 3·1운동 이전이 12명·이후가 5명이었고, 학력별로는 대부분 고등교육을 받아 중국유학생 4명, 일본유학생 3명, 미국유학생 1명

등이 포함되었으며, 종교별로는 확인되는 대부분이 기독교도로 목사 4명(손정도·조상섭·송병조·김병조), 전도사 2명(여운형·장붕)이 포함되어 있었다.[19] 신용하는 이들이 신민회 회원과 그 계열로, 대부분이 기독교도들이며, 완강하고 헌신적인 민족주의자이자 공화주의자들이었다고 평가했다.[20]

2) 당의 강령과 이념적 지향

신한청년당의 당령에는 한국의 독립완성, 건전한 국민사상의 기초 확정·사회제도개량, 세계대동주의 실현 등의 3항이 제시되었는데, 『독립신문』은 신한청년당 제1회 정기총회(1920.2.2~4)를 통해 공표된 당의 강령이 (1) 대한독립, (2) 사회개조, (3) 세계대동이라고 보도했다.[21]

> 당강(黨綱)
> 1. 대한민국 독립의 완성을 기도함
> 1. 내외 급 신구 사상을 取捨融合하야 건전한 국민사상의 기초를 확정하며 학술과 기예를 장려하야 세계의 문화에 공헌하며 아울너 사회 각항제도를 개량하야써 세계의 대세에 순응케 함.
> 1. 세계 대동주의의 실현에 노력함.[22]

첫째 대한독립의 완성이라는 강령에 대해서는 의문의 여지가 없다. 구체적인 방략에 대해서는 차이가 있겠지만, 독립 완성을 추구한다는

---

19) 김희곤, 『중국관내 한국독립운동단체연구』, 지식산업사, 1995, 81~83쪽.
20) 신용하, 「신한청년당의 독립운동」, 104쪽.
21) 「신한청년당총회」, 『독립신문』 1920.2.5; 신용하, 위의 글, 102쪽.
22) 「新韓青年黨 黨憲」, 『新韓青年』 창간호, 1919.12.1, 132~133쪽.

점이 제1의 강령인 것이다.

둘째 사회개조와 셋째 세계대동이라는 강령에 대해서는 다양한 해석
이 가능하다. 신용하는 신한청년당의 이념을 민족주의, 민주주의, 공화
주의, 사회개혁주의, 국제평화주의로 요약했다.[23] 사회개조는 국내외
신구사상을 취사선택하여 모든 측면의 사회제도를 개혁하는 것이며,
세계대동은 박은식의 주장과 같이 국가 간의 강권주의와 제국주의를
폐기하고 모든 인류가 대동과 평화와 협조를 실현하자는 의미라고 해
석했다.[24] 김희곤은 사회개조에 대해 여운형의 일본 제국호텔 연설
(1919.12.27)을 인용해, "약소민족의 해방, 부인의 해방, 노동자의 해방
등 세계 개조"가 세계적인 운동으로 "신의 命에 의하여 세계를 개척하
고 또한 '개조'하여 평화적인 천지를 형성"하자는 것으로 파악했다.[25]
세계대동에 대해서는 박은식과 조소앙의 대동사상에 기초를 둔 것으로
추정했다. 동양의 전통적인 가족제도, 사유재산제, 남녀차별, 직업상의
귀천, 계급제도와 인종차별, 국가 간의 불평등 등을 모두 배격하여 완
전평등의 이상세계를 이룩하자는 것이라고 보았다.[26] 박은식은 『신한
청년』의 주필로 창간사를 쓴 바 있으니, 합리적 추론이다. 또한 『신한
청년』 창간호에 실린 「본당기사 신한청년당 취지서(本黨記事 新韓靑年
黨 取旨書)」는 신한청년당의 목적이 독립의 완성, 국토와 자유의 완전
회복이라며, 이를 위해서 가장 필요한 것이 민족의 개조와 실력의 양성
이라고 주장하고 있다. "정신적으로 민족을 개조하는 동시에 학술과 산
업으로 우리 민족의 실력을 충실"케 하자는 취지서는 한말을 풍미했던

23) 신용하, 「신한청년당의 독립운동」, 138쪽.
24) 신용하, 『박은식의 사회사상연구』, 서울대출판부, 1982; 신용하, 위의 글, 102쪽.
25) 김희곤, 『중국관내 한국독립운동단체연구』, 84쪽.
26) 홍선희, 『조소앙의 삼균주의 연구』, 한길사, 1982, 39쪽; 김희곤, 위의 책, 84쪽.

사회진화론의 연장선상에 놓여 있는 것으로 생각된다.[27] 그런데 사회
개조와 세계대동은 박은식 등의 한국적 대동사상뿐만 아니라 당시 세
계개조의 이념적 동력이던 사회주의·공산주의도 포함하는 것으로 생
각된다.

최근 신한청년당의 기관지『신한청년』제2권 제1호(통권 2호)를 '발
견'했다.[28] 후술하듯이『신한청년』은 현재 모두 3개 호수가 남아있는
데,『신한청년』제2권 제1호(국한문, 1920.2)에는 신한청년당의 지향을
보여주는 다양한 '신사상' 관련 자료들이 수록되어 있다.

첫 기사에서 눈에 띄는 것은 독립운동의 유일한 방법을 독립전쟁으
로 지목하고 있는 사실이다. 이를 위해 "국민아 너는 한번 동원령이 나
릴 쌔에 집을 바리고 네 사랑하는 처자를 바리고 독립군으로 나서기를
결심"하라고 쓰고 있다.[29] 파리강화회의 대표파견이라는 외교노선과
전국적 만세시위운동을 경험하면서 독립전쟁이 독립운동의 최후 수단
으로 합의된 것임을 알 수 있다.[30]

『신한청년』제2권 제1호에서 가장 주목되는 것은 이 잡지 및 신한청
년당의 사상·이념적 지향을 보여주는 기사들이다. 여기에서 2가지 경
향성이 드러나 있다. 그것은 파리강화회의·국제연맹·윌슨에 대한 기
대를 한편으로 하고 사회주의·공산주의 등 새로운 사상에 대한 소개
와 기대를 다른 한편으로 하는 경향이다.

국제연맹과 윌슨에 대한 기사는 각각 2건과 1건이 수록되었다.[31] 국

---

27)「本黨記事 新韓青年黨 取旨書」,『新韓青年』창간호, 1919.12.1, 131~132쪽.

28)『신한청년』제2권 제1호는 이미 1986년 신용하 교수의 논문에 소개·인용된 바 있
다. 학계의 무관심과 무지로 인해 역사학계에서는 지금까지 그 존재가 널리 알려
지지 않았다. 국문학계에서는『신한청년』제2호를 인용한 연구 성과가 있다.

29)「새 決心」,『新韓青年』제2권 제1호, 1920.2, 2쪽.

30) 이는 1919년 말 임정에서 시정방침을 논의하고 1920년을 독립전쟁 원년으로 선언
한 것과 관련이 있을 수 있겠다(『한국독립운동사연구』심사위원의 의견).

제연맹의 평화적 분쟁해결, 국제연맹 규약, 윌슨의 14개조를 소개한 것
이다. 반면 러시아혁명 이후의 '과격파'의 사상, 즉 사회주의·공산주의
를 소개하는 기사는 5건이 소개되었다.

- 大載, 「革命의 産兒」 40~41쪽 (독일 사회민주당의 혁명가 카르 립크네히트
  (빌헬름 립크네히트 Wilhelm Liebknecht) 소개)
- 松蕚, 「過激派의 眞相」 42~46쪽 ('오해받은' '자본가의 원수' 러시아의 레닌,
  소비에트 등을 소개)
- 鷲尾正五郎, 「革命의 心理哲學」 47~54쪽 ("금차 대전의 수확을 운하면 타
  에 아모 것 업다. 다못 로서아의 혁명이 잇슬 뿐이라"며 러시아혁명을 찬
  양)
- 「英國勞働黨의 綱領과 目的」 55~59쪽 (영국 노동당 당수 아더 헨더슨의
  '노동운동의 목적' 1917년판의 3장 번역)
- 「産業改造問題」 60쪽 (사회주의를 의미하는 集産主義, 생디칼리즘 등을
  소개)

　독일, 러시아, 영국의 정당(사회민주당, 볼셰비키, 노동당), 혁명, 사
회주의, 생디칼리즘 등 다양한 주제를 다루었지만, 그 핵심은 러시아혁
명으로 대표되는 사회주의 등 새로운 사조에 대한 관심과 기대였다.
　지면의 배분은 국제연맹·윌슨에 대해 13쪽(27~39쪽), 사회주의·공
산주의 등에 대해서는 23쪽(40~62쪽)이 할애되었다. 바로 이 뒤에 주필
이광수의 기명기사(「言語 : 국어보급, 보존의 필요와 방법 (청년단 강연
회 필기)」)가 붙어 있다.
　이러한 지면 구성으로 보건대 『신한청년』 혹은 신한청년당에서 의미

---

31) 夜雲述, 「國際聯盟槪觀」; 「國際聯盟規約全文」; 「威逸遜의 十四個條」, 『新韓靑年』
　제2권 제1호, 1920.2, 27~40쪽.

하는 사회개조, 세계대동에는 '신사상' 즉 사회주의·공산주의적 지향이 강하게 나타나 있다. 신용하·김희곤의 지적처럼 '대동사상'은 전통적 사상이자 『신한청년』의 주필인 박은식의 영향을 받은 측면이 있겠지만, 적어도 『신한청년』 지면상으로 나타난 세계대세는 '국제연맹의 외교노선'과 '러시아혁명 이후의 사회주의·공산주의적 지향'이라는 2가지 노선, 그중에서도 후자에 대한 관심과 강조가 있었다고 판단된다.

특히 여운형을 중심으로 한 신한청년당 당원들은 고려공산당(이르쿠츠크파)에 가담하게 됨으로써 신한청년당 내부에서 갈등을 빚게 되었다. 1921~22년간 워싱턴에서는 승전국의 군축회의(워싱턴회의), 모스크바에서는 극동민족들의 극동민족대회(모스크바회의)가 개최되었는데, 이유필, 조상섭, 김병조, 손정도 등은 워싱턴회의 참가를 주장한 반면 여운형·김규식은 극동민족대회 참가를 주장했고, 자신들의 견해가 받아들여지지 않자 신한청년당을 탈당했다.[32] 그렇지만 일제 심문과정에서 나온 여운형의 이 진술은 사실과 거리가 있다. 왜냐하면 조상섭, 김병조, 손정도는 상해의 '조선예수교대표회'의 일원으로 현순을 극동민족대회에 파견한다는 위임장에 서명했기 때문이다.[33] 신한청년당 당원으로 이 대회에 참석한 사람은 여운형(고려공산당 대표), 정광호(화동한국학생연합회 대표), 김규식(신한청년당 대표) 등 3명인데, 이들은 모두 고려공산당 중앙위원회 김만겸의 추천을 받았거나 고려공산당 후보 당원으로 되어 있었다.[34] 일제의 정보기록에 따르면 이 대립의 결과 당

---

32) 「피고인신문조서(제2회)」(1930.2.27. 서대문형무소), 『몽양여운형전집』 1, 567쪽.

33) 한규무, 「극동인민대표회의에 참가한 '조선예수교대표회' 현순의 '위임장'과 그가 작성한 '조사표'」, 『한국근현대사연구』 제30집, 2004, 206쪽. 서명자는 김병조, 조상섭, 손정도, 김인전, 송병조, 현순이다.

34) 임경석, 「극동민족대회와 조선대표단」, 『역사와현실』 32, 1999, 38~46쪽; 한규무, 위의 글, 206쪽.

내 분열로 임시정부 측에 속하는 김구·장붕·이유필·김인전·도인
권·최일·안정근·이규서·신창희 등이 탈당했다고 되어 있다.[35]

　1918~1920년 시기 동안 상해의 신한청년당 당원들이 정확하게 사회
주의·공산주의를 어떻게 해석하고 수용했는지는 추가 분석이 필요하
다. 다만 이들이 제1차 세계대전 이후 세계를 뒤흔든 파리강화회의와
국제연맹에 대한 외교적 기대를 한편으로 하고 러시아혁명으로 대표되
는 사회주의·공산주의에 대한 새로운 기대를 품고 있었던 점은 분명
한 사실이다. 그 기대가 어떤 방향과 방법으로 실현되고 확장되는가 하
는 점은 다른 차원의 문제였다. 여운형·김규식·현순·최창식 등 3·1
운동기 외교독립노선의 핵심 주창자이자 친미·기독교 인사들은 1921~
22년 모스크바 극동민족대회에 참가함으로써 새로운 사상적 전환의 시
대가 도래했음을 공표했다.

3. 여운형의 청원서 제출과 김규식의 파리행

1) 여운형의 구심력과 크레인 청원서

　신한청년당을 조직한 여운형은 당 창립과 관련해 일제 심문과정에서
몇 가지 단서를 남겼다. 그중 가장 주목되는 것은 여운형이 종래 상해
내 한인 독립운동 지도부에 대해 밝힌 소회이다.

　마침 그때 [1914년] 유럽대전쟁이 발발해 세계적 대동란의 징조가 나타났
기 때문에, 나는 이때를 이용해 조선을 독립시켜 동포를 구하기 위해, 조선

---

35) 國會圖書館, 『韓國民族運動史料』 3·1운동편 3, 1979, 290쪽.

의 독립운동 관계로 상해에 망명해 온 신규식, 조성환, 이승만, 서재필, 이동녕, 이시영 등의 의견을 들어보았지만 그들의 운동방법이 너무 봉건적, 지방적, 당파적, 임시적이었기 때문에 나는 수수방관의 태도를 취했다. 그 후 시기의 도래를 기다리던 중에 장덕수가 1917년 여름 동경에서 상해로 건너왔기에 나는 다시 그와 의견을 교환해 보았던 바, 그는 조선의 독립은 지금과 같은 상태에서는 실력이 따르지 못하므로 하루아침, 하루 저녁의 과업으로는 불가능하니, 먼저 조선의 독립을 목적으로 하는 단체를 조직하여 조선민족 전체의 통일을 꾀하고, 조선민족 일동이 협심 진력하여 천천히 실력을 양성해 그 위에 조선민족 일동 전선적으로 떨쳐 일어나 당당히 조선독립을 향해 매진하는 것 외에 다른 방법은 없다고 했다. 이는 내 생각과 거의 합치했으므로 장덕수와 제휴하여 김철, 선우혁, 한진교, 조동호 등과 협력해서 신한청년당을 조직하게 되었다 (강조 인용자).[36]

즉 여운형은 신규식·조성환 등의 운동방법이 봉건적·지방적·당파적·임시적이어서 수수방관의 태도를 취했다고 한 것이다.[37] 여운형은 일제 심문과정에서 신규식에 대해서 몇 차례 언급했는데, 1917년 8월 상해거주 한국인들이 조선사회당 명의로 스톡홀름에서 개최된 만국사회당 대회에 조선독립을 요청한 일이 있는데, 대부분의 일을 신규식 등이 했으며,[38] 3·1운동기에는 항주에 병간호를 하러갔다가 그 후에 상해로 돌아왔다고 진술했다.[39]

---

36) 「피고인신문조서(제2회)」(1930.2.27. 서대문형무소), 『몽양여운형전집』 1, 566~567쪽.
37) 여기에서의 인물평가는 3·1운동 이후 접촉경험을 반영한 것으로 보인다. 이승만은 1920년에야 상해에 도착했고, 서재필은 상해에 온 적이 없으므로 1919년 이전의 상황에 대한 진술로는 생각할 수 없다. 이동녕·이시영도 3·1운동 이후에야 상해에 왔다.
38) 「피의자신문조서(제5회)」(1929.8.5. 경성지방법원 검사국), 『몽양여운형전집』 1, 505~511쪽.
39) 「피의자신문조서(제5회)」(1929.8.5. 경성지방법원 검사국), 『몽양여운형전집』 1, 511~512쪽.

아마도 1917년 7월 대동단결선언, 8월 만국사회당 대회 독립청원서 제출을 전후한 시점에서 신규식 중심의 동제사 조직, 즉 동제회, 동주회, 공제회, 혁명당, 체화동락회 등으로 불리던 조직활동은 소강상태에 빠졌을 것으로 추정된다. 신규식이 상해를 떠나 남경으로 몸을 피했다는 오정수의 회고와[40] 1917년 봄 금릉대학 영문과를 중퇴하고 상해로 내려온 여운형은 상해 한인사회의 중견인물이었으나 동제사 회원 명단에 오르지 않는 상황 등이 이를 뒷받침한다.[41]

여운형은 분명 동제사, 동제회, 공진회, 체화동락회, 대동회, 혁명단 등으로 알려진 상해 내 기성 한인 독립운동 세력의 존재와 활동을 인지하고 있었지만, '수수방관'하며 직접적 관련을 맺지 않았던 것이다. 반면 그와 긴밀한 관계를 맺고 있던 조동호, 선우혁 등은 동제사의 회원으로 활동했으며, 장덕수도 신규식과 밀접한 관계를 맺고 있었던 것이 분명하다. 즉 여운형 개인은 동제사 회원이 아니었을 가능성이 높지만, 그와 긴밀한 관련을 맺고 있던 조동호, 선우혁, 장덕수 등을 통해서 동제사 그룹과 간접적인 연계 및 상호 유대관계를 맺고 있었던 것이다. 여운형을 중심으로 한 이러한 새로운 소장파 토론그룹 혹은 소규모 모임이 제1차 세계대전 종전과 미국 대통령 특사 크레인의 상해 방문을 계기로 정당조직으로 확대되었고, 김규식의 파리강화회의 파견을 뒷받침하기 위한 논의과정에서 독립운동 정당으로 확대·재편되었다고 판단된다.

---

[40] 고춘섭 편저, 『정상을 향하여, 秋空 吳禎洙 立志傳』, 샘터, 1984, 67쪽. 오정수는 1917년 7월 16일 상해를 거쳐 미국 유학길에 올랐다. 그에 따르면 신규식이 상해에서 유지하던 '한인합숙소'는 1917년 5월경 신규식이 남경으로 몸을 피하자 자연히 해산하게 되었다.

[41] 민필호, 「대한민국임시정부와 나」, 김준엽편, 『石麟閔弼鎬傳』 나남출판, 1995, 70~71쪽; 민필호, 「睨觀 申圭植先生傳記」, 『石麟閔弼鎬傳』, 302쪽.

그렇다면 여운형은 어떻게 상해에서 신한청년당이라는 새로운 정당을 결성할 수 있었는가? 여기에는 아마도 다음과 같은 몇 가지 배경·이유가 있었을 것이다.

첫째 여운형의 활발한 '청년'구제 활동이었다. 1917년 상해로 내려온 여운형은 곧바로 상해 한인사회의 중심인물로 부각되었다. 그는 조지 피치(George Fitch) 목사가 운영하는 기독교 협화서국(Mission Book Company)에서 일하는 한편, 한인교회와 교민단에서 열심히 활동했다. 영어와 중국어에 능통한 여운형은 특히 상해를 거쳐 구미로 유학하려는 학생들에게 다양한 도움을 제공했다.

여운형은 1917년 7월부터 1918년 3월까지 30명을 도미시켜 주었고, 그 이후는 미국의 세계대전 참가로 여권이 필요하게 되어 도항이 금지되었지만 파리평화회의까지 40명의 도항을 도와주었다고 밝힌 바 있다.42) 여운형은 주로 미국에 있는 사람을 위한 결혼 도항, 즉 사진신부를 도와주었다고 진술했다. 1918년 이전에는 여권 없이 미국 이민국의 양해를 얻어 미국에 사는 남자를 여자의 오빠로 해서 도항시키는데, 진단서와 동일인이라는 것을 해명해서 승선시키면 미국 쪽에 도착하여 진단서만 제출하면 상륙할 수 있도록 했다는 것이다. 이때 도항하려는 사람들은 누구나 중국에 귀화하는 형식을 취해 중국인으로 도항했다고 술회했다.

1916년 8월 상해에 와서 거의 10개월 만에 도미에 성공한 송철의 경우, 여운형과 피치 목사의 주선으로 미국에 도항할 수 있었다.43) 1917년 7월 도항한 오정수도 자신의 배표 마련과 위생검사 등에 여운형의 적

---

42) 「피의자신문조서(제5회)」(1929.8.5. 경성지방법원 검사국), 『몽양여운형전집』 1, 506~507쪽.

43) 이상수, 『송철회고록』, 키스프린팅, 1985, 54~55쪽.

극적 도움이 있었다고 기억했다. 그에게 승선을 위한 눈병치료비를 제
공한 사람은 여운형의 교회에서 만난 해송양행 주인 한송계(한진교)였
다.[44] 두 사람 모두 상해 한인사회의 중심이자 신한청년당의 핵심이었
다.

둘째 목회 활동과 교민회 활동이었다. 여운형은 1917년 상해에 도착
한 이후 한인교회의 전도사로 활동하는 한편 교민 상호부조에 열심이
었다. 오정수는 "여운형은 영국조계의 미국 선교회 서점에 근무하면서
자신이 설립한 예배당을 근거지로 한인망명객을 지도하며 도미수속을
기꺼이 협조해 주는 영어에 능통한 사람"으로 묘사했다.[45] 1919년 프랑
스를 거쳐 미국에 유학한 나기호는 1917년 상해로 건너가는 배안에서
여운형의 부인과 돌 지난 아들 봉구를 돌봐준 인연으로 여운형 부인 진
상하와 의남매를 맺었고, 여운형도 그를 처남으로 대해 주었다.[46] 경신
학교 졸업생으로 경신학교 교감이었던 서병호의 주선으로 중국 금릉신
학교에 입학했던 나기호는 1918년 9월초 상해에 이르러 신한청년당에
입당했으며, 1919년 8월경 안창호의 밀명을 받고 중국·만주·국내에
잠입해 임무를 수행한 바 있다.[47]

1918년 가을 여운형은 상해고려교민회를 창립하고 회장에 신석우, 총
무에 여운형이 선출되어 교민 조직사업을 수행했다. 약 100여 명이 가
입한 이 고려교민회에서 청년들은 『우리들 소식』이라는 선전잡지를 발
행했는데, 이는 "신한청년당의 자매단체로서 활동의 직접적 토대"가 된
것이다.[48]

44) 고춘섭, 『정상을 향하여』, 68~71쪽.

45) 위의 책, 68쪽.

46) 나기호, 『비바람 몰아쳐도』, 양서각, 1982, 68~69쪽.

47) 위의 책, 75쪽.

48) 「피의자신문조서(제5회)」(1929.8.5. 경성지방법원 검사국), 『몽양여운형전집』 1, 509~

셋째 이런 일상적 활동에 더해 1918년 여름부터는 본격적으로 제1차 세계대전의 종전과 그 후 대책을 모색하기 시작했다고 판단된다. 그 출발점은 1918년 5월 장덕수의 상해행이다. 장덕수는 재일본 신아동맹당(新亞同盟黨)의 중심인물이었는데, 강덕상은 이를 동제회의 자매단체 신아동제회의 일본지부로 해석했다. 장덕수가 상해로 건너온 후 여운형 - 장덕수동맹이 성립되었고, 신한청년당의 핵심 8명이 회합하게 되었으며, 이들이 신한청년당을 조직하게 되었다고 보았다.[49] 8명은 여운형, 장덕수, 조동호, 김철, 선우혁, 한진교, 김규식, 서병호였다.[50] 여운형의 진술에서 여러 차례 등장하는 것처럼 1918년 여름부터 유럽의 전세가 독일에게 불리해지고 곧 전쟁이 끝날 것이라 판단한 여운형은 조동호, 장덕수, 신석우, 선우혁, 김철 등과 함께 종전 이후 활동을 정기적으로 논의했다.

여운형은 카리스마를 지닌 지도자이자 사범(師範)적 존재였고, 장덕수는 치밀하고 계획적으로 사범을 보좌하는 일본통의 참모적 존재로, 이들 주위에 모인 청년그룹은 신규식·조성환·박은식 등 신민회·동제사 계열의 인사들과는 일처리 방식이나 인간관계에서 성격이 달랐다는 것이다. 즉 신한청년당의 설립은 상해 독립운동의 세대교체 내지는 재편을 의미하는 것으로, 여운형은 신규식 등 선배들의 사상과 행동을 이어받았으면서도 또한 그것을 능가하는 지도력을 지닌 핵심인물이 된 것이다.[51]

510쪽; 신용하, 「신한청년당의 독립운동」, 100~101쪽.

[49] 강덕상, 『여운형평전I』, 120~161쪽.

[50] 김희곤, 『중국관내 한국독립운동단체연구』, 19쪽. 독립신문은 "(1919년) 2월 1일에 新韓靑年黨 呂運亨·金奎植·金澈·鮮于爀·韓鎭敎·張德秀·申錫雨·徐丙浩 諸君이 上海에 會集하엿다"며 총 8인을 거론했다. 『독립신문』 1919.8.26.

[51] 강덕상, 『여운형평전I』, 143쪽.

Shanghai, Nov. 29th. 1918.

Mr. C. R. Crane,

Dear Sir:-

Your coming to China we wellcomed with all the warmth of our hearts. We want to pay our homage to your noble character and statesmanship. We propose for your being a personal friend of President Wilson, who is the greatest upholder of the Justice and Liberty in the world ,and also for your occupying a high position in your government, which is so closely related with Asia . So we welcomed you with heart and soul.

Asia, as you know, is the place, where innumerable wrongs, both political and economical, have been done for many years, and they are , we regret to say, still left unredressed and remained a great mystery. There are , therefore ,many things to be righted and settled. Pray give an ear ,Mr. Crane, to the appeals of the Asians, especiall of us Koreans ,who have been, and still are , under a terribly oppressed rule and yet nearly forgotten and unobserved by the world. Thereby please be kind enough to convey this condition ,as described in the accompanying papers , to President Wilson and your fellow citizens .

It is a great regret to us that, on account of your being too busy, we could not personally receive you. We can do no better at present than to wish you a pleasant and safe journey to your country and a great success in your future.

Very respectfully ,yours,

The New Korean Young Men's Association
in China.

Secretary,

W.H. Lyuh

[그림] 여운형이 크레인에게 보낸 편지(1918.11.29)

한편 신한청년당의 이사장을 맡게 되는 서병호는 1914년 9월 남경 금릉대학을 다니며 동서이자 친구인 김규식과 연락을 주고받았다. 1918년 독일의 패전으로 강화회의가 열리게 되자, 김규식이 여권문제 등을 논하고 중국에 와서 중국 국적을 가지고 있던 자기들은 중국인 행세를 하고 파리에 갈 수 있을 것이 아닌가 하는 말을 하였다고 회고했다. 1919년 여름 졸업 예정이었던 서병호는 공부를 젖혀놓고 연일 김규식과 편지

로 연락하였다.52)

　이처럼 여운형을 중심으로 상해지역 한인 청년들의 사전 모임·준비와 독립에 대한 기대감이 고조되어 가는 가운데, 1918년 11월 11일 제1차 세계대전 종전 소식과 강화회의 개최 소식이 전해졌고, 곧이어 미국 대통령의 특사 찰스 크레인(Charles Crane)의 상해방문이 이뤄졌다. 여운형은 11월 28일 상해 칼톤 카페에서 크레인을 만난 후 장덕수와 협의해 윌슨 대통령에게 보내는 청원서를 작성했으며, 크레인에게 편지 및 청원서를 전달했다. 크레인은 여운형의 편지와 청원서를 가지고 미국으로 귀환했으며, 이는 현재 컬럼비아대학 크레인가족문서철에 소장되어 있다. 기회를 포착한 여운형과 신한청년당 준비그룹은 크레인을 만나 신한청년당 명의의 독립청원서를 전달하는 한편 동일한 청원서를 상해의 언론인 밀러드(Millard)에게 전달한 후, 김규식을 신한청년당의 대표로 파리에 파견했다. 이처럼 신한청년당은 한국 독립을 호소하는 청원서를 세 갈래 통로로 파리강화회의에 전달한 것이다. 신한청년당이 파리강화회의에 독립청원서를 제출하며, 그 대표가 파리강화회의에 파견되었다는 점은 3·1운동기 한국인들이 의지할 수 있는 독립운동의 근거와 정당성이 되었다. 뒤이어 신한청년당 핵심당원들은 국내·일본·만주·노령에서 김규식의 파리강화회의 파견을 후원하기 위한 선전·모금활동을 열렬히 펼침으로써 국내외에서 2·8운동과 3·1운동이 폭발할 수 있는 기폭제를 제공했다.53) 『독립신문』은 여운형이 크레인에게 보낸 청원서가 한국독립운동의 첫 '발단'이었다고 평가했다.54)

---

52) 이정식, 『김규식의 생애』, 신구문화사, 1974, 51쪽. 경신학교 학감이던 서병호가 대학 졸업장이 없다는 이유로 1913년 학생들의 배척 맹휴를 당한 끝에 1914년 중국 남경 금릉대학으로 유학을 떠났다. 나기호, 『비바람 몰아쳐도』, 50쪽.
53) 정병준, 「3·1운동의 기폭제─여운형이 크레인에게 보낸 편지 및 청원서」, 『역사비평』 여름호, 2017.

2) 김규식의 파리강화회의 파견

김규식의 자필 이력서는 당시의 행적을 이렇게 설명하고 있다.

1918년 11월 강화가 성립되었을 때, 파리로 가기로 결정했으며 평화회의
에서 세계 앞에서 한국의 실정을 최소한 호소하거나 폭로하기로 결정했다.
(중략) 천진에서 출발해 남경으로 가서 [1919년] 1월 19일 [김순애와] 결혼했
으며 (중략) 즉시 상해로 가서 파리행 여행을 준비했다. (중략)
1919년 2월 1일 프랑스 우편선 포르토스(Porthos)를 타고 파리를 향해 상
해를 떠났으며 3월 13일에 도착했다. 한국에서 3 · 1운동이 실행되고 있었음
에도 불구하고, 전쟁 직후 통신 및 연락두절로 인해 그동안 4월 2일까지 파
리에 어떤 뉴스도 알려지지 않았다(강조 및 [ ]는 필자).[55]

여운형이 중심이 된 신한청년당 그룹이 천진에 체류 중이던 김규식
을 상해로 초청했고, 선표와 여비를 마련해 그를 파리로 파견했다는 사
실은 잘 알려져 있다. 기회를 잘 포착해 한국독립운동의 결정적 계기를
여는데 있어서 여운형과 신한청년당 그룹의 추진력과 돌파력이 중요한
역할을 한 것이다.
신한청년당이 매우 급박하게 진행한 파리강화회의 대표파견은 제1차
세계대전 시기 한국독립운동진영이 시도한 기회포착적 대응 가운데 가장
신속하고, 가장 파급력이 큰 것이었다. 파리강화회의 대표파견은 상해
신한청년당과 미주 대한인국민회에 의해 시도되었다. 미주 대한인국민
회는 이승만 · 정한경을 파리강화회의에 대표로 파견하려 시도했으며,
이 소식이 일본 동경의 2 · 8독립선언과 서울의 3 · 1만세운동에 영향을

---

54) 「한국독립운동사(1)」, 『독립신문』 1919.8.26.
55) 「김규식의 영문 이력서」(1950.3.5), 2~3쪽.

미쳤다. 그러나 유일하게 한국 대표를 파리에 실제로 파견한 것은 상해 신한청년당뿐이었다. 김규식의 파리 파견을 전후한 시점에서 신한청년 당은 국내, 일본, 만주, 연해주에 대표를 파견해 파리강화회의 대표를 후원하고 성과를 확대하기 위해 국내외 독립운동의 고취와 자금 모집 에 나섰다. 여운형과 그 동료들은 상해·남경·북경 등지에서 활발하게 이뤄졌던 신규식 중심의 독립운동의 직·간접적 영향과 유산을 승계했 다.

김규식은 1913~18년간 중국 망명 시기 신규식·동제사그룹과 밀접한 관계를 유지했다. 김규식의 초기 중국 망명시기의 행적은 다음과 같다.

첫째 김규식은 1913년 4월 2일 서울을 떠나 중국으로 망명했다. 공식 적으로는 오스트레일리아에서 고급 학위과정에 진학할 것이라는 이유 를 내세웠지만, 사실은 중국으로의 망명이었다.[56]

둘째 김규식은 중국에 도착하자마자 남경·상해에서 활동하던 동제 사에 참가해 지도자의 지위로 활동을 개시했다.[57] 이 시점에서 김규식 은 신규식은 물론 홍명희·문일평·정인보·조소앙 등과 긴밀한 관계 를 유지했다. 나아가 김규식은 동제사가 설립한 박달학원(1914.1.12)에 서 영어교사로 일했다.[58]

셋째 김규식은 1913년 7월 제2차 중국혁명, 즉 토원운동(討袁運動)으 로 알려진 반(反)원세개 운동에 직접 참가했다. 김규식은 중국인 의사 모대위(毛大衛)와 함께 적십자를 조직하여 임회관(臨淮關)에 출동했다 귀환했다.[59]

---

56) "Notes and Personals," *The Korean Mission Field*, Vol. Ⅸ, May 1913, No. 5, p.115.
57) 鄭元澤, 『지산외유일지(志山外遊日誌)』, 독립운동사편찬위원회, 『독립운동사자료집』 제8집(임시정부사료집), 원호처, 1974, 369쪽.
58) 민필호, 『石麟閔弼鎬傳』, 71, 304쪽.
59) 鄭元澤, 『지산외유일지』, 369~371쪽.

넷째 김규식은 1913년 6월, 7월, 8월 등 3차례 도미 유학생을 파견하였다. 김규식은 재중 한인학생들의 도미유학을 연속적이고 집중적으로 주선할 수 있는 한국-중국-미국 3국 간의 인적 연락·연계망을 보유하고 있었고 이것이 중국 내에서 김규식의 임무가 되었다.[60]

다섯째 김규식은 1914년 가을 "미래의 독립군 장교 혹은 유격전사를 길러낼 초보 군사훈련학교를 운영한다는 전망 하에 유동열 장군(당시는 柳東說 소령)과 이태준(李泰俊) 박사, 그리고 2명의 젊은 학생들과 함께 외몽고의 우르가(庫倫)에 갔다."[61] 이 시기 상해 일본총영사관의 비밀보고에 따르면 상해에는 동제사 본부, 안동에는 제1지부, 북경에는 제2지부, 열하에는 제3지부가 설치되었으며, 중심인물은 상해의 경우 신규식·홍명희·조소앙·문일평 등이며, 안동의 경우 유동열·신채호, 북경의 경우 김규식, 열하의 경우 한만양 등이었다.[62] 1914년 가을 김규식은 서양인 상사들에게 피혁을 판매하는 사업을 시작하였고, 이태준도 고륜에 동의의국(同義醫局)이라는 병원을 개업했다.[63]

여섯째 김규식은 1917년 대동단결선언의 선언자로 이름을 올렸다. 대동단결선언은 제1차 세계대전 중 원세개의 사망, 러시아혁명의 발발, 유인석·이상설의 사망 등 급변하는 국내외 정세 위에서 공화주의적 임시정부 수립을 선언한 것이었다. 이는 한국독립운동사상 중요한 대전환이었고, 1919년 3·1운동과 임시정부 수립으로 이어지는 가교였다.[64] 여기에 김규식의 이름이 오른 것은 그가 재중국 한국독립운동의

60) 「김규식 → 안창호」(상해. 1913.8.12), 도산안창호선생전집편찬위원회편,『도산안창호전집』제2권 서한II, 1991, 32~34쪽.
61) 金鎭東, 「抗日鬪爭回顧錄 17 : 金奎植博士와 獨立鬪爭」,『경향신문』1962.8.28.
62) 「朝鮮人 排日運動 企劃 狀況に關する內報の件」機密 제32호(1914.3.27) 有吉明(上海總領事)→牧野伸顯(外務大臣)『不逞團關係雜件 朝鮮人ノ部 在上海地方』1.
63) 이정식,『김규식의 생애』, 41~46쪽; 반병률, 「醫師 李泰俊(1883~1921)의 독립운동과 몽골」,『한국근현대사연구』13, 2000, 169쪽.

중요 인물로 인정되고 있음을 반영한 것이었다.

일곱째 김규식은 1916년부터 1918년까지 장가구와 고륜에서 생활했다. 자필이력서에 따르면 김규식은 1914년 가을 외몽고 고륜에 도착한 이래 러시아상업학교에서 가르쳤으며 러시아 개인들에게 영어 개인강습을 했다. 천진의 미국인과 스칸디나비아인들이 설립한 무역회사인 몽골리언 프로듀스사(Mongolian Produce Company)에서 회계 및 비서로 일했다. 1916년에는 앤더슨 마이어사(Andersen Meyer & Company, Ltd.)에 취직해 상해, 천진, 홍콩 및 장가구지점의 부지배인으로 일했고, 1918년에는 천진 피어론 다니엘사(Fearon Daniel Corporation)에 다녔다.[65]

이런 관계와 활동의 연장선상에서 김규식이 신한청년당의 파리강화회의 특사로 선정되자, 김규식과 신규식은 1918년 12월부터 1919년 2월까지 맹렬하게 움직였다. 첫째 김규식은 파리로 떠나기 전에 미국 하와이의 박용만에게 편지를 보냈다(1918.12.10. 천진). 둘째 김규식은 파리강화회의 파견 및 임무 등을 담은 자세한 비망록을 북경주재 미국공사 폴 라인쉬(Paul Reinsch)에게 제출(1919.1)했다.[66] 셋째 김규식은 신규식과 함께 우드로 윌슨 미국 대통령에게 보내는 청원서를 작성(1919.1.25. 상해)하고 이를 직접 파리에 도착한(3.13) 후 직접 미국대표부에 수교했다(3.25. 이전). 넷째 김규식이 파리로 출발한 이후 신규식은 하와이 국민보 등에 국민대회 소집을 요구하는 편지(1919.2.9. 상해)를 발송했다.

---

[64] 조동걸,「임시정부 수립을 위한 1917년의 대동단결선언」,『한국학논총』9, 1986, 123쪽.

[65]「김규식 자필 영문이력서(1950.3.5)」.

[66] 동일한 내용의 기사(「오호망국한인흥멸지몽(嗚呼亡國韓人興滅之夢)」)가 북경과 천진에서 발행되는『익세보(益世報)』(1919.2.18)에 게재되었는데, 강덕상은 이를 여운형이 전달한 것으로 추정했다. 강덕상,『여운형평전I』, 178~182쪽.

다섯째 김규식은 파리로 향하던 중 스리랑카 콜롬보에서 치치하얼의 김순애에게 편지(1919.2.25)를 보내 파리강화회의에서 제출할 청원서를 김필순·서병호 등과 상의케 했다.[67]

김규식·신규식은 미국 측에는 북경 주재 미국공사와 윌슨 미국 대통령에게 파리강화회의 대표파견과 한국독립을 요청했고, 미주의 박용만·국민보와 만주의 정원택에게 파리강화회의 대표파견과 한국국민대회 소집을 요구했다. 신규식·김규식은 미주, 서북간도, 연해주의 주요 한인지도자들에게 동일한 내용을 통보하고 독립운동의 고취를 요청했을 것이다. 신규식과 김규식의 이러한 활동은 1918년 12월부터 1919년 2월 사이에 집중되었는데, 곧바로 동경의 2·8독립선언과 서울의 3·1 독립선언이 폭발하면서 공론화되지 못했고 큰 주목을 받지 못했다.

결국 이 시기 재중국 한국독립운동 진영 내에는 크게 2종류의 동력이 작동하고 있었다. 첫째 여운형으로 대표되는 신한청년당이라는 새로운 신진 동력이었다. 이는 1918년 여름 이래 태동되기 시작했으며, 1918년 11월 여운형의 크레인 면담 및 청원서 제출, 밀러드 청원서 전달, 김규식의 파리파견이라는 기민한 기회포착적 대응과 과감한 실행력·결단력을 통해 신한청년당으로 구체화되었다. 청년들의 표면단체·정당을 표방한 신한청년당은 새롭고 과감한 행동력을 보였으나, 아직 조직력이 약하고 명성이나 영향력은 제한적이었다. 둘째 신규식·김규식 등 기성의 재중국 독립운동진영의 활동과 영향력이었다. 양자를 결합한 것은 동제사 회원이자 신한청년당 당원이었던 장덕수, 조동호, 한진교, 선우혁 등의 역할이었을 것이다.[68] 신한청년당이 1919년 2월

---

67) 정병준, 「1919년, 파리로 가는 김규식」, 『한국독립운동사연구』 60, 2017.
68) 류자명은 임정 수립 전 "신규식, 려운형, 신국권 등은 상해에서 '신한청년당'을 조직"하였다고 회고했다. 류자명, 『나의 회억』, 40쪽.

초 밀사들을 국내외에 파견하여 파리강화회의 대표 후원, 독립선전, 자금모금을 시도했을 때 이는 새로운 신한청년당의 활동이자 국내외에 영향력을 갖고 있던 동제사의 활동으로 해석될 소지가 컸다. 그 연장선 상에서 동경의 2·8독립선언과 서울의 3·1독립선언이 시작되었다.

3) 상해지역 독립운동가와의 관계

신한청년당이 조직된 후 김규식이 파리에 파견되는 과정, 그리고 파리로 가는 도중 김규식의 활동을 종합하면 여운형을 중심으로 한 신한청년당 활동에는 새로 부상하던 신흥 소장그룹의 기획·돌파·활동력과 구래 상해지역 독립운동그룹의 네트워크와 활동방략이 결합되어 있음을 파악할 수 있다.

지금까지 신한청년당과 상해·남경을 중심으로 한 동제사·신아동제회 등 기성 한국독립운동 세력과의 연대·연결 등의 문제는 명확하게 밝혀지지 않았다. 비밀조직이던 동제사 그룹과 공개 정당이던 신한청년당의 존재 방식, 조직·활동 방식의 차이가 존재했다. 가장 큰 이유는 주체 측의 명확한 자료가 남아있지 않기 때문이다.[69]

동제사는 1910년대 상해·남경을 근거지로 전개된 한국독립운동의 중심 조직이었다. 신해혁명 이후 1910년대 중국 내 독립운동선상에서 동제사의 위상에 대해서는 당시 관련자나 연구자들이 모두 동의하고

---

[69] 신한청년당과 동제사의 관계에 대해서는 여러 견해가 있다. 첫째 신한청년당이 동제사의 전위 단체이자 소장층의 조직이었다는 견해(김희곤, 『중국관내 한국독립운동단체연구』; 강영심, 「대동단결선언과 신한청년당」), 둘째 신한청년당이 동제사와 긴밀한 관계였지만, 직접적인 관계는 상해고려교민친목회였다는 견해(신용하, 「신한청년당의 독립운동」), 셋째 한국과 중국의 연대조직인 신아동맹당을 모태로 한 한국인측이 새롭게 민족독립을 지향할 목적으로 신한청년당을 조직했다는 견해(강덕상, 『여운형평전I』) 등이 있다.

있다. 1912년 7월 4일경 조직되었는데, 박은식이 총재, 신규식이 이사장을 맡았고 간사와 사원 등으로 구성되었는데, 전성기에는 300여 명의 회원이 있었다.[70] 동제사의 '동제'는 동주공제(同舟共濟)에서 나온 것으로 같은 배를 타고 함께 강을 건넌다는 협동·단결의 의미를 내포하고 있다. 동제사는 공제사(共濟社)·동주사(同舟社)·혁명당이라고 불렸으며, 사원들은 당원으로도 불렸다. 표면상으로는 유학생들의 호조기관을 내세우며 실질적으로는 독립운동단체로 활동했다. 동제사는 중국·미국으로 유학하려고 하는 한인 학생들의 생활·학습공동체적 역할과 비밀 독립운동 조직으로서의 역할을 병행하고 있었다. 초기에는 남경·상해지역 한인 유학생들의 집단 숙식지로서 유학 알선·편의 제공·상호부조에 초점이 두어졌다면, 그 과정에서 점차 조직화가 이뤄지는 한편 상호부조 조직에서 반일 민족주의운동단체로서의 성격이 강화되었다. 선행 연구는 1차 대전기를 중심으로 조직의 성격이 독립운동단체로 변화하는 것으로 추정하고 있다.

또한 중국 각지와 구미·일본에 분사(分社)를 두었으며,[71] 재미한인 신문 『신한민보』·『국민보』 등을 안동현을 통해 국내에 반입하기도 했다. 동제사의 주역 신규식은 중국혁명의 중심인물과 함께 신아동제사를 조직해 한중 연대의 새 창을 열기도 했다. 신아동제회(新亞同濟會)에는 중국동맹회원으로 일본유학 경험자 등 21명이 망라되었다.[72]

---

70) 김희곤, 「同濟社와 상해지역 독립운동의 태동」, 『중국관내 한국독립운동단체연구』; 한상도, 「중국 관내지역」, 국사편찬위원회, 『한국사』 47(일제의 무단통치와 3·1운동), 탐구당, 2003.

71) 민필호, 「晩觀 申圭植先生傳記」, 『石麟閔弼鎬傳』, 302쪽.

72) 신아동맹당의 중국 측 당원들은 그 후 반제국주의 국제 혁명조직인 大同黨을 조직했고, 러시아혁명정부가 중국에 파견한 밀사 포타포프도 1920년 5월 대동당에 가입했다고 한다. 石川禎浩, 『中國共産黨成立史』, 岩波書店, 2001, 151쪽; 강덕상, 『여운형평전I』, 160~161쪽. 또한 여운형도 이에 직간접적으로 관여했으며, 조선에 돌아온 장덕수는 신아동맹당을 재조직하고, 1920년 6월 사회혁명당으로 개명했다. 장덕

　신규식의 비서이자 사위인 민필호는 동제사가 '중국대륙 유일한 한국인 독립운동 중추'로 신규식이 창설하고 경비도 조달하였다고 회고했다.[73] 동제사의 중심인물은 신규식, 박은식, 박찬익, 김규식, 문일평, 신채호, 신건식, 이광, 민충식, 정항범, 김용준, 조소앙, 이광수, 홍명희, 정원택, 김갑, 신무, 신철, 조동호, 정덕근, 김용호, 이찬영, 민제호, 김탁, 민필호, 윤보선, 이찬영, 신석우, 변영만 등 40여 명이었다.[74]

　배경한은 상해와 남경지역 한인 유학생들이 함께 집을 얻어 기숙하면서 생활비도 절약하고 같이 중국어도 익히며 여러 정보도 나누는 등 일종의 공동생활을 하고 있었으며, 이는 신규식의 주도와 박은식·김규식 등의 협력 아래 이루어지고 있었고, 그것이 동제사라는 이름을 걸고 있었던 것으로 보았다.[75] 초기 동제사는 상해·남경에 모두 위치하고 있었는데, 상해에서 창설되어 남경에 분사(分社)를 두었던 것으로 보인다.

　동제사의 성격은 복합적인 것이었다. 즉 1911년 신해혁명 이후 중국의 공화혁명에 매료된 한국인들은 시대의 혁명적 분위기에 편승해 중국혁명에 동참하려는 움직임을 보이는 한편 중국·미국에서 유학하려는 청년·학생층의 움직임이 존재했는데, 이러한 한인 유학생 생활공동체, 예비학교, 정치적 비밀결사가 동제사라는 이름으로 묶여 있었던 것이다.

　지향이 동일한 동제사 그룹은 내부에서는 결속력이 뛰어났으나 외부

수, 김철수 등이 주도한 이 조직의 대표자 8명은 1921년 5월 상해에서 열린 고려공산당(상해파) 대회에 참석했다. 임경석, 「서울파 공산주의자그룹의 형성」, 『역사와 현실』 28, 1998.
[73] 민필호, 「대한민국임시정부와 나」, 『石麟閔弼鎬傳』, 70~71쪽.
[74] 위와 같음; 민필호, 「晥觀 申圭植先生傳記」, 『石麟閔弼鎬傳』, 302쪽.
[75] 裵京漢, 「上海·南京지역의 初期(1911-1913) 韓人亡命者들과 辛亥革命－武昌起義·討袁運動에의 參與와 孫文·革命派人士들과의 交流를 중심으로」, 『東洋史學研究』 67, 1999, 62쪽.

에 대해서는 조직보위·비밀엄수의 차원에서 배타성을 보인 것으로 보인다. 동제사는 일제 정보자료에 다양한 이름으로 등장하는데, 동제회, 동주회, 공제회, 혁명당, 체화동락회 등의 이명(異名)이 그것이다.

일제의 정보보고에 따르면 신규식은 1916년에도 민충식, 박은식, 장건상 등과 함께 남양중학회(南洋中學會)를 설립하고 미국·중국·서북간도·노령의 한국 독립운동가들과 "기맥을 통해" 비밀리에 상해 한국 청년들의 배일사상을 고취하려고 했다.[76]

동제사의 한인 유학생 생활공동체, 예비학교적 기능은 1917년경까지 지속된 것으로 보인다. 1917년 상해를 거쳐 미국으로 유학길에 오른 오정수는 상해 체류시절 "상해 거주 한인 중에서 최고령자이며 지도급 인사인 50세가량의 신성(申檉)을 소개"받았고, 신성이 주도하는 한인합숙소에서 생활했다. 즉 "한인 합숙소는 독립투사인 신성을 중심으로 망명인들의 집합소이자 직업·거처를 알선해 주며 소규모 식당을 운영"하는 곳이었다.[77] 그러던 중 1917년 5월경 신성이 남경으로 몸을 피하자 '한인합숙소'는 자연히 해산하게 되었다는 것이다.[78]

오정수가 회고한 1917년 5월경은 상해에서 대동단결선언이 준비되던 시점이었다. 7월 상해에서 발송된 대동단결선언에는 신규식, 조소앙, 신석우, 홍명희, 박은식, 신채호, 조성환, 김규식, 이일 등 동제사의 핵심인물들이 포함되어 있었다.[79] 선행연구에 따르면 대동단결선언은 기대만큼의 성과를 거두지는 못했다. 임시정부 수립을 위한 구체적인 방안, 시기, 장소 등이 정확히 특정되지 않았고, 주도세력의 구심력과 조

76) 「在上海 不逞鮮人 情況」 警高機發 제266호(1916.5.1), 『不逞團關係雜件 朝鮮人ノ部 上海地方』 1.
77) 고춘섭, 『정상을 향하여』, 61~62쪽.
78) 위의 책, 67쪽. 오정수는 1917년 7월 16일 상해를 출발했다.
79) 조동걸, 「임시정부 수립을 위한 1917년의 대동단결선언」, 141쪽.

직력 또한 명확하지 않았기 때문이다. 바로 이 시기를 전후해 여운형의
상해활동이 본격화되며, 그를 중심으로 새로운 소장파 독립운동가 그
룹이 형성되기 시작한 것이다. 이는 새로운 조직이면서, 큰 범위에서
구래의 동제사의 영향과 활동을 계승한 것이기도 했다.

4. 3·1운동의 주역들 : 국내외로 파견된 신한청년당의 밀사들

3·1운동 이전 신한청년당의 가장 중요한 활동은 첫째 크레인특사를
통해 윌슨 대통령에게 한국 독립청원서를 제출한 일, 둘째 김규식을 신
한청년당 대표로 파리에 파견한 일, 셋째 국내·일본·만주·노령에 주
요 당원들을 파견해 선전·모금활동을 펼친 일 등이다. 3·1운동 이후
신한청년당의 활동은 첫째 임시정부 후원 및 유지활동, 둘째 신한청년
당 자체의 조직·선전활동 등으로 구분할 수 있다.

김규식의 파리행과 여운형의 만주·노령행은 이미 다수의 연구에서
지적하고 있는 바이다. 신한청년당은 국내외에 주요 당원을 밀사로 파
견함으로써 국내외에서 3·1운동이 폭발하는 주요 계기와 동력을 제공
한 것이다. 이에 대해 신한청년당 자신은 이렇게 평가했다.

「본당기략(本黨紀略)」 : 1919년 2월 1일 김규식이 먼저 프랑스로 首途赴
法, 6인을 다시 파견해 동경 급 내지(한국) 각처에 가게 해 학생 및 각계와
연합해 함께 진행방법을 상의함.[80]

「독립운동의 초성(初聲)」 : 건국기원 4352년 2월 1일 신한청년당원인 여

---

[80] 「本黨紀略」, 『新韓靑年』(중국문) 창간호, 1920.3.1, 77쪽.

운형, 김철, 김규식, 선우혁, 한진교, 장덕수, 조동호, 서병호 등은 상해에 모여 광복대계를 논의하였다. 이 자리에서 참석자들은 파리강화회의에 대표를 파견하기로 결정하였고, 논의 결과 김규식이 대표로 당선되었다. 아울러 장덕수를 일본에 파견하여 재일유학생들과 연계를 취하도록 하였다. 또한 김철, 선우혁, 서병호, 백남규, 김순애, 이화숙을 내지에 파견하고, 여운형을 러시아령 연해주에 파견하여 사회 각계각층의 요인들과 함께 독립운동의 진행방법을 상의하도록 하였다.[81]

『신한청년』은 신한청년당 핵심인사들이 1919년 2월 1일 회의를 개최한 결과 김규식(파리), 장덕수(일본), 여운형(러시아령 연해주), 김철·선우혁·서병호·백남규·김순애·이화숙(국내)을 각지에 파견했다고 쓰고 있다. 다른 기사에서는 6인을 파견했다고 했으며, 『독립신문』은 신한청년당이 김규식·장덕수·여운형·김철·선우혁·서병호를 파리·일본·러시아령·국내로 파견했다고 기록했다.[82] 국내에 파견된 인물 가운데 백남규·이화숙의 실제 파견여부는 분명치 않다.[83]

김규식에 뒤이어 국내외로 파견된 신한청년당의 밀사들은 3·1운동의 전국적 발발을 이끌어내는 보이지 않는 주역으로 활약했다.

1) 여운형의 간도·시베리아행

이 시기 여운형의 활동은 놀라운 것이었다. 1918년 11월 윌슨의 특사

81) 「독립운동의 初聲」, 『新韓靑年』(중국문) 창간호, 1920.3.1.
82) 「한국독립운동사(1)」, 『독립신문』 1919.8.26.
83) 『독립유공자공훈록』에 따르면 백남규는 "1919년 2월 10일 상해로 망명하여 경상도 대표로 활동"한 것으로 되어 있으며 이화숙 역시 "1919년 한성 임시정부 성립시 작성된 공약 삼장의 대한민족대표 30명 중 한 사람으로 참가한 뒤, 중국 상해로 망명"했다고 되어 있다. 이화숙은 상해에서 대한애국부인회 재무를 담당했고, 1920년 도미해서 정순만의 아들 정양필과 결혼했다.

크레인을 만나 한국독립의 청원서를 전달했고, 재차 청원서를 상해 언론인 밀러드에게 전달했다. 1919년 1월 천진에 있던 김규식을 상해로 초빙해 파리강화회의 파견대표로 결정한 후, 김철·장덕수를 국내로 파견해 활동자금을 모금했다. 김규식이 사재 1천 원, 장덕수는 안희제를 만나 2천 원, 김철은 천도교 측에서 3만 원, 여운형은 동삼성·블라디보스토크에서 자금을 모았다. 여운형은 당소의(唐紹儀)·서겸(徐謙) 등과 파리에서의 외교활동, 여권발급 문제를 논의하고 쑨원을 재차 면담했다. 중국대표단의 일원으로 파리강화회의에 참석할 예정이었던 정육수(鄭毓秀)의 도움으로 배표를 구했고, 김규식은 진충웬(金仲文, Chin Chung Wen)이라는 중국이름의 여권을 갖고 1919년 2월 1일 파리로 출발했다. 여운형은 신한청년당의 선우혁, 김철, 서병호 등을 국내로 잠입시켰고, 장덕수·여운홍은 일본을 거쳐 다시 국내로, 자신은 간도·시베리아로 들어가 파리강화회의 대표 파견사실과 독립운동 전반에 관한 의견을 교환했다.

여운형은 1919년 1월 20일 장춘, 하얼빈, 블라디보스토크로 향했다. 여운형은 "장춘에서 길림 거주 여준(呂準)이란 유력자에게 편지로 조선독립의 의견을 묻고 동시에 동지가 되자는 권유를 의뢰"했다. 여준은 길림의 독립운동가이자 여운형의 족친이었다. 여운형은 블라디보스토크에서 2주간 체류하면서 이동녕·문창범·박은식·조완구·정재관·강우규 등과 회견하며 독립운동의 호기가 도래했다고 강조했다.[84] 최초에 여운형의 계획은 파리강화회의 대표파견과 관련해 시베리아 동지들의 찬동과 재정적 후원을 얻을 목적이었지만, 연해주 국민의회 측에서 독자적으로 고창일, 윤해 등을 파리로 파견하기로 하고 그 비용을 해당지역 한인들에게 갹출하였기 때문에 블라디보스토크에서의 자금

---

84) 「피의자신문조서(제1회)」(1929.7.8. 경기도 경찰부), 『몽양여운형전집』 1, 414쪽.

조달은 불가능했다.[85]

여운형은 시베리아 체코군 사령관 가이다(Radola Gajda) 장군과 회견하고, 미·영·캐나다 3군사령부를 방문하고, 일본의 한국정책을 규탄하는 수만 장의 전단을 미·영·캐나다 연합군에 뿌리기도 했다. 미군 시베리아 원정군 가운데는 금릉대학 시절 여운형의 영어교사 클라멘트가 있어 그의 문장을 수정·첨삭해주었다고 한다.[86] 여운형은 3월 6일 블라디보스토크를 떠나 상해로 귀환했다. 여운형은 3월 6~7일경 하얼빈의 러시아인 여관에서 머무는 동안 한명성으로부터 한국에서 독립만세사건이 일어났다는 이야기를 처음 들었고, 3월 15일 봉천에 도착했을 때 위혜림으로부터 상세한 독립만세사건의 내막을 들었다. 여운형은 급히 상해로 돌아갔다.[87] 상해에 도착한 여운형은 원래 파리로 향할 계획을 갖고 있었으나, 동생 여운홍이 대신했다.[88]

여운형 자신도 일제의 심문과정에서 "만세시위운동" 정도로는 독립이 달성되지 않을 것으로 생각했다고 진술했으나, 그가 인식하지 못한 채 기획하고 주역으로 참가한 만세시위운동은 한국독립운동의 중대한 전환점이자 결절점을 향해 나아가고 있었다.

2) 장덕수의 일본행·이광수의 중국행

신한청년당의 약속에 따라 장덕수는 일본으로 향했다. 그런데 일제

85) 「(공판조서) 피고인신문조서(제1회)」(1930.2.22. 서대문형무소), 『몽양여운형전집』 1, 559~560쪽.
86) 강덕상, 『여운형평전I』, 187~188쪽. 가이다는 1919년 12월 4일 상해에 와서 일본을 거쳐 귀국했는데, 상해 팰레스호텔에 머무는 동안 여운형은 그를 병문안하고 임시정부 명의로 체코 건국 축하 기념배를 만들어 증정했다. 같은 책, 551쪽 각주 146.
87) 「피의자신문조서(제1회)」(1929.7.8. 경기도 경찰부), 『몽양여운형전집』 1, 414쪽.
88) 강덕상, 『여운형평전I』, 187~188쪽.

심문과정에서 장덕수는 의외의 발언을 했다. 장덕수는 1919년 1월 16, 17일경 상해에서 "상해 거주 불령선인의 수령으로 당시 광동에 여행 중이던 신정(申檉, 일명 申圭植, 申誠)"으로부터 편지를 받았다고 진술했다. 신규식은 세계정세의 변화로 약소민족 해방의 기회가 왔고, "각지에 있는 우리 동포는 독립을 선언하는 운동을 개시할 것"이므로 동경 및 경성에 가서 운동정황을 상해 중화신보(中華新報) 기자인 조동호(趙東祜)에게 통신하고 또 동경에 파견한 조용운(趙鏞雲)과 회견할 것을 지시했다. 신규식은 "동경의 운동은 2월 초순, 경성의 운동은 3월 초순에 실행될 것"이므로 경성에 가서 상황을 보고하며, "만일 일본관헌에 체포되어도 당의 행동 및 나의 씨명은 절대 비밀을 엄수"할 것을 요구했다.[89]

흥미롭게도 장덕수는 여운형과 함께 신한청년당의 주역이자 동지로서 활동했는데, 정작 일제에 체포된 뒤에는 여운형이나 신한청년당을 거론하지 않고 신규식과 조동호 · 조소앙 등 동제사의 핵심인물들을 강조한 것이다. 이는 장덕수가 신한청년당의 비밀을 보호하기 위해 의도적으로 진술한 결과였거나 아니면 작은 조직규모와 정체성이 명확치 않았던 신생 정당 신한청년당 대신 연륜있고 지명도가 높은 동제사를 내세웠기 때문일 것이다.

장덕수는 와세다대학에 재학 중이던 1916년 김철수 · 김영섭 · 전영택 · 정노식 · 김도연 · 윤현진 · 홍진희 · 최팔용 · 하상연 등 재일 한국인 유학생과 함께 중국유학생, 대만유학생을 결합한 반일 · 반제국주의 국제연대조직인 신아동맹당(新亞同盟黨)을 조직해 간사로 활동한 바 있다. 이들은 10만 원의 자금을 모집하고 당원 수백 명을 모집해 중국 상

---

89) 「騷擾事件ト在外排日鮮人トノ關係」(高第10719號, 1919.4.11), 『不逞團關係雜件 朝鮮人ノ部 在內地』 4.

해에 당본부를 설치하고 지부를 하와이, 블라디보스토크, 북경, 안동현, 서간도, 북간도 등에 설치해 독립운동을 전개한다는 계획을 수립했다. 특히 제1차 세계대전을 기회로 청년들을 선정해 독일에 파견해 군사학을 학습하는 한편 반일운동을 펼칠 적절한 기회를 모색하고 있었다.[90]

일제의 파악에 따르면 동경 외국어학교 지나어과(支那語科) 학생이던 하상연이 중국유학생 포섭을 담당했다. 명단이 파악된 가담자는 위의 한국인유학생 외에 백남규·최두선·현상윤·신익희·윤홍균 등 20여 명, 요천남(姚薦楠) 등 중국인 12명, 채국정(蔡國禎) 등 대만인 2명 등이었으며, 심지어 인도혁명파도 참가해 그 회원수는 70여 명에 달했다.[91]

하상연은 중국 정계의 상황 시찰 및 중국어 학습을 위해 상해로 건너가 1918년 3월 현재 북경에 체류 중이었고, 장덕수도 신아동맹당 본부를 상해에 설치하기 위해 중국에 건너갈 의향을 갖고 있었다.[92] 실제로 장덕수는 1918년 5월(여운형조서에는 7월)부터 상해에 거주하며, 여운형과 여러 차례 만났다. 여운형은 1918년 11월 27일 월슨 대통령의 특사 크레인에게 청원서를 작성할 때, 3일간 상해 프랑스조계 패륵로(貝勒路) 길익리(吉益里) 장덕수의 집에 틀어박혀서 작업했으며, 나아가 "연배로 말하면 내가 수령 같지만, 장덕수 쪽이 나보다 지식이 앞섰기 때문에" 장덕수가 청원서를 기고했고, 자신은 영문으로 번역·청서하고, 그것을 타이프라이터로 치고, 서명했다고 발언할 정도로 장덕수

90) 강덕상, 『여운형평전I』, 120~137쪽; 小野容照, 「新亞同盟黨の硏究－朝鮮·臺灣·中國留學生の民族を越えるネットウークの初期形成過程」, 早稻田大學アジア硏究機構, 『此世代アジア論集』 3, 2010.
91) 강덕상, 『여운형평전I』, 129~131쪽.
92) 「新亞同盟黨組織ニ關スル件」(中第274號, 1918.3.14), 『不逞團關係雜件 朝鮮人ノ部 在內地』 2.

와 긴밀한 관계였다.[93]

　그런데 장덕수의 발언과 여운형의 진술을 종합해 보면 장덕수는 1918년 5월 상해로 건너온 이후 여운형만 접촉한 것이 아니라 신규식을 비롯한 한국 독립운동가들과 적지 않은 유대 혹은 연계를 가지고 있었다. 신규식이 조직·운영한 신아동제사(新亞同濟社)는 장덕수가 관계한 신아동맹당과 그 취지와 목적이 거의 동일했다. 신아동제사가 중국 거주 한중 인사들의 연대조직이라면, 신아동맹당은 일본 거주 한국·중국·대만 유학생들의 연대이며, 전자가 중견들의 조직이라면 후자는 청년들의 조직인 차이가 있었다. 즉 장덕수와 신규식 사이에는 운동노선상 동일한 지향성이 있었다고 할 수 있다.[94] 여운형도 신규식·김규식 중심의 동제사·혁명당의 움직임과 활동을 눈여겨보고 있었을 것이다.

　조선총독부 경무총장(警務總長)의 보고에 따르면 장덕수가 중국에 '파견'된 것은 재일유학생들의 파리강화회의 조선인대표 파견 기획의 결과였다. 이에 따르면 재일 조선인유학생의 수뇌부인 이광수, 현상윤(원문에는 廣相元으로 표기), 정노식 등은 동경에서 밀회를 하고 미국 대통령 월슨이 성명한 민족자결주의가 자신들의 오랜 뜻(宿志)과 같으므로 이번 강화회의를 이용해 미국 대통령의 원조를 얻기 위해 무슨 일을 벌여야 한다고 애기했다. 강화회의에 조선인 대표자를 파견하기 위해서는 유학생뿐만 아니라 각 방면과 협동해야 효과가 클 것이므로, 미국, 서북간도, 노령, 상해 방면의 동지와 연락을 취해 결행하며, 우선 중국 북경에 비밀리 회동하기로 해 이광수를 동경 유학생의 대표자로 비밀리 파견하며, 상해방면에서는 장덕수, 노령방면에서는 양기탁이 대

93) 『몽양여운형전집』 1, 602쪽.
94) 강덕상은 신아동맹당이 신아동제사의 일본지부라고 해석했다. 강덕상, 『여운형평전Ⅰ』, 128~129쪽.

표자로 참집했다는 것이다. 강화회의에 참석할 대표자로는 호놀룰루의
박용만(뉴욕 25국 소약국동맹회, 국민회 대표자로 참석), 샌프란시스코
의 안창호(前 평양 대성학교 교장) 2명이 추천되었다. 대표자파견에 관
한 운동방법은 북경에서 비밀회의의 결의조건에 따라 각지 동지가 협
력해 이를 수행하기로 했다.[95]

한편 신한청년당의 대표들이 세계 각지로 파견되던 시점에 이광수도
중국과 일본을 왕복하며 이 흐름에 동참했다. 이광수는 허영숙을 동반
하고 1918년 11월 8일 북경에 도착해 체류하다가 1919년 1월 10일 동경
으로 회환했다. 이광수의 행적은 봉천, 천진, 북경 경찰의 보고에 드러
나 있다. 이광수는 1918년 10월 16일 동경을 출발해, 고향인 평북 정주
군을 들렀다가 10월 30일 중국 봉천, 대련, 영구, 천진, 북경, 남경 등지
를 시찰한다며 떠났다. 그는 11월 1일 봉천에 도착해 경성일보 기자라
칭하며 1주일간 체류한 후 11월 8일 봉천을 떠나 북경을 향했다. 11월
8일 북경에 도착한 이광수는 허영숙을 동반하고 있었는데, 국민신문사
기자 다마뉴 타케시로(玉生武四郞)의 편지를 가지고와 북경 국민신문
통신원 마츠무라 타로(松村太郞)를 방문했다. 조선총독부 경무총장은
북경 헌병분주소 앞으로 2차례나 통첩을 보내 주의를 촉구했으나, 북경
영사관 경찰은 이광수가 본처와 이혼하고 재혼할 상대자인 허영숙을
동반한 "애정의 도피행각"으로 파악하고 이상한 행적을 발견하지 못했
다고 보고했다. 허영숙이 서울의 모친으로부터 여비를 송금받아 쓰고
있기 때문에 이광수의 북경행이 애정행각일 뿐, 강화회의를 기회로 윌
슨 대통령의 민족자결주의에 따라 "대세에 몽매한 우민을 현혹시켜 사

95) 「講和會議ニ鮮人代表者派遣ニ關スル件」(1918.12. 朝鮮總督府 警務總長), 「要視察朝鮮人李光洙ニ關スル件」(機密第82號, 1919.2.18), 『不逞團關係雜件 朝鮮人ノ部 在支那各地』 1.

기적 수단으로써 금품을 편취하려" 북경에 모여든 분자 2~3인과는 무관하다고 보고했다.[96] 그러나 사실 이광수는 중국 내 한인독립운동가들과 역사적 인연이 있었다. 5년 전인 1913년 11월부터 1914년 1월까지 이광수는 상해에서 동경유학 시절의 친구들인 홍명희·조소앙·문일평과 한 집에 거주하며 김규식·신규식·신채호와 긴밀하게 지냈다. 그는 동제사 회원이 되었고, 김규식으로부터 성 요한대학 입학소개장을 얻기도 했다.[97] 즉 이광수는 상해 및 중국 내 한인독립 운동가들과 밀접한 사이였으며, 그들의 동지로 받아들여졌고, 이러한 접촉과 인연은 1918년까지 지속되었을 가능성이 높다.

이광수는 허영숙과의 애정행각으로 위장했지만, 1918년 11월 8일부터 1919년 1월 10일까지 북경에 체류했으며, 그 배경에는 파리강화회의 대표파견을 위한 재일유학생들의 움직임이 존재했던 것이다. 이 시기 상해에서는 여운형·선우혁·신석우·조동호·장덕수를 중심으로 신한청년당이 조직되어 크레인·밀러드에게 파리강화회의 청원서가 제출되는 한편 김규식이 파리강화회의 특사로 결정되는 중요 시기였다. 또한 1919년 1월 북경에는 김규식이 체류했고, 김규식의 파리 행에 관한 비망록·청원서가 북경주재 미국공사에게 전달되기도 했다. 나아가 이광수는 동경에 돌아가자마자 2·8독립선언을 기초하는 결정적인 역할을 수행했으므로 그가 북경에 체류하는 동안 재북경, 재중국 독립운동진영과 일정한 연락·연대활동을 펼쳤다고 보는 것이 타당할 것이다.

---

96) 「要視察鮮人滯京中ノ行動」(北警秘發第1號, 1919.1.30)(警部 波多野龜太郎 → 公使館),「要視察朝鮮人李光洙ニ關スル件」(機密第82號, 1919.2.18),『不逞團關係雜件 朝鮮人ノ部 在支那各地』1.

97) 李光洙,「脫出 途中의 丹齋 印象」,『朝光』2-4, 1936.4(『이광수전집』8, 우신사, 1979, 516쪽); 李光洙,「文壇苦行三十年(其二) 西伯利亞서 다시 東京으로」,『朝光』1936.5, 98~99쪽; 李光洙,「나의 고백」,『李光洙全集』, 1948, 239~241쪽.

동경에서 2·8독립선언의 준비를 마친 이광수는 동경 국민신문(國民新聞) 기자의 소개로 북경 순천시보(順天時報)에 영어 잘하는 기자로 취업차 간다고 위장하고 재차 중국으로 향해 떠났고 1919년 2월 5일 상해에 도착했다. 이광수는 1918년 11월부터 1919년 2월까지 동경－북경간을 두 차례 왕복한 것이다. 그는 당일로 장덕수를 만났으나, 장덕수는 "대세를 보매, 자기는 기어이 조선 내지로 들어가야 할 터"라며 여비를 요청해 남은 여비 10원을 주었다고 회고했다.[98] 장덕수는 1919년 1월 27, 28일경 상해를 떠나 2월 3일경 동경에 도착했기에 이광수가 2월 5일 상해에서 장덕수를 만났을 수는 없다. 그러나 이광수의 이러한 회고는 그가 1918년 11월부터 1919년 1월 사이 북경에서 장덕수를 만났거나, 혹은 상해의 장덕수와 긴밀한 연락을 취했음을 의미한다. 이광수는 자신이 상해에서 조동호와 "한집, 한방, 한 침대" 속에서 잤다고 했는데, 조동호는 신한청년당의 핵심이자, 동제사 회원이었으며, 신규식이 장덕수에게 동경·서울의 정세를 전달하라고 지령했을 때의 상해 연락책이었다. 이광수·장덕수·조동호 등의 관계로 미루어 볼 때 적어도 동경 2·8독립선언을 주도한 재일 유학생 그룹과 중국 북경·상해 독립운동진영 간에 긴밀한 연락·연대가 존재했으며, 서로 영향을 주고받았다고 판단된다. 이광수는 신한청년당의 기관지 『신한청년』의 주필을 맡았다.

장덕수는 신규식으로부터 일본 동경과 서울을 왕래하라는 '편지' 지시를 받고, 또한 동경 여비 은 1백 불을 받아[99] 동경유학생 중국인 유모(劉某)로 위장하고 1월 27~28일경 상해를 출발해 나가사키를 경유해

98) 李光洙,「上海의 二年間」,『三千里』1월호, 1932(『이광수전집』제14권, 삼중당, 1962, 346쪽).
99) 다른 기록에는 은 2백 불을 받았다고 되어 있다.「騷擾事件報告旬報 第一 : 在外鮮人ノ狀況」(1919.4.20),『不逞團關係雜件 朝鮮人ノ部 在上海地方』1.

2월 3일경 동경에 도착했다. 위에서 언급한 여운형이 심문과정에서 진술한 장덕수의 일본 출발일자(1월 18, 19일)와 10여 일 차이가 있다. 장덕수는 2월 5일 밤 동경 시바공원(芝公園) 산문(山門) 앞에서 조용운을 만났는데, 조용운은 이미 동경유학생 측에 권유한 결과 2월 8일 독립선언을 하기로 결정했기에 임무를 완수했다고 알려왔다. 장덕수는 계속 동경에 머무는 것은 위험하다 판단하고 상해로 돌아가기 위해 2월 17일 동경을 출발해 요코하마를 경유해 조선에 들어왔다. 이때 다액의 돈을 휴대하다가 중간에서 불행히 일본관헌에 체포되면 비밀이 폭로될 것을 우려해 상해 중화신보 조동호에게 8백 엔(상해에서 휴대해 가지고 온 것인지 유학생 등의 기부를 받은 것인지는 불명)을 요코하마에서 송금했다.[100] 장덕수는 2월 20일 서울에 들어와 인천에 머물다 체포되었다.[101]

일제는 장덕수를 취조한 결과 이 사건의 배후에 공제회(共濟會)라는 비밀결사가 존재한다고 판단했다. 상해에 존재하는 이 조직은 표면상 한국인들 간의 친목, 융화, 간난상구를 목적이라 하며 내실로는 국권회복을 목적으로 하는 것이며, 회원들은 공제회를 혁명당으로, 회원은 당원으로 부르는 것으로 파악했다. 당원수는 4~5백 명에 달하며, 지역적으로는 북경, 천진, 만주 각지, 노령, 한국 내에도 존재한다고 했다.[102] 명칭과 조직형태로 미루어 이는 1912년 신규식을 중심으로 조직된 동제사를 의미하는 것이 분명하다. 또한 혁명당이라는 명칭이 사용된 데

---

100) 「騷擾事件報告旬報 第一 : 在外鮮人ノ狀況」(1919.4.20), 『不逞團關係雜件 朝鮮人ノ部 在上海地方』 1.

101) 신익희는 "상해에 신한청년단이 결성되어 일본서 작별하고 그리로 갔던 장덕수가 사명을 띠고 비밀히 입국하여 진고개(지금 충무로) 일본여관에 일인으로 가장하고 묵고 있으면서 여러 번 만나 보았다"고 회고했다. 신익희, 「나의 자서전(抄) 3」, 『동아일보』 1960.5.11.

102) 「騷擾事件報告旬報 第一 : 在外鮮人ノ狀況」(1919.4.20), 『不逞團關係雜件 朝鮮人ノ部 在上海地方』 1.

서 알 수 있듯이 1915년 신규식·이상설을 중심으로 결성되었던 신한혁
명당의 분위기도 감지되고 있다. 즉 장덕수는 1918년 여름 이래 신규식
등 동제사·신한혁명당 계열의 인사들과 접촉하면서 이를 공제회·혁
명당으로 파악하고 있었던 것을 알 수 있다. 장덕수의 자백에 기초해
일제가 파악한 공제회·혁명당의 핵심인물들은 다음과 같았다.

> 혁명당 이사장 申檉(일명 誠, 圭植, 47세) : 충청북도 청주군 남일면 은행리
> 혁명당 이사 金圭植(37, 8세) : 경성부 남대문외
> 申錫雨(27세) : 경성부 수표정
> 呂運亨(35세) : 경기도 양평군 서면 신원리
> 鮮于爀(37세) : 평안북도 정주군 서면 하단리
> 徐炳浩(35세) : 황해도 장연군 대구면 송천리 남경 금릉대학생(현재 상해
>   재류)
> 趙東祜(30세) : 본적 불명, 상해 중화신보 기자
> 趙鏞雲(일명 嘯印 34, 5세) : 본적불명.[103]

 잘 알려진 것처럼 신규식, 김규식, 조동호, 조소앙은 동제사 회원이
었고, 신석우·여운형·선우혁·서병호·조동호는 신한청년당의 중추
적 인물들이었다. 장덕수는 1918년 여름 이래 신규식을 재상해 한국독
립운동의 중심인물로 파악했으며, 여운형의 신한청년당 활동을 신규식
의 동제사·신한혁명당 활동의 연장선상이자 동일 활동으로 이해했음
을 의미한다. 때문에 신한청년당이 동제회·신한혁명당·신아동제회의
영향 하에서 조직된 청년그룹이었다는 평가가 가능한 것이다.[104]

---

103) 「騷擾事件卜在外排日鮮人卜ノ關係」(高第10719號, 1919.4.11),『不逞團關係雜件 朝鮮
    人ノ部 在內地』4 ; 「在外鮮人ノ獨立運動槪況(四月二十五日迄ノ受報)」(秘受05017
    號/騷密第968號, 1919.4.26),『不逞團關係雜件 朝鮮人ノ部 在內地』5.
104) 신용하, 「신한청년당의 독립운동」; 김희곤, 「신한청년당의 결성과 활동」.

일제 정보당국은 조용운(趙鏞雲)을 조소앙으로 파악했는데, 사실 이 시점에서 조소앙은 일본이 아니라 만주 길림에 있었다.[105] 아마도 장덕수는 자신이 2월 14일 동경 우에노공원(上野公園)에서 만난 여운형의 동생 여운홍을 감추기 위해 조용운을 거론했을 수도 있다. 미국 유학 중이던 여운홍은 형 여운형의 지시에 따라 1919년 1월 14일 샌프란시스코를 출발해 2월 1일 요코하마에 도착한 후 다음날 종형 여운일의 소개로 다수의 유학생을 만났다. 여운홍은 최팔용을 통해 동경유학생의 움직임을 들었고, 직접 2·8독립선언을 목격했다. 여운홍은 2월 14일 우에노공원에서 장덕수를 만나 여운형의 편지를 건네받았다. 이를 통해 김규식의 파리 행을 알게 되었다는 것이다.[106] 여운홍은 2월 16일 귀국했고, 이상재·최남선·함태영·이갑성 등을 만난 후 2월 27일 밤 서울을 출발해 상해로 갔다.

3) 선우혁·김철·서병호·김순애의 국내행

국내로 파견된 인물 가운데 가장 자세한 행적이 밝혀진 것은 선우혁이다. 선우혁은 신민회 회원이자 105인사건 관련자로 1913년 경성복심법원에서 무죄로 석방된 후, 평안북도 일대에서 전도활동을 하다가 1916년 상해로 건너갔다.[107] 선우혁은 상해에서 신규식의 동제사에 참여했으며, 한진교의 해송양행에서 거주하고 있었다. 1919년 1월 25일경

---

105) 조소앙, 「3·1운동과 나」, 『자유신문』 1946.2.26(삼균학회, 『소앙선생문집』 하, 횃불사, 1972, 57쪽); 김희곤, 『중국관내 한국독립운동단체연구』. 정원택은 신규식의 편지(1919.1.21)를 받고 길림에 가서 1918년 12월 25일(양력 1919.1.26) 조소앙을 만났다. 조소앙은 자신이 이미 길림에 온지 수개월인데 세간일에 간섭하지 않고 자기 수양만 하기로 결심했다고 발언하고 있다. 정원택, 『지산외유일지』, 428쪽.
106) 여운홍, 『몽양여운형』, 33~34쪽; 여운홍, 「내가 겪은 20세기」, 『경향신문』 1972.1.8.
107) 윤경로, 『105인사건과 신민회연구』, 한성대학교 출판부, 2012, 363쪽.

상해를 출발해 2월초 국내로 잠입해 신민회 회원 출신이자 105인 사건 관련 기독교 지도자들을 만났다. 2월초 평북 선천에서 양전백(梁甸伯) 목사를 만난 선우혁은 윌슨의 민족자결주의를 거론하며 재미동포는 이승만 등 3명의 대표를 파리에 파견하고 상해동포도 김규식을 대표로 파견한다며, 이를 후원하기 위한 독립운동의 실행과 운동비 모집을 권유했다.[108] 선우혁이 국민회의 이승만 파견과 상해의 김규식 파견을 모두 언급했다는 점이 주목할 만하다. 이는 상해 신한청년당 그룹이 미주의 움직임을 잘 인식하고 있었을 뿐만 아니라 기회포착적으로 대응하고 있음을 보여주기 때문이다.

선우혁은 이후 평북 정주의 이승훈,[109] 평양의 길선주 목사 및 강규찬, 안세항, 변인서, 이덕환, 김동원, 도인권, 김성탁, 윤원삼, 윤성운 등 기독교계의 유력인사를 만나 독립운동 및 운동자금 거출을 협의했다. 이승훈은 1919년 1월 26일 오산학교 교장 조만식, 교사 조철호·김이열·박기선 등 4명을 초청해 "이번의 강화회의에서 세계의 약소국을 독립시킬 형세에 있다. 이것은 선천 미국인 선교사 매퀸의 서신에 의하여 양전백으로부터 의논해 온 바 있는 것인데, 이 기회에 우리 조선민족은 독립을 위해 활동하지 않으면 안 되지만, 이 일은 한 학교나 한 부락에서 소규모로 운동을 해도 아무 효과가 없다. 따라서 일본 유학생과 기맥을 통하여 서로 호응하여 전 조선이 일제히 거사하지 않으면 안 된다. 이를 위해 적당한 대표자를 선정할 필요가 있으므로, 2월 4일 선천에서 열리는 평북장로회에서 세부적인 합의를 하자"는 발언을 했다. 이

---

108) 李炳憲, 「양전백선생 취조서」, 『3·1운동비사』, 時事時報社出版局, 1959, 258~259쪽; 김희곤, 「신한청년당」에서 재인용.

109) 「이승훈 취조서」에는 선우혁과 이승훈이 1918년 12월 20일경(양력 1919.1.21), 양력 1919년 2월 10일경 두 차례 만난 것으로 되어 있다(李炳憲, 「이승훈 취조서」, 『3·1운동비사』, 357쪽; 김희곤, 「신한청년당」에서 재인용.

들은 2월 4~8일간 선천 평북부사경회에서 이 문제를 논의한 후 이승훈
은 보안유지를 위해 평양 기흘병원에 입원했다.[110] 정주 오산학교 교장
조만식은 3·1운동 공판에서 2월 2일 이승훈의 초청으로 그를 만났는
데, 상해에서 온 선우혁으로부터 조선독립운동비를 조달해 달라는 부
탁을 받았다는 얘기를 들었다고 밝혔다.[111] 이후 평안도 기독교계 인사
들은 독립선언을 하기로 하고 학교 학생과 교사를 동원해 독립선언과
시위운동을 하기로 했다. 나아가 이들은 천도교 측과 연계가 되어 협동
하기로 했다. 선우혁은 3월 20일 상해로 귀환했다.[112]

한편 김철은 1915년 메이지대학 법과를 졸업한 후 1917년 상해로 망
명한 인물인데, 1919년 2월 서울로 잠입해 천도교와 접촉해 운동방향을
논의했다. 현순자서전에 따르면 2월 22일 이전 천도교 측은 김철에게 독
립운동 자금으로 1만 원을 제공했다.[113] 천도교 측 기록은 손병희가 그
에게 3만 원의 송금을 약속했다고 한다.[114] 또한 김철은 3월 초순 전남
장성의 양반출신 기산도(奇山度, 일명 奇蹇)를 만나 해외 독립운동을

[110] 독립운동사편찬위원회,『독립운동사자료집』제6집(삼일운동사자료집), 원호처, 1973, 616~617쪽.
[111] 독립운동사편찬위원회,『독립운동사자료집』제5집(삼일운동재판기록), 원호처, 1972, 860~861쪽.
[112]「騷擾事件卜在外排日鮮人卜ノ關係」(高第10719號, 1919.4.11),『不逞團關係雜件 朝鮮人ノ部 在內地』4; 朝鮮總督府,「上海在住不逞鮮人ノ行動」(1920.6); 강덕상,『여운형 평전』, 172~173쪽. 선우혁은 이런 활약의 결과 임시정부에서 국내와 연락을 담당하는 교통부 차장, 안동교통국 국장으로 선출되었다.
[113] 1918년 2월 22일 현순은 이승훈과 함께 최린을 만나서 천도교 경비 2천 원 제공을 약속받고, "上海에서 潛入한 金澈에게 運動金 一萬元을 주었으니 事勢를 따라 쓰라"는 얘기를 들었다. 현순은 천도교측이 제공한 2천 원을 이승훈을 통해 수령한 후 1천 원은 여비로, 1천 원은 기독교 간부에게 맡겼다. 玄楯,「三一運動과 我의 使命」,『玄楯自史』(David Hyun and Yong Mok Kim, ed., My Autobiography: The Reverend Soon Huyun, Yonsei University Press, 2003 수록), 291~292쪽.
[114] 義庵 孫秉熙先生 記念事業會,『義庵孫秉熙先生傳記』, 대한교과서주식회사, 1967, 341쪽.

후원하기 위한 독립자금 출자를 요청하기도 했다.[115) 즉 김철은 주로 서울에서 독립운동 자금 모집에 주력했던 것이다.[116)

서병호는 1915년 9월 남경 금릉대학에 입학했으며,[117) 김규식과는 어릴 적부터 친밀한 사이였다. 서병호·김규식·언더우드는 모두 처음 유아세례를 받은 인물들이었으며, 언더우드의 입학추천장을 받았다. 서병호와 김규식은 동서지간으로, 서병호는 김필순의 첫째 여동생 김구례와 결혼했고, 김규식은 김필순의 둘째 여동생 김순애와 결혼했다. 서병호는 경신학교의 전신인 민노아학당을 거쳐 경신학교를 졸업(1905)한 후 해서(海西)제일학교와 대성학교를 거쳐 경신학교에서 교사·학감으로 일한 바 있다.[118) 1919년 여름 졸업예정이었는데, 김규식과 편지연락을 주고받으며, 1차 대전 종전 이후 강화회의 참석문제를 논의했다고 한다.[119) 고춘섭에 따르면 서병호는 김순애 등과 동반해 2월 중순경 부산으로 잠입해 김성겸의원(金性謙醫院)집에 머물며 백신영(白信永)·안희제(安熙濟) 등을 만났고, 대구·광주를 경유해 상경하는 길에 일본에서 유학생 대표로 귀국하는 조카 김마리아를 만나 2월 24일 서울에 들어왔다. 경신학교 후배이며 33인의 하나인 이갑성의 집에서 이승훈·현순과 협의하고 이갑성의 주선으로 세브란스에 잠복하며 정보를 수집하

---

115) 「獨立運動資金募集者檢擧ノ件」(秘受12935號/高警第31411號, 1919.11.5), 『不逞團關係雜件 朝鮮人ノ部 在內地』 9.

116) 1919년 2월 상해에 도착한 이광수는 김철이 국내에서 가져온 1만 원으로 프랑스 조계에 셋방을 얻고, 타이프라이터 한 대를 사서, 윌슨, 클레망소, 로이드 조지 등에게 전보를 보내는 한편 상해 영문신문에 기사를 보냈다고 회고했다. 李光洙, 「上海의 二年間」, 『三千里』 1월호, 1932(『이광수전집』 제14권, 삼중당, 1962, 347쪽).

117) 윤은자, 「20세기초 남경의 한인유학생과 단체(1915~1925)」, 『중국근현대사연구』 29, 2008, 34쪽.

118) 高春燮, 「잊지못할 교육자 松岩徐丙浩先生」, 『사학』 15, 대한사립중고등학교장회, 1980, 47~50쪽.

119) 「서병호씨 담(1967.5.24)」, 이정식, 『김규식의 생애』, 51~52쪽.

고 함태영과 협의했다. 3·1운동 발발 이후인 3월 13일 압록강을 건너 만주 흑룡강을 거쳐 상해로 귀환했다.[120] 총독부 기록에는 서병호가 2월 20일경 서울에 와서, 남대문 밖 세브란스병원에 체재하던 중, 2월 25일 늙은 부모의 병문안을 위해 본적지로 향했고, 동정을 살피다가 3월 7일 고향을 출발했다고 되어 있다.[121]

김순애의 회고에 따르면 김규식은 파리강화회의에서 신용을 얻으려면 신한청년당이 국내에 사람을 보내어 독립을 선언해야 하고, 희생이 있더라도 국내에서 움직임이 있어야 사명이 잘 수행될 것이라고 강조했다.[122] 이 결과 서병호, 백남규, 이화여전 출신 이화숙, 김순애가 국내로 잠입하기로 결정되었다. 김순애는 상해의 선교사와 중국인의 자금 도움으로 부산항에 잠입했고, "여러 친지들에게 수소문한 결과" 국내에서 3·1운동의 준비가 다 된 것을 알았다는 것이다.

김희곤에 따르면 김순애는 서병호·백남규, 대구의 홍주일(洪宙一)·이만집(李萬集), 동경에서 온 조카 김마리아와 함께 2월 13일 대구에서 백남채(白南採, 백남규의 형, 북경대학 졸업, 啓星學校 교감, 남산교회 장로)를 만나 거사를 모의했다.[123] 다른 기록에는 김순애가 2월 16일 대구에 들어와 북경시절 친분이 있던 백남채를 만났고, 2월 26일 서울에서 내려온 이갑성이 백남채, 이만집(南城교회 목사), 김태련(金兌鍊, 남성교회 助師)를 만나 3·1운동 계획을 전달했다. 3월 3일 서울에서 독립선언서가 이만집 목사에게 전달된 후, 이 목사는 김영서, 백남채,

120) 高春燮, 「잊지못할 교육자 松岩徐丙浩先生」, 47~50쪽.
121) 朝鮮總督府 警務總監 兒島惣太郎, 「朝鮮人身元調査の件」 1919.4.12, 강덕상, 『여운형평전I』, 175쪽.
122) 「김순애여사담(1970.3.18)」, 이정식, 『김규식의 생애』, 52~53쪽.
123) 尹普鉉, 『영남출신독립운동약전』 제1집, 光復先烈追慕會, 1961, 38쪽; 김희곤, 「신한청년당의 결성과 활동」에서 재인용.

정재순, 정광순, 최교학 등과 상의해 3월 8일 대구 큰 장날 거사하기로 합의했다.[124] 백남채는 대구 3·1운동의 중심인물인데, 신한청년당의 중심인물인 한진교가 1918년 6월경 국내로 잠입해 대구에서 백남채·서상일과 접촉한 바 있다.[125]

김순애는 서울로 올라와 함태영을 만났고, 옥고를 함께 치르려 했으나 일제에 체포되면 김규식의 사기에 영향을 줄 것이라는 권유로 2월 28일 압록강을 건넜다고 한다.[126] 『독립신문』에 실린 김순애의 회고에 의하면 김순애는 2월 하순 평양에 도착해 숭의여학교 교사였던 김경희(金敬喜)의 집에 유숙하며, 그녀의 소개로 다수의 동지를 소개받았고, 2월 28일 평양을 떠나 상해로 돌아왔다.[127]

이상을 종합하면 여운형이 1919년 1월 20일경 상해를 출발해 간도·시베리아로 향했고, 선우혁은 1월 23일경 국내로, 장덕수는 1월 27일경 일본으로 출발했다. 김규식은 2월 1일 상해를 출발해 파리로 향했다. 그런데 장덕수 진술과 여운형 진술에는 날짜 차이가 있는데, 아무래도 1919년 장덕수의 진술이 1929년 여운형의 진술보다는 사실관계에 근접할 것이다. 또한 신한청년당의 주역인 여운형이 김규식의 출발 이전에 먼저 떠났다고 보기도 어렵다. 장덕수가 일본으로 출발한 1월 27일, 28일을 기준으로 한다면, 여운형은 1월 28일, 29일 혹은 2월 1일경 상해를

---

124) 李在寅, 「上海서 潛入한 金順愛女史 : 大邱」, 『新東亞』 1965년 3월호, 101쪽.

125) 「공적조서(한진교)」 및 「한진교 자필 [독립운동이력서]」. 한진교의 다른 기록에는 1917년으로 되어 있다. 한에녹, 『創世以前과 創世: 永遠한 福音』, 영원한복음사, 1955, 1~2쪽.

126) 이정식, 『김규식의 생애』, 54쪽. 김순애는 이후 흑룡강성 치치하얼의 김필순을 찾아가 현지 사범학교 교감으로 일했으나, 일본영사관 경찰에 납치되었다. 그러나 중국에 입적했기에 얼마 후 석방되었고, 중국 관헌의 도움으로 탈출해 상해로 귀환했다.

127) 「愛國心의 化身 金敬喜女史의 生涯와 臨終」, 『독립신문』 1920.2.14. 신한청년당 추도회에서 행한 김순애의 회고.

[표] 1919년 1~2월 신한청년당 밀사의 국내외 파견상황

일시	이름	활동	출처
1919.1.16	장덕수	신규식으로부터 동경·서울 잠입 지시 받음	장덕수, 1919년 진술
1919.1.19	김규식	남경에서 김순애와 재혼, 당일 상해행, 신한 청년당 6명 한국, 일본, 만주, 시베리아 잠 입 개시	김규식 자필이력서
1919.1.20	여운형	간도·시베리아로 출발, 1~2일 전 장덕수, 일본행	여운형, 1929년 진술
1919.1.25	선우혁	국내로 출발	
1919.1.27	장덕수	상해 출발, 동경행, 2.3 도착, 2.17 서울행	장덕수, 1919년 진술
1919.2.1	김규식	상해 출발, 파리행	김규식, 자필이력서
1919.2.1	신한 청년당	여운형·김규식·김철·선우혁·한진교· 장덕수·신석우·서병호 회동, 김규식(파리), 여운형(만주·노령), 김철·선우혁·서병호 (국내), 장덕수(동경·서울)로 출발	독립신문, 1919.8.

출발했을 개연성이 높다.

김규식은 2월 1일 포트토스호로 상해를 떠났으며, 『독립신문』 역시 2월 1일 김규식의 파리행과 맞춰 신한청년당원들이 출발했다고 쓰고 있다. 김규식의 출발은 상징적 의미를 지녔을 것이다. 밀사들이 모두 같은 날 출발하는 것은 보안유지와 체포위험 등을 고려한다면 현명한 선택지는 아니었다. 때문에 출발일은 배편, 기차편 등 여행수단과 보안유지 등을 고려해 1월 25일경부터 2월 1일 사이에 실행에 옮겨진 것으로 볼 수 있다. 이것이 현재로선 가장 합리적인 해석이다.

강덕상의 평가에 따르자면 "이들의 활동이 2·8독립선언과 3·1독립선언에 미친 영향은 자못 컸다."[128] 선우혁은 이승훈·양전백·길선주

---

128) 이들의 활동에 대해서는 강덕상, 『여운형평전I』, 162~194쪽. 인용은 같은 책, 174쪽.

등 국내 기독계의 옛 신민회 지도자들을 만나서 파리강화회의 대표 파견과 독립운동의 실행 등을 강조했고, 장덕수는 동경으로 잠입해 2·8독립선언 정황을 파악하고 상해·일본·국내의 연결을 꾀했다. 여운형은 장춘·하얼빈·블라디보스토크로 나아가 파리강화회의 대표파견을 알리고 주요 지도자들과 협의했다. 파리강화회의 대표 파견을 알리고, 이에 호응하고 후원하기 위한 독립운동을 촉구하는 한편 자금모금에 나섰던 것이다. 이러한 노력이 경주되면서 2·8독립선언과 3·1독립선언의 폭발이 일어났다.

제1차 세계대전의 종식과 파리강화회의 개최라는 국제적 정세의 변화, 상해·샌프란시스코의 파리강화회의 대표파견 시도라는 해외 독립운동의 자극과 그 연장선상에 놓인 동경 2·8독립선언은 결국 3·1독립선언이라는 국내적 대폭발을 이끌어냈다. 해외와 국내가 서로 영향을 주고받은 이러한 메아리효과는 다시 해외에서 독립운동의 대고조와 상해 임시정부 수립이라는 한국독립운동사상의 일대 성취를 이뤄냈다.

여운형과 신한청년당이 3·1운동에 끼친 공로에 대해서는 상해 임시정부와 독립운동진영도 적극적으로 평가했다. 『독립신문』은 여운형이 크레인에게 보낸 청원서가 한국독립운동의 첫 '발단'이었으며, 신한청년당이 김규식·장덕수·여운형·김철·선우혁·서병호를 파리·일본·러시아령·국내로 파견함으로써 "정숙(표면상)하던 韓土 삼천리에 장차 일대풍운이 起할 兆가 有하더라"라고 평가했다.[129]

---

[129] 「한국독립운동사(1)」, 『독립신문』 1919.8.26; 정병준, 「3·1운동의 기폭제-여운형이 크레인에게 보낸 편지 및 청원서-」.

5. 맺음말 : 3·1운동 이후의 신한청년당

우리가 주목해야 할 점은 여운형과 김규식 등 신한청년당의 주역들은 3·1운동이 발발하리라는 것을 예상하기 전에 독립운동의 최전선에 뛰어들었다는 사실이다. 여운형은 봉천에서 3·1운동의 발발 소식을 들었고, 김규식은 파리에 도착해 몇 주가 지난 뒤에야 3·1운동의 소식을 들었다.

이들은 20여 명 안팎의 소수 정당을 조직하고, 윌슨 대통령과 파리강화회의에 독립청원서를 제출하는 한편 대표를 파리에 파견했고, 스스로가 밀사가 되어 국내외에 들어가 선전활동과 모금활동을 함께 펼쳤다. 이들은 3·1운동 이전에는 독립운동 선상에서 이름을 떨친 애국자들이 아니었지만, 3·1운동이 발발하자 독립운동의 최전선의 운동가로 이름을 얻었다.

1919년 4월 상해에서 독립임시사무소가 조직되었고, 이를 기반으로 초기 상해대한민국임시정부가 조직(1919.4.11)되었다. 국내외에서 독립운동가들이 상해로 결집했고, 신한청년당은 초기 상해임시정부의 중요한 인적 자원이자 주력이 되었다. 이 시기 신한청년당의 가장 중요한 활동을 바로 임시정부의 조직과 유지에 필요한 인적·물적·정신적 자원을 제공한 것이었다. 위의 〈[표] 신한청년당 당원 이력〉에서 드러나듯이 신한청년당 당원들 중 일제에 체포·투옥되지 않고 상해에 있던 모든 사람들이 임시정부의 주역으로 활동했다.

둘째 신한청년당은 정당으로서 활동하면서, 독자적인 기관지『신한청년』을 간행했다. 현재 총3개 호수의『신한청년』이 발견되었다. 국한문 창간호, 제2권 제1호, 중국문 창간호 등 3종이다.

[표] 『신한청년』 간행상황 및 소장 정보

호 수	발간일	소장처 (형태)	출처	공개경로
창간호 (국한문)	1919.12.1	컬럼비아대 도서관 (MF)	나기호(신한청년당원·컬럼비아대학생)	신용하(1986)
		하버드옌칭도서관 (원본)	일본고서점(Rinroukaku, 琳琅閣書店) 구매	
제2권 제1호 (국한문)	1920.2.	컬럼비아대 도서관 (MF)	나기호(신한청년당원·컬럼비아대학생)	신용하(1986)
창간호 (중국문)	1920.3.1	북경대 도서관 (원본)		중국학연구소 (1991)·국편(2009, 번역)
		중국인민대 도서관		金福媛(1985)
		일본외무성 외교사료관 (원본)	不逞團關係雜件 朝鮮人ノ 部 新聞雜誌 2 (원본3책)	

　주필은 이광수(국한문·중국문), 박은식(중국문)으로 되어 있다. 국한문 창간호의 책등에는 "대한민국 원년 12월 1일 발행(매월 1회)"로 표기된 데서 알 수 있듯이 월간잡지를 표방한 것으로 보인다. 그러나 발행비용 및 원고·필자를 모두 구하기 어려운 상황 탓에 월간지 발행은 불가능했을 것으로 보인다.[130]

　『신한청년』 창간호(국한문) (1919.12.1), 『신한청년』 제2권 제1호(국한문) (1920.2), 『신한청년』 창간호(중문) (1920.3.1)의 3개 호수 가운데 국한문·중문 창간호는 기사의 대부분을 3·1독립운동 관련 기사로 채

---

[130] 여운형은 일제 심문과정에서 자신의 블라디보스토크 행은 선전활동의 목적과 자금 모집의 목적이 있었는데, 파리강화회의 대표파견과 관련해 김규식의 파견에 3만 원, 잡지발행에 2만 원 등 총 5만 원이 필요했으며, 잡지는 한국사정을 선전하며 오랜 역사를 알리기 위한 목적이었다고 했다. 비용 중 일부는 신석우가 보조했고, 장덕수와 여운형은 자금을 모으러 국내외로 떠난 것이었다. 「피의자신문조서(제5회)」(1929.8.5. 경성지방법원 검사국), 『몽양여운형전집』 1, 505~511쪽.

웠다. 그런데 창간호는 다음 호부
터는 지면을 삼분해서 (1) 평론,
(2) 신사상, (3) 독립운동기사·문
예·기타 잡집(雜集)으로 배분한다
고 밝혔고,[131] 현재 남아있는 제2
권 제1호에는 1920년 초반 『신한
청년』의 방향을 보여주는 다양한
'평론' 및 '신사상' 관련 내용이 수
록되었다. 국한문본은 제2권 제1호
를 마지막으로 더 이상 발견되지
않는다.

중국문본은 창간호가 남아있으
며, 박은식이 주필로 등재되어 있
다. 한중연대 및 중국인을 대상으
로 하는 선전활동의 일환으로 발행

[그림] 『신한청년』 창간호(국한문본)
Harvard-Yenching 소장

된 것으로 판단된다. 『신한청년』은 국내외에 다수 배포되었으며, 일제
당국은 불온문서로 취급해 잡지는 압수하고 소지자는 검속하는 사례가
다수 보고되었다.

흥미로운 사실 하나만을 지적한다. 『신한청년』 창간호(국한문)에는
현재 우리가 사용하는 애국가 가사가 4절까지 그대로 수록되어 있다.
과문한 탓인지는 모르지만, 현재 사용되는 애국가 가운데 대한민국임
시정부가 수립된 이후 상해의 유력한 독립운동 정당이 간행하는 공식
간행물에 애국가가 그대로 수록된 것은 이것이 처음으로 생각된다. 논
란의 작사자는 명시되지 않았다.

---

131) 「編輯餘言」, 『新韓青年』 창간호, 1919.12.1, 139쪽.

셋째 신한청년당은 3·1운동기 외교독립노선에 입각해 파리강화 회의에 대표를 파견하고 윌슨의 민족자결주의에 대해 기대한 것처럼 1917년 러시아혁명과 신흥 러시아에 대해서도 새로운 가능성을 타진했다. 1921~22년 모스크바에서 개최된 극동민족대회에는 신한청년당의 대표들이 파견되었다. 김규식은 신한청년당 대표이자 고려공산당 후보당원의 자격으로 파견되었고,[132] 신한청년당 당원인 여운형은 고려공산당 대표로, 정광호는 화동한국학생연합회 대표로 파견되었다.[133]

『신한청년』 창간호에 수록된 애국가

넷째 신한청년당의 해체일에 대해서는 여운형의 진술이 엇갈리고 있다. 여운형은 일제 심문과정에서 1922년 12월 중순에 해산했다는[134] 진술과 1924년 3~4월경에 해산했다는[135] 2가지 진술을 했다. 1922년 12월

---

132) 임경석, 「극동민족대회와 조선대표단」, 38~46쪽; 한규무, 「극동인민대표회의에 참가한 '조선예수교대표회' 현순의 '위임장'과 그가 작성한 '조사표」, 206쪽.

133) 여운형은 일제 심문과정에서 자신과 김규식은 신한청년당 대표였다고 진술했다. 「피의자신문조서(제4회)」(1929.8.3. 경성지방법원 검사국), 『몽양여운형전집』 1, 491쪽.

134) 상해 프랑스조계 서병호의 집에서 여운형, 서병호, 김규식, 김순애, 한진교, 신국권, 도인권이 모여 해산을 결의했다. 이광수, 장덕수, 임성업은 조선 귀국, 선우혁은 남경, 이원익은 청진, 양헌은 안동현, 김갑수는 독일에서 생업에 종사했고, 김철은 해산에 반대해 불참했다. 「피고인신문조서(제2회)」(1930.2.27. 서대문형무소), 『몽양여운형전집』 1, 563~567쪽.

135) 「피의자신문조서(제2회)」(1929.8.1. 경성지방법원 검사국), 『몽양여운형전집』 1, 470쪽.

에 해산하게 된 이유로는 임시정부와 신한청년당이 동일한 목적, 즉 독립운동을 추구하면서 2개의 명칭, 별개의 조직으로 운영하는 것이 불편했기 때문이라고 지적했다.[136] 1922년 6월 일제의 정보보고에 따르면 신한청년당은 "신문, 잡지 등의 선전을 통해 독립을 달성하려는 목적의 조직으로 현재 김철 이하 12명이 있다"고 되어 있다.[137] 1923년 6월 일제 정보보고에는 신한청년단(新韓靑年團)의 단장은 김규식, 단원은 30명, 목적은 독립선전이며, 단원은 흥사단에 전입되는 경향이 있다고 기록하고 있다. 같은 보고에 여운형은 노동단(勞動團)의 단장으로 단원은 약 100명으로 경성 출신자로 구성되었으며, 이 단체는 안창호의 흥사단에 대항해 생겨난 것으로 특색은 불명확하다고 되어 있다.[138] 여운형이 진술한 1922년 12월 해산설에 일정한 무게가 실리는 대목으로, 여운형은 이 시점에 신한청년당과 결별했을 가능성이 높다.

1925년 5월 일제 정보당국은 신한청년당이 안창호의 흥사단에 흡수되어 거의 "자연 소멸" 상태에 이르렀다가 1925년 3월 신간부진을 선임해 부흥을 꾀하고 있다는 보고를 했다.[139] 1925년 11월 상해 거주 한국인의 상황을 조사한 일제 정보보고에도 신한청년당은 회원 약 50명으로 1919년 정치문제 연구를 위해 조직되었으며 간사는 닥터 김규식이라고 기록되었다.[140] 이것이 신한청년당에 대한 마지막으로 확인되는

---

136) 「공판조서」(1930.4.9. 경성지방법원 공개법정), 『몽양여운형전집』 1, 605쪽.
137) 「不逞鮮人ノ組織スル團體(在上海木下內務事務官報告)」, 『臨時報』 제358호(1922.6.16. 關東廳警務局), 『不逞團關係雜件 朝鮮人ノ部 在上海地方』 4.
138) 「上海ニ殘存セル鮮人政治團ノ情況」, 『臨時報』 제279호(1923.6.6. 關東廳警務局), 『不逞團關係雜件 朝鮮人ノ部 在上海地方』 5.
139) 「新韓靑年黨의 부흥에 관한 건」, 高警 제1479호(1925.5.4), 『대한민국임시정부자료집』 32권 관련단체 II.
140) 「上海在留鮮人ノ狀況ニ關スル件」, 木村亞細亞局長 → 朝鮮總督府 三矢警務局長 (1925.11.11), 『不逞團關係雜件 朝鮮人ノ部 在上海地方』 6.

기록이다. 이후 기록이 나타나지 않는 것으로 미루어 신한청년당은 1918년 창립된 이래 부침을 겪다가 1925년 말 이후 최종적으로 소멸된 것으로 추정된다.

참고문헌

「김규식의 영문 이력서」(1950.3.5)

『不逞團關係雜件 朝鮮人ノ部 上海地方』1;『不逞團關係雜件 朝鮮人ノ部 在內地』
2, 4, 5, 9;『不逞團關係雜件 朝鮮人ノ部 在上海地方』1, 4, 5, 6;『不逞團關係雜件
朝鮮人ノ部 在支那各地』1.

『新韓靑年』(국한문) 창간호(1919.12.1), 제2권 제1호(1920.2),『新韓靑年』(중국문)
창간호(1920.3.1)

강덕상,『여운형평전I: 중국·일본에서 펼친 독립운동』, 역사비평사, 2007.

강영심, 「제3장 대동단결선언과 신한청년당」,『한국독립운동의역사17: 1910년대
국외항일운동II-중국·미주·일본』, 독립기념관 한국독립운동사연구소,
2008.

고춘섭 편저,『정상을 향하여, 秋空 吳禎洙 立志傳』, 샘터, 1984.

高春燮, 「잊지못할 교육자 松岩徐丙浩先生」,『사학』15, 대한사립중고등학교장회,
1980.

國會圖書館,『韓國民族運動史料』3·1운동편 3, 1979.

김희곤, 「신한청년당의 결성과 활동」,『한국민족운동사연구』1, 1986.

김희곤, 「신한청년당」,『한민족독립운동사』3, 국사편찬위원회, 1988.

김희곤,『중국관내 한국독립운동단체연구』, 지식산업사, 1995.

나기호,『비바람 몰아쳐도』, 양서각, 1982.

류자명,『나의 회억』, 료녕민족출판사, 1985.

몽양여운형선생전집발간위원회 편,『몽양여운형전집』1, 한울, 1991.

민필호, 「대한민국임시정부와 나」, 「晩觀 申圭植先生傳記」, 김준엽편,『石麟閔弼
鎬傳』, 나남출판, 1995.

반병률, 「醫師 李泰俊(1883~1921)의 독립운동과 몽골」,『한국근현대사연구』13, 2000.

裵京漢, 「上海·南京지역의 初期(1911-1913) 韓人亡命者들과 辛亥革命」,『東洋史
學硏究』67, 1999.

신용하, 『박은식의 사회사상연구』, 서울대출판부, 1982.

신용하, 「신한청년당의 독립운동」, 『한국학보』 44, 1986.

여운홍, 『몽양여운형』, 청하각, 1967.

윤경로, 『105인사건과 신민회연구』, 한성대학교 출판부, 2012.

義庵 孫秉熙先生 記念事業會, 『義庵孫秉熙先生傳記』, 대한교과서주식회사, 1967.

李在寅, 「上海서 潛入한 金順愛女史 : 大邱」, 『新東亞』 1965년 3월호.

이정식, 『김규식의 생애』, 신구문화사, 1974.

이정식 면담, 김학준 편집해설, 김용호 수정증보, 『혁명가들의 항일회상』, 민음사,
      2006.

임경석, 「극동민족대회와 조선대표단」, 『역사와현실』 32, 1999.

장건상 외, 『사실의 전부를 기술한다』, 희망출판사, 1966.

정병준, 「1919년, 파리로 가는 김규식」, 『한국독립운동사연구』 60, 2017.

정병준, 「3·1운동의 기폭제-여운형이 크레인에게 보낸 편지 및 청원서」, 『역사
      비평』 여름호, 2017.

조동걸, 「임시정부 수립을 위한 1917년의 대동단결선언」, 『한국학논총』 9, 1986.

최기영, 「宋憲澍의 재미민족운동과 한인단체 연합활동」, 『한국독립운동사연구』
      51, 2015.

한규무, 「극동인민대표회의에 참가한 '조선예수교대표회' 현순의 '위임장'과 그가
      작성한 '조사표'」, 『한국근현대사연구』 30, 2004.

한에녹, 『創世以前과 創世: 永遠한 福音』, 영원한복음사, 1955.

小野容照, 「新亞同盟黨の硏究-朝鮮·臺灣·中國留學生の民族を越えるネットウー
      クの初期形成過程」, 早稻田大學アジア硏究機構, 『此世代アジア論集』 3,
      2010.

玄楯, 『玄楯自史』(David Hyun and Yong Mok Kim, ed., My Autobiography: The
      Reverend Soon Huyun, Yonsei University Press, 2003).

일제의 '요시찰' 감시망 속의
재일한인유학생의 2·8독립운동

윤소영

1. 머리말

1919년 일본 도쿄에서 조선인 유학생이 일으킨 2·8독립운동은 일제 강점기에 일본에서 일어난 대규모의 본격적인 항일학생운동의 효시로써 그 중요성이 일찍부터 지적되어 왔다.

그동안 이에 대해서는 박경식, 강덕상 등 재일사학자의 선구적 연구[1]에 이어 국내에서 김인덕에 의해 본격적으로 조명되어,[2] 운동의 준비 및 전개과정, 그 후의 발전 양상에 대한 기초연구가 수행되었다. 그후 2·8독립운동은 3·1운동의 기폭제라는 의미에서 중요하다고 평가받으면서도 이 주제를 다시 천착한 연구는 이루어지지 않은 채, 2000년

---

[1] 姜德相,「二八宣言と東京留学生」,『三千里』17, 1979; 姜德相,『朝鮮独立運動の群像』, 青木書店, 1984; 정세현,『항일학생민족운동사연구』, 일지사, 1977; 박경식,「일본에서의 3·1독립운동」,『서암조항래교수 화갑기념 한국사학논총』, 아세아문화사, 1992; 유동식,『재일본한국기독교청년회사』, 재일본한국YMCA, 1990.
[2] 김인덕,「일본지역 유학생의 2·8운동과 3·1운동」,『한국독립운동사연구』13, 1999.

대 이후, 재일유학생의 2·8독립운동 이전의 사상적 기반과 정치활동에
주목한 연구와 각 인물연구, 그리고 개인일기를 통해 2·8독립운동과
3·1운동의 연결고리를 천착한 연구[3] 등이 이루어지고 있는 추세이다.

그럼에도 불구하고 2·8독립운동에 대해서는 아직 석연치 않은 부분
이 다수 남아있어서, 이 글은 이러한 점을 해명하고 정리해 보고자 한
다. 먼저, 운동 주체들의 회고담이 서로 엇갈리는 부분과 그 외 일제 측
의 자료를 활용하여 운동의 준비와 동기, 각각의 역할분담, 국내외 독
립운동세력과의 연계 상황, 운동의 방법과 거사 일시를 포함한 준비과
정을 재검토할 것이다. 무엇보다 2·8독립운동의 주체들이 모두 일제의
'요시찰인'으로 감시 받고 있는 상황이었다는 점이 그동안의 연구에서
는 소홀히 취급되어왔다. 이 부분에 대한 이해가 선행되지 않으면 2·8
독립운동을 평면적, 단선적으로 이해할 수밖에 없다고 생각된다. 그 외
에 2·8독립운동의 주체들은 민족자결주의가 조선에 적용될 것이라는
기대감은 크지 않았다고 지적되어 왔는데[4] 이 점도 재검토가 필요하
다. 당시 유학생들의 정보망이 상하이, 블라디보스토크, 미주지역, 국내
와 유기적으로 연결되어 있었을 뿐 아니라 도쿄제국대학 교수 요시노
사쿠조(吉野作造) 등의 '민주주의' 담론의 자장 속에서 매우 활발하게
사상적 탐구를 하고 있었다는 점을 주목하고자 한다.

그 외에 2·8독립운동의 각종 에피소드를 재검토할 것이다. 즉 송계

---

[3] 최선웅, 「1910년대 재일유학생단체 신아동맹당의 반일운동과 근대적 구상」, 『역사
와현실』 60, 2006; 최주한, 「제2차 유학시절의 이광수」, 『춘원연구학보』 4, 2011; 오
대록, 「일제강점기 상산 김도연의 현실인식과 민족운동」, 『한국독립운동사연구』
38, 2011; 송지예, 「'민족자결'의 수용과 2·8독립운동」, 『동양정치사상사』 제11권 1호,
2012; 최우석, 「재일유학생의 국내 3·1운동 참여-「양주흡일기」를 중심으로」, 『역
사문제연구』 31, 2014; 松尾尊兌, 「吉野作造と朝鮮再考」, 『朝鮮史研究会論文集』 35,
1997; 小野容照, 『朝鮮独立運動と東アジア』, 思文閣出版, 2013.
[4] 이윤상, 『3·1운동의 배경과 독립선언』, 한국독립운동의 역사 18, 한국독립운동사
연구소, 2009; 송지예, 위의 글, 2012.

백은 거사 전에 조선에 가서 한글 활자를 가져왔는지, 또 윤창석이 일
본을 도우려던 핼리스 선교사의 프랑스 방문을 막았다는 것은 사실인
지, 이광수는 언제 도쿄에 왔고 떠났으며, 장덕수의 동선은 어떠했는지
등, 2·8독립운동 주체들의 동선과 활동내용에 대해서도 주의해보고자
한다.

주요자료로는 2·8독립운동 주체들이 남긴 각종 증언 기록물, 도키나
가 우라조(時永浦三)의 미국 현지 보고서 및 『第三帝國』 등의 일본어잡
지, 그리고 일제관헌이 생산한 각종 보고서를 이용하고자 한다.

2. 일제의 '요시찰' 감시망 속의 재일한인유학생

일본 내무성 경보국 보안과가 조사한 자료에 의하면, 1917년 12월 현
재 일본에 거주한 조선인은 14,502명으로, 주로 노동자들이었다. 이 가
운데 사찰이 필요한 자는 1919년 1월 1일 현재 186명인데, 갑호가 61명,
을호가 125명이며 이 중 119명이 도쿄에 있었다.[5] 당시 일제는 도쿄를
'배일선인'의 운동 중심지로 보았으며,[6] 이에 따라 도쿄의 재일조선인
유학생은 '요시찰인'으로서 관할경찰서 순사의 감시와 밀정의 감시망
속에서 유학생활을 보내야 했다.

조선인유학생에 대한 감시는 시모노세키(下關)에 도착하는 순간부터
시작되었다. 유학생들은 도쿄로 오기까지 평균 10회나 취조를 받기도
했으며,[7] 도쿄에 도착하면 먼저 모두 유학생감독부에 신고를 해야 했

---

5)「朝鮮人近況槪要」1919.1,『不逞団関係雑件－朝鮮人の部』在内地6, 국사편찬위원회
데이터베이스.
6) 위와 같음.

다. 관비유학생은 '관련 서류를 첨부하여 지체 없이 유학생 감독에게 제출해야 했고'(조선총독부유학생규정 제3조), 사비유학생의 경우도 주소, 이수학과, 입학할 학교, 입학 시기를 적은 이력서를 첨부하여 유학생감독에게 제출해야 했다(상기 규정 제17조).[8] 이와 같은 유학생 감독부를 조선인 유학생들은 '동경유학생기숙소'라고 현판을 붙인 '유학생 감옥소'라고 불렀다.[9] 유학생감독부의 사찰 현황에 대해서는 김우영이 고발한 글도 있다.

> 도쿄 고지마치 구의 전 재일본대한제국 공사관은 일제강점 후 기숙사 설비를 하여 유학생 감독부로 바뀌었는데, 유학생감독 촉탁인 헌병 출신의 일본인은 공공연히 모든 수단을 동원하여 유학생을 압박하여 유학생 친목회에서 발간하는 학보 발행을 금지하고 그 회합을 간섭하고, 조선유학생의 회합은 어떤 내용인지를 불문하고 회합의 일시 장소를 미리 보고하게 했으며 임원이 달라질 때에도 즉시 신고하도록 했다. 필요한 경우에는 그 집회를 금지시키고 있다.[10]

그렇다면 어떤 명목으로 이들을 사찰하였던 것일까? 1916년 7월 1일 內務省訓 제618호로 제정된 「요시찰조선인시찰내규」에서 그 근거를 찾아볼 수 있다. 요시찰 조선인은 갑호와 을호로 나뉘어 갑호는 배일사상이 투철하고 배일단체의 지도자에 해당하는 인물이며, 을호는 배일사상을 갖고 있거나 혐의가 있는 자로 구분했다.[11] 기술 항목은 아래와

---

7) 1958년 12월 17일 다나카 다케오(田中武雄) 등 구술 인터뷰, 「日本統治下の朝鮮民族運動」, 『東洋文化研究』 5, 学習院大学 東洋文化研究所, 2003, 344쪽.

8) 조선총독부령 제78호, 「留學生規定」, 『在日朝鮮人留學生資料 2』, 綠蔭書房, 2012, 305쪽.

9) 「유학생감옥(일 유학생)」, 『신한민보』 1911.09.13.

10) 靑邱生, 「朝鮮靑年の苦痛」, 『第三帝国』 5, 1914.2.1, 독립기념관 소장본.

11) 內務省訓 제618호, 「要視察朝鮮人視察內規」(1916.7.1), 『朝鮮(2)』, 現代史資料26, み

같다.

1. 씨명: 위계, 훈등, 작위

2. 종별: 본 내규 제1조에 적힌 종별 그 해당사항을 기입한다. 예를 들면 갑
   호의 1, 혹은 을호의 2

3. 생년월일: 明治, 大正 등으로 환산하여 기입. 생년월일이 불명일 때는 연
   령 기입, 조사연월일을 괄호 안에 기록

4. 본적 신분: 본적지명 양반, 유생, 常民 등의 구별을 기입

5. 거주지 편입청 및 연월일: 제1란에 거주를 시작한 연월일, 제2란에 거주
   지, 제3란에 거주지 편입연월일 및 편입청 기록

6. 인상 및 특징: 신장, 골격, 체형, 얼굴색, 눈썹, 눈, 코, 입, 이, 귀, 두발, 상
   투 증의 상태 및 그 외 특징에 대해 상세히 기록

7. 계통맥락 관계 및 숭배자: 배일주의 당파의 소속 또는 유력한 배일주의
   등과의 맥락관계, 그 숭배하는 인물, 그 외 주의 사상 및 배일적 행동의
   연락 관계 등을 나타내는 사항을 기입

8. 교제자 씨명: 내외인의 구별없이 친교있는 자 및 주의를 요하는 교제자의

すず書房, 1967, 36쪽. 관련 내용을 번역하여 옮기면 아래와 같다.
제1조 요시찰 조선인은 다음과 같은 구별에 의해 갑호, 을호의 두 종류로 한다.
갑호
1. 배일사상의 신념이 깊은 자 혹은 배일사상 소지자 사이에 세력이 있는 자
2. 항상 배일사상을 고취하고 또는 업무상 관계를 그 고취에 이용할 우려가 있는
   자
3. 배일사상 소지자, 또는 그 의심이 있는 자 혹은 이들과 연락관계를 갖는 자로
   거주지 업무 등의 관계상 폭발물 그 외 위험물을 수령하기에 편리함이 있는 자
4. 배일사상 소지자로 조선 재주, 또는 외국재류 동지와 자주 통신 왕복하는 자
5. 배일사상 소지자, 또는 그 혐의가 있는 자로 위험한 행동을 할 우려가 있고 혹
   은 난폭 교격한 언동을 하는 자
6. 그 외 배일사상 소지자, 또는 그 혐의가 있는 자로 특히 엄밀한 시찰이 필요하
   다고 인정되는 자
을호
1. 배일사상 소지자, 또는 그 혐의가 있는 자로 갑호에 해당하지 않는 자
2. 본인의 성격과 행동, 경력, 평소의 교제, 읽는 신문지, 잡지 등 그 외 관계에서
   배일사상에 감염할 경향이 있는 자

씨명 기입

9. 명부편입사유: 요시찰인이라는 것을 발견하여 명부에 편입하게 된 유래
   를 기입

10. 경력 및 언동: 시찰 단속상 참고가 될 만한 각종 중요사항을 기입.[12]

이처럼 요시찰명부의 기재사항은 매우 자세하다. 그 외에도 요시찰인
의 사진, 필적을 내밀히 수집하여 복사, 그 외의 방법으로 한 부를 경보
국장에게 송부해야 하며(제6조), 요시찰인 명부에 이동이 발생했을 때는
명부 등본을 첨부하여 조선총독부에도 보고해야 했다(제7조). 요시찰인
에 대한 사찰 방법은 "간접적으로 그 동정을 내탐하는 것을 방침(제3조)
으로 하지만 필요한 경우에는 직접 감시 또는 미행을 붙이는(제4조) 것
이었다. 또한 그 정보는 조선총독부와 대만총독부, 관동도독부 등에 통
보(제9조)해야 했다.[13] 이와 같은 내규에 비추어보면 유학생들은 늘 감
시하에 놓여 있었을 뿐 아니라, 파악된 정보는 일본 내외의 관계기관이
공유하는 시스템을 갖추고 있었다.

일례로 2·8 독립선언서를 작성하고 상해로 탈출한 이광수에 대해
조선총독부 경무총장의 명의로 북경일본공사관에 통보한 조사 내용을
보면 이광수는 '치열한 배일사상을 고집하고 항상 국권회복의 음모를
계획하려는 자'로 갑호 요시찰인이었다. 이 표에는 그의 처와 이혼 수
속중이라는 것과 일본술을 좋아하지만 술버릇은 없다는 것, 그가 유학
생 중에 서춘과 친하다는 교유관계도 기록되어 있다.[14] 이광수와 서춘
은 같은 평북 정주 출신이고 오산학교에서 수학하여 이승훈의 지도를

---

12) 內務省訓 제618호, 「要視察朝鮮人視察內規」(1916.7.1), 『朝鮮(2)』, 現代史資料26, 38쪽.
13) 위의 책, 36~37쪽.
14) 機密 第82号 「要視察朝鮮人李光洙に関する件」, 1919.2.18, 『不逞團關係雑件－朝鮮
    人의 部－在支那 各地 1』에 수록된 이광수 조사 항목.

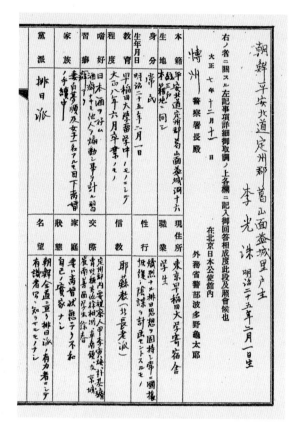

요시찰 이광수 기재사항 1918.12.11.

받았고 와세다(早稻田)대학 동문이라는 공통점이 있었다.[15]

이광수의 경우, 자신이 어디를 갈 때면 먼저 형사에게 통지를 하는데 형사가 자신의 거처에 상주하지는 않았고 부근 파출소에서 대기하고 있다가, 자신이 외출할 때 하숙집 주인이 형사에게 전화를 하면 뒤를 따르는 식이었다.[16] 전영택은 독립선언서를 기초할 때 이광수의 하숙

<hr />

[15] 姜德相, 「二八宣言と東京留学生」; 『朝鮮独立運動の群像』, 135쪽.
[16] 이광수, 「상해의 이년간」, 『삼천리』 1932.1.

집 밖에는 형사가 서 있었고, 이광수는 방에서 돌아앉아 작성했다고 회고했다.[17]

　게다가 유학생 중에는 과격한 발언을 하며 항일의식을 가진 것처럼 꾸미면서, 정보를 일경에게 넘기는 자들도 섞여있어서[18], 누가 '내부의 적'인지도 늘 의심하지 않을 수 없었다. 그러나 일제의 감시의 빈틈이 없지는 않았다. "학교에 가면 밀정이 미행하지만 정문 안으로는 들어오지 않고 앞에서 기다리고 있다가 하교할 때 다시 미행하는 방식이고 조선청년기독교회관에도 직접 들어와서 감시하지는 못했기 때문에" 학교 안이나 청년기독교회관 2층 방에서는 비밀리에 모의를 할 수 있었다고 한다.[19]

　도쿄유학생에게 의지처인 도쿄조선기독교청년회관은 130평의 부지에 총건평 74평의 2층 목조 양옥 건물로, 1층은 사무실, 응접실, 식당으로 배정되어 여기서 모든 프로그램이 진행되었고, 2층은 13~14명의 학생을 수용할 수 있는 침실로 이루어진 구조였다.[20] 이곳에서는 신입생 환영회, 졸업생 환송회, 웅변대회, 학술강연회 등 각종 모임이 개최되었으며, 도쿄제국대학 교수인 요시노 사쿠조(吉野作造)의 초청강연회도 열렸다.

17) 전영택, 「동경학생의 독립운동」, 『신천지』 1946.3.
18) 김우영, 「故 雪山兄을 추모함」, 『민족공동생활과 도의』, 신생공론사, 1957, 52쪽.
19) 「동경의 조선청년독립단을 싸고돋든 '2·8'운동의 回考(3)」, 『앞길』 19, 1937.7.5; 국사편찬위원회 편, 『대한민국임시정부자료집 37 – 조선민족혁명당 및 기타 정당』, 2009 참조.
20) 유동식, 『재일본한국기독교청년회사』, 124쪽. 1903년 서울에서 창립된 황성기독교청년회의 일본 조직이었던 동경조선기독교청년회는 1914년 9월 유학생의 의연금과 스코틀랜드 기독교청년회의 기부금, 미국뉴욕세계기독교청년회의 성금으로 도쿄 간다구(神田区) 니시오가와정(西小川町) 2정목(2町目) 5번지, 간다가와(神田川)의 지천인 니혼바시가와(日本橋川) 천변, 호리도메바시(掘留橋) 근처에 청년회관을 건립하였다. 이 건물은 1923년 관동대지진 당시 전소되어 현존하지 않으며 1929년에 현재의 아시아청소년센터의 위치인 사루가쿠정(猿楽町)으로 이전했다.

　일제 당국이 파악한 배일학생단체는 1919년 당시 9개이고 그중 주의를 요하는 단체는 재도쿄조선기독교청년회, 학우회, 조선학회 등 3개를 꼽았다.[21] 1918년 4월 3일 열린 재경조선인학생운동회 때에는 학생 300명이 모여 행사 마지막에는 조선 지도를 그리고 한글로 '단군의 소유'라고 적고 이순신, 논개, 을지문덕, 정몽주의 가장행렬을 하는 등,[22] 맹렬한 항일정신을 드러내었다고 일제측은 파악했다.

　경보국 보안과는 이들 단체가 발간하는 잡지『학지광』을 주시하며 자주 발간금지처분을 했다.『학지광』은 1914년부터 1920년까지 총 19회 발간되었는데 그중 발매금지처분을 받은 것이 9회였다.[23] 또한 이달(李達)이 경영하는『혁신시보』는 항상 반일사상을 고취하는 기사를 게재하고 일본인 무정부주의자 오스기 사카에(大杉榮), 사카이 도시히코(堺利彦)의 글을 게재하고 있다고 지적되었다. 한 예로 발간금지된『혁신시보』1918년 12월호의 수록기사에는 이토 히로부미의 기만적인 대한

<hr/>

[21] 그중 조선학회는 1916년 1월 申翼熙(와세다대), 金良洙(메이지대), 張德秀(와세다대 졸업), 崔斗善(세이소쿠 영어학교) 등에 의해 조직되었는데, 1917년 6월 현재 회원 수가 36명이며 회원에는 徐椿(도쿄고등사범학교, 갑호), 羅容均(와세다대), 張德俊(세이소쿠 영어학교) 등이 있었다. 간사 玄相允, 서기 全榮澤, 회계 金度演으로, 회원 수는 적지만 비교적 뿌리 깊은 배일사상 소지자가 간부를 구성하여 경계가 필요한 단체로 보았다. 재도쿄조선기독교청년회는 1906년에 조직되어 1918년 5월 현재 회원수가 180명이었다. 간부진으로는 회장 피처 목사, 부회장 李光洙(와세다대, 갑호), 서기 宋繼白(와세다대, 갑호), 간사 白南薰(와세다대 졸업생, 갑호), 부간사 장덕준(세이소쿠 예비학교, 갑호)라고 하였다. 학우회는 趙素昻(鏞殷)이 만든 대한흥학회를 모체로 하여 1912년 安在鴻(와세다대) 등에 의해 조직되어 웅변회, 강연회를 개최하며 항일의식을 고취시키는 단체로 일제 당국의 주목을 받았다. 崔八鏞, 金度演(게이오대, 을호) 金喆壽(게이오대, 을호), 李琮根 등이 회원이었다. 警報局保安課,『朝鮮人槪況』, 1918.5.30.『在日朝鮮人留學生資料 1』, 綠蔭書房, 2012, 32~34쪽.
[22] 警報局保安課,『朝鮮人槪況』, 1918.5.30.『在日朝鮮人留學生資料 1』, 34쪽.
[23] 「朝鮮人槪況」(1918.6.1~1920.6.30),『朝鮮人に關する施政關係雜件－一般の部2』, 국사편찬위원회. 이 자료는 해당 기간 중 조선인에 관한 외무성, 조선총독부 및 지방장관의 통보와 보고 중에서 중요한 것을 모아 편집한 것이라고 한다.

정책을 비판하는 글도 있었다. 유학생들은 조선은 물론, 미국, 블라디
보스토크, 상하이 등지의 독립운동가와 연락하여 각 지역의 활동상황
을 청취하고 있었다. 조선과 미주를 왕래하는 조선인들은 도쿄에 들러
관련 정보를 직접 제공하기도 했다. 1915년 11월에는 메이지(明治)대학
생 김효석(金孝錫), 이우일(李愚一), 윤홍렬(尹洪烈) 등은 박은식(朴殷植)
이 쓴『한국통사』의 표지를『世界近史』로 위장하여 300부를 들여와 유
학생들에게 1원씩 받고 나눠주었다.[24] 김유순(金裕淳) 목사는 1917년
11월 5일, 미국 유학길에 도쿄조선기독교청년회관을 방문하고 "장래 재
미동포와 연락을 유지하여 서로 최후의 목적을 달성하도록 노력하길
바란다. 제군은 우리 동포가 경영하는 교회보, 국민보 등의 통신기관을
이용하길 바란다"[25]고 당부하기도 했다. 2·8독립운동 직전에 미주 지
역의 독립운동 소식을 도쿄에 전한 것은 평양 출신의 지용은(池鎔殷)이
었고, 2·8독립운동 후 그 소식과 관련 자료를 모아『신한민보』측에
알린 것도 도쿄 유학생이었다.

　이러한 상황 속에서 유학생들의 사상적 탐구는 어떻게 이루어지고
있었을까? 그 중심에 '데모크라시' 사조가 자리 잡고 있었다는 점을 주
목하고자 한다.

---

24) 警報局保安課,『朝鮮人槪況』, 1918.5.30.『在日朝鮮人留學生資料 1』, 24쪽.
25) 「在留朝鮮人学生の言動」,『現代史資料 朝鮮 - 三一運動編(2)』, 5쪽; 「김유순목사
　　하와이를 지냄」,『신한민보』1917.12.13. 김유순 목사는 뉴저지 신학대학에서 수학
　　하던 중 3·1운동의 소식을 듣고 일제의 만행을 고발하는 여론 활동을 벌였다.
　　「김유순목사의 편지」,『신한민보』1919.3.25.

3. 월슨의 민족자결주의와 '데모크라시'에 열광하는 청년들

먼저, 프린스턴 대학 교수 출신으로 대통령이 된 우드로 월슨(1856~1924)의 민족자결주의 선언이 도쿄유학생들에게 어떻게 인식되었는지를 살펴볼 필요가 있다. 월슨은 1917년 4월 유럽전쟁에 참전을 선언한 직후 150명 규모의 '외교자문위원회'를 구성했다. 그는 7월 4일, 미국 독립기념일을 맞아 조지 워싱턴의 묘지에서 강화회의가 '이해관계의 여하를 불문하고 국제적 약속의 각 조항의 공정, 단지 공정할 뿐 아니라 각 관계 인민의 만족'을 얻어야 한다고 천명했다. 나아가 1918년 1월에는 '평화를 위한 초안 14개 조항'을 작성하여 발표했다. 이 조항은 레닌이 발표한 '어떤 평화조약도 모든 국민의 자발적 결정에 기초한다'는 '민족자결주의' 선언을 의식하며 작성되었지만 이 14개 조항에서 월슨은 "열강의 이익과 피지배민족의 열망을 함께 고려하여 식민지의 요구를 공평무사하게 조정해야 한다"고 천명하였고, 이어서 1918년 2월에는 14개 조항을 추가로 뒷받침할 '4개 원칙'을 발표하였다. 또한 1918년 9월 27일에는 '5개 항목'을 제안하면서 이 원칙은 적군과 아군의 구별 없이 공정하게 실현될 것이라고 약속하였다.[26]

이러한 그의 행보에 먼저 뜨겁게 반응한 것은 미주의 한인 청년들이었다. 『신한민보』 1918년 5월 2일 자에는 미 육군에 지원 입대한 차의석[27] 학생이 지은 시 〈세계민주주의〉[28]가 게재되었다. 이 시에는 제1차

---

[26] 폴 존슨 저, 명병훈 옮김, 『미국인의 역사 2』, 살림, 2017, 231쪽.

[27] 「재미한인학생조사표」, 『신한민보』 1917.6.21.

[28] 차의석, 「세계민주주의」, 『신한민보』 1918.5.2. "쌤아, 같이 가자, 정의 위해 싸우러. 대적을 부셔 치고 공평을 건설하러/2.자유의 사람들아 같이 가자. 전제 학정에 눌리운 저들로 자유의 행복을 누리게 하고 폭군의 세력을 멸하리라/3. 별기가 내 앞에 섰고나. 자유의 옹호자가 네요, 인권을 위해 싸우리라. 그는 오직 평화와 난도/4. 벨지엄, 퓨리턴, 프렌치 아이들아. 내 너희들로 더불어 같이 싸워주마. 세계운명이 너

세계대전이 전제 학정에 맞서 '정의 자유 인권'을 지키기 위해 싸우는
전쟁이며 전쟁이 끝나 '유럽의 약소민족이 해방될 때 조선도 함께 자유
를 얻게 되리라'는 기대감이 강하게 표출되어 있다. 이러한 기대감은
여운형이 윌슨이 파견한 특사 크레인을 만난 후 신한청년당을 조직하
고 파리강화회의에 김규식 등을 파견한 일련의 과정, 또한 러시아령에
있던 이동휘 등이 파리강화회의에 특사를 파견하려 노력한 모습, 미주
에서 박용만, 이승만, 민찬호, 정한경 등이 특사를 파견하고자 했던 시
도에서 공통적으로 나타나고 있었다.29)

　그렇다면 이들은 모두 당시 윌슨의 민족자결주의에 대한 환상을 갖
고 이러한 '과잉행동'을 한 것이었을까? 이와 관련하여 주목되는 자료는
3·1운동 후 한국독립운동의 사상적 배경에 대해 도키나가 우라조(時永
浦三)30)가 1920년 4월에 워싱턴에서 보고한 복명서이다.

　도키나가는 1917년 7월 4일 미국 독립기념일에 대통령 윌슨이 초대
대통령 워싱턴의 묘지 마운트 버넌에서 발언한 강화조약안에 대해 주
목하였다. 윌슨은 "강화의 국제적 약속(원문에는 取極)31)은 '이해관계의

희들에게 있거니. 무엇이 더 중하야 싸움을 마다 할까/5.나는 한 망국의 패졸이라.
희생하기 아까워할까. 나의 몸이 비록 작으나 세계를 위해 드리리라./6.전쟁이 끝
나고 승리를 얻을 때 세계의 평화는 이로 시작이라. 세르비아, 폴란드 사람 집으로
갈 때 내 나라 동반도 자유하리라"
29) 정병준, 「3·1운동의 기폭제－여운형이 크레인에게 보낸 편지 및 청원서」, 『역사비
평』, 2017.5; 「1919년, 파리로 가는 김규식」, 『한국독립운동사연구』 60, 2017.11; 홍
선표, 「뉴욕 소약국동맹회의와 재미한인의 독립운동」, 『동북아역사논총』 58, 2017.12.
30) 도키나가 우라조(時永浦三)는 고등문관시험에 합격한 후 한국통감부에서 관료생활
을 시작하였고 일제강점 후 조선총독부 경무국에 근무하며 1919년 11월부터 1921년
3월까지 아일랜드에 관한 조사를 위해 구미출장을 시행했다. 이 보고서는 1920년 4월
워싱턴에서 작성하여 보고한 『미국에서의 독립운동에 대한 조사보고서』이다. 加藤
道也, 「朝鮮総督府官僚のアイルランド認識」, 『大阪産業大学経済論集』 11- 1, 2009.9
참조.
31) 取決은 민간의 합의이며 取極arrangement은 국가 간의 국제적 약속을 의미한다.

여하를 불문하고 국제적 약속의 각 조항의 공정, 단지 공정할 뿐 아니라 각 관계 인민의 만족'에 두어야 한다."[32]고 했으며 "실로 민족자결주의는 감정 또는 이상론이 아니며 평화회의에 의해 구체화시켜 민족자결을 요구하는 국민에 대해서 그 요구를 고려하려는 것은 미국의 국민적 요구이다"[33]라고 한 점, 또한 윌슨은 1919년 1월 20일 파리에서 '나는 그 민족이 희망하는 바에 의해 공화정체의 정부를 스스로 통치해야 한다는 것을 결정하기 위해 왔다'고 연설한 점을 들었다.[34]

도키나가는 윌슨의 민족자결주의는 미국의 건국정신에 유래된다고 설명했다. 즉 천부의 권리(God-given right)에 의거하여 자율을 요구하는 민족에 대해 원조를 부여하는 것은 '데모크라시'의 본령(本領)이며, 독립을 요구하는 국민에 대해 이를 보호 장려하는 것은 미국 건국 이래의 중요한 이념이라는 것이다.[35] 나아가 1892년 민주당과 공화당은 정당의 정강에서 피압박민족에 대한 동정과 지원을 명문화하고 있다는 점도 예로 들었다.[36]

즉, 윌슨이 제창한 민족자결주의는 단순히 전승국의 이해관계를 포장하기 위한 슬로건[37]이 아니라 미국의 건국이념과 정치이념에 직결되

---

32) 「米国に於ける朝鮮独立運動に関する調査報告書」, 1920.4, 朝鮮総督府, 『朝鮮独立運動に関する調査報告』, 朝鮮総督府 官房庶務部 調査課, 1924, 2쪽.

33) 「米国に於ける朝鮮独立運動に関する調査報告書」, 1920.4, 2쪽.

34) 「米国に於ける朝鮮独立運動に関する調査報告書」, 1920.4, 7쪽.

35) 또한 미국의 논리에 따르면 푸에르토리코와 필리핀은 미국이 침략을 하여 정복한 식민지가 아니라 이들 지역이 미국의 보호를 요구해온 것이며, 하와이에 대해서는 다소 적극적 행동을 취했지만 다른 나라처럼 영토 획득을 위해 전쟁을 한 적이 없다는 것이라고 도키나가는 설명하였다.

36) 민주당 정강 피압박민족에 대한 동정 제11절: 아국은 항상 각국으로부터 압제를 받는 자가 그 양심으로 인해 하는 망명에 대해 피난지(Refuge of the pooressed)이다. 우리는 아일랜드의 Home rule 및 지방자치제를 향하여 분투하고 있는 자유를 사랑하는 인민에 대해 깊고도 진정한 동정심을 갖는다. 「米国に於ける朝鮮独立運動に関する調査報告書」, 1920.4, 8~9쪽.

는 선언으로서 신뢰를 받고 있었다. 미주지역의 한인들은 이를 재빨리 파악했다. 미주 대한인국민회는 제1차 세계대전 종결 직후 윌슨 대통령에게 승전치하서를 발송하고 이를『신한민보』에도 게재하였다.[38] 차의석 같은 학생은 미군에 입대하여 참전하였고, 후에 김규식과 함께 파리에서 활약하는 황기환도 참전 후 김규식과 만났다. 이들이 그렇게 행동한 것은 미국의 승리는 곧 민주주의와 민족자결주의의 승리가 되어 마침내 조선의 독립에도 중대한 영향을 끼칠 것임을 예측했기 때문이었다.

이와 같은 분위기는 도쿄 유학생들에게도 예외는 아니었다. 이곳에서 미국 민주주의를 청년학생들에게 전파한 인물은 도쿄제국대학 교수 요시노 사쿠조였다. 그는 미국의 민주주의에 대해서 1914년에 다음과 같은 글을 발표했다.

미국은 … 민중정치의 장점이라고 할 만한 것도 극단적으로 발휘하고 있다. 지금 장소에 따라서는 폐해와 장점이 교대로 다투고 있는 부분도 있지만 전체적으로 그 폐단은 매우 적고 대체로 민중정치의 이익을 향유하고 있다. 특히 중앙정부의 양상을 보면 실로 선망을 금치 못하는 부분이 있는데 정부의 대신 등 사이에 결코 뇌물이라고 할 바람직하지 못한 혐의를 받는 자가 없다. 현재의 대통령 윌슨은 물론, 선대의 태프트, 그 전의 루즈벨트, 매킨리도 모두 세계의 역사를 장식할만한 위인이다. 지금 미국은 건국이래, 조금이라도 도덕상 비난할만한 인간은 대통령에 선택된 적이 없다. 대다수

---

37) 종래 한국에서의 연구는 이를 강조해 왔다. 전상숙,「파리강화회의와 약소민족의 독립문제」,『한국근현대사연구』50, 2009.
38)「윌슨통에게 올리는 승전치하서」,『신한민보』1918.11.21. "이 전쟁의 승리는 각하의 민주주의의 성공이라, 세계민족은 각하의 성공을 말미암아 다같이 평등 자유를 얻을지니, 이후 온 세계 인종이 민주주의의 신시대를 성립할 줄 믿나이다. 대한인국민회 북미총회장 이대위, 총무 홍언"

는 품격에 있어서, 기량에 있어서, 훌륭하게 한 세대의 위인일 뿐 아니라 세
계역사의 꽃이라고 할만한 인물로 가득하다.[39]

이처럼 미국의 민주주의정치와 윌슨을 비롯한 역대 대통령의 도덕성
을 칭송한 요시노 사쿠조는 1917년과 1918년에 걸쳐 데모크라시와 입헌
주의와 관련하여 수많은 강연을 하였다. 강의 주제는 「支那 민심의 대
세는 단연코 帝政이 아니다」(1917.7.13. 금), 「입헌국민의 도덕적 책임」
(1917.8.19, 수), 「민본주의」[40], 「데모크라시」 등이었다. 한 예로 1918년
12월 3일에 타이완인 유학생과 교류가 깊었던 와세다대학의 우치가사
키 사쿠사부로 교수(内ケ崎作三郎)로부터 과외강의를 부탁 받아 와세
다대학에서 한 강의의 제목은 「국제연맹에 대하여」였는데, 청중이 강
당에 넘쳐날 정도로 인기를 끌었다고 한다.[41] 당시 요시노 사쿠조의 명
성은 조선의 청년들에게도 알려져 평양고등보통학교 학생들의 설문지
에도 나타날 정도였다.[42]

---

39) 吉野作造, 「民衆的示威運動を論ず」, 『中央公論』, 1914.4; 三谷太一郎 編, 『吉野作造』,
中央公論社, 1984, 75쪽.

40) 당시 일본에서 데모크라시는 일본의 '천황제'와 상충되면서 위험사상으로 치부되는
경향이 있었다. 이와 관련하여 요시노 사쿠조도 '민주주의'라는 개념을 즉각 사용
하지 못하고 '민본주의'라 쓰고 민주주의라고 해석하는 방식을 취했다. 요시노 사
쿠조는 이론적으로 민본주의를 善政主義와 民意權威主義로 해석하여 후자의 요구
로써 인민의 참정권 확장과 議院 중심주의의 필요를 역설하는 논리를 전개했다.
처음에 데모크라시를 '민본주의'라고 번역한 것은 이노우에 데쓰지로(井上哲次郎)
이다.(「国民思想の矛盾」, 『東亜之光』 1913년 2월호) 이를 군주의 善政主義의 개념
으로 확립한 것은 이노우에의 글에 화답한 우에스기 신키치(上杉慎吉)의 「民本主
義と民主主義」(『東亜之光』 1913.5)이다. 日本内務省警報局, 『我国におけるデモク
ラシーの思潮』, 1918. 11; 荻野冨士夫 編, 『特高警察関係資料集成』 19(特高関係重要
資料), 不二出版, 1993, 51~64쪽.

41) 『吉野作造全集 14－日記(2)』, 岩波書店, 1996, 170쪽.

42) 渡邊洞雲, 「朝鮮騷擾に関する鮮人学生の感想」, 『東亞之光』(東亞協會), 15권 3호,
1920, 68쪽.

그의 일기를 통해 이 무렵의 강연 내용을 좀 더 살펴보면, 1918년 1월 19일(토)에는 6시 반부터 조선청년회에서「戰後 歐洲의 형세」에 대해 연설을 했다.[43] 1918년 1월 26일(토) 오후 2시부터는 청년회에서「민본주의에 대하여」라는 제목의 강의를 하였다.[44] 1918년 12월 8일에는 오사카에서「전란 종식의 도덕적 의의」[45]에 대해 강의했다.

조선인유학생들이 파리강화회의에 조선을 대표하는 특사가 파견된다는 소식을 알고 구체적인 거사 준비를 계획하던 무렵인 1918년 12월 14일, 요시노 사쿠조는 조선청년회에서 연설했다. 그 내용은 일기에 적혀있지 않지만, 그가 이 무렵에 한 강연 주제의 연장선상에 놓여 있었을 것임은 분명하다. 당시 요시노 사쿠조는 일본 육군 내부에서 '亂臣賊子'로 위험시되기도 했다.[46]

도쿄유학생과 요시노 사쿠조의 교류는 도쿄제대 문학부에 재학중이던 김우영을 통해 이루어졌다. 김우영은 요시노 사쿠조에 대해 "자유주의자이고 기독교신자로 도쿄제대 기독교청년회의 선배인데 … 기독교청년회 기숙사에서 묵고 있어서 늘 만나는 사이"였다고 회고하였다. 또한 도쿄제대 법학부 학생을 중심으로 신인회(新人會)가 조직되었는데 이 단체는 요시노 사쿠조를 중심으로 자유사상을 가진 사람들의 모임이었다. 더욱이 도쿄제대 변론부의 부장이 요시노 사쿠조여서 여기서도 김우영과 요시노 사쿠조의 교류는 계속되었다.[47]

---

[43] 『吉野作造全集 14 - 日記(2)』, 115쪽.
[44] 『吉野作造全集 14 - 日記(2)』, 116쪽.
[45] 『吉野作造全集 14 - 日記(2)』, 171쪽.
[46] 위와 같음. "1919년 1월 19일(일), 사관학교 생도 혼마[本間]와 와타나베[渡辺] 두 사람이 방문하여, 민본주의와 國體와의 관계에 대해 여러 가지 질문을 하였는데 이들은 육군 내에는 나를 亂臣賊子처럼 말하는 이도 있다고 이야기했다. 나는 이들을 상대로 3시간가량 이야기를 나누었고 생도들은 각각 잘 이해해서 돌아갔다."
[47] 김우영, 『回顧』, 신생공론사, 1954, 65~66쪽.

요시노 사쿠조는 와세다대학, 메이지대학에도 출강하였으니 이곳의 재학생들도 그의 민주주의 예찬 강의를 접했을 것이다. 당시 김우영은 도쿄제대에서, 장덕수는 와세다대학에서 명 웅변가로 명성이 높았다. 이러한 분위기 속에서 재일한인유학생들에게 윌슨의 민족자결주의는 '이상'이지만 실현될 가능성 있는 '희망'으로 인지되었다.

그렇다면 일본의 한인유학생들은 이 시기에 어떤 생각을 하고 있었을까? 1914년 2월에 발간된 일본어 잡지인 『제3제국』48) 5호에는 김우영과 장덕수의 글이 나란히 게재되었다. 『제3제국』에 실린 장덕수의 글은 그동안 소개되지 않은 글이어서 중요한 부분을 번역하여 인용하고자 한다.

나는 조선인이다. 조선인은 어디까지나 조선인이다. 그렇지만 동시에 동양인이다. 동시에 하나의 인간이다. … 일본과 조선 사이의 문제는 단지 양국간에 그치는 문제가 아니다. 동시에 동양의 문제이다. 동시에 세계의 문제인 것이다. 이것은 극히 큰 문제이다. …오오, 제군이여, 조선인 형제여, 제군은 조선반도에서 신음하고 있는 2천만 동포를 모르는가? 쇠사슬 아래 고통을 당하는 노예의 구원을 바라지 않는가? 가련한 그들은 겨우 눈을 들어 제군을 바라보고, 절절한 구원을 기대하고 있지 않은가? 오오, 이들 이천만 노예는 누구인가? … 쇠사슬 아래 고통을 당하는 이천만 노예는 제군의 피이며 살이다. 제군의 부모이며 형제이다. 제군은 여전히 수수방관하는가? … 제군은 어떻게 해서 그들을 구원하려 하는가? … 자아를 확립하여 바람이 불어도 흔들리지 말아야 한다. 비가 와도 떠내려가지 않아야 한다. 자아를 확립하여 개성 존중, 인격 존중, 자아의 자유발전을 요구하지 않으면 안

---

48) 『第三帝國』은 1913년 10월 당시 『萬朝報』의 기자인 茅原華山이 중심이 되어 발간한 대정데모크라시를 대표하는 잡지이다. '제3제국'이란 '데모크라시가 정치상 나타나는 제국'을 의미한다. 日本内務省警保局, 『我国におけるデモクラシーの思潮』, 1918.11; 荻野冨士夫 編, 『特高警察関係資料集成』 19(特高関係重要資料), 不二出版, 1993.

<u>된다.</u> 노예는 우리의 목적이 아니다. 노예는 우리의 희망이 아닌 것이다. …
<u>자유 평등한 생활을 일본에 대해 요구하지 않으면 안 된다. 목숨을 걸고 이
를 요구하자. 죽음을 걸고 이를 요구해야 한다. 그렇지 않으면 죽자. … 조
선인은 유일한 강한 무기가 있다. 죽음과 신앙이 그것이다. '자유를 달라, 그
렇지 않으면 죽음을 달라.' 일본은 입헌국이다. 그리고 조선의 합병을 단행
한 것은 일본이 아니더냐? 다른 나라를 취하여 그 통치를 일 관리에게 방임
하여 돌아보지 않는 것은 과연 훌륭한 입헌국민의 태도라 할 수 있느냐? 무
책임한 태도가 아니더냐? 우리 조선인은 일본이 하루라도 빨리 진정한 입헌
국이 되기를 희망한다.</u>[49]

    당시 그 어느 유학생보다 일본어 실력이 뛰어나고 모국어 발음이 오
히려 이상하여 종종 유학생들에게 핀잔을 듣던 장덕수였지만, '조선인
은 어디까지나 조선인'이라는 자신의 정체성의 확인과 선언, 일제에 요
구해야 하는 것은 조선민족의 자유와 평등이라는 가치 실현, 그리고 자
유 평등을 실현하기 위해 무력이 아닌 일본 입헌국회의 양심에 호소하
자는 주장은 민주주의에 대한 그의 신념을 읽어볼 수 있는 대목이다.
이러한 그의 민주주의에 대한 감각은 요시노 사쿠조 등 일본의 진보적
지식인과의 교류, 와세다대학에서 모의국회 등을 통해 터득된 것이었다.
    1917년과 1918년의 도쿄유학생들의 발언 속에서 민주주의에 대한 가
치지향은 폭넓게 나타나고 있다. 1917년 11월 17일 학우회가 주최하는
웅변대회에서 〈유학생의 사명과 그 현상〉이라는 주제에 대해 송계백은
"우리는 <u>人道를 위해</u>, 장래 조선민족을 위해 성심성의 천지에 성명하여
헌신적 분투를 하고 조선으로 하여금 <u>자주 자치</u>의 천하를 이루지 않으
면 안 된다."[50]고 하였고 이종근은 "우리 유학생은 지나날 우리 이순신

---

49) 張德壽, 「朝鮮青年の衷情」, 『第三帝国』 5, 1914.2. 독립기념관 소장본.
50) 『朝鮮(2)』 現代史資料26, 6쪽.

이 왜구를 방축한 임무를 맡고 또 <u>워싱턴이 미국을 독립시킨 것과 같이</u> 우리 조선민족을 위해 지대한 사명을 갖고 있다는 것을 자각해야 한다."[51] 고 발언했다. 두 사람 모두 윌슨과 미국의 민주주의를 떠올리게 하는 발언을 하고 있음이 엿보인다. 현상윤은 1917년 12월 22일 조선학회 월례회에서 '조선인의 입장에서 관찰한 유럽동란'이라는 주제로 한 강연에서 "향후의 세계인류는 제국주의보다 민주주의 즉 자유, 평등, 박애를 선호하므로 그런 방향으로 움직여 나갈 것이므로 그 준비를 해야 할 것"이라고 하였다.[52] 최팔용도 1918년 4월 13일 조선기독교청년 회관에서 열린 曹洞宗大學(現 駒澤大學) 동창회가 주최한 각 학교연합 웅변회에서 〈대세와 각오〉라는 연설에서

> 보라. 세계의 역사를. 망국이었던 폴란드는 지금 독립을 이루었고 만천하 위엄을 떨치던 러시아제국은 지금 쇠망 상태에 있다. 유럽대전은 어떻게 종 결될지 이 때에 우리 청년은 크게 분기하여 청년다운 의무를 다할 각오를 해야 한다.[53]

라며 폴란드의 예를 들어 조선청년도 희망을 갖고 분기해야 한다고 주장했다.

또한 1918년 6월 27일 미국선교사 조르겐센(Arther P. Jorgensen)을 맞이한 환영회에서 정노식은 윌슨의 '정의, 인도, 자유'를 내건 미국이 평화의 전승을 거두어 조선에도 그 영향이 발휘되기를 기대하는 마음을 표명했다.[54] 이러한 기대감이 극대화되고 바야흐로 '이상'이 현실화될

---

51) 위와 같음.
52) 위의 책, 7쪽.
53) 위의 책, 9쪽.
54) 정노식은 "이번 유럽전쟁에 관해 미국이 특히 참전한 까닭은 당시 윌슨 대통령의

수 있다는 희망이 생긴 것은 1918년 11월 11일, 전쟁이 끝나고 1919년
봄 파리에서 강화회의가 열리고, 윌슨 대통령이 강화회의의 의장이 된
다는 소식이었다. 변희용은,

> 때는 1918년 말이다. 4개여 星霜이나 끌어오던 제1차 세계대전이 1918년
> 11월 11일에 이르러서 종막을 내리게 된 것이다. 그 다음해엔 1919년 봄에
> 불란서 파리에서는 강화회의가 열린다는 것이다. 이 회의에서 미국 '윌슨'
> 대통령의 소위 민족자결주의 문제를 포함한 14개조 원칙이 주 과제가 되는
> 것이며 대상이 된다는 보도가 각 신문을 통하여 알려진 것이다. 이 보도에
> 고무되어서 다년간 강대국가의 예속국가로서 압박과 착취와 예종과 굴욕의
> 도가니 속에서 신음하고 있던 약소제국민의 심장은 뛰게 되고 피는 끓어 오
> 르게 된 것이다.[55]

라고 하여 윌슨의 민족자결주의의 영향의 심대함을 피력했다. 전영택도
이 날을 회고하여 "폴랜드, 체코, 슬로바키아, 이집트 중 강국에 예속되
었던 약소민족들이 독립을 하는 형세를 보고 일본의 강압 밑에 있는 조
국의 치욕과 장래운명을 근심하는 조선청년들은 가슴에 피가 뛰놀아
'때가 왔다, 이제 때가 왔다'고 외치지 않는 이가 없었다"[56]고 하였다.
  당시 일본 신문은 미국의 민족자결주의 원칙에 비판적인 분위기[57]여

성명한 바와 같이 정의 인도와 소약국의 생명재산 및 자유를 보호할 필요상에서
나온 것은 세계 각국이 승인한 바이다. 우리는 희망한다. 하루라도 빨리 평화의 戰
勝을 얻어 더욱 미국민이 일치 조력하여 우리 조선민의 자유를 외치고 광영 있는
조선민족답게 되도록 진력할 것"을 말했다. 『朝鮮(2)』, 現代史資料26, 11쪽.
55) 변희용, 「해외에서 겪은 3·1운동-2·8 동경학생선언을 중심으로」, 『조선일보』,
  1962.2.28.
56) 전영택, 「동경학생의 독립운동」, 『신천지』 1946.3.
57) 『신한민보』는 일본의 논조에 대해 일본은 자국의 야심으로 인해 민족자결주의의
  보편적 적용을 원하지 않기 때문에 부정적인 발언을 하는 것이라고 비판했다. 「일
  인들은 민족자결주의를 반대함」, 『신한민보』 1919.1.30.

서 1918년 11월 22일 조선기독교청년회관에서 학우회편집부 주최 웅변
대회에서 서춘은 미국이 자국의 식민지를 독립시키지 않으면서 민족자
결주의를 운운하는 것은 모순된다는 견해를 피력[58]하기도 했다. 그러
나 도쿄유학생들 대부분은 민족자결주의를 한국독립운동의 중요한 기
회의 도래로 인식했으며 서춘 또한 2·8 독립선언서 서명자에 이름을
올렸다. 그렇다면 그들이 '거사'를 '결행'하겠다고 본격적으로 준비에 돌
입한 것은 언제부터인가?

4. 2·8독립운동의 시동

2·8독립운동의 주동자로 관련 기록을 남긴 이들은 최승만, 백관수,
전영택, 백남훈, 이광수, 김도연, 현상윤이다. 그런데 개인의 회고에는
주관적인 관점과 아울러 사실의 오류들이 나타나고 있다. 이러한 점을
감안하면서 관련 자료를 비교 검토하여 2·8독립운동의 준비과정을 재
구성해보고자 한다. 최승만은 2·8독립운동의 동기에 대해

> 1917년 10월 11일 제1차 세계대전이 끝나자 다음해 6월에 미국 '윌슨' 대
> 통령은 민족자결주의를 제창했다.[59] … 일본유학생들은 그 해 여름부터 이
> 에 대한 모의를 거듭하였다. 그 때 유학생계의 중진이라고 할 수 있는 인물
> 은 최팔용, 김도연, 백관수 등이라고 할 것이다. 동경유학생으로 조직된 학
> 우회가 있어서 말하자면 학생운동의 중추기관이라고 하겠는데, 최, 김, 백
> 세 사람은 다 학우회 총무나 회장을 역임한 바 있는 신임 받는 학생이었다.

---

58) 『朝鮮(2)』, 現代史資料26, 16쪽.

59) 원문 오기와 기억의 착오가 있다. 제1차 세계대전의 종식은 1918년 11월 11일, 윌슨
    의 민족자결주의 제창은 그보다 전인 1918년 1월이다.

최팔용은 그 때 학우회 기관지로 발행하던 학지광이라는 잡지의 편집국장으로 있었고 나는 편집위원으로 일을 보게 되었다. ··· 여름방학 때 하루는 나를 어떤 조용한 음식점에서 만나자는 전화 ··· 그 때 그의 말은 이러했다. 윌슨 미국대통령의 민족자결주의 제창은 우리가 조국 광복을 부르짖기에 가장 좋은 기회가 아니냐고 하면서 이 일을 위하여 우리가 독립운동을 해보자는 것이었다. 아마 1918년 8월 중의 일이 아닌가 한다.[60]

고 하여 1918년 8월경, 최팔용에게 제의를 받은 것을 들었다. 최팔용은 윌슨의 민족자결주의를 이용하여 독립운동을 하자고 제안했는데 당시 자신은 쾌락할 용기가 나지 않아 즉답을 하지 못했다고 한다.[61]

그런데 이때 최팔용의 제안은 막연한 생각을 털어놓은 것이 아닌가 한다. 그와 관련한 후속 대응이 나타나지 않기 때문이다. 다만 상해의 장덕수와 최팔용이 비밀리에 소식을 주고받았다고 하는 점은 주목할 필요가 있다.[62]

최팔용과 장덕수를 잇는 공통점은 와세다대학과 신아동맹당이다. 원래 장덕수와 하상연(河相衍)은 1915년 가을부터 중국유학생들과 사교단체를 조직했는데 이를 국권회복에 이용하기 위해 비밀결사인 '신아동맹당'으로 명명하여 1916년에 발족했다. 신아동맹당의 조선 측 구성원은 장덕수를 비롯하여 전영택, 정노식, 김철수(金錣洙), 김도연, 김명식, 윤현진, 최팔용, 백남규 등[63]으로 이들은 2·8독립운동의 주동인물이거나

---

60) 최승만, 「동경유학생 독립운동─2·8운동」, 『한양』 1968.2; 극웅 최승만문집 출판동지회, 『최승만문집─極熊筆耕』, 1970, 609~610쪽.

61) 위와 같음.

62) 백관수, 「조선청년독립단 '2·8선언' 약사」, 『인물계』 4-3, 1960; 윤재근, 『근촌 백관수』, 동아일보사, 1996, 부록 참조.

63) 「新亞同盟党組織に関する件」, 1917.3.14. 조선유학생 갑호 장덕수 및 하상연 등은 1915년 가을 무렵부터 중국유학생 10여 명과 사교단체를 조직했는데 그 후 장덕수, 하상연 및 명치대학생 윤현진, 동교생 홍진의, 와세다대학생 갑호 김철수 등이 발

협력한 인물이다. 신아동맹당은 당본부를 상해에 두고 지부를 하와이, 블라디보스토크, 북경, 안동현, 서간도, 북간도 등지에 두고 중국의 배일파와 연계하여 제1차 세계대전 당시 청년을 선정하여 독일에 파견하여 군사학을 배워 독립운동을 전개한다는 계획을 세우고 있었다.[64] 장덕수는 1916년 7월 와세다대학을 졸업하고 일단 황해도 재령으로 돌아갔다가 1917년에 상해로 망명했다. 이곳에서 그는 여운형과 함께 윌슨의 특사 크레인에게 보내는 편지를 작성했고,[65] 이후 신한청년당의 조직원으로써 김규식의 파리 파견을 후원하는 한편 2·8독립운동 직전에 도쿄와 경성을 오가며 2·8독립운동과 3·1운동에 관여했다. 이러한 맥락에서 보았을 때 최팔용이 장덕수를 통해 상해의 소식을 듣고 있었을 가능성은 있다.[66]

또한 신아동맹당의 구성원이었던 최팔용과 이광수의 연결고리에 대해 이광수는 다음과 같이 술회했다.

　　무오년, 일천구백십팔년 십일월 십일일, 구주대전의 휴전조약이 성립되었다는 기별을 내가 신문에서 본 것은 북경에서였다. … 나는 곧 짐을 싸가지고 서울로 와서 청진동 어느 여관에서 중앙학교에 전화를 걸어 현상윤을 청하여서 이 기회에 독립운동을 일으킬 의논을 하였다. … 나는 현상윤과 만

　　기하여 단순히 사교만을 목적으로 하는 단체는 아무런 도움이 안되니 이를 국권회복에 이용하자고 하여 〈신아동맹당〉으로 하고 간사에 장덕수를 추천했다. 회계는 게이오의숙대학생 을호 김도연이 맡았다.
64) 「新亞同盟黨組織に関する件」, 1917.3.14, 『不逞団関係雑件－朝鮮人の部在内地(2)』.
65) 정병준, 「3·1운동의 기폭제－여운형이 크레인에게 보낸 편지 및 청원서」 참조.
66) 「新亞同盟黨組織に関する件」, 1917.3.14. 『不逞団関係雑件－朝鮮人の部在内地(2)』 일제당국의 보고에 의하면 장덕수는 하상연과 편지를 교환할 때에도 직접 발송하지 않고 가명 혹은 무명으로 중국 유학생 姚薦楠에게 보내고 요천남이 장덕수에 전달하는 방식을 취했고 당원명부나 조직목적을 기록한 기록물도 작성하지 않고 단지 구두로 제반 협의를 하는 식이어서 가택수색 등을 통한 증빙확보가 어렵다고 하였다.

나고는 곧 동경을 향하여서 서울을 떠났다. … 때는 십이월 말이라 나는 둘
째학기 시험을 치를 수가 있었다. 겨울방학이 되었다. 나는 사람을 고르기
시작하였다. … 내가 골라잡은 이가 최팔용이었다. … 기골이 장대하고 사
내다운 사람이었다. 추운 어느날 나는 그와 함께 노동자들이 다니는 선술집
에 들어가서 … 한마디 한마디 말을 주고받아서 우리는 완전히 일치한 것을
깨달았다. 그래서 나는 내가 기초한 독립선언서와 일본 의회에 보내는 글과
그것을 인쇄할 인쇄비 삼백원을 최팔용에게 주었다. 그 돈은 김석황에게서
나온 것이었다. … 백관수, 김도연, 서춘, 金喆壽, 최근우, 김상덕 등은 최팔
용이가 연락하였다.[67]

이광수는 본인이 최팔용을 포섭한 것처럼 기술하고 있다. 이렇게 자
신을 주동자로 설정하는 방식은 2·8독립운동 참여자들의 공통점이다.
이것은 당사자들이 서로 공을 다툰다기보다 당시 독립운동을 일으켜야
한다는 것은 누가 먼저랄 것도 없이 저절로 우러나온 행동이었기 때문
에 이와 같은 자기중심적 회고를 하고 있는 것이라고 생각된다. 그러나
여러 증언의 중심에 최팔용이 보이는 점을 주목하고자 한다. 여운홍도
일본에 와서 종형으로부터 도쿄유학생의 거사계획을 전해 듣고 대표격
인 최팔용을 만나보라는 권유를 받았다고 하였다.[68] 나아가 선언서 서
명란 첫줄에 이름을 올린 것도 최팔용이었다.

한편, 거사의 구체적인 준비 일정은 어떻게 전개되었을까? 그동안 김
도연 등은 1918년 12월 1일 자 『저팬 어드버타이저[Japan Advertiser』 기
사, 즉 미국에 망명한 조선인들이 파리강화회의에 대표를 파견한다는
기사를 아오야마(靑山)학원의 윤창석이 유학생들에게 알려 큰 충격을
받고 운동을 준비했다고 하였다. 그런데 이 기사가 처음 보이는 것은

67) 이광수, 「기미년과 나」, 『나의 고백』, 춘추사, 1948.12, 251~252쪽.
68) 여운홍, 『몽양 여운형』, 靑厦閣, 1967, 34쪽.

1918년 12월 15일 자이고[69] 미국에서 조선 대표단이 파리 여정에 올랐다는 기사는 1919년 1월 22일 자이다.[70] 그렇다면 실제로 이 기사를 읽고 촉발되어 독립운동을 준비했다고 하기에는 기간이 너무 촉박하다. 이 기사를 처음 언급한 것은 전영택으로 "이 때에 神戸에서 英人의 손으로 발행되는 영자신문 The Japan Advertiser에 이승만 박사가 한국대표로 파리강화회의에 간다는 기사가 조고마게 기재된 것을 미순학교인 청산학원(青山學院)에 있는 우리 학생들이 서양인 교수 집에서 발견하게 되매 이 뉴-쓰는 곧 비밀리에 유학생 중의 몇사람에게 알려지자 그들에게 큰 충동을 주었다"[71]고 서술했다. 1958년에 동아일보에 기고된 글에서 백관수는 "1918년 12월 1일 神戸에서 발간되는 재팬 아드버타이쓰"로 구체화시켰다.[72] 그후 1967년에 간행된 김도연의 『나의 인생백서』에서 구체적으로 고베(神戸)를 도쿄로 정정하여 기록했다.[73]

　이것은 2·8독립운동에 참가한 이들이 서로의 회고담을 참조하면서 자신들의 기억을 정리하는 가운데 일어난 현상으로 생각된다. 그러나

---

[69] Korean Agitate for Independence, *Japan Advertiser*, December 15, 1918.

[70] Koreans to send Delegates to Paris, *Japan Advertiser*, January 22, 1919; 「조선, 파리에 대표단 파견」, 1919.1.22, 『재팬 애드버타이저 3·1운동 기사집』, 독립기념관 한국독립운동사연구소, 2015, 69~70쪽. 이 기사에서 "세 명의 대표단은 조선이 '약소국의 자치권'의 넓은 범주 안에 있음을 주장하며, 이제는 조선이 완전히 독립을 원하고 있음을 보여줄 예정"이라고 하였다.

[71] 전영택, 「동경유학생의 독립운동」, 251쪽.

[72] 백관수, 「조선청년독립단 '2·8선언' 약사」, 『동아일보』 1958.2.8.

[73] 김도연, 『나의 인생백서』, 강우출판사, 1967, 68쪽. "동경에서 발간된 영자신문 자판 애드배타이쓰 12월 1일 자로 미주에 있는 한국인 중 이승만, 민찬호, 정한경 등 3인이 한국민족대표로 독립을 호소하기 위하여 파리강화회의에 파견되었다는 내용의 기사가 보도되고 이주일후인 12월 15일 자로 동경조일신문에는 미국 샌프란시스코에 거류하는 한국인들이 독립운동자금으로 삼십만원의 거액을 모집하였다는 내용의 기사가 보도". 이에 대해서는 1985년에 신용하 교수가 관련 내용을 정정한 바 있고 김인덕 교수도 기사일자가 틀린 것을 지적한 바 있다. 김인덕, 「일본지역 유학생의 2·8운동과 3·1운동」 참조.

전영택이 회고한 내용 가운데 아오야마학원에 다니던 유학생(윤창석)
이 서양 교수의 집에서 이 신문을 봤다는 지적은 사실일 것이다. 이 무
렵의 『Japan Advertiser』는 왕성하게 파리강화회의 관련 소식을 게재했
다. 1918년 11월 21일 자에 윌슨 대통령이 평화회의 의장을 맡게 되었
음을 보도했고 12월 5일 자에는 윌슨이 14개 조항을 제안한 장본인으로
써 전쟁의 종지부를 찍는 자리에 연합국 측이 참석을 바란다는 요청에
의해 갈 것이며 자신은 베르사이유에서 해야 할 임무를 절감한다는 내
용이 보도되었다. 1918년 12월 15일 자에는 윌슨이 프랑스에 도착했음
이 보도되었다. 그리고 같은 날 기사에 미국 내 조선인들이 조선의 독
립운동에 대해 미국에 도움을 요청하는 탄원서를 미국정부에 제출했다
는 내용이 보도된 것이다.[74]

그 외에 주목되는 기사는 1918년 12월 10일 자에 일본의 사절단 일원
으로 출발하는 사카타니 요시로(阪谷芳郎) 귀족원 의원이 기고한 글이
다. 이 기사에서 전쟁은 폭압에 대한 정의의 승리이고, 군국주의에 대
한 자유주의의 승리며, 제국주의에 대한 민주주의의 승리라고 평가하
고 일본의 외교는 정의와 인도주의에 입각해서 이루어질 것이라고 하
였다.[75]

이러한 점에서 본다면, 『Japan Advertiser』에 게재된 기사가 유학생들
을 고무시켰음은 충분히 수긍할 수 있는 부분이다. 그러나 그보다 먼저
유학생들과 미주 독립운동세력과의 연계를 주의할 필요가 있다. 전영
택은, "지용은(평양) 씨가 동경에 들러서 미주에 있는 한국동포들의 활

---

74) 『재팬 애드버타이저 3·1운동 기사집』, 독립기념관 한국독립운동사연구소, 2015 참
   조.
75) Japan must cultivate Asian Neighbors in Friendly way-Basis for Work of Peace Delegates
   Must be Liberty, Equality, and Honesty, Says Baron Sakatani, *Japan Advertiser*, Decmber
   10, 1989.

동하는 진상을 알리게 되자, 해외에 있는 동포가 이만큼 하는데 국내에
서 가만 있어서는 안되겠으니, 본국에서 속히 일어나지 못하면 비교적
언론자유가 있고 마침 제국의회가 개회중인 동경에서 결행하는 것이
상책”이라고 하여 김도연, 김상덕, 김철수, 이종근, 윤창석 등이 경계와
주목을 피하여 이리저리 음식점을 다니면서 비밀회의를 했다[76]고 회고
한 부분이다. 지용은은 당시 일리노이주 웨슬리대학에 유학 중이었
다.[77] 1918년경에는 시카고지방회에서 학무를 담당하였는데 이곳의 부
회장은 정한경, 대의원은 강영소 등이었다.[78] 지용은은 특사로 내정되
어 활동하고 있던 정한경을 가까이에서 접하던 인물이었으며 전영택도
평양 출신이기 때문에 지용은에게 들은 이야기를 기억하여 회고담 속
에 남긴 것으로 생각된다.

　이러한 상황 속에서 1918년 12월 14일에는 요시노 사쿠조가 조선청
년회에서 연설을 했으며, 12월 말에 이광수는 도쿄에 도착했고 와세다
대학의 기말시험에 응시할 수 있었다.[79] 이광수는 중국에 거류하는 조
선동포들의 동정과 경성에서 모모 인사가 계획하고 있는 소식을 가져
오면서, 상해에서는 벌써 독립운동 계획이 있다는 것과 본국에서도 불
원간 이러한 기세가 있지만 경계와 압박이 심해 쉽지 않은 상황이라고
전했다.[80]

　그리고 12월 29일과 30일에는 망년회와 동서연합웅변회가 개최되었
던 것이다.[81] 이에 대해 일제 측은 다음과 같이 상황을 보고했다.

---

76) 전영택, 「동경유학생의 독립운동」, 98쪽.
77) 「본보체송학생」, 『신한민보』 1917.4.12.
78) 「시카고지방회」, 『신한민보』 1918.12.19.
79) 이광수, 「기미년과 나」, 『나의 고백』, 251쪽.
80) 전영택, 「동경유학생의 독립운동」, 98쪽.
81) 1919년 2월 10일 자의 보고에는 12월 29일 망년회가 열린 장소를 오모테사루가쿠초

12월 29일 神田區 表猿樂町 明治會館에서 학우회가 주최한 망년회(모인 인원 360명)와 다음날 30일 청년회관(조선기독교청년회관 – 인용자 주)에서 열린 동서연합웅변회(모인 인원 약 200명)에서도 조선은 차제에 독립해야 하며 우리는 생명을 바쳐서 이 목적을 달성하기 위해서 모든 수단을 취해야 한다고 열렬하고도 진지하게 논의하여 무언가 실행운동을 하려는 기세를 보였다.[82]

본격적인 준비는 1919년 1월 초에 개시되었다.

5. 2·8독립운동의 준비와 결행

1919년 1월 6일 조선기독교청년회관에는 웅변대회가 열렸고 모인 인원은 200여 명이었다. 일제 측 자료에 의하면,

6일 청년회관에서 개최한 웅변회(모인인원 200명)에서는 尹昌錫, 徐椿, 李琮根, 朴正植, 崔謹愚, 金尙德, 安承漢, 田榮澤 등이 교대로 일어서서 현재의 정세는 우리 조선민족은 독립운동을 하기에 가장 적당한 시기이며 해외의 동포도 이미 각각 실행운동에 착수하고 있으므로 우리도 구체적 운동을 개시해야한다고 연설하고 그 자리에서 우선 우리의 의사를 전달할 내각의 여러 관료 및 각국 대공사에게 청원을 하는 등 실행운동에 착수할 것을 결정하여 다음의 10명의 임시위원을 뽑아 운영방법을 강구하게 하였다. 다음날

의 메이지회관이라고 하였다. 조선총독부학무국 조서에는 청년회관으로 되어 있는데, 메이지회관 쪽이 주소를 명기한 데다가 2·8독립운동 직후에 정리한 보고내용이어서 더 신빙성이 있을 것이라고 생각된다. 비교할 자료는 조선총독부 학무국 조서, 「在內地朝鮮學生の騷擾」, 金正明 編, 『明治百年史叢書, 朝鮮独立運動 1 – 民族主義運動』, 原書房, 300쪽 참조.

82) 特高秘乙第56號, 「朝鮮留學生ノ獨立運動ニ關スル件」, 1919.2.1.

오후 1시에 다시 청년회관에서 만나기로 하고 산회했다.

　최팔용(早大生 甲號), 김도연(慶大生 甲號), 백관수(正則英語 乙號)　이종근(東洋大學生 乙號), 송계백(早大生 甲號), 최근우(東商生 乙號), 서춘(元高師生 甲號), 전영택(靑山學院生 甲號), 윤창석(靑山學院), 김상덕(無職)

이라고 파악하고 있다. 10명의 대표 중 전영택은 병을 칭하여 사퇴했고 김철수와 이광수가 추가되어 총 11인의 대표가 선정되었다. 그런데 백관수에 의하면 이날 모임에 자신과 최팔용, 김도연은 이미 비밀공작을 진행 중이어서 참석하지 않았고, 사의만 전달했는데 이에 대해 참석자들의 비난이 쏟아졌다고 하였다.[83] 1월 7일 회의에서 조선민족의 독립을 꾀하기 위해 대신 및 제국의회에 의견을 진정해야 한다는 의견이 나왔다.[84] 이날 도쿄경시청은 서춘, 윤창석 등을 소환해서 주의를 주었고[85] 그 후 선출된 대표들은 가일층 일경의 감시와 미행을 받았다.[86] 이들은 감시를 피해가며 이리저리 음식점을 옮겨 다니며 모의를 했다.

　이러한 상황에서 유학생 대표들은 일경의 감시를 따돌리기 위해 한바탕 연극을 벌이기로 했다. 1919년 1월 중순경에 청년회관 2층에서 열린 회의에서 최팔용은 시기는 왔지만 용기가 나지 않는다고 말하고 송계백은 아직 시기상조인 것 같다는 발언을 했다. 백관수는 최팔용의 의견과 송계백의 의견에 동조하면서도 애매모호한 태도를 취하였다. 이에 윤창석, 서춘 등이 맹렬히 공격을 하며 당장에 자살하여 모두에게 사죄하라는 극언을 했으며 3인은 아무런 항의 없이 퇴거했다고 한다.

83) 백관수, 「조선청년독립단 '2·8선언' 약사」, 『근촌 백관수』 부록, 298쪽.
84) 特高秘乙第56號, 「朝鮮留學生ノ獨立運動ニ關スル件」, 1919.2.1.
85) 『朝鮮(2)』, 現代史資料26, 18쪽.
86) 김도연, 『나의 인생백서』, 70쪽.

이 사실이 일제 측에 탐지되어 강경론을 주장한 윤창석, 서춘, 김상덕, 김도연, 최근우에게는 밀정이 붙었지만, 최팔용, 송계백, 백관수에 대해서는 일제의 경계가 느슨해졌다고 한다.[87] 이를 이용하여 최팔용은 운동의 준비를 총괄했고 송계백은 조선에 다녀왔으며, 백관수는 이광수로부터 받은 선언서 등을 등사하며 거사를 준비할 수 있었다.

당시의 도쿄 유학생 김항복이 블라디보스토크 거주 한인 한용헌(韓容憲)에게 보낸 편지 속에는 당시 유학생들의 일제의 감시망을 피하기 위해 어떤 방법을 구사했는지가 엿보인다.[88] 이 편지는 한글로 작성되었던 것을 파견군사령부의 통역자가 일본어로 번역한 것인데, 다시 한역하여 옮긴다.

대전쟁은 이에 종결되고 향기 있고 평화의 아름다운 꽃이 피어나게 되었습니다. 체코는 독립을 선언하고 폴란드는 자유를 얻고 봄과 같이 세계를 뒤덮던 전제군주는 '데모크라시' 주의가 되었습니다. … 오늘날 윌슨 씨의 민족자결이며 국제연맹이며 각종이 반포되어 전 세계를 지도하여 운동하게 되었습니다. 전세계 인류는 모두 기뻐하며 … 아마도 우리 일생 중 이런 큰 변화를 보는 것은 다시는 없을 것입니다. … 여기서는 지난(1월 – 인용자 주) 6일 12시부터 우리 청년회관에서 조선인 유학생대회를 열고 이 일에 대해서

---

87) 「동경의 조선청년독립단을 싸고 돕던 '2·8'운동의 회고(3)」, 『앞길』 18, 1937.
88) 이 편지는 블라디보스토크 파견군 사령부의 우편물 검열에서 압수되는 바람에 남아 있게 되었다. 김항복은 블라디보스토크 거주 한인 한용헌에게 1월 19일에 도쿄 유학생이 거사를 준비하는 상황에 대해 편지를 보냈다. 블라디보스토크 파견군사령부의 설명에 의하면 발신인 주소는 적지 않았는데 九段 우편국의 소인이 찍혀 있는 것으로 봐서 재도쿄유학생임은 의심할 바 없다고 하였다. 더욱이 봉투에 도쿄 검열 마침이라는 것을 나타내는 인장이 찍혀 있었지만 개봉한 형적이 없었다고 지적하면서 유학생이 검열을 마친 것처럼 위장해서 편지를 발송한 것이라고 하였다. 「在東京鮮人留学生金恒福の通信に関する件」, 浦潮情報 二月, 『不逞團關係雜件 －朝鮮人의 部－在西比利亞 7』. 편지글의 날짜는 1919년 1월 19일이고, 이 문서가 외무성 정무국에 접수된 것은 1919년 3월 9일이다.

서춘 씨 윤창석 씨 그 외 여러 분의 열렬한 연설이 있었고 다음날 1시부터 재차 열려 우리의 방침, 현 정부에게 청원하고 각국대사관에 교섭한 우리의 자유를 운동하는 격렬한 논의가 있었는데 이곳 경찰서에서는 그 집회를 저지시켰을 뿐 아니라 당 경시청에서 자동차 2대로 그 중 10여인을 인치했습니다. 여러 가지 교묘한 말로 그들을 회유하고 그 집회를 주관한 몇 명은 형사가 2~3명이 붙어 있어서 깊이 우리의 행동을 조사했습니다. 7일에도 십여인 중 1명을 경시청이 잡아 갔습니다. … 이 기회는 체코와 폴란드만의 기회가 될까요? 이 역시 우리 민족에게도 소중한 기회가 될 것임은 분명합니다. 물론 우리는 이때만이 기회이고 장차 때가 또 도래할 지는 단정할 수 없지만 우리의 힘만이라도 시도하여 우리의 붉은 피를 흘리기를 멈추지 않을 것입니다. 1919년 1월 19일[89]

이 편지에는 1월 6일과 1월 7일, 청년회관에서의 집회 모습과 일제의 탄압 양상이 자세히 설명되어 있다. 그리고 당시 청년들이 윌슨의 민족자결주의가 조선에도 적용되어 독립된 날이 오기를 간절히 열망하고 그를 위해 피를 흘릴 각오로 있었던 정황도 고스란히 담겨 있다. 이와 같은 '절체절명'의 위기 상황 속에서 유학생들은 거사 준비를 속행했던 것이다.

한편 준비과정에서 있었던 또 하나의 일화는 윤창석이 우리 대표단 일행의 활동을 방해하기 위해 일본정부가 파견하려던 미국인 선교사 '해리스'[90]가 파리에 가지 못하도록 막았다는 내용이다.[91] 윤창석은

---

89) 위와 같음.

90) Merriman Colbert Harris(1846~1921). 미국 감리교회 감독이자 선교사로 메이지기 일본인 기독교도에게 큰 영향을 끼쳤다. 우치무라 간조, 니토베 이나조 등에게 세례를 준 선교사로도 유명하다. 해리스는 1904년 한일양국의 관리감독, 1908년 일본 명예감독 및 한국감독으로 이토 히로부미와 친밀한 관계를 유지했으며 1905년 한국선교회를 미 감리교 한국선교연회로 승격시키고 1908년에는 한국연회로 격상시키는 등 한국 교회발전에 공헌했다. 1919년에 아오야마학원 구내에 신축된 해리스관에서 살았으며 1921년 이곳에서 사망하였다.

1966년에 김성식 교수와 나눈 대담에서 해리스 선교사가 일왕의 특사로 파리로 파견된다는 소문을 듣고 직접 해리스 숙소 앞에서 기다리고 있다가, 준비해간 단도를 탁자 위에 올려놓고 해리스에게 파리로 가지 말 것을 요청했고 당황한 해리스는 윤창석의 요구에 순응하겠다고 대답했다고 한다.[92] 그런데 일본 외무대신 우치다(內田)가 1919년 1월 24일에 재영대사 진다(珍田)와 재불대사 마쓰이(松井)에게 발송한 공문에 의하면 해리스의 여비수당을 기밀비에서 2000엔을 지급하라는 내용이 있다.[93] 해리스의 파리강화회의에서의 활동은 좀 더 밝혀져야 할 과제이지만, 그가 윤창석의 설득으로 파리행을 중지한 것은 아니었다.[94]

다음은 선언서 작성에 대해 살펴보자. 일본 의회에 보낼 청원서와 독립선언서 준비는 백관수와 김도연, 이광수가 맡기로 하였고, 선언서 기초는 이광수에게 의뢰되었다. 이광수는 영문과 일문번역도 담당했다.[95] 선언서 작성은 처음에 김동인이 사양하여 이광수에게 의뢰되었고,[96] 영문번역도 전영택이 고사하여 이광수에게 위임된 것이었다. 그런데 『근촌 백관수』를 저술한 윤재근은 이광수는 단지 기초만 했을 뿐, 선언서의 힘 있는 문체는 유약한 이광수의 문체와는 다르다며 백관수가 작성한 것으로 주장하고 있다.[97] 그러나 이광수 자신이 스스로 2·8 독립

---

91) 김도연, 『나의 인생백서』, 72쪽.

92) 정세현, 『항일학생민족운동사연구』, 61쪽.

93) 「ハリス監督エルサレムに向け旅行に関する件」, 1919년 1월 10일 기초, 1919년 1월 14일부. 『宣伝関係雑件－嘱託及補助金支給宣伝者其他宣伝費支出関係, 外国人の部』第一巻, 일본외교사료관 소장본.

94) 윤창석의 주장에는 양근환 의사가 민원식의 호텔을 찾아가 했던 의거 장면을 떠올리게 하는 부분이 있다. 김성식 교수에게 과장되게 설명된 것이 아닌지, 이 부분도 재고가 필요하다.

95) 전영택, 「동경유학생의 독립운동」, 252쪽.

96) 김동인, 「3·1에서 8·15」, 『신천지』 1946.3.

97) 윤재근, 『근촌 백관수』, 64~67쪽.

선언서 기초에 대해 기술하고 있기 때문에 이광수의 저술로 보는 것이
타당하다.[98] 백관수 본인도 자기가 두세 번 수정했다고 언급했지, 저술
했다고는 술회하지 않았다.[99] 김동인도 이광수가 기초했다고 지적한
바 있다.[100] 흥미로운 점은 이광수는 미국의 독립선언서를 암송할 정도
였다고 한다.[101] 2·8독립선언서에는

> 오족은 일본 군국주의적 야심의 사기 폭력 하에 오족의 의사에 반하는 운
> 명을 당하였으니 정의로 세계를 개조하는 이 때에 당연히 바로잡을 것을 세
> 계에 구할 권리가 있으며 또 세계개조의 주인되는 미국과 영국은 보호와 합
> 병을 솔선 승인한 이유로 이 때에 과거의 구악을 속죄할 의무가 있다 하노
> 라. …정의와 자유를 기초로 한 민주주의 위에 선진국의 모범을 따라 신국
> 가를 건설한 후에 건국 이래 문화와 정의와 평화를 애호하는 오족은 반드시
> 세계의 평화와 인류 문화에 공헌함이 있을지라. 이에 오족은 일본과 세계각
> 국이 오족에게 민족자결의 기회를 부여하기를 요구하며 만일 그렇지 않으면
> 오족은 생존을 위하여 자유행동을 취하여 오족의 독립을 이룰 것을 선언하
> 노라.[102]

라면서, 조선은 바야흐로 자유 정의에 기초한 민주주의 국가를 건설할
것이라고 밝히고 민족자결의 기회를 조선인에게 부여할 것을 정중히
요청하고 있다. 이것은 앞서 살펴본 바와 같이 윌슨 대통령이 천명한
민족자결주의의 적용 원칙을 의식하면서 작성되었음을 알 수 있다. 결
의문에는 일본 의회 및 정부에 조선민족대회를 소집하여 의회의 결의

---

98) 이광수, 「기미년과 나」, 『나의 고백』.

99) 백관수, 「조선청년독립단 2·8선언 약사」, 『동아일보』 1958.2.8.

100) 김동인, 「3.1에서 8.15」, 『신천지』 1946.3.

101) 김윤식, 『한국근대문학과 문인들의 독립운동』, 한국독립운동사연구소, 1989, 31쪽.

102) 「선언서」(2·8 독립선언서), 독립기념관 소장본. 현대어로 바꿔 인용함.

로 조선인의 운명을 결정할 기회를 달라고 요구했으며, 만국평화회의
의 민족자결주의를 조선인에게도 적용하기를 요청하고 있다. 민족대회
소집청원서에는 "이번에 국제연맹이 이루어지면 재차 약소국을 침략하
려는 강국이 사라질 것이므로 우리 조선민족의 국가는 순조롭게 생장
할 수 있을 것이다. … (조선은－인용자주) 새로운 주의, 원리 위에 국
가를 건설하여 동양 및 세계의 평화와 문화에 공헌하는 국가가 될 것을
믿는다. 우리 단은 대일본제국의회에 대해 우리 조선민족대회를 소집
하여 민족자결의 기회를 부여해 줄 것을 청원한다. 1919년 2월 조선청
년독립단"이라고 밝혀 역시 윌슨이 구상했던 국제연맹 조직에 대해 강
한 기대감을 드러내었다.

선언서가 완성된 후 송계백은 몰래 서울에 다녀왔으며 백관수는 선
언서를 인쇄하기 위해 백남훈에게 YMCA의 등사판 사용을 청해 놓았다.

그렇다면 이광수가 선언서를 기초한 시기는 언제쯤일까? 그들은 1월
하순에 자금 등의 문제와 운동의 협의를 위해 송계백과 정광호를 조선
에 보냈다. 그때 송계백은 선언서를 모자 속 안감 안쪽에 숨겨 가지고
갔다. 그래서 송계백의 행적을 추적하면 대체적으로 선언서를 작성했
을 시기를 추측해 볼 수 있을 것이다. 최린의 회고에 의하면

　　이 때 마침 동경유학생 중에 조도전대학생을 중심으로 독립운동을 일으
켜보자는 의견이 일치되어 그들의 동지 중 송계백 군을 동경에서 파견되었
는데 송군은 내가 보성고등학교장으로 있을 때 졸업생으로 내가 특히 사랑
하는 청년이었다. 오랜 일이라 날자는 알 수 없으나 어느 날 이른 아침인 듯
도 하고 밤인 듯도 하다. 의외에 재동 68번지 나의 집으로 찾아와서 동경유
학생들의 시국에 대한 동향과 그 결의사항을 자세히 말한 후 자기 모자 속
을 뜯고 거기서 끄집어내어 나를 주므로 받아서 본즉 독립선언문이었다. 나
는 그 글을 읽는 순간에 청년들의 불타는 애국심에 감격하여 눈물을 금치

못하였다.103)

송계백은 최린뿐 아니라 송진우에게도 도쿄 유학생의 선언문을 전하
고 독립운동 계획을 알렸다.104) 송계백은 이치가야(市ケ谷) 형무소에
수감 중 일본 도쿄지방재판소에 정노식에 대한 증인 심문을 받았다. 그
의 진술에 의하면 송계백은 1919년 1월 28일에 정노식을 찾아갔지만 만
나지 못했고, 1월 29일에 정노식이 송계백을 찾아와 만났다고 했다. 그
리고 1월 30일에 송계백은 도쿄로 출발했다고 하였다.105) 도쿄에서 경
성까지의 소요시간이 당시 49시간 정도이니106) 적어도 1월 23~24일 이
전에 선언서 기초 작업은 완료되었을 것이다. 그러나 송계백이 가져간
선언서는 최종본은 아니었을 것이다. 왜냐하면 이광수는 선언서 작성
과 영문, 일문 번역을 마치고 맥큔(G.Shannon McCune, 尹山溫, 1878~1941)
의 소개로 랜디스 박사로부터 영문 감수까지 완료하고 난 시점에 최팔
용으로부터 상해행을 종용받았다고 하였기 때문이다. 이광수의 기억으
로는 날짜는 2월 2일인데 이광수를 사찰한 일제 측 보고에는 1919년 1월
31일에 그가 고베에서 오쿠라마루(小倉丸)에 승선하여 상해로 출발했
다107)고 한다. 이광수의 여행경로를 보면, 최팔용과 만난 이튿날 새벽

103) 이병헌, 「최린선생 자서전 중」, 『3·1운동비사』, 1959, 48쪽.
104) 위의 글, 44쪽.
105) 「정노식에 대한 증인심문조서-송계백」, 1919.7.16. 동경지방재판소, 『3·1운동비
사』, 711쪽.
106) 1919년 영친왕 이은이 고종의 부음을 받고 도쿄에서 경성까지 이동했던 여정을 보
면 1월 22일 오전 8시 30분에 도쿄역을 특별급행열차로 출발하여 1월 24일 오전 9시
30분에 남대문 역에 도착하고 있다. 도쿄에서 경성까지 만 49시간이 소요되었다.
윤소영 편역, 『일본신문 한국독립운동기사집(1)-3·1운동편, 대판조일신문』, 한국
독립운동사연구소, 2009, 18~27쪽.
107) 「要視察人朝鮮人李光洙に関する件」, 『不逞團關係雜件-朝鮮人의 部-在滿洲의
部 8』, 1919.2.10. 이광수는 상해를 경유하며 북경 化石橋 순천시보에 간다고 하고
고베 사누키야(讚岐屋)여관에서 휴식 중 허영숙에게 전보를 보냈다고 한다. 이 내

에 시즈오카까지 간 다음[108] 시즈오카(静岡)에서 나고야(名古屋)행 열
차로 갈아탔고,[109] 다시 나고야에서 다시 고베행 열차를 탔다.[110] 그것
은 미행을 따돌리기 위해서였을 것이다. 그는 고베항에서 경찰의 심문
을 받았는데,[111] 북경 순천시보에 기자가 되어 가노라고 말하였더니 수
첩에 적을 뿐이었다고 하였다.[112]

당시 도쿄 역에서 시즈오카까지 소요시간은 5시간, 시즈오카에서 나
고야가 4시간, 나고야에서 고베가 4시간가량이 소요되었다. 1월 31일에
고베항을 출발했다고 하니 이광수는 적어도 1919년 1월 30일 새벽에 도
쿄를 출발한 것으로 보인다. 전영택도 이에 대해 이광수가 출발한 것이
1월 30일쯤이라고 하였다.[113] 그렇다면 이광수가 최팔용에게 상해행을
권유받은 것은 1919년 1월 29일일 것이며 선언문 작성과 번역, 감수작
업은 당연히 그보다 전에 완료된 셈이 된다.

한편 송계백은 경성에서 활자를 구해왔을까? 앞서 예심판사 누마요
시(沼義)가 송계백을 심문했을 때, 정노식을 방문한 이유를 묻자

조선독립선언서를 인쇄하려고 하나 일본에는 조선 국문 활자가 없으므로
경성서 활자를 사가지고 본적지인 평안도에 갔다가 돌아오는 길에 경성서

용을 2월 10일 小幡酉吉(중국공사), 有吉明(상해총영사)에게 알렸다.
108) 시즈오카는 도쿄역에서 119리 2분 거리로 요금은 2등석 5원 48전, 3등석 2원 67전
이었다.『철도여행안내』, 1921년판.
109) 나고야는 동해도선과 중앙선이 교차하는 교통의 요지로 도쿄에서 234리 6분 거리
로, 요금은 2등 9원 23전, 3등석 4원 53전이었다.『철도여행안내』, 1921년판.
110) 이광수,『나의고백』, 252쪽.
111) 도쿄에서 고베까지 376리 4분 거리로, 도카이도 혼센(東海道本線)의 요금은 2등석
12원 91전, 3등석 6원 37전이었다. 고베는 산요혼센(山陽本線)의 분기점이기도 하
다.
112) 이광수,『나의 고백』, 252쪽.
113) 전영택,「동경유학생의 독립운동」, 252쪽.

전부터 잘 아는 정군을 찾은 바, 정군이 나의 숙소 관훈동으로 찾아왔었다. 나는 그 이튿날 동경으로 돌아왔다.[114)

라고 하여 '경성에서 활자를 사가지고 왔다'고 하였다. 그런데 김도연은 활자를 구하지 못했다고 적고 있어서 어긋난다.[115) 최승만은 '활자를 적지 않게 가지고 왔지만 없는 글자가 많아서 쓰지를 못했다'[116)고 하고 백관수는 '송계백군도 등에 상처가 나도록 활자 보퉁이를 짊어지고' 왔는데 인쇄기와 시일관계로 활자 인쇄를 중지키로 했다'고 하였다.[117) 결론적으로 송계백은 조선에서 활자를 갖고 왔지만 실제로 사용할 형편은 되지 못해서 결국 선언문과 결의문은 펜으로 작성하여 등사했다. 백관수에 의하면 선언서와 그 외 인쇄물은 최원순과 정광호가 지휘하여 유학생 10여 명이 주야로 1주일간 등사하여 각각 1만 부 이상 준비했다.[118) 일제 측 자료에 의하면 그 장소는 유학생 김희술의 셋방에서 이루어졌다. 제국의회에 보낼 민족대회 소집청원서는 최팔용의 활약으로 인쇄소를 매수하여 1000부를 인쇄해서 준비할 수 있었다.[119) 이러한 활동이 가능했던 것은 송계백이 조선에서 정노식에게 전담 판 돈 3천 원을 독립운동 자금으로 받아 돌아왔기 때문이다.[120)

114) 「정노식에 대한 증인심문조서 — 송계백」, 1919.7.16. 동경지방재판소, 『3 · 1운동비사』, 711쪽.
115) 김도연, 『나의 인생백서』, 71쪽.
116) 최승만, 「2 · 8 독립선언과 관동진재의 실상과 사적 의의」, 2 · 8 독립기념관 설치위원회, 1984, 9쪽.
117) 백관수, 「조선청년독립단 '2 · 8선언' 약사」, 298쪽.
118) 위와 같음.
119) 전영택, 「동경유학생의 독립운동」, 252쪽.
120) 최승만, 「2 · 8 독립선언과 관동진재의 실상과 사적 의의」의 冒頭 '2 · 8독립선언서 署名者'에서 인용.

[표] 상해에서 일본행 여객선 항로

일본-상해행				
해리	항구명	日本郵船(주 3회)		
1	上海	上海橫濱線 화요일 오전	上海阪神線 목요일 오전	上海橫濱線 토요일 오전
459	長崎	목요일 오전 오후	-	월요일 오전 오후
613	門司	금요일 오전 오후	토요일 오전 오후	화요일 오전 오후
853	神戸	토요일 오전	일요일 오전	수요일 오전

상해-일본행				
해리	항구명	日本郵船(주 3회)		
1	神戸	上海橫濱線 화요일 오전	上海阪神線 금요일 오전	上海橫濱線 토요일 오전
459	門司	수요일 오전 오후	토요일 오전, 오후	일요일 오전 오후
613	長崎	목요일 오전 오후	-	월요일 오전 오후
853	上海	토요일 오전	월요일 오후	수요일 오후

*출처: 『滿洲支那交通便覽』, 만주철도주식회사, 1919.7.

한편 2·8독립운동 준비단계에서 다른 지역과의 교감은 어떻게 이루어졌을까? 앞서 정노식의 심문조서에는 정노식이 송계백을 만난 후 도쿄독립운동에 대해 현상윤, 최남선과도 의견을 교환했으며, 최남선이 정노식에게 도쿄유학생의 2월 8일 거사 일시를 연기할 방도를 물었고, 정노식은 송계백에게 이 사실을 전보로 알렸다는 것이다.[121] 송계백은 진술에서 정노식이 보낸 전보는 2월 7일에 발송한 것으로 '일이 있으니 20일까지'라고 되어 있었는데 무슨 말뜻인지 모르고 보낸 사람의 주소

---

121) 「정노식선생 취조서」, 이병헌, 『3·1운동비사』, 1959, 709~710쪽.

성명도 없어서 누가 보낸 지도 모르다가 이번에 알게 되었다고 모르는 척했다.[122] 즉 최남선 등 조선에서는 2월 8일의 거사가 시기가 너무 빠르다고 판단했던 것인데, 결과적으로 이 제안은 수용되지 못했다.

이와 관련하여 2·8독립운동 전에 도쿄에 온 또 한명의 인물인 장덕수를 주목해 볼 필요가 있다. 먼저 그가 도쿄에 온 일시도 불분명하기 때문에 여행경로를 통해 추측해보자. 단서는 고베에서 상해에 도착한 이광수가 마침 상해에서 일본으로 향하려던 장덕수를 상해 부두에서 우연히 만났다는 사실이다.[123] 고베 항에서 상해까지의 항로는 나가사키를 경유하여 가는데 56시간가량 소요된다. 일제 측 보고에 의하면 이광수는 1919년 1월 31일 금요일에 고베에서 출항했으니, 2월 2일 월요일 오후에 상해에 도착한 것이 된다. 장덕수가 상해를 출발하여 도쿄에 도착하는 것은 이 방법을 거꾸로 하면 2월 3일 화요일 오전에 승선하여 모지(門司)에 도착하는 것이 2월 6일 목요일 오전, 시모노세키역에서 승차하여 도쿄에 도착하는 것은 거사 전날인 2월 7일 금요일이 된다. (표 참조) 그런데 장덕수가 이광수를 만난 2월 2일에 상하이에서 일본 선박이 아닌 외국선박을 이용했다면 2월 6일에 도쿄에 도착할 수 있을 것 같다. 향후 재검토가 필요한 부분이다.

김도연의 회고에 의하면 장덕수가 상해에서 변장을 하고 자신을 찾아와 이번 독립운동은 국내외가 다 같이 호응해야 한다고 하며 당시 상해에서 조직된 대한독립청년단과 연락관계를 갖고 국내외가 일치하여 거사해야 한다고 말했다고 한다. 이에 김도연은 유학생들의 독립운동에 대한 계획전모를 설명했고 장덕수는 국내외의 동태를 구체적으로

---

122) 「증인심문조서-송계백」, 1919.7.16. 동경지방재판소, 『3·1운동비사』, 712쪽.
123) 이광수는 자신이 상해에 도착한 것은 기미년 1월 말이라고 하였지만(이광수, 『나의 고백』, 춘추사, 1948.12, 252쪽), 당시의 일제 측 조사보고서에 의거해서 추산해 본다면, 2월 2일일 것이다.

이야기하면서 일본유학생들이 이처럼 조급히 서두르다가 혹시라도 사전에 누설되어 실패하지나 않을까하여 매우 걱정하는 눈치였다[124]고 한다. 즉, 장덕수도 거사일 2월 8일은 너무 빠르다고 생각한 것이다. 장덕수는 상해와 도쿄, 경성을 잇는 국내외의 독립운동을 조율하고 연계하는 역할을 담당하였던 것으로 보인다. 장덕수는 2월 20일 인천에서 일제에 피검되어 일제 측의 관련 문건이 남아있다.

　　본적 황해도 재령군 재령면 張德秀라는 자는 도쿄 와세다대학 출신자로 1918년 5월 중국 상해로 건너간 불령한 자인데 (1919년) 2월 20일 경성에 왔고 다시 인천으로 가서 잠복중인 것을 발견하여 취조했는데, 이 자는 충청북도 청주군 출신 당시 중국 상해 거주 신규식(당시 광동을 여행중이라고 한다)으로부터 書面으로 도쿄에서의 조선인 유학생 독립운동을 시찰하고 그 정황을 통신하라는 명을 받고 중국인 劉某로 위장하여 1월 27, 8일경 상해를 출발하여 나가사키를 경유하여 도쿄에 갔다. 이보다 앞서 신규식의 명에 의해 상해에서 도쿄의 조선인 유학생 선동 용무를 띠고 입경 중인 조소앙이라는 자와 만났는데 조소앙은 그 때 유학생은 2월 8일에 독립선언을 할 것을 결정하고 이미 그 임무를 달성했으므로 더 이상 도쿄에 머무는 것은 위험하다고 하여 상해로 돌아갔고, 장덕수는 다시 조선에서의 운동 정황을 통신할 용무를 띠고 조선에 온 것을 자백했다. 이에 의하면 선우혁과 조소앙은 조선 및 내지 유학 조선인을 선동할 용무를 띠고 파견된 것이 분명하다.[125]

이를 보면 2·8독립운동과 3·1운동도 상해 신규식 등 신한청년당 활동의 자장 안에 놓여 있었음이 확인된다. 쓰보에산지(坪江汕二)는 2·8독립운동은 동년 1월 상해에서 잠입한 장덕수의 선동 교사에 의한다고 판명되었다고까지 단정했다.[126]

---

124) 김도연, 『나의 인생백서』, 71쪽.
125) 「上海在住不逞鮮人逮捕方に関する件」, 『不逞団関係雑件－鮮人の部(在上海地方1)』.

장덕수는 상해에서 도쿄로 연락을 취할 때에 당사자에게 직접 편지를 보내지 않고 중국인 친구에게 보내서 그것이 당사자에게 전달되는 방식을 취했다. 그리고 신규식의 내명을 받고 도쿄로 향할 때도 그는 중국인 유 모씨의 위조여권을 갖고 있었다. 2·8독립운동에 그의 영향을 직접적으로 드러내는 자료는 발견되지 않지만, 신아동맹당을 위시하여 그와 교류하던 재일유학생들이 대거 2·8독립운동에 참여하고 있다. 정노식 등은 국내로 들어가 활동을 했으며 윤현진은 상해로 나가 활동했다. 일제의 심문에 정노식은 자신은 모르는 일이라고 딴청을 부렸지만, 그들의 활동 속에는 파리강화회의에서 한국의 독립의지를 알리기 위해 상해와 동경과 경성을 오가며 국내외의 독립운동을 하나로 묶고자 했던 거대한 계획이 작동하고 있었다.

그런데 장덕수와 최남선은 2월 8일 결행일이 너무 빠르다는 입장이었다. 그렇다면 오히려 2월 8일에 독립운동을 결행한 것은 재일한인유학생들의 독자적인 판단에 의해 이루어졌다는 결론이 된다. 왜 2월 8일을 고수했을까? 그것은 학우회 규칙을 통해 유추해볼 수 있다. 학우회의 임원 임기는 2월부터 10월, 10월부터 2월까지이며(9조) 그에 따라 임원 총선거는 매년 2월 및 9월에 개최되었다.(제8조) 정기총회 일시는 매년 2월 제2일요일, 9월 제4일요일(11조)[127]로 규정되었다. 실제로 동기 정기총회 날짜를 보면, 1918년도에는 2월 10일에 제9기 결산총회가 있었고 1917년도에는 2월 4일 일요일에 있었다. 1919년 2월 8일은 두 번째 주의 토요일이었다. 즉 끊임없이 사찰하는 일제 경찰의 눈을 피하기 위해서라도 정기적으로 개최하는 총회일이어야 많은 학생들이 자연스럽게 참석할 수 있을 것이라고 판단했을 것이다. 그리고 제국의회에 민족

126) 坪江汕二, 『朝鮮民族運動秘史』, 日刊勞働通信社, 1959, 223쪽.
127) 『학지광』 5, 1915.5, 66~68쪽.

대회 소집청원서를 제출하기 위해서도 2월 중에 거사가 단행되어야 했
다.[128] 왜냐하면 제국의회의 정기회의는 매년 12월에 소집되어 회기는
3개월이기 때문이다.

일제 당국은 유학생들의 사찰을 통해 심상치 않은 조짐을 파악하고
있었고 2월 6일 관계자를 취조하여 아오야마 학원생 9명과 함께, 재경
조선여자유학생이 조직한 여자친목회를 대표하여 회장 김마리아가 단
의 대표자에게 금품을 기증한 사실을 확인하고 윤창석[129]을 소환하여
비밀리에 취조하고 있었다.[130]

2월 8일 오전에 학생들은 시내 곳곳에서 선언서 등을 각국 대사 및
공사, 각 대신, 귀족원과 중의원 양원의 국회의원, 조선총독부, 각 신문
잡지사 및 제 학자 등에게 우송했다. 청년회관은 이미 정복과 사복차림
의 경관이 에워싸고 있었다. 학생들은 대회를 강행하여 명주에 적은 선
언서를 단상에 걸고 독립선언서와 결의문을 낭독하였다. 이때 경시청
의 조선인 형사인 선우일이 일일이 주모자를 지적하며 체포를 명했고,
양측의 난투극이 벌어지는 가운데 주모자들은 체포되었다.[131] 니시칸

<hr/>

128) 송지예, 「"민족자결"의 수용과 2·8독립운동」, 『동양정치사상사』 11-1, 2012. 송지
예는 2·8독립운동에서 특히 일본제국의회에 '민족대회소집청원서'를 제출한 것은
윌슨의 14개 조항 중 제5항의 '식민지 주민들과 지배정부가 공평하게 논의하는 절
차적 과정'을 의식한 행동이라고 해석했다. 의미있는 지적이지만, 그 외에 유학생
들이 일본에서 요시노 사쿠조 등의 자장 속에서 연마한 민주주의적 교육과 훈련
에서 체득한 부분이 밑바탕에 깔려 있었다고 본다.
129) 윤창석은 이로 인해 당시 아오야마학원 전문부 인문과 1학년이었는데 퇴학처분을
받았다가 그 후 복학하여 1922년 3월에 졸업했다. 졸업 후 그는 조선에서 영명고
등보통학교, 송도고등보통학교 등에 근무했다. 2·8독립운동 후 윤창석의 국내활
동은 잘 알려져 있지 않지만 아오야마학원 校友會와는 연락하고 지냈다고 한다.
佐藤由美, 「青山学院と戦前の台湾·朝鮮からの留学生」, 『日本の教育史学』 教育
史学会紀要47, 2004.10, 162쪽.
130) 特高秘乙제56호 2월 10일, 「朝鮮留学生獨立運動に関する件」, 『朝鮮(2)』 現代史資
料26, 19~21쪽.
131) 김동인, 「3·1에서 8·15」, 『신천지』 1946.3.

다(西神田) 경찰서장은 동일 오후 3시 50분 집회의 해산을 명했다.

구속된 유학생 9명은 최팔용, 김도연, 백관수, 김철수, 윤창석, 이종근, 송계백, 김상덕, 서춘이다. 이광수는 사전에 상해로 건너가 포함되지 않았고, 최근우는 당일 체포되었다가 거사 준비과정 동안 국내에 체류했었다는 것이 증명되어 방면되었다. 그 후 최근우는 2월 28일 오후 5시 모지에서 출항하는 오미마루(近江丸)로 상해로 빠져나가 이광수와 합류했다.[132] 체포된 9명은 출판법 제26조 위반자로 2월 10일 도쿄지방재판소 검사국에 송치되었다. 예심을 거치지 않고 빠르게 공판이 진행되어 2월 15일에 판결이 내려졌다. 유학생들의 변호는 이마이 요시유키(今井嘉幸), 하나이 다쿠조(花井卓蔵), 후세 다쓰지(布施辰治) 등이 맡았다. 2월 9일 요시노 사쿠조 일기에는 조선 학생이 찾아왔다는 짧은 기록이 보인다.[133] 최승만 등이 거사 소식을 요시노 사쿠조에게 전했을 것이다. 이마이는 요시노 사쿠조와 친밀한 관계에 있었으니, 그가 변호사단에 참여한 데에는 요시노 사쿠조의 관여가 있었을 것으로 추측된다.[134]

거사 다음날인 2월 9일에는 남은 유학생들이 유학생기숙소에서 총퇴소를 단행하며 항의했다. 2월 12일, 히비야(日比谷)공원에서 2차시위

---

132) 「가와무라(川村) 내무성 경보국장이 우에하라(植原) 외무성 정무국장에게 보낸 문서」, 『排日鮮人崔謹愚上海地方へ渡航に付 注意方의 件 1, 不逞團關係雜件-鮮人의 部-在上海地方 1』, 1919.3.10. 이 기록은 매우 흥미로운 내용을 담고 있다. 경시청은 최근우가 조선청년독립단의 주모자로 평소 조선과 일본 사이를 왕래하고 시베리아 등지의 배일선인과 내통하고 있었는데 경시청은 이를 주의하지 않았다고 한다. 그가 상해로 가서 이광수와 만날 것 같으니 주의를 요망한다는 내용이다. 이 보고서를 작성한 시점에 최근우는 경시청 편입 갑호 요시찰조선인이 되었다.

133) 『日記2』 吉野作造全集 14, 181쪽.

134) 요시노 사쿠조의 일기에는 이마이와 자주 만나 교류하던 내용이 적혀 있다. 『日記2』 吉野作造全集 14 참조.

를 계획했지만 사전에 발각되어 실행되지 못했다가 2월 24일에 다시 한 번 히비야공원 독립운동을 계획하여 실행하였다. 이때 선언서의 서명자 총 5인 중 변희용, 최승만, 장인환, 강종섭은 새벽에 연행되어 검속되었다.[135] 그럼에도 유학생들은 시위운동을 결행하여 2월 24일 오후 2시 반에 150명이 모였고 서명자 중 도피했던 최재우가 숨어 있다가 등장하여 명주에 쓴 '조선청년독립단 민족대회소집촉진부 취지서'를 낭독하고 전단지를 배포했다.[136] 최승만이 작성한 이날의 취지서에도 윌슨의 민족자결주의 원칙의 적용을 주장하고 민족대회를 소집하여 조선인의 운명을 조선인 스스로 결정하게 하라고 요구했다.[137]

한편 학생들이 발송한 선언서류는 어떻게 되었을까? 몇 가지 자료가 확인되는데, 유학생 김항복은 2월 18일에 다시 블라디보스토크의 서병근(徐秉根)에게 편지를 보내 2월 초순 유학생들의 '조선인대회' 상황을 적고 선언서와 결의문을 첨부해서 발송했다. 이것도 역시 검열에서 압수당하여 실제로 전달되지는 못했다.[138] 1919년 2월 16일 자로 하얼빈 총영사 사토 나오타케(佐藤尙武)는 하얼빈 노아통신사(露亞通信社)에 청원서, 선언서, 결의문 등의 인쇄물이 우송되어 왔다고 보고했다.[139] 사토 총영사는 5월 13일 자로 상해에서 인쇄된 것으로 추정된다고 하면서 격문 모음집을 외무대신 우치다 고사이(內田康哉) 등에게 보고한 문건 속에도 2·8독립선언서가 필사되어 포함되어 있다.[140]

---

135) 최승만, 「동경유학생 독립운동－2·8운동」, 『2·8독립선언과 관동진재의 실상과 사적 의의』, 13쪽.
136) 「朝鮮留學生獨立運動ニ關スル件」, 1919년 2월 25일 접수, 주관 政務局 제1과, 特高秘乙 제89호, 1919년 2월 24일, 『不逞團關係雜件 朝鮮人ノ部 在內地 三』.
137) 위와 같음.
138) 「在東京鮮人留学生金恒福の通信に関する件」, 浦潮情報 二月.
139) 「朝鮮青年独立団檄文に関する件」, 1919.2.16, 『不逞團關係雜件－朝鮮人의 部－在滿洲의 部 8』.

국내에서도 1919년 4월 23일 자로 조선총독부 경무총장 고지마 소지로(兒島惣次郎)는 결의문, 조선청년독립단 민족대회소집촉진부 취지서(한글, 일본어)를 불온문서로 규정하고 반포 금지를 시켰다.[141] 일제의 탄압과 검열은 곳곳에서 조선 청년들의 순수한 열정과 수고를 좌절시켰지만, 누군가는 이것을 접하고 다시 독립에 대한 열망을 공유했다.

그 외에도 주일 외국 외교당국에 보낸 2·8 독립선언서는 영국 대사 커닝햄 그린(Cunningham Greene)이 일본정부에 회신한 편지를 통해 확인된다. 이 편지에 의하면 며칠 전에 조선청년독립단이 선언서와 결의안을 보내면서 영국정부에 전송해달라고 했지만 자신은 이것을 무시할 것이라는 내용이다.[142]

2·8독립운동의 대단원의 막은 1919년 12월 여운형이 최근우를 수행원으로, 장덕수를 통역으로 대동하고 일본에 초빙되어 일본의 정치가와 국회의원, 언론인들 앞에서 위풍당당하게 한국독립의 정당성을 피력한 장면이었다. 이때 요시노 사쿠조가 주재한 신인회 초청모임에서 오스기 사카에의 선창으로 '조선독립만세'를 외치는 장면도 연출되었다.[143] 그 후 2·8 정신을 계승하는 작업은 국내외에서 이루어졌다. 1920년 출옥한 주동자들은 동아일보사의 후원으로 국내에서 전국강연회를 전개했으며, 상해의 김상덕, 정광호, 주요한, 신익희, 나용균 등은 1921년 유일학생회(留日學生會)를 도쿄 2·8독립운동에 빗대어 이팔구락부라고

---

140) 「朝鮮獨立問題に関する秘密印刷物及鮮人其後の狀況」, 1919.5.13, 『不逞團關係雜件－朝鮮人の部－在滿洲の部 10』.

141) 「新聞紙差押ノ件報告通報」, 1919.4.23, 『不逞團關係雜件 朝鮮人ノ部 在內地 五』.

142) 주일영국 대사 Cunningham Greene의 편지, 1919년 2월 14일, "The Korean Young Mens League for Independence", 『不逞團關係雜件 朝鮮人ノ部 在內地 三』, 국사편찬위원회 한국사데이터베이스 설명문에는 발신자가 Cuvubau Feeue로 되어 있는데 Cunningham Greene의 오기이다.

143) 여운홍, 『몽양여운형』, 46~63쪽.

개명하여[144] 2·8정신을 이어나가고자 했다.

6. 맺음말

1919년 2월 8일 도쿄 조선기독교청년회관에서 재일한인유학생들이 결행한 2·8독립운동은 일반적으로 '3·1운동의 기폭제' 역할을 했다고 평가되고 있지만, 정작 2·8 독립운동이 일어나게 된 구조와 그 과정에 대해서는 불분명한 점이 많이 남아있었다. 이 연구는 2·8독립운동이 '윌슨의 민족자결주의에 부화뇌동하여 젊은 혈기로' 결행된 것이 아니라, 일제의 감시망 속에 운동의 주체들이 과감하고도 교묘하게 독립운동을 감행했다는 점을 주목하면서 2·8독립운동의 발생의 구조를 재검토한 것이다.

연구결과는 다음과 같다. 첫째, 2·8독립운동의 결행 동기이다. 주체들은 평소 신국가의 이념으로서 미국의 민주주의를 주목하고 있었는데, 이러한 인식에 확신을 부여한 것은 도쿄제국대학 교수인 요시노 사쿠조의 민주주의 사상이었다. 마침 1918년 초 미국 대통령 윌슨이 전후 세계질서의 기준이 민족자결주의가 되어야 함을 천명하고, 1918년 11월 11일 제1차 세계대전이 종결하게 되자, 윌슨이 활약할 파리강화회의를 이용하여 한국민의 독립에 대한 의지를 국제사회에 천명하는 것이 긴급하다고 판단하여 독립운동을 결심하게 되었다.

둘째, 2·8독립운동을 결행할 수 있는 유학생 사회의 조직적 기반뿐 아니라, 1916년 설립된 장덕수 등의 신아동맹당 외에, 도쿄 기독교청년

---

[144] 高警 제28373호, 「在上海 不逞鮮人의 動靜」, 『不逞團關係雜件－鮮人의 部－在上海 地方 3』.

회관을 중심으로 운영된 각종 학회 활동을 통해 유학생들의 인적 네트
워크가 이미 구축되어 있었기 때문이다. 송계백은 조선에 건너가 와세
다대학교 선배인 송진우, 현상윤을 만나 자신들의 계획을 전달했고 이
계획은 일본 유학생 출신인 최남선, 최린에게도 자극을 주었다. 장덕수
와 조소앙은 상하이로 망명하여 신규식, 김규식 등과 의기투합하는 한
편 도쿄의 후배 최팔용 등과 교감하고 있었다. 다른 한편으로 도쿄 유
학생들은 1910년대 조선기독교청년회관에서 개최된 각종 강연회와 웅
변대회, 체육행사 등을 통해 언제든지 신속하게 뜻을 모아 단체행동을
결행할 수 있는 조건도 갖추고 있었다. 게다가 미주, 상하이, 블라디보
스토크 등지의 독립운동세력과도 서로 정보를 주고받으며 일정한 관계
를 맺고 있었다. 이와 같은 조직적 기반이 2·8독립운동의 추진동력이
될 수 있었다.

셋째, 2·8독립운동의 구체적인 운동방법론을 살펴보면, 운동주체들
은 모두 일경에 의해 '요시찰인물'로 사찰을 당하고 있었음에도 불구하
고 그러한 상황을 교묘히 피하고 이용하면서 각각의 역할분담을 정하
여 체계적으로 2·8독립운동을 준비해 나갔다. 최팔용이 운동의 전체를
지도했으며 이광수는 북경에서 귀국하여 중국의 독립운동가들의 활동
계획을 전달하는 한편 독립선언서 작성의 대임을 맡고, 이를 완성했으
며, 송계백은 선언서를 갖고 교묘히 조선으로 건너가 국내 세력이 3·1
운동을 결행하는 데에 큰 자극제 역할을 했다. 와세다대학 선배인 정노
식은 거금 3,000원을 쾌척하여 운동의 동력을 제공했다. 백관수는 선언
서 인쇄를 책임졌다. 유학생들은 일제의 감시망을 따돌리기 위해 '위장
술'을 벌이며 운동의 지도부가 활동할 수 있는 여지를 만들었다. 2월 8일
을 거사일로 정한 이유는 학우회 정기총회를 명분으로 많은 학생들이
참석할 수 있음을 미리 계산한 결과였으며, 일본제국의회 회기 동안에

그들이 평소 이상으로 여겼던 가장 민주주의적인 방식으로 일본 의회에 조선독립을 청원하고자 했기 때문이다.

이와 같이 2·8독립운동의 중심에는 "민주주의"가 자리하고 있었다. 그들은 윌슨의 민족자결주의에 현혹되어 즉흥적으로 거사를 도모한 것이 아니었다. 또한 단순히 일제로부터 독립하여 구 대한제국 시절로 돌아가려는 것이 아니라, 대한제국의 전제정치를 종식시키고, 자유와 정의, 인권이 보장되는 새로운 민주주의 국가를 실현하고자 한 것이다. 2·8독립운동은 이러한 이상을 실현하기 위해 국내외의 지식인들이 서로 연대하며 이루어내는 데에 큰 의의가 있다. 2·8독립운동에 참가한 학생들은 이후 대한민국임시정부에서, 국내외의 민족운동에서 중요한 역할을 담당했다. 그런 점에서 2·8독립운동은 '3·1운동의 기폭제'에 그치지 않고 '3·1운동을 견인하고 한국 민주주의 발전 기틀을 세운 지식인의 독립운동'으로서 좀 더 그 의미가 평가되어야 할 것이다.

참고문헌

『삼천리』, 『신천지』, 『학지광』, 『신한민보』, 『조선일보』

『第三帝国』, 『中央公論』

『滿洲支那交通便覽』, 남만주철도주식회사, 1919.7.

警報局保安課, 『朝鮮人槪況』, 1918.5.30.

朝鮮總督府, 『朝鮮独立運動に関する調査報告』, 朝鮮總督府 官房庶務部 調査課, 1924.

『不逞團關係雜件－朝鮮人의 部－在上海地方』 1, 국사편찬위원회 한국사데이터베이스.

『不逞團關係雜件－朝鮮人의 部－在内地』 3~6, 국사편찬위원회 한국사데이터베이스.

『不逞團關係雜件－朝鮮人의 部－在西比利亞』 7, 국사편찬위원회 한국사데이터베이스.

『不逞團關係雜件－朝鮮人의 部－在滿洲의 部』 8, 국사편찬위원회 한국사데이터베이스.

『在日朝鮮人留學生資料』 1~2, 綠蔭書房, 2012.

『吉野作造全集 14－日記(2)』, 岩波書店, 1996.

『朝鮮(2)』, 現代史資料 26, みすず書房, 1967.

朝鮮憲兵隊司令部·朝鮮總督府警務總監部, 『朝鮮三一独立騒擾事件』(復刻), 巖南堂, 1969.

국사편찬위원회 편, 『대한민국임시정부자료집 37－조선민족혁명당 및 기타 정당』, 2009.

三谷太一郎 編, 『吉野作造』, 中央公論社, 1984.

『재팬 애드버타이저 3·1운동 기사집』, 독립기념관 한국독립운동사연구소, 2015.

이광수, 『나의 고백』, 춘추사, 1948.

김우영, 『회고』, 신생공론사, 1954.

김우영, 『민족공동생활과 도의』, 신생공론사, 1957.

이병헌, 『3·1운동비사』, 시사시보사출판국, 1959.

坪江汕二, 『朝鮮民族運動秘史』, 日刊労働通信社, 1959.

김도연, 『나의 인생백서』, 상산회고록출판동지회, 1967.

최승만, 「동경유학생 독립운동 - 2·8운동」, 『2·8독립선언과 관동진재의 실상과 사적 의의』, 2·8독립기념관설치위원회, 1983.

여운홍, 『몽양 여운형』, 靑厦閣, 1967.

정세현, 『항일학생민족운동사연구』, 일지사, 1977.

姜德相, 『朝鮮独立運動の群像』, 青木書店, 1984.

유동식, 『재일본한국기독교청년회사』, 재일본한국YMCA, 1990.

윤재근, 『근촌 백관수』, 동아일보사, 1996.

小野容照, 『朝鮮独立運動と東アジア』, 思文閣出版, 2013.

姜德相, 「二八宣言と東京留学生」, 『三千里』 17, 1979.

박경식, 「일본에서의 3·1독립운동」, 『서암조항래교수 화갑기념 한국사학논총』, 아세아문화사, 1992.

松尾尊兌, 「吉野作造と朝鮮再考」, 『朝鮮史研究会論文集』 35, 1997.

김인덕, 「일본지역 유학생의 2·8운동과 3·1운동」, 『한국독립운동사연구』 13, 1999.

田中武雄, 「日本統治下の朝鮮民族運動」, 『東洋文化研究』 5, 学習院大学 東洋文化研究所, 2003.

佐藤由美, 「青山学院と戦前の台湾·朝鮮からの留学生」, 『日本の教育史学』, 教育史学会紀要47, 2004.10.

최선웅, 「1910년대 재일유학생단체 신아동맹당의 반일운동과 근대적 구상」, 『역사와현실』 60, 2006.

전상숙, 「파리강화회의와 약소민족의 독립문제」, 『한국근현대사연구』 50, 2009.

홍민기, 「해리스감독의 생애와 선교에 관한 연구」, 감리교신학대학교 대학원 석사학위논문, 2009.

최주한, 「제2차 유학시절의 이광수」, 『춘원연구학보』 4, 2011.

오대록, 「일제강점기 상산 김도연의 현실인식과 민족운동」, 『한국독립운동사연구』 38, 2011.

송지예, 「"민족자결"의 수용과 2·8독립운동」, 『동양정치사상사』 제11권 1호,

2012.

김도훈, 「1920년대 전반기 하와이고국방문단의 추진과 성격」, 『한국근현대사연구』 67, 2013.

최우석, 「재일유학생의 국내 3 · 1운동 참여 - 「양주흡일기」를 중심으로」, 『역사문제연구』 31, 2014.

정병준, 「3 · 1운동의 기폭제 - 여운형이 크레인에게 보낸 편지 및 청원서」, 『역사비평』, 2017.5.

정병준, 「1919년, 파리로 가는 김규식」, 『한국독립운동사연구』 60, 2017. 11.

홍선표, 「뉴욕 소약국동맹회의와 재미한인의 독립운동」, 『동북아역사논총』 58, 2017.12.

1919년 대한민국 임시정부
'파리한국대표부'와 김규식의 외교활동*

이장규

1. 머리말

1차 대전 후 파리강화회의는 세계 질서를 새롭게 재편하는 무대였다. 때문에 독립을 열망하던 수많은 약소민족들은 파리강화회의를 독립의 기회로 삼고자 했다. 그러나 윌슨의 민족자결은 패전국 식민지에 한정한다는 것이 전제였다. 그럼에도 불구하고 자신들의 독립문제가 상정되기를 기대했던 승전국의 식민지들도 파리강화회의에 각종의 청원서를 제출하며 외교활동을 펴나갔다. 프랑스 낭테르(Nanterre) 현대 문서 보관소(La Contemporaine - Bibliothèque, archives, musée des mondes contemporains)에는[1] 당시 30여 약소민족이 제출한 청원서 및 기타 자

* 이 논문은 2019년도 국사편찬위원회 한국사연구지원을 받아 수행한 연구임.
[1] 낭테르 문서보관소에는 한국통신국에서 발간한 통신전을 비롯하여 강화회의에 제출한 청원서, 비망록, 그리고 몇몇 홍보물 등이 보관되어 있다. 또한 당시 파리강화회의에서 활동했던 30여 약소국가들의 청원서를 비롯한 문서들이 보관되어 있다. 이 자료들은 필자가 2019년 3월 25일 발굴, 수집한 바 있다.

료가 소장되어 있다.[2] 이 자료들을 검토해 보면, 청원서를 제출한 약소
민족들이 처했던 경우도 각기 달랐다. 승전국 식민지, 패전국 식민지,
승전국이나 패전국 식민지와 무관한 약소민족 등이 저마다 청원서를
제출했는데, 한국도 그중의 하나였다. 승전국의 식민지에 해당되는 아
일랜드, 이집트, 베트남 등도 청원서를 제출하면서 자신들의 독립을 요
구했다. 이들 역시 파리에 대표를 파견하거나 임시정부를 세우면서 파
리에서 활동했다. 아일랜드의 경우는 1919년 1월 프랑스 파리의 그랜드
호텔에서 아일랜드 공화국 임시정부를 수립했다.[3]

한국은 대한민국 임시정부가 수립된 직후 파리에 한국대표부와 통신
국을 설치하고 외교활동을 전개했다. 파리대표부는 1919년 4월부터 황
기환이 미국으로 돌아가는 1921년 7월까지 활동하였다. 그렇지만 이 글
에서는 근래 새롭게 발굴한 자료들에 의거해 1919년 파리강화회의의 초
반 기민하게 움직였던 파리대표부의 공보활동에 대한 노력들을 중점적
으로 규명해보고 김규식이 떠난 이후 대표단의 동향과 국제사회와 연
대하고자했던 제반 활동들에 대하여 살펴보고자 한다. 그중에서도 파
리 한국대표부의 대표였던 김규식의 활동상을 복원하는 데 초점을 맞
추었다. 이 글을 작성하는 데 활용한 자료는 낭테르 현대문서보관소에
서 새롭게 발굴한 한국통신국의 『통신전』과 대표단의 문서 및 브로슈

---

[2] 청원서를 제출한 민족들은 Aland, Autriche, Belgique, Chinoise, Corée, Egypte, Espagne, Géorgie, Grèce, Honduras, Hongrie, Irlande, Italie, Juives, les pays baltes, Lettonie, Liban, Lituanie, Monténégro, Pays Scandinaves, Pologne, Portugal, Serbie, Suisse, Tchécoslovaque 등이다.

[3] 장석흥, 「파리강화회의와 약소민족의 청원서」, 『파리강화회의와 약소민족의 독립 운동』(파리디드로대학 주최 국제학술회의), 2019, 26~27쪽. 아일랜드는 임시정부 수 립 이후 공화국군(IRA, Irish Republican)에 의한 독립전쟁이 전개됐다. 아일랜드 민 중들이 봉기에 가담하면서 독립전쟁은 더욱 치열해졌다. 그러나 아일랜드의 독립 운동은 영국을 의식한 열강들에 의해 어떤 지원과 호응도 받지 못했다. 그것은 파 리강화회의에서도 마찬가지였다.

어, 김규식의 서신, 프랑스 언론자료, 스탠포드대학교 후버연구소자료
등이다. 1920년 이후 대표부에 홀로 남은 황기환의 활동에 대해서는 추
후 자료의 보완을 거쳐 별도의 논문에서 다룰 예정이다. 그간 김규식과
'파리위원부'에 관한 선행연구는 이정식의 연구로 시작하여 최근 정병
준의 연구까지 상당한 성과가 이루어졌다.[4] 이 글에서는 새로운 프랑

---

4) 지금까지 김규식 및 임시정부 '파리한국대표부'에 관한 연구로는 李庭植,『金奎植
　의 生涯』, 新丘文化社, 1974; 류근일,『이성의 한국인 김규식』, 동서문화사, 1981; 송
　남헌,「우사 김규식」, 한국사학회 편,『한국현대인물론 II』, 을유문화사, 1987; 李愚
　振,「臨政의 파리 講和會議外交」,『韓佛外交史』, 평민사, 1987; 김재명,「김규식에의
　새로운 증언들」,『월간경향』4월호, 1987; 노경채,「김규식론」,『근현대사 강좌』4,
　1994; 정용대,「駐:파리위원부의 유럽 外交活動에 관한 硏究」,『西趙嚴恒來교수화
　갑기념 한국사학논총』, 민음사, 1992; 정용대,「대한민국임시정부의 파리강화회의
　및 유럽 외교활동」,『대한민국임시정부수립80주년 기념논문집』하, 국가보훈처,
　1999; 정윤재,「해방정국과 우사 김규식」,『한국현대사』창간호, 1998; 강만길 · 심
　지연,『우사 김규식의 생애와 사상 1: 항일투쟁과 좌우합작』, 한울, 2000; 서중석,
　『우사 김규식의 생애와 사상 2: 남북협상 — 김규식의 길, 김구의 길』, 한울, 2000; 송
　남헌,「민족통일 독립운동의 선도자」, 송남헌 외,『우사 김규식의 생애와 사상 3:
　몸으로 쓴 통일독립운동사』, 한울, 2000; 심지연,『송남헌 회고록: 김규식과 함께
　한길』, 한울, 2000; 황의서,「해방후 김규식의 정치적 행동 재평가」,『윤리연구』50,
　한국윤리학회, 2002; 이현희,「우사 김규식 연구」,『사학연구』68, 한국사학회, 2002;
　이현희,「김규식과 대한민국임시정부」,『문명연지』3-1, 한국문명학회, 2002; 김재
　명,『한국현대사의 비극: 중간파의 이상과 좌절』, 선인, 2003; 서중석,「김규식: 김
　규식과 항일통일전선 · 좌우합작운동」, 한영우선생정년기념논총 간행위원회 엮음,
　『한국사인물열전 3』, 돌베개, 2003; 윤민재,「김구와 김규식의 민족주의」, 강영심 외,
　『한국민족운동사연구』, 나남, 2003; 정윤재,『정치리더십과 한국민주주의』, 나남출
　판, 2003; 윤민재,『중도파의 민족주의운동과 분단국가』, 서울대학교출판부, 2004;
　이준식,「김규식의 민족운동 노선과 이념」,『한국민족운동사연구』39, 한국민족운
　동사학회, 2004; 김동선,「김규식의 정치노선과 민족자주연맹의 결성」,『한국민족
　운동사연구』46, 한국민족운동사학회, 2006; 심지연,「대한민국 건국의 영웅들(1)
　김규식」,『주간조선』1917호, 2006; 홍선표,「1920년대 유럽에서의 한국독립운동」,
　『한국독립운동사연구』27, 한국독립운동사연구소, 2006; 윤경로,「김규식: 이념을
　초월한 통일전선 지도자 외교가」,『한국사시민강좌』47, 한글학회, 2010; 이준식,
　『김규식: 민족의 독립과 통합에 바친 삶』, 역사공간, 2014; 최덕규,「파리 강화회의
　(1919)와 김규식의 한국독립외교 : 고종황제의 자주독립외교의 계보를 중심으로」,
　『세계 역사와 문화 연구』35, 한국세계문화사학회, 2015; 한시준,「대한민국 임시
　정부와 프랑스」,『한국근현대사연구』77, 한국근현대사학회, 2016; 정병준,「1919년,
　파리로 가는 김규식」,『한국독립운동사연구』60, 한국독립운동사연구소, 2017; 전

스 자료를 바탕으로 이들 연구의 빈 공간을 메우고자 노력하였다.

당시 공식적으로 사용했던 프랑스어 'Mission coréenne à Paris'란 명칭은 우리말로 '파리한국대표부' 혹은 '파리한국대표단'으로 번역할 수 있다. 그간 학계에서 널리 알려진 '파리위원부'라는 명칭은 1920년 12월 작성된 『구주의 우리 사업』에 처음 등장하였다. 당시 구미위원부 산하로 조직이 개편되면서 황기환에 의해 기술된 것으로 보인다. 그렇지만 이것은 1919년도 파리강화회의에서 한국 국민의 대표로서 공식적으로 활약하던 이들의 위상이 다소 격하되는 감이 없지 않다. 따라서 정식 명칭은 '대한민국 임시정부 파리한국대표부 혹은 한국대표단'이라고 해야 옳을 것이다.

2. 한국대표부의 對 파리강화회의 활동

1) 공보국의 설치

김규식은 파리강화회의에서 자신과 함께 활동할 적임자로 박용만(朴容萬, 1881년~1928년)을 선택했었고 저명한 미국 언론인이었던 소콜스키(George Ephraim Sokolsky, 1893~1962)[5]와 같이 파리에 동행하려 했

상숙, 「파리강화회의의 현실과 '식민지 조선'의 3·1운동」, 『일본비평』 21, 서울대학교 일본연구소, 2019; 정병준, 「중국 관내 신한청년당과 3·1운동」, 『한국독립운동사연구』 65, 한국독립운동사연구소, 2019 등을 들 수 있다.

5) 조지 이프라임 소콜스키(George Ephraim Sokolsky, 1893~1962)는 영자신문 London Daily Express 와 St. Louis post-Dispatch 의 중국 특파원으로 일하면서 New York Times 와 la Philadelphia Public Ledger 에 기고가로 활동하였다. 그는 쑨원(孫文)의 절친한 친구이자 정치고문이었으며 The Shanhai Gazette 에도 여러 칼럼을 기고했다. 그는 다양한 갈등에 놓여있는 아시아와 서방의 고객들을 위한 정보원 겸 홍보자로서 활동했는데, 특히 중국정부와 외국계 은행들 사이의 공식 중재자의 역할을

다. 그러나 박용만과 소콜스키 두 사람은 모두 파리로 출발하지 못했
다. 이유는 확실치 않지만 1919년 1월 3일 주 프랑스 일본대사관이 프
랑스 외무부에 제출한 한국인 입국제한을 요청한 서류를 보면[6] 일본의
방해가 심했던 것을 알 수 있다. 미주 대한인국민회에서 파리강화회의 대
표로 파견하려 했던 이승만(李承晩, 1875~1965)과 정한경(鄭翰景, 1890~
1985) 등이 파리로 출발하지 못하였던 것도 같은 이유에서였다. 일본과
의 외교관계를 고려한 미국정부가 이들의 출국을 허용하지 않았던 것
이다.[7] 어쨌든 단신으로 2월 1일 상해를 출발한 김규식은 1919년 3월
13일 파리에 도착했다. 2월 1일 프랑스 우편선 포르토스(Porthos)호에
몸을 실은 지 43일 만이었다. 다행인 것은 파리에서 헐버트(Homer B.
Hulbert, 1863~1949)를 만날 수 있었던 사실이다. 3월 17일 김규식은
YMCA가 주관하는 강연 활동을 재개하기 위해 파리에 다시 온 헐버트
와 안중근 의사의 종부성사를 집전했던 조제프 빌렘(Nicolas Joseph
Marie Wilhelm, 1860~1938, 홍석구) 신부를 만나 '간독한 위로'를 받았다
고 한다.[8] 이와 관련하여 일본 외무성 자료에 의하면 '巴里使節 金奎植

담당하였다. 소콜스키는 쑨원의 뒤를 잇는 국민당의 장개석과 그의 부인 쑹메이링
과도 절친한 관계를 유지하였다. 1918년 중국 톈진의 *Chine North Star*의 편집장을
지냈던 소콜스키는 당시 그곳에 머물던 김규식과 교류하였을 것으로 추측된다. 정
병준, 「1919년, 파리로 가는 김규식」, 84쪽 참조.

[6] 국사편찬위원회 편, 「주 프랑스 일본대사관의 한국인 입국제한 요청」, 『대한민국
임시정부자료집』 23, 국사편찬위원회, 2008. "일본 정부는 한국에서 일본이 소유한
권리와 이익을 침해하려고 하는 한국인들이 프랑스에 입국해 평화회의에서 활동을
재개하려고 한다는 소식을 들었습니다. 일본 정부는 프랑스 공화국 정부가 관할
당국에 필요한 지시를 하달해서 난파된 선원들을 제외하고 일본 여권이나 일본 외
교관원 혹은 영사직원이 발급한 사증을 소지하지 않은 한국인은 평화회의가 폐회
될 때까지 프랑스 입국이 허가되지 않도록 해주시기를 바랍니다."

[7] 최기영, 「해제」, 『대한민국임시정부자료집』 23, 국사편찬위원회, 2008.

[8] 「구주의 우리사업」, 『대한민국임시정부자료집』 23, 82쪽; 『신한민보』 1919년 5월
10일, 「프랑스로부터 오는 기쁜소식」; 홍선표, 「헐버트(Homer B. Hulbert)의 재미
한국독립운동」, 『한국독립운동사연구』 제55집, 한국독립운동사연구소, 2016. 하지

洪神父外 一名 支援 1919.5.12 8千円送金'이라고 기록되어 있는데 시기
상으로 청원서 제작 등으로 인해 재정적으로 어려웠을 당시 빌렘신부
와 헐버트로부터 상당한 도움을 받았던 것으로 여겨진다.[9] 또한 김규
식은 5월 27일 자 신한민보에 기고한 글에서 "내가 헐버트 박사의 온전
한 시간을 허비하여 우리의 일을 보아달라고 간청한즉 그이도 지금 보
는 청년회 사무를 내려놓고 우리의 일을 전무하기로 힘써 보았으나 오
는 10월까지 청년회의 일을 보아주기로 계약한고로 그것도 맘대로 되
지 못하였으나…"라고 회상하였다. 비록 성사되진 못하였으나 파리강
화회의에서 진행해야할 일들에 대하여 자신을 조력해줄 적임자가 절실
히 필요했던 당시의 상황을 그대로 전하고 있다.

　김규식의 「자필 이력서」[10]에 의하면 당시 파리는 1차 대전 이후 통
신이 원활치 못했기 때문에 3·1운동에 관하여 4월 2일까지 어떠한 소
식도 듣지 못했다고 기록하고 있다. 자신의 파리강화회의를 위한 행보
가 3·1운동과는 무관한 동기에서 출발하였음을 시사하는 말이다. 당초
의 계획대로 소콜스키나 미국에서 대표단이 오지는 않았지만 3월 13일
파리에 도착한 김규식은 일주일가량 호텔에 머물다가 파리 외곽에 위
치한 이유잉(李煜瀛, 李石增, 1881~1973)을 찾아갔다. 이 사실은 상해를
떠나기 전 이미 이유잉의 연락처를 소지하였음을 의미한다. 1919년 5월
9일 자 '친칭웬(金仲文, CHIN CHING WEN)이라는 자에 관하여'라는 프
랑스 경찰보고 기록[11]에 의하면, 김규식은 1919년 3월 20일부터 4월 14일

　　만 구체적으로 이들이 어디에서 만나 무엇을 논하였는지 밝혀주는 자료가 아직 발
　　견되지 않은 상태이다. 이는 향후 파리외방전교회의 빌렘신부의 개인 자료 조사나
　　헐버트 관련 자료의 보충 연구로서 밝혀야 할 부분이다.
 9) 국사편찬위원회 편, 「일본 외무성 외교사료관 소장 한국관계사료목록」, 『해외사료
　　총서』 05권, 국사편찬위원회, 2003.
10) 「김규식의 영문 이력서(1950.3.5)」, 3쪽.
11) 「프랑스 내무부의 김규식에 대한 사찰 내용 통보」, 『대한민국임시정부자료집』 23,

까지 이유잉의 집에서 거처한 것이 확인된다. 보고서 내용의 일부를 살
피면 다음과 같다.

친칭웬(CHIN CHING WEN)[12]이라는 자에 관하여

김규식이라는 옛 한국 신민은 1881년 1월 19일 서울(한국)에서 태어났고,
중국으로 귀화하여 친칭웬으로 개명했다. 그는 지난 달 3명의 중국인과 함
께 파리에 왔으며, 네 사람은 3월 20일에 뇌이이 쉬르 센 부르동 가(Bourdon
boulevard) 72번지 2호[13]에 소재한 하숙집에 자신들이 상해에서 왔다면서 들
어갔다. 친칭웬은 그의 동포들과 함께 매월 임대료 400프랑에, 가구가 갖춰
진 곳에 살다가 올해 4월 14일에 이 주소지를 떠났다. 현 주소지는 불명이
다. 그는 자신을 교수라고 말했고, 그에게 공손한 태도를 보였던 다른 중국
인들에게 영향력이 있어 보였다. 그가 머물던 하숙집에는 그의 친구인 중국
인 이유잉(李煜瀛, Li Yu Ying)이 살고 있으며…(중략)

이 보고서에 나타난 이유잉은 국민당 정부와 밀접한 인사였다. 김규
식은 쑨원(孫文, 1866~1925)과 막역했던 신규식(申圭植, 1880~1922)의 동
제사 그룹을 통해 이유잉과 연결이 되었거나, 쑨원(孫文) 혹은 왕정정
(王正廷, 1882~1961) 등의 국민당 인사들과 친밀한 관계였던 소콜스키
(George Ephraim Sokolsky, 1893~1962)를 통하여 이유잉을 소개 받았던
것으로 보인다. 당시 한국대표부에는 김규식 이외에 다른 구성원이 도

국사편찬위원회, 2008.

12) 김규식의 이명. 이외에도 '청춘웬'(Chung Chun Wen), Kiusic Kimm, '김중문'(金仲文,
Chin Ching Wen), 김성(Kinshung), '김일민'(金一民), '여일민'(余一民), '왕개석'(王介
石) 등의 이명을 사용하였다.

13) 현재는 '2 Boulevard du Général Leclerc 92200 Neuilly-sur-Seine'로 주소가 바뀌었고,
2018년 필자가 방문했을 당시에는 건물이 신축 공사 중이어서 아쉽게도 옛 자취를
찾을 수 없었다.

착하지 않았을 때였다. 그런 점에서 3명의 중국 학생들이 문서의 타이
핑을 도왔다는 점이 주목되는데, 이들은 이유잉의 소개를 통해 현지 중
국인들의 도움을 받았던 것으로 보인다. 이유잉은 1902년 프랑스에 왔
다. 프랑스 경찰보고서에는 생디칼리스트(Syndicaliste)라고 표시되어 있
으나 그는 아나키스트 운동을 전개한 사람이다. 그는 소르본느에서 생
화학을 공부하고 오치휘(吳稚暉, 1865~1953)와 함께 주간 저널 '신세기'
(新世紀, Le Siècle nouveau)를 창간하고 '세계회'(l'Association du monde)
를 설립하였다. 그는 1907년 일본에서 쑨원의 '동맹회'에 가입한 이후
신해혁명을 적극 지원했다. 1909년 그의 절친한 친구였던 쑨원의 파리
방문 당시 안내를 맡기도 했다. 이후 1912년부터 '프랑스 유학회'를 조
직하여 1913년 처음으로 30명의 중국인 유학생을 파리 남부의 몽탈지
(Montargis)로 보내기 시작했다. 1916년에 북경대학 설립 시 스폰서로서
참여하면서 교수가 되었고 1919년 5·4 운동 이후 '근공검학운동(勤工
儉學運動)'이라는 아나키스트 운동을 전개하였는데 리옹에 '中法大學校'
(Institut Franco-Chinois de Lyon)를 설립하고 수많은 중국의 청년들을 프
랑스로 유학시켰다.[14] 이 덕분에 서영해(徐嶺海, 1902~?)를 비롯한 많은
한국 유학생들이 중국 국적이긴 하지만 프랑스에 올 수가 있었다. 쑨원
을 비롯한 훗날 국민당 측 인사들과 상당한 교분이 있었던 이유잉은 김규
식을 비롯한 한국대표단이 중국대표단과 교류할 수 있도록 지원하였다.
　보고서에서 나타난 대로 김규식은 4월 14일 이유잉의 집을 떠나 파리
9구 샤토덩 38번지(38 rue Châteaudun)의 에밀 블라베(Émile-Raymond
Blavet, 1838~1924)[15]라는 작가의 아파트에 입주하였다. 아마도 에밀 블

---

14) William Shurtleff, Akiko Aoyagi, Li Yu-Ying(Li Shizeng) - History of His Work with
　　Soyfoods and Soybeans in France, And His Political Career in China and Taiwan
　　(1881~1973), Soyinfo Center, 8 juin 2011.
15) 에밀 블라베(Émile-Raymond Blavet, 1838~1924)의 두 번째 부인인 Joséphine Lucie

라베의 아파트로 거처를 옮기기까지 이유잉의 도움이 컸던 것으로 보인다. 에밀 블라베는 프랑스의 저명한 극작가, 소설가, 보드빌 작가 (vaudevilliste), 언론인으로서 잡지 『르 루랄(Le Rural)』의 창립자였으며, 일간지 『르 골로아(Le Gaulois)』, 『라 프레스(La Presse)』, 『라 비 파리지엔느(La Vie parisienne)』의 편집장을 지냈다. 1884년부터 수십 년간 『피가로(Figaro)』지의 기고가로 활동하였으며 파리 오페라의 사무총장 (1885~1892)을 역임했다. 그의 폭넓은 인맥 덕분에 김규식은 인권연맹 인사들과의 자연스레 교류할 수 있었다. 이는 훗날 '韓國親友會'(Les Amis de la Corée)가 창립될 당시 상당수의 회원들이 인권연맹 소속의 인사였던 것으로 보아 짐작이 가능하다. 또한 에밀 블라베는 그의 부인이 지병으로 사망할 때까지 한국통신국에서 발간하는 불어판 간행물의 교정을 맡아 도와주었다.

4월 13일 상해 임정으로부터 정식으로 외무총장 임명장과 파리강화회의 전권대사 신임장을 전보로 발송 받은 김규식은 4월 14일 샤토덩 38번지로 이주 즉시 '韓國民代表部'와 '韓國通信局'(Bureau d'Information Coréen)을 설치하고 홍보활동에 들어갔다. 이 주소지에서 그는 파리를 떠날 때까지 머물렀다. 이후 김탕(金湯, 1896~?)[16]이 5월 초순, 이관용

Olympe DUPUIS(1855~1919)가 9월 25일에 병사한 이후 한국통신국은 1920년 초 파리 8구 비엔느가 13번지(13 rue de Vienne)로 이전하였다.

[16] Kim Toh, Chin T'ang, 이명은 김종의(金鍾意, Kim Sho Yi, Chin Chung I), 본명은 김인태(金仁泰, Kim Jin Tai, Chin Jen-t'ai)이다「한인과격용의자 김탕 체포의 건(1935. 4. 26)」, 上海共同租界工務局警務處 韓人獨立運動關係文書, 『한국독립운동사 자료 20』, 1991). 이 자료에 의하면, "김탕 또는 金鍾意라는 가명을 사용하는 金仁泰는 1896년 6월 부산 출생, 1910~14년 일본 오카야마(岡山) 소재 중학교 재직, 1915년부터 2년간 상하이 동제대학(同濟大學)에서 수학, 그 후 중국 당국으로부터 여권을 발급 받아 유럽 경유 미국으로 건너감, 1923~28년 시카고대학을 거쳐 콜롬비아대학 졸업, 이후 뉴욕에서 중국식당 개업, 1932년 귀국, 1934년 1월부터 상하이에 거주하며 과격단체 義烈團의 한인 및 중국 내 유력자들과 접촉하다 체포 되었다."라고 기록되어 있다. 1935년 4월 23일과 5월 11일 자 동아일보 기사를 보면 상해에서 검거

(李灌鎔, 1894~1933)이 5월 18일, 여운홍(呂運弘, 1891~1973)과 황기환(黃
玘煥, 1886~1923)이 6월 3일, 조소앙(趙素昻, 1887~1958)이 6월 말에 도
착하였다. 이와 함께 김규식의 비서로 마담 마티앙, 그리고 2명의 타이
피리스트와 2명의 프랑스 남자 사무원을 고용하여 총 11명으로 한국대
표단의 진용을 갖추었다.[17]

2) 공보활동

1920년 12월 발간한 『구주의 우리 사업』 서언에는 "구주는 차에 반하
여 모든 사정이 용역치 못한 동시에 과거는 물론이오. 현재 우(又) 장래
에도 세계적 정치의 중심이 의연히 구주일 것은 누구든지 긍정하는 바
라 소이(所以)로 진실로 세계적 공론을 환기하려면 구주를 중심으로 하
지 안이치 못할 것은 췌언(贅言)을 불사(不竢)할 바"라 하여, 유럽 내 외
교의 중요성을 직시한 것을 알 수 있다. 3·1운동의 소식과 그에 대한
일본의 무자비한 진압이 자행되고 있다는 소식은 프랑스 언론에 연일
보도되었다. 파리 도착 후 접한 한국의 소식들은 김규식에게 새로운 용
기를 북돋워 주고, 그에 따른 전략 수정에 영향을 미쳤을 것이다.

4월 14일 샤토딩 38번지에 입주한 김규식은 즉시 한국통신국(Bureau
d'Information Coréen)을 설치하고 공보활동에 들어갔다. 『통신전(通信

된 김인태를 4월 21일 인천으로 압송하여 경기경찰부에 수감되었다. 이후 단지 2년
간 상해재류금지처분을 받고 5월 6일 무사방면 되어 경상려관(慶尙旅館)에 유숙중
이라고 전하고 있다(고정휴, 「해제」, 『대한민국임시정부자료집』 24, 국사편찬위원
회, 2010, 7쪽; 「나의 해외 망명시대」, 『삼천리』 제4권 제1호, 1932년 1월호, 31쪽).
[17] 임시정부자료집에 수록된 황기환과 김규식이 주고받은 서신을 종합하였을 때, 프
랑스인들의 이름은 마담 마티앙(Mme. Mathian), 람브레츠(Mlle Lambrecht), 로베르
(Robert), 부카르(Mr. Boucard)로 추정된다. 김규식이 프랑스를 떠난 후, 연해주 대
한국민회의에서 파견된 윤해(尹海, 1888~?)와 고창일(高昌一, 1892~1950)은 2월 5일
블라디보스토크를 출발한지 8개월여 만인 9월 26일에 비로소 파리에 도착하였다.

箋, *Circulaire*)』을 발행하고, 이를 각지로 송부하는 한편 언론 기고, 서신 발송, 소책자(브로슈어) 간행, 한국문제 설명회 개최 등 신속하고도 힘찬 공보 활동을 펴나갔다. 『구주의 우리 사업』에 따르면, 1919년 3월부터 1920년 10월까지 유럽 각 신문에 한국문제가 게재된 건수가 파리 80종 323건, 프랑스 각 지방 53종 100건, 유럽 전역 48종 94건으로, 총 181종의 신문에 517건의 기사에 달하였으며, 프랑스의 경우 133종 신문에 423건의 기사가 게재되었다고 한다.[18] 여운홍의 회고에 의하면,[19] "「巴里」한가운데 있는 집이건만 이 집에는 전등도 없어서 우리는 촛불을 켜고 밤을 새어가면서 각처에서 오는 정보를 받고 각처에 보낼 카피를 쓰고 그리고 전보를 넣고 편지를 쓰고 누구를 방문하고 신문사를 찾고… 실로 눈코 뜰 사이 없이 우리 전원은 김규식 이하 많이 분주를 거듭하였습니다."라고 하여 그 어려움과 노력이 실로 대단했음을 회고했다.

한국통신국은 가장 먼저 『통신전』을 발행하였다. 『통신전』은 영어 또는 불어로 작성되어 유럽 내 각 언론기관과 강화회의의 각국 대표 및 저명인사들에게 송부되었다. 이것은 한국의 현실에 대한 정보를 제공하고 한국 독립의 지지를 호소하기 위한 것이었다. 『통신전』은 1919년 4월 10일부터 1920년 12월 15일까지 총 23호가 발행되었는데, 매호 2,000부씩 발행하였다. 1호부터 18호까지는 타자로 일일이 작성되었고 9월 4일 자 19호부터는 인쇄판으로 발행하였다. 다만 황기환이 전쟁박물관도서관의 브들레(Beudeley)에게 보낸 9월 9일 자 편지에서 뒤늦게 밝히고 있듯이 『통신전』제6호는 미 발행 되었다는 것을 알 수 있다.[20] 『통신

---

18) 「구주의 우리사업」.

19) 呂運弘, 「나의 巴里時代 10여 년 전을 回想하면서」, 『삼천리』제4권 제1호, 1932년 01월, 31~32쪽.

20) 「황기환이 M. Beudeley」에게 보낸 편지(1919년 9월 9일)」, La Contemporaine.

전』제3호에서 "통신국은 한국에서 일어나는 사건들을 유럽 언론에 지속적으로 알릴 것입니다. 현재 한국을 지배하는 자들의 진짜 정책을 밝히고, 한국 문제와 관련된 모든 사실을 대중에 알리는 것"이 바로 통신국이 추구하는 목적이라고 밝혔다. 그 가운데 최근에 새로 발굴한 몇몇 호를 소개하면 다음과 같다.[21] 『통신전』제1호에는 상해에서 현순(玄楯)으로부터 4월 10일 자로 수신된 전문(電文)을 수록하였는데 그 내용은 다음과 같다.

> 한국대표단의 김규식 대표가 수령한 한국 사건들에 관련한 다음의 전보를 전해드립니다.
> 발신 : 상해
> 수신 : 1919년 4월 10일 파리

3월 1일부터 현재까지 독립을 위한 시위 활동들은 한국 전역에서 성공적으로 이루어졌습니다. 30만 기독교인들, 2백만 명의 천도교인들, 1백만 명의 불교도인들, 모든 학생들과 젊은 문인들이 참가하였습니다. 소극적 혁명을 선호하는 우리의 민족대표들은 선언문을 배포하고, 선언문을 낭독하고, "대한만세"를 외치면서 태극기와 함께 시위를 조직하였습니다. 여성들은 매우 적극적입니다. 시위는 일본인들의 관공서, 상점들, 공장들에서 폭발하였습니다. 우리의 교회, 학교, 상점들은 모두 문을 닫았습니다. 손병희, 길선주, 한용운은 우리 민족의 대표들입니다. 3만 2천 명의 남녀가 감옥에 갇히고, 남녀노소 10만 명이 부상을 당하거나 죽임을 당했습니다. 교통과 통신은 중단되었습니다. 일본은 끔찍한 능욕과 진압 행위를 자행하였습니다. 현순은 파리대표단의 수장에게 우리들의 요구들과 이유들을 알려주기 위해 전신을 보내는 것을 대표회에 의해 권한을 부여받았습니다. 선교사들은 전 세계에

---

21) «*Circulaire*», La Contemporaine - Bibliothèque, archives, musée des mondes contemporains (Nanterre).

참상을 전파하면서 우리들의 보호를 위해 봉기하였습니다. 완전한 독립을
위해 모든 노력을 기울여 주시기를 부탁드립니다.

서명 : 현순

수신 : 한국통신국

3월 17일경 도착한 현순의 서신은 3·1운동이 국내에서 봉기한 소식
과 이에 맞선 일본의 참혹한 진압행위를 고발하고 있다. 이 서신은 통
신국을 설치한 이후, 내용의 중요성을 감안하여 첫 호에 게재하였다.
주목할 것은 『통신전』 제5호에 김규식의 언론 기고문이 실린 것이다.
1919년 4월 20일 전 일본 외상 고토 신페이(後藤新平, 1857~1929)[22] 남
작이 미국 뉴욕에서 일간신문 『유나이티드 프레스(United Press)』, 『타
임즈(Times)』와 가진 인터뷰를 여러 프랑스 언론들이 앞다투어 인용 보
도하였다.[23] 4월 22일 자 『르땅(Le Temps)』에 실린 고토의 인터뷰 내용
이다.

"한국은 스스로 자치할 능력이 없다. 자유의 시기가 올 때 제일 먼저 그들
의 독립을 보장할 것이다. 그때까지는 질서의 확립을 위하여 우리 정부는
필요한 모든 수단을 잘 취할 것이다. 한국에서 학살이 자행되었다는 보고서

---

22) 고토 신페이(後藤新平, 1857~1929)는 독일뮌헨에 유학하여 의학을 공부하였다. 타
  이완 총독, 민정장관, 초대 남만주철도주식회사 총재를 역임 하였고, 가쓰라 타로
  (桂 太郎, 1848~1913) 내각에 적극 협력하여 체신대신, 철도원 총재, 데라우치(寺內,
  1852~1919) 내각에서 내무대신, 철도원 총재, 외무대신을 지냈으며, 러시아 혁명 이
  후 소비에트 정권이 수립되었을 당시 일본의 시베리아 출병을 강력히 주장한 장본
  인이었다. 1919년 미국과 유럽을 여행한 후 1920년 도쿄시장이 되었고 1923년 2차
  야마모토(山本) 내각에서 내무대신과 방송협회 총재를 지냈다. 1928년에 백작의 작
  위를 받았다.
23) 당시 프랑스의 각 언론들은 이 인터뷰 사실을 전했다. 『롬 리브르(L'Homme libre)』,
  『란트렁지정(L'Intransigeant)』, 『라 헤퓨블리끄 프랑세즈(La République française)』,
  『라 쁘티뜨 헤퓨블리끄(La Petite République)』, 『르 땅(Le Temps)』, 1919.4.22; 『르
  땅(Le Temps)』, 『뤼마니테(L'Humanite)』, 1919.4.23.

는 너무도 과장된 것이다. 실제 혁명운동은 일본이 그들의 나라를 통제하기 시작했을 때 국외로 도망간 한국인들에 의해 이끌어진 것이다. 미국이 마찬가지로 멕시코의 일들에 관하여 간섭하기를 허락치 않는 것처럼 일본은 미국이 한국 문제에 대하여 개입하는 것을 허락하지 않는다. 미국과 일본은 중국에서 강한 정부가 확립되는 데 관심이 있다. 왜냐하면 혼란스러운 상황에도 불구하고 일본과 다른 열강들의 이권은 지켜질 것이기 때문이다… [중략]"

고토가 인터뷰에서 언급한 이 기사를 읽고 분개했던 김규식은 프랑스 언론 『르땅(Le Temps)』에 5월 3일 자로 즉각적인 반박 기사를 냈다. 이 글은 『통신전』 제5호에도 게재하였는데, 소개하면 다음과 같다.

편집장님,
4월 22일자 귀하의 신문에 뉴욕에서의 "고토 남작의 인터뷰"가 게재되었습니다. 한국 독립운동의 실제를 거론하면서 끔찍한 고토 남작은 말하기를: "한국인들은 스스로 자치하는 것이 불가능하다. 자유의 시기가 올 때에 일본은 첫째로 그들의 독립을 보장할 것이다. 그때까지는……"
만약 몇 줄의 글을 허락하신다면, 이 뛰어난 일본인이 생각했던 것이 잘못되었다는 것을 귀하의 독자들에게 일러주고 싶습니다. 한국인들은 자치할 능력이 있다 혹은 '능력이 없다'라는 것은 평가를 받을 수 있었던 적이 전혀 없었습니다. 한국민들은 자치할 기회가 전혀 없었기 때문입니다.
일본 체제에서 한국민들의 상태는 날이 갈수록 악화되어 왔습니다. 제한된 교육체계, 모든 천연자원과 경제적 이익들과 상업과 공업 그리고 공공지 또는 사유지들의 강제점유, 한국인들의 정신과 사고를 '탈 민족화'하려는 철저한 계획, 한국 민족의 근본을 소멸하고 한국어를 말살하기 위한 강경한 정책들, 이 모든 것들과 더불어 한국인들이 기적적인 탈바꿈을 할 것이라고 과연 고토 남작은 생각하는 것인지요? '자유의 시기가 오면…'이라는 것은 대체 무슨 말을 하고 싶었던 것입니까?

현재 행정부서의 수장에서 말단까지 모든 직위는 한국인들을 대신한 일
본인들로 넘쳐나고 있습니다. 360명의 재판관들, 또한 대부분이 한국인들이
었던 여타 지방 행정 관료들 역시 강제병합 이후, 현재는 거의 모두 일본인
들입니다. 이러한 것들이 우리를 지배하는 능력있는(?) 일본이 한국민들에
게 돌려주는 '인도하고, 보호하고, 통제하는'(일본이 자주 되풀이하는) 수단
들인 것입니다!

일본은 이미 1905년 강제적 을사조약을 늑결하기 몇 달 전까지 한국의 독
립과 보전을 위하여 그들의 확약과 보증을 반복했던 것이 마지막이었습니
다. 그리고, 그가 한 번 더 우리의 '독립'을 '보장할' 첫 번째 나라가 되고 싶
다면, 만약 한국민들이 자치를 할 '능력이 있는지' 혹은 '능력이 없는지'를 판
단하기 위한 준거로서 재검토할—우리 민족이 독립을 선언했던— 아마도 바
로 지금 그 '시기'는 왔습니다.

만약 일본이 그 제국주의 정책을 바꿀 수 있다면, 한국의 독립과 자유의
사를 주어야 할 것이며 (미국이 쿠바에게 한 것처럼 필리핀 제도에도 시행
할 것을 바란다) 아마도 중국의 "진정한" 친구로서 일본은 극동의 '먼로 독트
린(Monroe Doctrine)' 내에서 진정한 '인도자'가 될 수 있을 것입니다.

하지만, (아아!)……!

경구.

한국대표단.

이를 통해 알 수 있듯이 김규식은 당시의 언론의 동향을 세밀하게
분석하였고 그의 대응은 매우 기품있고 간결했다. 1919년 5월 27일 자
의 벨기에 신문『르 수아르(*Le Soir*)』에 '상트클레르(Chanteclair)'로 서명
된 '한국의 비참한 고통'이라는 기사가 게재되었을 때에도 김규식은 해
당신문 사장에게 직접 서한을 보내 칼럼에 대한 사의를 표하였다.[24]
또 다른 사례지만 5월 12일『르 골로아(*Le Gaulois*)』에는 프랑스 칼

24)「김규식이 '르 수아르(*Le Soir*)' 신문 사장에게 보낸 서한(1919년 6월 17일)」,『대한민
국임시정부자료집: 서한집 II』43, 국사편찬위원회, 2011.

럼니스트 '로베르 브뤼셀'(Robert Brussel, 1874~1940)의 글 「Le Philosophe coréen(조선 철학자)」[25]가 게재되었는데, 이 기사를 읽은 김규식은 편집 책임자였던 '아튜 메이어'(Arthur Meyer)에게 공개서한 형식으로 기고한 글에서 그의 감상을 전하였다.[26] 전문(全文)을 소개하면 다음과 같다.

우리는 한국 민족과 국민의 탁월한 대표자 김규식(J. Kinsic S. Kimm)씨로부터 다음의 서신을 받았습니다. 영감을 주는 고결한 감각에 경의를 표하며 서둘러 게재를 하는 바입니다.

편집장님,
저는 지금 귀사의 필자 로베르 브뤼셀(Robert Brussel)이 쓴 "조선 철학자"라는 해학적인 기사를 마치 문학 작품을 읽는 것 같은 즐거움과 동시에 한국 국민으로서 서글프게 읽었습니다. (내가 만약 한국인이 아니라면) 이 기사의 즐거움만을 찾을 수 있었을 텐데, (아쉽게도) 제가 가진 것 중 가장 예민한 저의 애국심에 상처를 받았습니다.
브뤼셀 씨의 눈으로 한국은 "매혹적이고 조금 우스꽝스러운" 나라로 보이는 것 같습니다. 그러나 비극적이라고 하는 게 정확합니다. 왜냐하면, 1871년의 알자스와 로렌 지방을 강제 병합했던 독일처럼, 일본이 한국을 강제 병합한 1910년 8월 22일부터는 "조용한 아침의 나라(조선)"를 위한 다른 수식어가 없기 때문입니다.
브뤼셀 씨는 일본 외무부 장관인 고토(Goto) 남작이 일본 국회 연설 중에 "자치"에 대하여 언급했다고 했습니다만, 우리 한국민들은 한국의 "독립"을 말합니다. (그 말이 사실이라면) 고토 남작은 언행 일치를 하여야 할 것이고 강화회의에 한국의 독립 문제를 공식적으로 제출해야 할 것입니다. 한국의

---

25) Brussel ROBERT, *Le Philosophe coréen*, *Le Gaulois*, 1919.5.12.
26) J. Kinsic Soho KIMM, *A propos de la Corée*, *Le Gaulois*, 1919.5.13.

소원은 바로 이것입니다. 이는 또한 '한국민회(Association nationale coréenne)'
로 부터 부여받은 저의 임무(사명)이며 어떠한 어려움에도 불구하고, 이 임
무를 신의 가호와 함께 반드시 완수하기를 바랄 뿐입니다.

 편집장님께서 이 글을 받아주실 것을 정중히 바라며 …
 경구.

김규식(J. Kinsic S. KIMM),
한국 민족과 국민의 대표자

 이 신문기사를 읽은 로베르 브뤼셀은 김규식에게 편지를 써서 자신
의 글에 대한 해명을 하였다. 이후 5월 19일, 김규식은 로베르 브뤼셀에
게 다음과 같이 답신을 보내어 감사와 경의를 표시하였다.[27]

 1919년 5월 19일
 로베르 브뤼셀 씨께,

 보내주신 편지에 선생의 정중함과 진심이 어려 있어 송구스럽고 감사했
습니다. 제가 파리에 도착한 이후 제게 보여주신 선생의 호의와 존중이 잘
나타나 있었습니다.

 저는 프랑스라는 나라가 정의를 수호하는 세기의 투사이자 약자들의 변
호인, 또 억압받는 이들의 보호자였다는 사실을 오래전부터 알고 있지는 못
했습니다. 그러나 제가 만난 이 나라 국민들이 고난 가운데 있는 한국의 대
표자에게 보여준 호의로 인해 이를 알 수 있게 되었습니다.

 제가 전해들은 사실로 미루어 저는 프랑스 여론이 우리와 뜻을 함께하고
있다는 것, 우리의 독립 회복을 축원하고 있다는 사실을 믿게 되었습니다.
이런 여론이 세계의 운명을 결정할 지도자들에게도 반향을 울릴 수 있을까
요? 우리와 동일한 상황에 처했던 폴란드나 체코슬로바키아, 크로아티아 사

---

27) 「로베르 브뤼셀에게 보낸 김규식의 서신(1919년 5월 19일)」. 외교사료관 소장자료.

람들이 독일과 오스트리아에 대항해 주권을 인정받은 것처럼 우리도 일본으로부터 주권을 얻어내 이를 행사할 수 있을지요? 이는 한국인들이 제게 맡긴 중대 사명이며, 저는 이 사명을 제가 가진 능력과 용기로 감당할 수 있기를 바랍니다.

'계란으로 바위치기'와 다름없는 이 항쟁 속에서 당신이 제게 준 편지 같은 글들이 저에게 소중한 격려가 되고 있습니다. 이에 진심을 다해 감사드리며 「르 골로아(Le Gaulois)」에 실렸던 저의 항의문 내용 중 선생에게 특별히 해가 될 것은 전혀 없음을 말씀드리고자 합니다. 그것은 선생이 말씀하신 것처럼 단순한 '호소의 외침'이었습니다.

(저를 만나게 된다면) 선생이 아마도 이제까지 만나보지 못했던 한국인 철학자 동료를 보는 기쁨이 있을 것입니다. 제게도 프랑스혁명을 이끌었던 13세기 저명한 철학자의 직계 자손 중 한 사람을 보는 기쁨이 있을 것입니다. 시간이 괜찮으시면 며칠 안으로 선생을 방문할 기회를 가지고 싶습니다.

큰 존경과 호감을 드리며.

1919년 5월 19일, 김규식

『통신전』 제20호에는 『렁떵뜨(L'Entente)』지에 실렸던 파리지역 국회의원 샤를 르부크(Charles Leboucq, 1868~1959)의 글 「La Corée et les principes Wisoniens(한국과 윌슨주의자들의 원리)」를 수록하였다. 샤를 르부크는 당시 『렁떵뜨(L'Entente)』지의 편집장을 역임하였는데 한국대표부의 대표였던 김규식의 환송연을 주재하였으며 김규식이 떠난 이후에도 황기환에게 많은 도움을 주었던 인사이다. 글 전문을 아래에 소개한다.

한국과 윌슨주의자들의 원리

"가련하고 순박한 한국!"이라는 조르즈 듀크록[28]의 귀여운 책이 바로 내

눈앞에 있다. 여기에는 매혹적인 것들이 가득 담겨 있다. 초가지붕으로 덮인 큰 도시만이 아닌, 이 차분한 "조용한 아침" 의 나라의 수도에 사는 맛을 느껴보자. "서울의 집들은 비록 부유하진 않으나 행복한 농부들이 그들의 밀집모자 아래에 감춰져 있는… 화덕에 불이 지펴지고, 집안에는 그들의 행복과 장작불이 사그라들지 않도록 살피는 아낙네들이 있다." 도시의 가장 큰 즐거움은 정오 무렵 남산에 올라 그곳에서 나뭇가지 사이로 도시를 바라보는 것이다. 산등성이에 오르면 "악하지 않다; 무악(無惡)"라는 이름을 가진 파수꾼의 딸이 있는 작은 암자가 있다. 듀크록씨가 말하는 이 이름(무악)은 한국 전체를 상징하는 별칭일 수가 있다. "어떤 이들은 행복을 위해, 또 다른 이들은 불행을 위해 태어났다." 온화한 사고방식을 가진 이 작은 사람들은 그들을 삶을 관통하는 온갖 부당함과 잔혹함들을 질겁한 눈으로 응시하고 있다.

사실, 이 조용한 아침의 나라의 서울은 요즘 평온하지 않다. 이 온화한 나라를 일종의 감옥처럼 통제, 보호, 감독하는 조치를 취하는 일본은 끔찍한 잔학행위를 자행하고 있다. 감옥은 돌연사, 고문들을 행한다고 얘기하는데, 하여튼 억지로 한국은 병합되었다.

엊그제, 사람들은 특히 이집트에 대하여 적용되지 않고 있는 너무 관대한 (윌슨의) 원칙들을 위험한 것으로 이야기하였다. 한국의 사례는 이집트의 경우와 명백히 동일하다. 한국 민족과 국가는, 일본에 의해 늑약으로 체결된, 1910년 8월 22일의 '한국병합조약'을 무효이며 일어나지 않은 일로 증언

---

28) 조르즈 듀크록(Georges Ducrocq, 1874~1927)은 프랑스의 탐험가, 작가, 시인이다. 파리 지리학회(Société de géographie de Paris) 회원으로서 '한국친우회(Les amis de la Corée)'의 회장이었던 루이 마랭(Louis Marin, 1871~1960)을 따라 1899년에는 카프카스(Caucasus), 러시아령 튀르케스탄(Turkestan russe)을, 1901년에는 극동아시아를 일주하였다. 그는 항상 루이 마랭과 동행하였는데 1901년 7월, 파리를 출발하여 시베리아 횡단철도를 타고 모스크바에서부터 몽골, 하바로브스크를 거쳐 블라디보스토크까지 여행했다. 이후 하얼빈, 선양, 베이징을 경유한 후 동료를 중국에 남겨두고 홀로 한국행 선박에 승선하였다. 서울을 여행하고 1902년 2월에 파리에 돌아온 그는 루이 마랭의 기행문을 집필하였고, 한국을 여행한 경험을 바탕으로 『*Pauvre et douce Corée*(가난하고 온화한 한국)』, 1904를 출간하였다(Numa Broc, Dictionnaire des explorateurs français du XIXe siècle, T.2, Asie, CTHS, 1992, pp.157~158).

한다. 한국민들은 그들의 독립선언을 주장하고 있다. '민족자결권', 이것이 그 제안이다. 일본이 모든 방면으로 아무리 애써도 민족 자결권은 실재하고, 그것은 조약 수준의 효력을 가지는 것이다. 만약 한국민들이 그것을 원한다면 월슨 대통령에게 감히 이의를 제기할 것인가?

1910년 한국이 일본에게 한 양도는 어떤 효력이 있는가? 한국민들은 그들의 황제가 강요당했다고 이야기한다. 그는 한국 전체에 관한 모든 주권을 그의 이웃사촌 황제에게 영구적이고 완전한 방식으로 넘겨줬다. 1,500만 명의 모든 인구를 가축처럼 넘겨버렸다. 그 날부터 일본은 한국인들의 풍요와 교양을 빼앗았다. 일본은 학생들의 미국이나 유럽으로의 유학과 소위 "위험한 사고들"을 금지시켰다. 일본인 감독관들은 한국민들의 수입과 재산을 통제하면서 각 개인들을 일본에 동화시켜 버렸다. 일본은 기독교인들을 박해하였다. 자신들이 순교자들이고 민족통일주의자들이다. 일본은 혁명을 유발시켰다. 1919년 3월 1일 봉기한 "독립연맹"은 독립을 선언했다.

수주 전부터 대한민국임시정부로부터 임명된 대표단은 파리강화회의의 문을 두드리고 있다. 틀림없이 그들의 목소리는 미약할 것이다. 더우기 우리들은 그 소리를 듣지 않는다. 다른 편은 더욱 단단하고 강한 동맹이 있다. 그럼에도 불구하고 한국인들은 월슨 대통령이 1918년 1월 8일 메세지에서 «모든 국가와 민족을 위한 정의의 원칙, 다시 말해 약소국이든 강대국이든 서로 보호해 주며 자유롭고 평등하게 살 권리»라고 정의한 제안들을 잊지 않는다. 일본은 1차 대전에 협력한 국가이며 동맹국으로서 14개 조항에 서명하였다. 어떤 술책으로 한국이 정의를 요구하는 권리를 거부하는지 정당화할 수 있는가? 한국은 스스로 자치할 능력이 없는가? 한국이 합병에 순순히 동의하였는가? 한국의 의병들이 비난받을 일을 저질렀는가?

대한민국임시정부 대표단은 브레스트-리토프스크 조약(Traité de Brest-itovsk)[29] 때까지 삼국협상 주둔지 내의 동부전선에서 5000명의 한인들이 싸

---

[29] 1918년 3월 3일 폴란드의 브레스트-리토프스크(Brest-Litovsk)에서 러시아와 독일 사이에 체결된 평화조약이다. 조약체결로 내전에 집중한 볼셰비키는 혁명을 성공시켰다. 1차 대전 당시 짜르의 동원령으로 1914년 6월 4,000여 명의 고려인 출신들이 정규 러시아군에 지원하였고 이듬해에도 3,000여 명이 지원하여 동부전선에 배

운 것을 상기한다. 그들은 자유를 중시하는 프랑스가 한국을 위해서는 왜 다른 나라에 견줄만한 권리를 부정하는지 이해하지 못한다. "아무리 큰 사람 이라도 하늘의 별을 딸 수는 없다"라는 훌륭한 한국의 속담 중 하나가 있다. 그들은 하늘에 바라는 것이 아니다. 남의 것을 탐하지 않으며 그들의 초가 아래서 사는 것을… 땅에 평화를 요구할 뿐이다. 그들은 러시아 땅의 부스러기나 독일과 동맹하기 위하여 술책을 쓰지 않는다. 그들은 남만주도 내몽골의 동쪽도 노리지 않는다. 그들은 그들에게 숨 막히는 "거대 장벽(만리장성)"[30]을, 다시 말해 일본이 한국인들을 천국 같은 체제하에 살게 한다고 믿는 것을, 무너뜨려 달라고 간구하고 있다. 한국인들은 "진실, 인류애, 정의"와 같은 의미가 있는 좋은 단어를 이야기한다. "고래 싸움에 새우 등 터진다"라는 한국 속담 중 하나를 천진스럽게 알려주는 가련하고 온순한 한국은 우리(서구 열강들)가 약속했던 것들에 대한 믿음과 헛된 꿈들에 나약하게 버려져 있다.

샤를 르부크(Charles LEBOUCQ) 파리지역 국회의원

이 글에서 샤를 르부크는 한국에의 깊은 이해와 정연한 논리로 일본의 부당성과 잔혹성을 지적하였다. 더불어 '한일병합'의 무효력성을 주장하고 일본이 연합국의 일원으로 윌슨의 14개 조항에 서명한 것을 상기시킨다. 이후 인류애에 기반을 둔 한국의 독립을 간곡하게 호소하고 있다. 샤를 르부크는 프랑스 급진 사회당 파리지역 의원으로서 한국친우회를 조직했던 루이 마랭(Louis Marin, 1871~1960)과도 친분이 두터웠던 사이이다. 그는 김규식이 떠난 이후에도 한국에 대하여 많은 동정을 가지고 황기환과 한국대표부의 일들을 후원하였다. 이 글은 1920년 9월 5일 자로 발간된 『통신전』 제20호에 실렸다.

치된 것으로 알려진다. 이 사실은 1919년 4월 제1회 한인국민의회에서 서재필이 처음으로 알렸다.

[30] 김규식이 강화회의 대표단에게 썼던 편지에서도 일본 제국주의의 압제를 이런 식으로 표현했다.

또한 6월 30일 파리 한국대표단은 미 상원에 일본의 억압하에 있는 한국의 보호를 촉구하는 '결의문'을 제출하였다. 이는 상원의 외무위원회에서 검토할 것이라고 기록되어 있는데 워싱턴 소재 미 상원과 셀든 스펜서(Selden Spencer) 상원의원에게 보낸 김규식의 전보는 7월 9일 자 『통신전』 제13호에 실렸다. 김규식은 또한 7월 14일 프랑스 대혁명 기념일 행사에 참석할 수 있도록 프랑스 외교부에 서신을 보내었으나 응답은 행사가 끝난 후에 받았다고 한다.[31]

1919년 7월 16일, 파리대표부는 5월 14일 상해 프랑스 조계에서 일본 관헌에 의해 불법 체포되어 한국으로 추방된 윤원삼(尹愿三)과 신헌민(申獻民; 申錫雨)의 석방을 요구하는 항의 공문을 스테판 피숑(Stéphen Pichon) 외무부 장관에게 보내어 구명운동을 전개하였다. 이에 중국 주재 프랑스 공사관에서는 상해 총영사관에 "상해와 천진의 우리 영사들에게 당분간 일본 영사가 한국인들에 대한 체포영장을 제시할 경우 그 승인을 바로 거절하지는 말되 피의자들의 체포를 지원하지도 말 것"을 지시하는 공문을 보내었다. 그러나 아쉽게도 이미 한국으로 추방된 후의 일이라 결과 없이 종료되고 말았다. 7월 28일에는 이탈리아 밀라노의 언론 『세콜로(Il Secolo)』와 행한 김규식의 인터뷰 내용을 발췌하여 『통신전』 제16호에 게재하였다. 여기에서 안드리울리(Andriulli) 특파원은 김규식에게 깊은 존경과 지지를 표시하였다.

둘째로 통신전과 더불어 중요한 몇몇 홍보물을 제작하였는데 1919년 9월 간행된 『한국의 독립과 평화(Le Mouvement d'indépendance de la Corée et la Paix)』이다. 이 책자는 35쪽 분량으로 6,500부가 제작되었다.

---

31) 한영우, 『한국사인물열전 3』, 돌베개, 2007, 266쪽; 강만길, 『조선민족혁명당과 통일전선』, 역사비평사, 2008, 414쪽; "대한민국 임시정부의 파리주재 대표인 본인은 7월 14일 프랑스 혁명 기념일 축제 행사에 참가할 수 있기를 바랍니다. 본인과 대표단의 일원들을 위해 4장의 특별석 초대장을 보내주시기를 부탁드립니다."

내용을 살펴보면, 1.최남선의 요청으로 작성된 인도의 라빈드라나트 타고르(Rabindranath Tagore, 1861~1941)의 시 '패자의 노래' 2.국가와 민족 3.한국과 일본 4.일본지배하의 한국 5.한국민족의 독립운동 6.한국에서의 일본의 잔인성 7.일본제국의 대륙정책이 수록되어 있고 부록으로는 1.독립선언서 2.한국민족의 열망과 목표 3.제 조약문(1876년 조일수호조규, 조선과 서구열강이 맺은 조약들의 발췌문, 1893년 시모노세키 조약, 1905년 을사조약) 등을 수록했다. 이것은 청원서와 함께 강화회의에 제출용으로 제작되었는데 시기상으로 늦은 감이 있지만 강화회의 및 각국 대표단과 각 언론사 및 인사들에게 배포되었다.[32]

셋째로 통신전과 서신을 송부하면서 홍보용으로 첨부한 자료로서 『한국의 독립운동(*The Korean movement*)』과 『청년한국(*Young Korea*)』이 있다. 『한국의 독립운동』은 국판 크기보다 더 작은 40여 쪽의 브로슈어로서 1919년 상하이 대한적십자사에서 출간한 한국 독립운동에 관한 자료이다. 이 책자에는 영문 독립선언서, 자유를 위한 한국의 외침, 일본의 군국주의 등의 글들이 실려 있고, 3·1운동과 그 진압 당시의 참혹한 상황을 알려주는 캐나다 선교사 스코필드가 촬영했던 사진들이 수록되어 있다.

『청년한국』은 1919년 북미와 하와이에 있는 한인 학생들로 조직된 '미주한인유학생회'(The Korean Students' League in America, United States and Hawaiian Islands)에서 발간한 30여 쪽 분량의 잡지이다. 이 잡지는 오하이오주 델라웨어 대학가 59번지(59 University Ave., Delaware, Ohio, USA)에 소재한 '월간 한인출판(Korean Monthly Publication)'사에서 출판

---

[32] 이 자료와 함께 청원서, 비망록, 통신전 프랑스어본은 현재 국립동양어학교(Institut national des langues et civilisations orientales : INALCO)와 낭테르(Nanterre)에 소재한 La contemporaine - Bibliothèque, archives, Musée des mondes contemporains 문서보관소, 그리고 프랑스국립도서관(BNF)에 분산 소장되어 있다.

되었다. 이 잡지 안에는 안창호, 이승만, 서재필 등의 미주 독립운동의
지도자들과 미국인 스펜서 던쉬 이어빈(Spencer Dunshee Irwin, 1901~
1960) 등이 기고한 총 12종의 칼럼이 게재되어 있다. 이 잡지는 3·1운
동 이후 한국 관련 칼럼으로 채워졌는데 미국 교회들의 서신, 한국과
한국의 압제자, 한국 상황의 요약(동양의 벨기에), 미국에서의 일본의
선전, 강화회의와 한국의 운명, 국제적 도덕성, 한국의 독립운동, 미국
과 국제연맹 등의 주제로 구성되었고, 영문으로 제작되었다.

　파리강화회의에서 6월 28일 베르사이유 조약이 조인되기 이전 김규
식은 혼벡에게 보낸 편지[33]에서 윌슨 대통령, 하우스 대령, 랜싱 국무
장관 등과 함께 "비공식적인 통로일지라도 한국의 심각한 상황에 관해
몇 가지 사실들을 언급할" 기회를 달라고 미합중국대표단에게 간곡하
게 요청하였다. 이 편지를 수신한 혼벡은 파리 미국평화협상위원회에
보낸 1쪽짜리 보고서 형식의 내부문건[34]에서 동맹관계에 있던 도쿄 주
재 영국공사 역시 일본의 폭정을 비판한다는 점을 들어 한국대표부의
대표와 인터뷰를 고려해줄 것을 요청하였다. 결국 베르사이유조약 이
후 시기상으로 늦기는 하였으나 6월 30일 미국 대표단에게 한국문제 보
고회를 가질 수 있었다. 그가 꾸준히 미국대표단에 요청한 사항이 실현
된 것이었다. 이후 7월 28일 동양정치연구회에서 한중문제연설회를 개
최하였고, 당일 또다시 국민정치연구회에서 한국문제 보고회를 가졌으
며, 7월 30일에는 한국문제 제2차 연설회를 개최하였다.[35] 이렇듯 공보
활동은 베르사이유조약이 조인된 이후에도 계속되었는데, 평화회담이

33) 「김규식이 혼벡에게 보낸 서신(1919년 6월 14일)」; 「미국대표단에 보낸 서신(1919년
　　6월 25일)」, 『대한민국임시정부자료집: 서한집 Ⅱ』 43, 국사편찬위원회, 2011.
34) Stanley Kuhl Hornbeck paper, Subject and Correspondence File, 1842~1966, Box. No.270,
　　Department questions, outstanding, Hoover Institution Archives, Stanford University.
35) 「구주의 우리사업」.

계속 진행 중이었으므로 각국 대표단이 파리를 떠나지 않았기 때문이다. 이러한 사실은 김규식이 파리를 떠난 이후「한국 민족의 독립에 대한 지속적인 선언서와 요청서」를 파리 한국대표단에 보내어 강화회의에 제출하게 하였던 것도 같은 맥락에서 이해할 수 있는 것이다.[36]

1919년 8월 8일 김탕, 여운홍과 함께 미국으로 건너간 김규식은 당초 예상한 것과는 달리 국제연맹의 준비 위원회가 1920년 1월 제네바에서 열리는 것을 알 수 있었다. 김규식은 9월 3일 자 황기환에게 보낸 서신에서 "본인은 적어도 두 달 내에 혹은 그 이후에도 유럽으로 돌아가지 못할 것입니다"라고 하여 그는 당분간 파리에 돌아올 수 없음을 시사했다. 아울러 파리대표부는 대통령 직속기관으로서 새롭게 창설될 구미위원부 산하에 위치하고 자신이 위원장을 역임할 것임을 언급했다.[37] 스위스 루체른 국제 사회주의대회에 참석했던 이관용은 조소앙과의 불화로 인하여 파리로 돌아오지 않았고 조소앙만이 8월 16일 파리로 귀환하였다. 조소앙은 1920년에 개최되는 국제사회주의자대회에 참가하기 위하여 2월까지 파리에 체류할 수 있도록 황기환에게 부탁하였다. 8개월에 걸친 대장정 후 1919년 9월 26일에야 비로소 대표단에 합류했던 윤해와 고창일은 당시 대표단에서 특별한 활동을 할 수 있는 상황이 아니었다. 하지만 1920년 1월, 국제평화촉진회가 주최한 '재불 중국 사회단체 연합대회'에 참석하여 1910년도에 체결된 한국 병합조약을 취소하고 '한국독립회복결의안'을 통과시키는 성과를 거두었다.[38] 고창일은 1920년 1월 21일 파리를 떠나 인도양을 거쳐 상해로 돌아가고, 윤해는 얼마간 불어를 익힌 후 파리대학 법과에 진학하였다. 1920년 5월부터

---

36) 「김규식이 파리 한국대표단에게 보낸 서신(1919년 9월 3일)」, 『대한민국임시정부자료집: 서한집 II』 43, 국사편찬위원회, 2011.

37) 위와 같음.

38) 「구주의 우리사업」.

발간하는 『La Corée libre(자유한국)』의 편집진으로 윤해와 이관용이 참
여하긴 하였으나 김규식이 파리를 떠난 이후 런던을 포함한 파리에서
의 모든 업무는 황기환에게 집중될 수밖에 없었다.

8월 23일 『라 쁘띠트 헤퓨블리끄(La Petite République)』에는 일본당국
이 한국 내에 자치권을 부여한다고 로이터(Reuter) 통신에 발표한 내용
에 대한 황기환의 반박 인터뷰 기사가 게재되었다. 요약하면 다음과 같
다.[39]

> "로이터 통신에 발표된 내용은 여론을 살피는 수준에 불과하며 한국 국민
> 들은 자치가 아니라 완전무결한 독립을 원한다.
> 일본은 한국 국민들을 질식하게 하는 불필요하고 잘못된 정책을 알게 되
> 기를 바란다.
> 우리가 원하는 것은 일본인과의 동등한 권리가 아니다. 우리가 피를 흘려
> 죽음으로 싸운 것은 한국인의 한국인에 의한 한국인을 위한 절대적인 독립
> 을 위함이다.
> 일본정부가 도입하려는 개혁이 무엇이든 한국인들은 받아들일 수가 없으
> 며 독립운동을 포기하지 않을 것이다. 일본이 우리 땅에서 떠나고, 우리 민
> 족이 다시 자기 운명의 주인이 되어야만 만족할 수 있을 것이다."

또한 미국 『뉴욕 헤럴드(New York Herald)』와 행한 황기환의 인터뷰
에서 일본의 군국주의적 압제를 강력히 비판하고 한국의 완전한 독립
을 주장했던 기사 역시 프랑스의 『라 리브르빠롤(La Libre Parole)』에 8월
26일 자로 인용되어 게재되었다.[40] 황기환은 당시 언론의 동향을 세밀
히 분석했고 프랑스 인권연맹 소속의 지식인들과 꾸준히 인맥을 유지하

---

39) "L'autonomie coférée à la Corée", *La Petite République*, 1929.8.23. 이 인터뷰 내용은
통신전 18호에 요약하여 게재되었다.
40) "La Corée et le Japon", *La Libre Parole*, 1919.8.26.

며 이듬해부터 『자유한국』을 간행할 수 있도록 바탕을 마련해 나갔다.

3) 청원서 및 비망록 제출

김규식은 파리로 출발하기 전인 1월 25일 상해에서 신규식과 함께 윌슨 대통령에게 독립을 청원하는 서한을 작성하였다. 불어로 작성된 이 서신은 '한국공화독립당(The Korean Republican Independence Party)' 총재와 사무총장 자격으로서 신정(Shinjhung, 申檉, 신규식), 김성(Kinshung, 金成, 김규식)이라는 이명으로 서명되었는데 김규식이 파리에 도착한 후 미국대표단에게 전달하였다.[41] 청원활동 초기의 김규식은 민족자결주의를 주장했던 윌슨 대통령과 미국대표단에게 많은 기대를 걸었던 것으로 보인다. 그러나 3월 28일 자 미국대표단의 내부 자료인 '그루(J. C. Grew)가 혼벡(Stanley Kuhl Hornbeck)에게 보낸 편지'에서 미국은 이미 일본의 한국 병합을 인정했으며, 현재 이 문제는 미국대표단에게 정식으로 제출할 사안이 아니라고 강조한 점을 보면 김규식의 기대와는 상당히 거리가 있음을 알 수 있다.[42]

4월 5일 김규식은 신한청년당 대표의 서명으로 「해방을 위한 한국 국민의 호소를 담은 비망록」이라는 제하의 비망록을 서한과 함께 강화회의에 제출하였다. 이 비망록의 내용은 1)한국은 국제법상 불법적으로 일본에 병합되었다. 2)한국은 역사적으로, 지리적으로 그리고 전략적으로도 반드시 독립국가로 남아 있어야 한다. 3)자신의 자원을 자유롭게

---

[41] Letter of Shinjhung and Kinshung to Woodrow Wilson, January 25, 1919. RG 59, General Records of the American Commission in Negotiate Peace, 1918~1939, 895.00/2, MF no. 820, Roll. 563.

[42] Grew to Hornbeck, March 28, 1919. 895.00/8. RG 59, General Records of the American Commission in Negotiate Peace, 1918~1939, MF no. 820, Roll. 563.

개발하고, 스스로 운명을 스스로 개척할 수 있도록 해야 한다. 4)인류의 정의라는 인도주의적 관점에서 일본의 박해에 저항한다. 5)한국은 독립해야 한다는 것 등이다. 이와 함께 3월 17일 자로 수신한 3·1운동 소식이 담긴 전보와 프랑스 언론의 보도 내용을 추가하였다.

파리강화회의에 정식으로 제출된 청원서와 비망록[43]의 작성일은 1919년 4월로 기록되어 있지만 1919년 5월 10일에 최종 제출되었다. 이와 함께 5월 12일은 윌슨 대통령, 로이드 조지 수상, 클레망소 강화회의 의장에게 편지를 보내어 위원회를 만들어서 공식적으로 한국문제를 논의해 줄 것을 요청하였다. 5월 13일은 프랑스 재무부 장관이었던 클로츠(Louis, Lucien Klotz, 1868~1930)에게 서신[44]과 함께 강화회의에 제출한 청원서와 비망록 사본을 각각 한 부씩 동봉하고 개인적으로 한국민들의 독립 요구를 청원하였다.

4월 14일 샤토덩 38번지에 통신국을 설치한 이후, 단독으로 청원서와 비망록의 편집과 인쇄에 들인 노력과 시간을 생각하면 김규식이 얼마나 기민하게 움직였는지를 알 수 있다. 청원서를 만들 당시의 재정적인 어려움에 관하여는 『신한민보』에 게재한 기고문[45]에 잘 나타나 있는데 다음과 같다.

> 내가 대의에 대하여 내가 이곳에 올 때부터 지금까지 항상 재정이 넉넉치 못함으로 임시적 경비도 곤란한 점이 많습니다. 그런 까닭에 신문계에 우리의 소문을 널리 펼치지 못합니다.

---

43) 이 자료는 현재 국립동양어학교(Institut national des Langues et Civilisations orientales : INALCO)와 낭테르(Nanterre)에 소재한 La Contemporaine - Bibliothèque, archives, Musée des mondes contemporains 문서보관소 한국문서철에 김규식의 사인이 들어간 불어판 원본이 각각 한 부씩 소장되어 있다.

44) 「Lettre de Kim Kiusic à L. L. Klotz du 13 mai 1919」, La Contemporaine.

45) 『신한민보』 1919년 5월 27일, 「재정에 관한 정형」.

나의 인쇄비가—모든 공문과 여러 통첩서류 등은 회계치 않고 다만 평화
회의에 들여놓을 설명서와 청원서를 발간한 인쇄비가— 3만 프랑(약 5천 7백
딸라)이라 이 가운데 잉글랜드 나라에 추천장 성명서를 박혀 돌린 경비와 아
메리카와 중국에 1만장 성명서를 박혀 돌린 경비는 들지 않았습니다. 첫 한
달 동안은 나의 거처 음식이 심히 불편하였으며 앉아서 일할 자리도 편리치
못하였습니다. 그러므로 손님을 접대하는 문제는 비록 필요한 때가 많았으나
경비문제로 인하여 성의도 못하였습니다. 현금(지금) 나의 경비는—생활비와
고문비와 서역비와 통신비와 그 모든 것을 합하여— 매삭 8천 프랑으로(약
1520달러로) 1만 프랑(1900달러 가량)을 가져야 합니다. 이 가운데 접대비와
인쇄비와 외교비와 불항비 등 같은 경비는 들지 않았나이다…

강화회의에 최종 제출된 청원서는 표지를 제외하면 총 7쪽 분량 20개
항목으로 구성되어 있고, 비망록은 본문 10쪽 23개 항목, 부록 4쪽 2개
항목으로 구성되어 있다.[46] 청원서의 주된 내용을 요약하면,[47] 4,200년
이상의 독립된 한국 민족, 한국 독립의 보장, 국제 원칙으로서의 한국
독립, 일본의 한국독립 침해, 한국의 저항, 일본의 한국 교육 및 부에
대한 통제, 일본과 기독교, 일본에 도움을 제공하는 한국, 세계에 반하
는 일본, 일본의 대륙정책, 시행 중인 정책, 한국혁명, 혁명의 진전, 대한
민국, 일제의 탄압, 병합조약의 폐기 순으로 되어있다. 이 청원서에는
대한민국 임시정부의 이름으로 그리고 '브레스트 리토프스크(Brest-Litovsk)
조약'이 체결되기 전 동부전선에서 나가 싸운 5,000명의 한국인을 대신
하여 김규식이 제출한다고 서명되어 있다.

또한 비망록의 내용을 살펴보면, 1.한국의 주장 2.4,200년의 역사
3.한국의 독립 4.자유의 거래 5.프러시아와 일본 6.한국의 보호령 7.한

---

[46] 이 청원서와 비망록은 『대한민국임시정부자료집』 제43권 부록에 그 전문의 번역본
이 수록되어 있다.
[47] 「파리강화회의」, 『대한민국임시정부자료집: 서한집Ⅱ』 43, 국사편찬위원회, 2011.

국의 합병 8.일본화와 프러시아화 9.한국 지주들의 토지몰수 10.한국의
언어와 역사 교육의 금지 11.한국인 교육 "통제" 12.한국인 재산 "통제"
13.무기들(한국인들의 부엌칼) 14.기독교에 대한 일본의 적대감 15."하
나의 거대 요새"로서의 한국 16.아시아에서의 앵글로 색슨의 과업 17.과
대포장 정책 18.유아독존적인 일본(Japan Contra Mundum) 19.일본의 대
륙 정책 20.실행중인 정책 21.프랑스에 대한 위협, 시모노세키 조약, "불
명예스러운 삼국간섭" 22.태평양의 장악, 세계정복 정책 23."영원한 여
사제"로서의 일본인 "위난성에서 우르가까지"; 부록 No.1.한일합방 조약
No.2.한국인 음모 사건 순으로 구성되어 있다.

　강화회의에는 영어와 프랑스어로 된 청원서 각 10부씩을 제출하고,
10인 위원회 및 각국 대표에게도 1부씩 제출하였다. 김규식은 5월 14일
자로 각국 대표단과 외교단, 프랑스·영국·이탈리아 등의 각국 상·하
원 및 강화회의 참석차 파리에 머물고 있던 각국 영수들에게도 서신과
함께 청원서를 한 부씩 전달하였다. 이외에도 파리에 머물고 있는 각국
의 재야인사들과 파리의 각 신문사 및 파리에 주재하는 각국 통신원들,
프랑스 각 지방 신문사와 유럽 각국의 중요 신문사에도 일일이 청원서
가 전달되었다. 각처에 배포한 청원서는 영어본 2,000부, 프랑스어본
6,000부에 달한다고 김규식은 당시 중국신문 파리 특파원과의 인터뷰에
서 술회하였다.[48]

　한국독립청원서를 받은 각국 대표의 반응과 태도는 각기 달랐다. 월
슨 대통령 이하 미국대표들은 김 대표에게 5월 16일(월슨 대통령 비서),
5월 17일(화이트의 비서), 5월 24일(월슨의 비서 클로츠), 5월 31일(평화
협상단 크냅), 6월 10일(혼벡),[49] 6월 13일(월슨의 비서)의 서신을 통하

---

48) 『민국일보』 1919년 8월 14일, 「파리에 파견된 한국대표의 활동상」(『대한민국임시정
　부자료집: 중국보도기사 1』 39, 국사편찬위원회, 2010).

여 일일이 회답을 전하였다. 영국의 경우도 5월 25일(영국 대표단의
커), 5월 31일(영국대표단 워드), 6월 18일(버킹검 궁의 토마스)가 청원
서의 주장에 찬동한다는 내용의 회신을 보내었다. 이밖에도 6월 21일
(국제연맹의 드럼몬드), 5월 17일(프랑스 재무장관), 7월 10일(이탈리아
밀라노의 카메라데이 데푸타티), 5월 28일(그리스), 5월 29일(파나마),
5월 29일(포르투갈), 5월 30일(코스타리카), 5월 31일(라이베리아), 6월
10일(세르비아, 크로아티아, 슬로베니아 왕국의 대표 이안코비치) 등이
지지와 응원의 회신을 보내었다. 교황 베네딕토 15세는 "한국교회의 총
애하는 자녀들이 받는 핍박에 대하여 우려하시며 속히 자유와 행복의
생애를 하기를 천주께 기구하신다"는 내용의 서한을 보내었다.[50] 영국
외무장관 벨푸어(Arthur James Balfour, 1848~1930)의 회신은 특히 진지
하고 성의가 있었다고 하는데 서신의 원본은 현재 찾을 수가 없다.

8월 8일 미국으로 건너간 김규식은 1919년 8월 28일, 미 국무장관 로
버트 랜싱(Robert Lansing, 1864~1928)에게 1919년 8월 27일 자로 작성된
「한국 독립 선언과 독립에 대한 지속적인 요구서」를 송부하였다.[51]
9월 3일 자로 '김규식이 파리 한국대표단의 황기환에게 보낸 서한'을 보
면, 구미위원부 창설 소식과 더불어 불문으로 작성된 「한국 민족의 독
립에 대한 지속적인 선언서와 요청서」(영어사본 20부 포함)를 송부하면
서, 이것을 파리강화회의에 제출할 것을 지시하였다.[52] 황기환은 이를
당시 한국대표단 단장대리 자격이었던 이관용의 서명으로 파리강화회

---

49) 서신과 함께 송부한 『*Young Korea*』 잡지를 보내주어 감사하고 서신을 잘 검토하겠
다고 전했다.
50) 「구주의 우리사업」.
51) 「김규식이 미 국무장관 로버트 랜싱에게 보낸 대한공화국 독립선언문(1919년 8월
28일)」, 『대한민국임시정부자료집: 구미위원부II』 18, 국사편찬위원회, 2007.
52) 「김규식이 파리 한국대표단에게 보낸 서신(1919년 9월 3일)」.

의 의장 클레망소에게 제출하였다. 비록 베르사이유 조약이 막을 내린 후였지만 한국의 독립을 세계에 호소하는 청원 활동을 계속해서 시도했던 것을 알 수 있다.

3. 국제사회의 후원과 연대 활동

1) 후원 및 연대

파리한국대표부에게 있어 당시 가장 절실한 일은 각국의 우호적인 여론과 동정을 얻는 것이었다. 김규식을 비롯하여 조소앙, 황기환 등은 당시 제국주의를 반대하며 약소국가에 관심을 가졌던 프랑스 사회당(Section française de l'Internationale ouvrière, SFIO), 노동총연맹(Confédération générale du travail, CGT), 인권연맹(Ligue des Droits de l'Homme, LDH), 언론인, 그리고 중국대표단을 비롯한 약소국가의 대표단 등 다양한 계통의 인사들과 긴밀한 관계를 맺어 나갔다. 대표적으로는 에밀 블라베, 이유잉, 루이 마랭, 펠리시앙 샬레(Félicien Robert Challaye, 1875~1967), 국민정부행정원장 왕조명(王兆銘, 1883~1944), 전 외교부장 왕정정, 호치민(胡志明, 1890~1969) 등이었다.

김규식이 파리를 떠나기 전인 8월 6일 수요일 저녁, 파리강화회의 한국대표단 대표인 김규식의 환송연을 겸하여 한국 독립을 지지하는 지식인들의 만찬모임이 열렸다. 이 소식은 프랑스 언론 『라 랑테른느(La Lanterne)』, 『라 쁘띠뜨 레퓨블리끄(la Petite République)』, 『라 리브르빠롤(La libre Parole)』, 『락숑 프랑세즈(L'action Française)』, 『라 프랑스(La France)』 등에 김규식의 출발 당일인 8월 8일 자로 일제히 보도되었다.

파리의 명사들, 국회의원들, 외국계 반식민주의자들, 그리고 파리 평화
회의를 강하게 비판하는 인사 60여 명이 외신기자 클럽[53]에 모였다. 연
회는 한국대표단에 의하여 준비되었고 파리지역 국회의원 샤를 르부크
가 주재했다. 5개월여간 그의 간절한 독립 외교활동에도 불구하고 홀대
를 받고 떠나긴 하였으나, 그의 활동상을 짐작케 하는 자리였다. 이 자
리에는 특히, 알자스로렌의 경우와 함께 강제 병합문제에 대하여 너무
나도 잘 알고 있으며, 한국 체류 경험도 있었던 낭시(Nancy)지역 국회
의원 루이 마랭과, "여러 민족들의 한국친우회"의 북경대학교 교수 이
유잉, "모든 전제정치, 독재정치, 독단들, 저급한 출세주의"에 대항하여
한번은 짜르에 의해 이후 또다시 소비에트에 의해 수감이 되었던 전 러
시아 하원(Douma)의장 조셉 미노르(Joseph Minor), 그리고 "한국인들은
윌슨 대통령을 향해 나아가고 있다… 그러나 미국은 미국이 곤란한 경
우를 제외한 보편적인 경우에 한해서 평등을 선언하고 있다…"라고 말
했던 저명한 여류 저널리스트 헐버트 A. 깁본스(Herbert Adams Gibbons,
1880~1934)『뉴욕 헤럴드(New-York Herald)』특파원 등이 참석하였다.
이밖에도 극동에 파견되었던 빠이어(Payeur) 장군, 프랑스 학술원회원
펠리오(Pelliot) 교수, 전 대한제국 당시 프랑스 공사 이폴리트 프랑댕
(Hippolyte Frandin, 1852~1926), 찰스 E. 셀든(Charles E. Selden)『뉴욕타
임스(New-York Times)』특파원, 왕(Wang), 타이 밍 포우(Tai Ming Fou)를
포함한 여러 중국대표단, 그리고 모든 한국대표단이 참석했다. 연회에
서는 불문 한국독립선언서와 작은 태극기, 그리고 조지 듀크록의『가난

---

53) 외신기자클럽은 프랑스의 사업가 조르쥬 듀파옐(Georges Dufayel, 1855~1916)이
1916년에 사망한 이후 파리 강화회의를 맞아 파리를 찾은 외신기자들을 맞이하기
위하여 샹젤리제 거리에 소재한 그의 대저택을 기부하여 사용하게 하였다. «Oil
Giants Buy French Palaces», New York Times, le 8 décembre 1919, p.9; «Georges
Dufayel Dead in Paris», New York Times, le 26 décembre 1916, p.5.

하고 온화한 한국(*Pauvre et douce Corée*)』이라는 책이 선물로 배포되었
다. 이 자리에서 김규식은 프랑스에서 보낸 5개여 월의 소감을 다음과
같이 연설하였다. 파리를 떠나기 전 마지막으로 행한 이 연설은 급진사
회계열 언론『라 렁떼른느(*La Lanterne*)』와『라 프랑스(*La France*)』에 게재
되었다. 이 연회에서 행한 김규식의 연설내용을 소개하면 다음과 같다.

> "사실 누가 여기에서, 옛날에 선원들이 섬으로만 알았던 머나먼 한국을
> [보잘것없는 스위스 문학만큼이라도] 걱정하겠습니까? 아무도 없습니다. 있
> 다면 아마도 이 나라의 매력적인 수도이고 세상보다 오래되고 또한 세상에
> 서 가장 오래된 역사를 가진 서울까지 가는 호기심을 가졌던 루이 마랭(M.
> Louis Marin)씨 밖에 없을 것입니다…"
> "4천 년이 넘는 역사와 독립국가로 존재한 이후 오늘날 일본의 속박 하에
> 서 꼼짝도 못하고 떨고 있는 2천만 영혼들의 간청에도 성의있게 답하지 않
> 는 정의와 사상을 사랑한다고 하는 프랑스에 경악했습니다."[54]
> "중국과 함께 한국은 일본 제국주의의 먹잇감에 불과합니다. 하지만 일본
> 의 탐욕에 대항해 끝까지 싸울 것입니다!"[55]

환송연에서 프랑스인들에게 전하는 김규식의 호소는 비장하기까지
했다. 평화회의에서 냉대를 받아야 했던 김규식의 처지와 현실이 생생
하게 전달되어 있는 것이다. 특히 이 자리에서 북경대학교 교수 이유잉
은 탁월한 식견과 함께 다음과 같이 단호한 어조로 연설하였다.

> "강화회의에 참석한 동맹국들은 장래를 충분히 예측하지 못하는데 일본
> 은 세계적인 위험을 야기할 야욕을 가진 동양의 독일제국이다. 그리고, 강화

---

54) OEDIPE, «LA CORÉE CHEZ DUFAYEL Y aurait-il vraiment une Alsace-Lorraine
asiatique?», *La Lanterne*, 1919.8.8.
55) «Contre l'Impérialisme Japonais», *La France*, 1919.8.8.

회의에서 아시아의 문제가 부당하게 해결된다면 동맹국들은 독일 제국주의와 같은 방법으로 세계평화를 위협하는 일본제국주의를 저지하지 못할 것이므로 세계대전을 유발할 수 있는 새로운 갈등의 빚어질 것이다. 가장 아름다운 고장에 살고 있는 4억의 인민들이 품고 있는 정의는 그들의 자유와 독립을 강탈하는 것을 더 이상 허락치 않을 것을 믿고 있다. 지난 수천 년간 긴밀하게 연합한 우리 중국과 한국인들은 우리 문제의 올바른 해결을 위하여 끝까지 싸울 것이다."[56]

이 소식은 『통신전』 제17호, 그리고 『구주의 우리사업』에도 간략히 소개된 바 있다. 주목할 것은 여러 민족의 '한국친우회'라는 명칭이다. 프랑스 '한국친우회'가 공식적으로 창립하는 것은 1921년 6월의 일이지만, 이미 한국의 사정을 동정하거나 우의를 지녔던 여러 민족의 인사들에 의해 '한국친우회'라는 것이 불리고 있었던 것을 확인할 수 있다. 특히 이유잉은 그 선봉에 서서 한국에 동정과 지지를 보냈다.

김규식은 다른 약소국가의 대표단, 지도자들과의 연대를 모색하였다. 그중 주목되는 것이 베트남의 호치민이다. 호치민은 1919년 파리에서 안남애국자연합(Associations des Patriotes Annamites)을 결성하고, 동년 6월 18일 「안남 민족의 요구(Revendications des Peuple Annamite)」라는 8개조의 청원서를 베르사이유의 지도자들과 프랑스 국회에 보냈다. 이후 호치민은 프랑스 정보경찰 당국의 철저한 감시와 사찰을 받아야 했다. 장(Jean)이라는 비밀경찰의 '호치민 사찰 문건'[57]에 의하면, 김규식을 비롯한 조소앙, 황기환 등의 한국대표단과의 밀접한 관계를 밝혀주는 내용들이 담겨져 있다. 호치민이 중국 텐진(天津) 『익세보(益世報)』의

---

56) 위와 같음.

57) 「Nguyen That Thanh alias Nguyen Ai Quoc alias Hô Chi Minh(1919~1955), FR ANOM 4015 COL 1, Archives nationales d'outre-mer.

미국특파원과 행한 이 인터뷰는 김규식의 추천으로 이루어졌다고 기록
되었다. 이 무렵 호치민이 프랑스 잡지에 기고한 모든 글들은 중국어로
번역되어 중국 간행물에도 게재되었는데, 이 또한 김규식의 주선에 의
해 가능했던 것으로 밝히고 있다.[58] 김규식과 조소앙 등은 호치민과 서
로의 자택을 방문할 정도로 친분이 두터웠고 프랑스 사회주의자 모임
에 동참하였는데, 이때 친분을 쌓았던 인사들이 르노델(Pierre Renaudel,
1871~1935), 장 롱게(Jean Longuet, 1867~1938), 마르셀 카샹(Marcel Cachin,
1869~1958) 등이었다. 이들은 훗날 한국친우회 창설에 많은 도움을 주
었다. 한국이 당면한 현실에 대해 동정과 지지를 보내주는 인사들과의
연대와 교류는 한국대표부에 있어서 중요한 임무 중의 하나였다.

프랑스 언론『민족의 외침(Le Cri du Peuple)』지 1면에 게재된 기사[59]
를 보면 '민족들의 권리연맹(Les Droits des Peuples)'의 발기인에 한국대
표부 대표로서 김규식이 참가한 사실이 주목된다. 연맹의 본부는 인권
을 주장하는 도시 파리에 본부를 두고 집행부는 외국인 자유주의자들
과 프랑스인들, 그리고 유명인사들로 꾸려질 것이라고 보도했다. 이 조
직의 설립 목적은 다음과 같다.

1. 민족의 자율적인 발전과 자결권을 확립하는 윌슨 대통령의 원리를 주장
   할 것.
2. 민족의 미래와 실제 상황을 명확히 살필 것.
3. 국제연맹의 기초가 될 국제 협약의 초안을 작성할 것.
4. 패권국들과 같은 열강들로부터 기인하는 재앙들과 헛된 전쟁들의 반대를
   가능한 크게 선전할 것.

---

58) 이장규, 「프랑스 국립해외문서소장 '호치민과 한국독립운동자료'」, 『한국독립운동
   사연구』 66, 한국독립운동사연구소, 2019, 207쪽; 165-168 FR ANOM 4015 COL 1.
59) «Une ligue des droits des peuples», Le Cri du Peuple, 1919.9.6.

이 연맹은 프랑스의 저명한 저널리스트 폴 브뤼라(Paul Auguste Brulat, 1866~1940), 쩌우웨이(S. Tchéou-Wei) 중국대표단 비서, 김규식 한국 대표, 닥터 하페즈 아피피(Dr Hafez Afifi) 이집트 대표, 르네 파로드(René Parod) 연맹의 임시 사무총장 등으로 임시 집행부가 구성되었다. 이 연맹의 본부는 파리 9구 테트부가 16번지(16, rue Taitbout, Paris)에 위치한다고 공지했다. 그러나 이 모임이 지속적으로 유지됐는지는 알 수 없다. 하지만 이 일은 당시 프랑스 현지의 인사들, 그리고 같은 약소민족들의 대표들과 연대하고자 했던 그의 노력의 일면을 볼 수 있는 구체적 사례이다. 이 『민족의 외침(Le Cri du Peuple)』[60]은 '민족들의 권리연맹' 구성 소식과 더불어 아르메니아, 세르비아, 중국, 페르시아, 이집트, 멕시코, 시리아, 세르비아 크로아티아 슬로베니아 왕국(Serbes Croates et Slovenes), 한국, 우크라이나, 포르투갈, 유대인, 러시아 등 약소국가들의 권리를 옹호하는 소식을 1919년 말까지 꾸준히 게재하였다.

2) 국제사회주의대회 참가와 한국독립 승인 결의

파리대표부는 국제회의에 대표들을 파견하여, 일제의 가혹한 지배와 한국독립의 정당성을 밝히기 위하여 노력하였다. 한국의 독립문제에 대한 세계의 동정과 지지를 얻기 위한 활동으로 국제 사회당대회 참가를 들 수 있다.

'암스테르담 사회당대회(Conférence d'Amsterdam 1919)'에 한국문제가 실행위원회에 상정되었다는 소식을 접한 파리대표부는 1919년 5월 16일

---

[60] 1871년 쥴발레(Jules Vallès)에 의해 설립된 '민족의 외침(Le Cri Du Peuple)'은 1919년 당시 프랑스 사회당출신 국회의원을 지낸 Jean allemane이 1922년까지 이끌었던 사회주의 성향이 강한 저널이었다.

국제 사회주의자연합 사무국 서기인 카미유 위스망(Camille Huysmans, 1871~1968)에게 김규식의 서명으로 한통의 서신을 보냈다. 서신과 함께 청원서(불문 40부, 영문 10부)를 송부하고 한국 독립을 위하여 민족 연합의 대표 자격으로서 대회에 참여하고 싶다는 의사를 적극적으로 밝혔다.

그러나 루체른에서 열리는 국제사회주의자 대회의 개최 시기가 김규식의 미국행과 겹치는 관계로 이 임무는 이관용과 조소앙에게 맡겨졌다. 따라서 1919년 7월 17일 조소앙과 이관용은 루체른 국제사회주의자 대회 의장에게 다음과 같이 서신을 보내어 참가의사를 밝혔다.[61]

> 수신 : 스위스 루체른 쿠르잘(Kursaal) 국제사회주의자대회 의장
>
> Citoyen 의장님께,
>
>   8월 1일 개최되는 국제 사회주의자 대회에서 한국대표단이 발표할 수 있는지를 알고 싶습니다. 한국문제는 암스테르담 대회에서 이미 프랑스 대표단에 의해 제기되었습니다. 1905년 이래로 유럽에서의 온갖 분쟁을 넘어서는 제국주의의 야욕과 지배 수단을 가진 일본의 속박 하에 시련을 겪고 있는 한국민들의 불행을 좌시하지 않으시길 바랍니다…
>
>   이미 1917년 스톡홀름 대회의 조직사무국에 전보를 통하여 우리의 청원서를 제출하였습니다. 하지만 한국대표단은 여권이 거절되었기 때문에 출발할 수 없었습니다…
>
>   현재 한국 민족들은 모든 힘을 다하여 한국의 독립을 위하여 싸우고 있습니다. 우리는 우리의 독립 요구서에 동의하는 제 국가 사회주의자들의 도의적인 지지를 확신하는 바입니다. 일본의 사회주의자들은 한국독립을 위해 공공연히 연대하였습니다.

---

61) 「파리위원부가 국제사회주의자대회 의장에게 보낸 서신(1919.07.17.)」, 스웨덴 노동운동문서보관소(Arbetarrorelsens Arkiv) 소장자료; Gerhard A. Ritter, Die II, Internationale 1918/1919, 1980, p.883.

우리는 프랑스, 영국, 러시아, 벨기에, 등의 사회주의자들 가운데 동정적인 울림을 보았습니다. 부디 루체른 대회에 참가하여 이미 암스테르담 국제사무국에 보냈던 우리의 독립요구서를 발표할 수 있게 되기를 바랍니다. 애정 어린 인사를 보냅니다.

서명 : 조용은(Y. W. Tcho), 이관용(K. Lee)

이후 이들은 1919년 8월 1일에서 8월 9일까지 개최된 스위스 루체른 국제사회주의자 대회에 참가하여 「한국독립승인결의안」을 제출하였다. 결국 루체른 대회에서 한국독립에 관한 결의문이 만장일치로 채택되는 쾌거를 이루었다. 채택된 결의문의 내용은 다음과 같다.

　한국민족의 독립에 관한 결의서[62]

　그들 운명의 주인을 모든 민족들이 이해할 수 있게 하고 피지배 백성들과 억압받는 민족들의 권리와 이익을 보호할 수 있는 완전한 국제연맹의 창설에 의하여 정의롭고 항구적인 평화를 유지하고 모든 민족들의 자유로운 발전을 목표로 하면서:
　루체른의 '국제사회주의대회(Conférence Internationale Socialiste)'는 한국 민족의 권리에 가혹한 침해에 대하여, 그리고 한국 민족에게 명백한 민족자결의 권리가 있음에도 불구하고 한국에서 자행되고 있는 일본 정부의 압제에 대하여 항의하는 바이다.
　'국제사회주의대회'는 한국의 국제연맹 가입을 촉구하는 바이다.
　'국제사회주의대회'는 한국이 독립된 자유국가로서 인정받기를 원하고 외세의 모든 억압에서 벗어나길 희망하는 요구들에 굳게 연대함을 선언하는 바이다.

---

62) Labour and Socialist International, 《The international at Lucerne, 1919. The resolutions. The provisional constitution》, London, The Labour party, 1919; 정용대, 「조소앙의 유럽외교활동 연구」, 『삼균주의연구논집』 10, 삼균학회, 1988, 221쪽.

　루체른 국제사회주의자 대회는 국제연맹의 창설을 촉구하면서 국제
연맹에서 약소민족의 독립을 확대해 갈 것을 목표로 삼았다. 이 대회에
서는 한국뿐 아니라 유대인), 러시아, 라트비아, 리투아니아, 헝가리,
그리스, 스페인의 갈리시아(Galice Orientale), 에스토니아, 베사라비아
(Bessarabie, 몰도바 공화국), 발칸 3국, 아르메니아와 같은 기타 약소민
족의 문제를 위해서도 각각 결의문이 채택되었다. 당시 9월 9일 자『독
립신문』과『신한민보』에 실린 기사에도 모두 25개국이 참석한 만국사
회당대회에서 8월 9일 한국이 독립을 승인 받았다고 전하고 있다. 이것
은 국제사회에서 한국의 독립을 인정하고 결의한 최초의 문건으로서
의미가 크다 할 것이다. 조소앙·이관용 등이 이 대회에 기울인 노력과
성과는 마땅히 높게 평가 받아야 할 것이다. 더불어 김규식의 의지에서
기인하여 실현된 성과임도 잊지 말아야 할 것이다.

3) '재법한국민회(在法韓國民會)' 결성

　파리대표부는 1919년 9월 1일 러시아 무르만스크의 '리첸코(Licenko)'
라는 한인으로부터 한 통의 전보를 받았다. 러시아 연해주와 시베리아
등지를 노동으로 유랑하던 500여 명의 한인 노동자들이 무르만스크 철
도회사에 고용되었다가 볼셰비키 혁명과 함께 해고를 당해 오갈 데 없
는 상황에 처했는데 자신들의 강제 귀환을 막아달라는 내용이었다. 당
시 연합국의 일원으로 러시아 내전에 참가했다 무르만스크항을 통해
철병하는 영국군의 마지막 선박 '산타엘레나(Santa Elena)'호에 무르만스
크에 있던 한인노동자 200여 명이 승선한 것을 확인한 황기환은 영국
외무부와 프랑스 노동부를 오가며 그들의 구명운동을 전개하였다. 영
국 에든버러에 도착한 200여 명의 한인노동자들마저도 당시 동맹관계

였던 일본의 요구로 중국 칭다오(靑道)로 송환될 위기에 처했었으나 황기환은 서한으로 로이드 조지(David Lloyd George, 1863~1945) 영국 수상에게 "당사자들의 의사를 무시한 강제 귀환은 인권을 무시하는 처사"라면서 강력히 항의하여,[63] 비록 일부이긴 하지만 35인의 한인의 구출해내는 데 성공을 할 수가 있었다. 그리고 이들을 프랑스 노동부와 협의하여 파리 동쪽 200킬로미터 지점에 있는 마른(Marne)주의 스위프(Suippes)라는 작은 도시에 정착을 시켰다.[64] 이들은 이곳에서 철도복구 작업, 전사자 묘지를 조성하고 시신을 안치하며 포탄을 줍는 등 1차대전 후 폐허가 된 전장을 복구하는 업무에 투입되었다.

황기환은 스위프 노동자들과 한인 유학생들을 규합하여 '재법한국민회'를 결성하였고 1920년 3월 1일에는 스위프 한인노동자, 베르덩(Verdun)에서 참석한 노동자 10여 명, 한인 유학생들 그리고 파리대표부 인사 등 총 60여 명이 모여 '3·1운동 1주년 기념경축식'을 성대히 거행하였다. 이후 회장이었던 홍재하(洪在夏, 1892~1960)를 비롯한 재법한국민회의 한인 노동자들은 힘든 노동으로 모은 돈을 아낌없이 기탁해 파리 한국대표단의 독립운동을 재정적으로 뒷받침하였다. 이들은 1920년 10월에 '재법한국민총회의(在法韓國民總會議)'의 명의로 '한국민국제연맹개진회(韓國民國際聯盟改進會)'를 창설하여 장래 국제연맹의 정식참가를 위하여 준비하고 지원하였다. 이들 한인 노동자들을 기반으로 프랑스

---

63) 『동아일보』 1960년 8월 18일, 「見聞記 世界一周旅行에서… 35 와싱톤 숨은先烈 黃紀煥씨」.

64) 이와 관련해서는 김도형, 「프랑스 최초의 한인단체 '在法韓國民會' 연구」, 『한국독립운동사연구』 60, 한국독립운동사연구소, 2017, 133~166쪽; 이장규, 「1차대전 후 한인의 프랑스 스위프(Suippes) 이주와 독립운동」, 『한국독립운동사연구』 65, 한국독립운동사연구소, 2019, 195~235쪽; 윤선자, 「1919~1922년 황기환의 유럽에서의 한국독립운동」, 『한국근현대사연구』 78, 한국근현대사학회, 2016; 홍선표, 「1920년대 유럽에서의 한국독립운동」, 『한국독립운동사연구』 27, 한국독립운동사연구소, 2006 참조.

내 최초의 한인사회가 형성될 수 있었다.

최근 발굴된 홍재하의 차남이 소장했던 자료들 속에는 파리대표부의 황기환과 홍재하가 나눈 서신이 다수 발견 되었다. 서신을 통해 알 수 있는 사실이지만 황기환은 스위프 한인들을 지도하고 격려하며 성심껏 도왔고 스위프의 한인들은 많은 재정지원을 하며 한국대표부의 독립운동을 도왔다.

4) 인권연맹 연설회 개최

1919년 10월 17일 한국대표부는 프랑스 인권연맹 간부회의에 참석하여 한국 독립 문제를 보고하였다. 그리고 프랑스 인권연맹에서 가까운 장래에 한국문제에 대한 '연합대연설회(聯合大演說會)'를 개최해줄 것을 제의하였다.[65] 이 제의로 인해 1920년 1월 8일 목요일, 파리 생 제르망 대로 184번지(184, boulevard Saint-Germain)에 소재한 지리학회 강당 (Salle de la Société de Géographie)에서 프랑스 인권연맹(Ligue des droits de l'Homme)의 주최로 '극동에서 위협받는 평화'(La Paix menacée en Extrême Orient. Chine et Corée)라는 주제의 컨퍼런스가 개최되었다. 이 것은 1919년 김규식으로부터 황기환에 이르기까지 인권연맹 인사들과 꾸준히 인맥을 형성했기에 가능했던 결과였다.

500여 명의 청중이 참석한 가운데 단상에는 한국과 프랑스의 국기가 교차되어 게양되었고 회장 올라르(Alphonse Aulard, 1849~1928)의 사회로 진행되었다. 연설회에서 연사로 참여한 인사로는 한국대표단의 황기환, 펠리시앙 샬레 소르본느대학 교수, 마리우스 무테(Marius Moutet, 1876~1968) 론지역 국회의원, 시아레이(Sia-Lei) 재불중국노동자회 사무총

---

65) 「구주의 우리사업」.

장 등이었다. 베트남의 호치민 역시 발언권을 얻으려 시도하였으나 회장
의 권한으로 거절되었다. 올라르 회장은 "강화회의는 민족들의 권리를
도외시하고 있다. 인권연맹은 국제연합과 함께 스스로 관심을 가지는
많은 민족들의 주위를 끌 수 있도록 항의하는 바이다"라고 주장하였고,
뒤이어 황기환은 "한국은 독립을 쟁취할 때까지 일본에 맞서 끝까지 싸
울 것입니다"라고 짧게 연설을 마쳤다. 그에 이어서 1919년 3·1운동이
전국적으로 확산되던 무렵, 프랑스 하원의 특별파견으로 부산을 거쳐
산둥 반도까지 여행하던 중 일본의 잔혹한 진압을 현장에서 직접 목도
했던 펠리시앙 샬레 교수가 연설을 이어 받았다. 그의 연설내용은 특히
주목되는데[66] 그의 연설문 전문이 인권연맹의 기관저널 '인권연구(*Les
Cahiers des droits de l'Homme*)' 1920년 4월 5일 자(제7호)에 수록되었으
며, 4월 27일, 『르 라디칼(*Le Radical*)』에서 발췌문을 인용 보도하였다.
장시간 연설을 마친 그는 한국의 참상을 찍은 슬라이드 필름을 상영하
여 청중들로 하여금 깊은 공감을 불러 일으켰다. 프랑스 경찰당국의
「호치민 감시자료」에서도 당시의 현장 분위기와 여러 대표자들의 연설
문 요약을 볼 수가 있다.[67] 이렇듯 프랑스 인권연맹을 비롯한 한국독립
을 옹호하는 프랑스 인사들과의 꾸준한 교류는 1921년 6월 23일 '한국
친우회(Les Amis de la Corée)'가 창립될 수 있는 밑거름이 되었다.

---

[66] 박은식의 독립운동지혈사에도 당시의 상황을 스케치하여 소개되었으며 임시정부
자료집에 샬레교수의 연설문 전문이 번역되어 있다.
[67] 「Nguyen That Thanh alias Nguyen Ai Quoc alias Hô Chi Minh(1919~1955)」, FR ANOM
4015 COL 1.

4. 맺음말

1919년의 파리는 '세계의 수도'였다. 윌슨의 민족자결주의에 고무되었던 여러 식민지 약소국가들은 강화회의를 자신들의 독립의 기회로 삼고 파리에 대표단을 파견하여 외교활동을 전개했다. 한국도 그중의 하나였다. 신한청년당의 대표 자격으로 파리에 도착한 김규식은 프랑스로 출발하기 전 북경주재 미국공사에게 보낸 청원서의 마지막 부분에서 파리에서 자신이 행해야할 주요 임무를 구체적으로 설명하였다. 김규식은 파리 도착 후, 이 임무에 부합된 움직임을 한 치의 오차도 없이 추진해 나갔다.

4월 13일 상해 임정이 수립되고 외무총장 겸 강화회의 전권대사에 정식으로 임명되면서 대표성이 강화된 김규식은 4월 14일 파리 9구 샤토덩 38번지 에밀 블라베의 집으로 이주하면서 즉시 한국통신국을 설치하고 공식적인 홍보 활동에 들어갔다.

한국통신국은 한국의 현실에 대한 정보를 제공하고 한국 독립을 위한 지원을 호소하기 위하여 가장 먼저 『통신전(通信箋, Circulaire)』을 발행하였다. 『통신전』은 강화회의의 영향력이 미치는 어디에든 빠짐없이 송부되었다. 특히 『통신전』 제20호에서 일본의 부당성과 잔혹성을 지적했던 샤를 르부크는 김규식이 파리를 떠난 이후에도 한국에 대하여 많은 동정을 가지고 황기환과 한국대표단의 일들을 후원했다.

5월 10일 김규식은 파리강화회의에 정식으로 청원서와 비망록을 제출하였다. 각지에 송부한 청원서와 비망록의 숫자는 엄청난 양에 이르렀다. 당시에는 대표단의 다른 멤버가 도착하지 않았던 상황이라 이 모든 일을 김규식 홀로 진행했기에 그 어려움은 실로 상상하기가 어렵다.

한국대표단은 약소민족에 관심을 가진 프랑스 사회당, 인권연맹, 언론인, 그리고 중국대표단을 비롯한 약소국가의 대표단 등 다양한 인사들과도 기맥을 통했다. 대표적 인사로는 이유잉, 루이 마랭, 펠리시앙 샬레, 국민정부행정원장 왕조명, 전 외교부장 왕정정 등이었다. 이들과의 우호적인 관계가 가능할 수 있게 해준 이유잉과 에밀 블라베의 도움은 무엇보다 컸다. 특히 인권연맹 회원들과의 활발한 교류를 통해 한국 문제에 관련된 성대한 컨퍼런스를 개최할 수가 있게 되었고, 이들을 주축으로 후일 '한국친우회'가 창립될 수 있는 토대를 마련하였다. 김규식으로부터 황기환에 이르기까지 인권연맹 인사들과 우호적인 인맥을 꾸준히 형성했던 결과였다.

김규식이 파리를 떠나기 전인 8월 6일 한국 독립을 지지하는 지식인들과 명사들이 모인 환송연에서 김규식은 파리평화회의에서 냉대를 받아야 했던 처지와 현실을 생생하게 전달했다.

한국이 당면한 현실에 동정과 지지를 보내주는 인사들과의 교류가 중요한 임무 중의 하나였던 한국대표단은 다른 약소국가의 대표단, 지도자들과도 연대를 모색하였다. 그중 주목할 인물이 베트남의 호치민이다. 프랑스 경찰의 호치민 감시자료를 통해 김규식을 비롯한 조소앙, 황기환 등의 한국대표단과 밀접한 관계를 나눈 것을 알 수 있게 되었다.

김규식은 '민족들의 권리연맹'의 발기인으로 참가했다. 이 연맹의 집행위원으로 참여하면서 약소국가들의 권리를 대변하고 각각 처한 상황을 세계에 알리기 위해 노력하였다.

또한 한국대표단은 국제회의에 대표들을 파견하여, 일제의 가혹한 지배와 한국독립의 정당성을 밝히기 위하여 노력하였다. 1919년 8월 1일부터 8월 9일까지 개최된 스위스 루체른 국제사회주의자 대회에 참가하여 '한국독립에 관한 결의문'이 만장일치로 채택되는 성과를 거두었다.

김규식은 미국으로 건너간 이후에도 황기환에게 불문으로 된 '한국
민족의 독립에 대한 '한국 민족의 독립에 대한 지속적인 선언서와 요청
서'를 보내 강화회의에 제출하는 등 파리를 떠난 이후에도 한국 독립을
위한 청원 활동을 끊임없이 시도하였다.

김규식이 파리를 떠난 이후 모든 업무는 황기환을 중심으로 이루어
졌다. 황기환은 프랑스 언론을 세밀하게 주시해가면서 필요한 경우 언
론에 인터뷰와 기고를 통해 대응하였다. 또한 그는 무르만스크 한인노
동자들의 구출을 위해 프랑스와 영국을 오가며 혼신의 외교적 노력을
기울였다. 구출된 한인들을 프랑스 스위프로 이주시켰으며 '재법한국민
회'를 결성하여 한국대표단의 독립운동을 지원하였다.

파리강화회의가 진행되던 파리에서 5개월 남짓 체류했던 김규식과
한국대표단의 활약은 괄목한 것이었다. 그들의 활동은 가시적인 실패
와 성공을 넘어서 한국 민족의 독립에 대한 열망을 국제사회에 널리 알
렸다는 점에서 높게 평가받아야 할 것이다. 그들의 對 파리강화회의 활
동 소식은 국내 여론을 자극하며 3·1운동의 기폭제로서 작용했다.
1919년 파리강화회의 당시 강대국은 강대국대로 자국의 이해에 골몰하
였고 한국의 독립문제에는 전혀 관심을 두지 않았던 상황이었다. 3·1
운동이 독립을 선포하며 국내에서 거국적으로 봉기했지만 파리한국대
표단의 노력이 없었더라면 이 엄청난 사건이 세계 여론에서 묻히고 말
았을 것이다. 소수의 인원과 열악한 환경 하에서 전개되었던 대한민국
임시정부 파리한국대표단의 외교활동은 3·1운동의 목표와 가치를 국
제사회에 전파했던 숭고한 독립운동이었다.

참고문헌

1. 자료
[문서보관소]
프랑스현대문서보관소(La Contemporaine - Bibliothèque, archives, musée des mondes contemporains) : 「Circulaire」, 「Lettre de Kim Kiusic à L. L. Klotz du 13 mai 1919」.
프랑스해외영토문서보관소(ANOM : Archives nationales d'outre-mer) : 「Nguyen That Thanh alias Nguyen Ai Quoc alias Hô Chi Minh(1919~1955)」, FR ANOM 4015 COL 1.
BULAC 국립동양어학교(Institut national des langues et civilisations orientales : INALCO) 도서관 : 「Circulaire」, 「Pétition」, 「Mémoire」, 「Lettres etc…」.
스웨덴 노동운동문서보관소(Arbetarrorelsens Arkiv) : 「파리위원부가 국제사회주의자대회 의장에게 보낸 서신(1919.07.17.)」, Gerhard A. Ritter, Die II, Internationale 1918/1919, 1980.
스탠포드대학교 후버연구소(Hoover Institution Archives, Stanford University) : Stanley Kuhl Hornbeck paper, Subject and Correspondence File, 1842~1966, Box. No.270, Department questions, outstanding.
미국립문서기록관리청(National Archives and Records Administration) : 『Grew to Hornbeck, March 28, 1919』. 895.00/8. RG 59, General Records of the American Commission in Negotiate Peace, 1918~1939, MF no. 820, Roll. 563.
『Letter of Shinjhung and Kinshung to Woodrow Wilson, January 25, 1919』. RG 59, General Records of the American Commission in Negotiate Peace, 1918~1939, 895.00/2, MF no. 820, Roll. 563.

[외교사료관]
「Lettre de Kim Kyusik à Robert Brussel(1919년 5월 19일)」.

[신문자료]

L'Homme libre, 1919년 04월 22일.

L'Humanité, 1919년 04월 23일.

L'Intransigeant, 1919년 04월 22일.

La Petite République, 1919년 04월 22일.

La République française, 1919년 04월 22일.

Le Temps, 1919년 04월 22일.

Le Temps, 1919년 04월 23일.

The North-China Herald, 1919년 02월 22일.

『三千里』 제4권 제1호, 1932년 01월 01일, 三千里社.

[신문기사]

Anonyme, "Korean Envoy in Paris Cable Says", Honolulu Pacific Commercial Advertiser, 1919.3.23.

Anonyme, «Contre l'Impérialisme Japonais», La France, 1919.8.8.

Anonyme, "La Corée et le Japon", La Libre Parole, 1919.8.26.

Anonyme, «Une ligue des droits des peuples», Le Cri du Peuple, 1919.9.6.

Anonyme, Administration, Appeal to U.S. Minister in Peking, The North-China Herald, 1919.2.22.

BRUSSEL, Robert, «Le Philosophe coréen», Le Gaulois, 1919.5.12.

F. T, "L'autonomie coférée a la Corée", La Petite République, 1919.8.23.

KIMM, J. Kinsic Soho, «A propos de la Corée», Le Gaulois, 1919.5.13.

ŒDIPE, «LA CORÉE CHEZ DUFAYEL Y aurait-il vraiment une Alsace-Lorraine asiatique?», La Lanterne, 1919.8.8.

[자료집]

국사편찬위원회, 「일본 외무성 외교사료관 소장 한국관계사료목록」, 『해외사료총서』 05권, 국사편찬위원회, 2003.

「김규식의 영문 이력서(1950.3.5)」.

대한민국임시정부자료집 편찬위원회, 『대한민국임시정부자료집: 대유럽외교』 23, 국사편찬위원회, 2008.

대한민국임시정부자료집 편찬위원회, 『대한민국임시정부자료집: 중국보도기사1』 39, 국사편찬위원회, 2010.

대한민국임시정부자료집 편찬위원회, 『대한민국임시정부자료집: 서한집 II』 43, 국사편찬위원회, 2011.

2. 저서

강만길·심지연, 『우사 김규식의 생애와 사상 1: 항일투쟁과 좌우합작』, 한울, 2000.

서중석, 『우사 김규식의 생애와 사상 2: 남·북 협상-김규식의 길, 김구의 길』, 한울, 2000.

심지연, 『송남헌 회고록: 김규식과 함께한 길』, 한울, 2000.

이정식, 『김규식의 생애』, 신구문화사, 1974.

3. 연구논문

김도형, 「프랑스 최초의 한인단체 '在法韓國民會' 연구」, 『한국독립운동사연구』 60, 2017.

방선주, 「박용만평전」, 『재미한인의 독립운동』, 한림대 아시아문화연구소, 1989.

서중석, 「김규식: 김규식과 항일통일전선·좌우합작운동」, 한영우선생정년기념논총 간행위원회 엮음, 『한국사인물열전』 3, 돌베개, 2003.

윤경로, 「김규식: 이념을 초월한 통일전선 지도자 외교가」, 『한국사시민강좌』 47, 2010.

이장규, 「1차대전 후 한인의 프랑스 스위프(Suippes) 이주와 독립운동」, 『한국독립운동사연구』 65, 2019.

이장규, 「프랑스 국립해외문서소장 '호치민과 한국독립운동자료'」, 『한국독립운동사연구』 66, 2019.

이준식, 「김규식의 민족운동 노선과 이념」, 『한국민족운동사연구』 39, 2004.

이현희, 「우사 김규식 연구」, 『사학연구』 68, 2002.

장석흥, 「파리강화회의와 약소민족의 청원서」, 『파리강화회의와 약소민족의 독립
　　　운동; 파리디드로대학 주최 국제학술회의, 2019.6.26~27』, 프랑스 파리.
정병준, 「1919년, 파리로 가는 김규식」, 『한국독립운동사연구』 60, 2017.
정병준, 「중국 관내 신한청년당과 3·1운동」, 『한국독립운동사연구』 65, 2019.
최덕규, 「파리 강화회의(1919)와 김규식의 한국독립외교」, 『세계 역사와 문화 연
　　　구』 35, 2015.
홍선표, 「헐버트(Homer B. Hulbert)의 재미 한국독립운동」, 『한국독립운동사연구』
　　　55, 2016.

Labour and Socialist International, The international at Lucerne, 1919. The resolutions.
　　　The provisional constitution, London, The Labour party, 1919.

제3부

타자의 눈으로 바라본 3·1운동

독일 외무부 보고서를 통해 본 독일 정부의 3·1운동 인식*

황기우

1. 머리말

제1차 세계대전 이후 민족자결의 원칙에 부합하는 비폭력 평화운동으로서 3·1운동이 세계적인 주목을 받고 있었다는 것은 널리 알려진 역사적 사실이다.[1] 그럼에도 불구하고 3·1운동과 관련하여 유독 독일 사회의 반응에 대한 기록들은 다른 유럽 국가들에 비해 잘 알려지지 않고 있다. 그 이유는 우선 당시 제1차 세계대전의 패전으로 인한 독일 외교환경의 급변에서 찾을 수 있다. 1918년 11월 11일 이후 독일의 외교채널은 전후처리문제와 직접적인 이해관계를 맺고 있는 몇몇 국가들을 제외하고 사실상 동아시아에서 찾아볼 수 없게 되었다. 패전에 대한 충격과 그로 인한 사회적 혼란 속에서 독일 국민이 국제관계에 관심을

* 이 논문은 2019년 대한민국 교육부와 한국연구재단의 지원을 받아 수행된 연구임 (NRF-2019S1A5B5A07111652).

[1] 3·1운동은 당시 프랑스와 영국 등의 서구 언론에서 비중 있게 다루어졌으며, 운동이 갖는 성격도 비교적 상세하게 소개되었다.

두는 것은 어쩌면 정치적 사치일 수밖에 없었을 것이다.

그러나 이러한 혼란 속에서도 과거 독일 국민의 마음 속에 영광을 심어주었던 독일제국의 식민지는 쉽게 잊히지 않았다. 무엇보다 전쟁 이전의 동아시아 식민지에 대한 국민적 열망이 패전에도 불구하고 쉽게 사라지지 않았던 사실은 당시 독일 신문들에서 쉽게 확인할 수 있다. 베르사유로부터 들려오는 절망적인 소식들에서도 독일 외무부가 마지막까지 희망을 놓지 않았던 이유는 동아시아에서 일본의 위치가 도전받고 있었기 때문이다. 그래서 종전 이후 동아시아 내에서 독일의 외교망은 1919년 여름까지 계속해서 작동하고 있었고, 한반도의 문제는 일본과 식민지 청도 문제와 함께 다루어지고 있었다.

이 기간 독일 외교채널들이 유럽 중심으로 재편되는 과정에 있었던 것은 사실이지만, 청도 문제는 독일 정부뿐만 아니라 대중들의 중요한 관심사였다. 따라서 동아시아에서 독일 외무부의 활동은 과거와 비교해서 현저히 줄었지만, 청도와 관련된 소식은 거의 매일 언론을 통해 패전의 상처를 덮고 있었다. 이는 1919년 동아시아에 대한 독일 외무부의 활동에서도 확인할 수 있다. 제1차 세계대전이 진행된 기간 독일 외무부의 동아시아 담당 부서가 청도지역을 거점으로 식민지 확장을 위한 전쟁을 이끌었다면, 종전 이후 그들은 식민지 확보를 계획하고 있었다.[2] 청도를 중심으로 독일 정부가 추구하려던 식민지 건설계획은 독일인들에게 승전의 이유에서 재건의 발판으로 그 목적이 옮겨갔다. 청도를 승전국의 전리품으로 전락시키지 않기 위한 독일 정부와 몇몇 민간 회사의 노력은 1919년 6월 28일 이후에도 대략 1920년까지 지속되었다. 그런데 1920년대 동아시아 문제와 관련된 독일 외무부 활동은 대부

---

[2] 독일의 교주만 정책은 전쟁 이전 거점전략에 집중했다면, 전쟁 중에는 식민지 전략으로 재편되었다.

분 일본과 관계된 것이었다. 따라서 3·1운동에 대한 독일의 인식도 자연스럽게 일본과의 관계에서 형성될 수밖에 없었다.

지금까지 3·1운동 관련 독일 외무부의 기록이 잘 알려지지 않은 보다 근본적인 이유는 따로 있었다. 우선 제1차 세계대전 종전 직후 3·1운동에 대한 독일의 관심은 그들의 식민지 문제와 연결되어 있었는데, 독일의 식민지 문제는 일본과 직접 관련되어 있었기 때문이다. 1918년 말 청도지역이 일본의 전리품으로 전락하는 과정에서 독일은 일본의 침략주의를 비판하고 나섰고, 베르사유 협정의 결정에 따라 모든 것을 빼앗기게 된 독일은 청도를 고수하기 위해 일본의 영향력 확대를 저지할 필요가 있었다. 이러한 노력은 자연스럽게 '동아시아 민족 자치'라는 당시 국제정치의 슬로건에서 그 정당성을 찾았다. 3·1운동은 그 중심에 있었다. 따라서 3·1운동에 관한 독일 정부의 태도는 처음부터 특별히 조선 민족의 미래를 걱정하는 보편적 휴머니즘의 발로가 아니라 청도지역을 둘러싼 일본과의 역학관계에서 출발했다. 바로 이러한 이유로 조선에 대한 독일 외무부의 외교채널은 비록 일본과의 관계 속에서 드러나지만, 1920년까지는 명백히 작동하고 있었다. 그리고 이와 같은 일본과 독일 식민지의 관계 때문에 독일의 대일 외교노선은 바이마르 공화국이 안정기에 들어선 이후 동아시아 국가와의 외교관계 중에서 가장 빨리 복원되었다.

3·1운동과 관련한 독일인들의 인식을 살펴보기 위해서는 독일의 언론 보도와 외교문서를 분리하여 접근할 필요가 있다. 왜냐하면 3·1운동과 관련된 독일 언론의 반응은 대부분 표면적이었거나 가치중립적이었기 때문이다. 반면 독일 외교문서에는 독일 정부의 당시 외교적 입장이 매우 잘 드러나 있다. 그런데도 3·1운동 관련 독일 외교문서가 위

3) Archiv des Auswärtigen Amtes in Berlin, R18623-R18897.

〈표 1〉 조선관련 내용이 포함된 독일정부의 대일 외교문서 (1913~1920)[3]

Aktenzeichen	Titel	Band	von~bis	Signatur	내용
Japan 1	Allgemeine Angelegenheiten Japans (일반적인 일본 상황)	22	1916.09.16. ~1920.03	R18623	1919년 자료
Japan 2	Militär- und Marineangelegenheiten Japans (일본의 육·해군 현황)	25	1915.01.01. ~1920.03	R18648	
Japan 7	Das diplomatische Corps in Tokio (동경의 외교사절단)	5	1909.01.01. ~1919.10	R18673	
Japan 9	Beziehungen Japans zu China (일본과 중국의 관계)	10	1917.03.01. ~1920.03	R18704	
Japan 11	Die japanische Presse (일본의 언론)	16	1915.01.01. ~1919.09	R18728	
Japan 13	Parlamentarische Angelegenheiten Japans (일본의 의회 현황)	7	1913.03.01. ~1919.04	R18738	
Japan 22	Die Provinz Chosen (das ehemalige Kaiserreich Korea) (Vorgänge s. Korea 1-10) (조선의 상황)	4	1915.01.01. ~1919.09	R18897	1918년~ 1919년 자료 (전후 관계)

의 자료처럼 일본과 관련된 문서 내에 있었기 때문에 그 흔적을 찾기란 매우 어렵다. 전쟁 이전과는 다르게 동아시아에 대한 독일 언론의 관심은 청도에 대한 소식과 관련하여 중국과 일본에 국한되어 있었기 때문에 조선 사회에 대한 그들의 관심은 매우 미미하였다. 더욱이 1910년 이후 조선 문제가 일본 문제로 환원된 상태에서, 그리고 패전 이후 식민지 문제가 얽힌 상태에서 3·1운동은 독일 언론과의 직접적인 이해관계를 갖지 못했다. 따라서 1919년 당시 조선 문제는 독일 외교부에서는 일본 문제로 받아들여졌고, 독일의 언론 또한 조선 문제를 일본 문제로 이해하게 되었다. 독일 언론의 무관심은 당시 동아시아의 주요 사건이었던 3·1운동에 대한 독일 언론의 제한적인 보도에 잘 드러나 있다.

지금까지 발견된 3 · 1운동에 대한 독일 언론 보도는 *Deutsche Allgemeine Zeitung* 의 1919년 3월 22일 자 기사가 전부라고 볼 수 있다. 기사는 3 · 1운동에 대한 다른 외국 언론들의 관심을 소개하지만, 3 · 1운동에 관한 상세한 내용을 독일 언론이 적극적으로 독일 대중에게 알리는 일은 없었다. 그러한 일은 주로 외무부의 업무에 국한되어 있었다.

신문기사의 내용은 두 줄 단신으로 "**한국에서 소요사태가 발생했으며, 이후 다시 평온을 찾았다**"가 전부다. 이렇듯 패전 이후 조선에 대한 독일 사회의 관심은 사실상 그 흔적을 찾기 어렵고, 그나마 확인되는 것들은 매우 제한적인 내용만 전달하고 있을 뿐이다. 이와 같은 독일

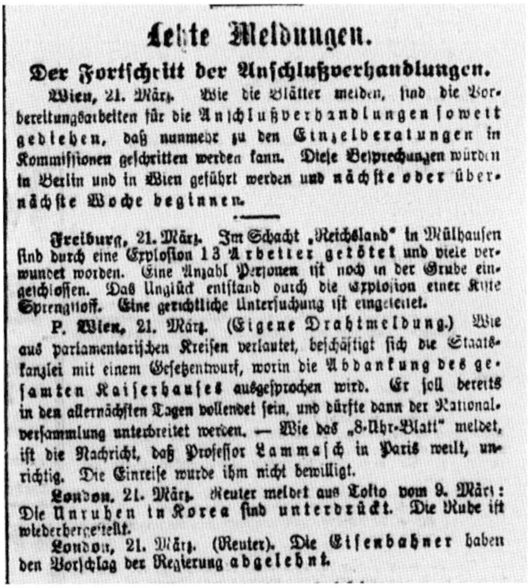

Letzte Meldungen.

Der Fortschritt der Anschlußverhandlungen.

Wien, 21. März. Wie die Blätter melden, sind die Vorbereitungsarbeiten für die Anschlußverhandlungen soweit gediehen, daß nunmehr zu den Einzelberatungen in Kommissionen geschritten werden kann. Diese Besprechungen würden in Berlin und in Wien geführt werden und nächste oder übernächste Woche beginnen.

Freiburg, 21. März. Im Schacht „Reichsland" in Mülhausen sind durch eine Explosion 13 Arbeiter getötet und viele verwundet worden. Eine Anzahl Personen ist noch in der Grube eingeschlossen. Das Unglück entstand durch die Explosion einer Kiste Sprengstoff. Eine gerichtliche Untersuchung ist eingeleitet.

P. Wien, 21. März. (Eigene Drahtmeldung.) Wie aus parlamentarischen Kreisen verlautet, beschäftigt sich die Staatskanzlei mit einem Gesetzentwurf, worin die Abdankung des gesamten Kaiserhauses ausgesprochen wird. Er soll bereits in den allernächsten Tagen vollendet sein, und dürfte dann der Nationalversammlung unterbreitet werden. — Wie das „8-Uhr-Blatt" meldet, ist die Nachricht, daß Professor Lammasch in Paris weilt, unrichtig. Die Einreise wurde ihm nicht bewilligt.

London, 21. März. Reuter meldet aus Tokio vom 9. März: Die Unruhen in Korea sind unterdrückt. Die Ruhe ist wiederhergestellt.

London, 21. März. (Reuter). Die Eisenbahner haben den Vorschlag der Regierung abgelehnt.

〈그림 1〉「한국의 소요사태」[4)]

4) Deutsche Allgemeine Zeitung 1919년 3월 22일. 이 기사는 3 · 1운동과 관련된 독일의 첫 번째 보도였다.

언론의 무관심은 일견 이해할 수 있지만, 그동안 많은 기록을 남긴 독일 외무부의 문서 또한 독일 언론의 무관심 속에 숨겨져 있었다. 이러한 사실은 3·1운동과 관련된 독일 외무부 문서가 없어서가 아니다. 이유는 분명하다. 1910년 이후 거의 모든 조선 관련 문서가 일본이라는 이름으로 분류되어 있었고, 거기에는 청도지역에 대한 독일 정부의 외교적 함의가 결부되어 있었기 때문이다. 실제로 조선 관련 독일 외무부 기록들은 1915년까지 부분적으로 확인되지만, 제1차 세계대전 개전을 전후로 외무부에서 생산된 대부분의 조선 관련 기록들은 일본문서(in der japanischen Abteilung)로 분류되었다. 한일 강제 병합 이후 그나마 Korea라는 이름으로 조선 관련 문서가 마지막으로 확인된 것은 고종의 친서와 같은 외교 서류들이 제1차 세계대전 개전을 기점으로 재정리되면서 일부 확인되고 있기는 하다. 하지만 1915년 이후 조선 관련 외교 문서들은 일본문서 영역에서 찾을 수밖에 없다. 그런데 동아시아 관련 독일 외무부 문서 중에서 일본 관련 문서가 가장 많은 양을 차지하고 있다는 점에서 조선 관련 내용을 찾기는 쉬운 일이 아니라는 사실을 밝혀둔다.

따라서 이 글에서는 그동안 잘 알려지지 않았던 3·1운동에 대한 독일 정부의 명확한 입장을 확인하기 위해 다음과 같이 접근한다. 첫째, 3·1운동에 대한 관심이 청도지역에 대한 독일 식민지 이익수호와 관계되어 있다는 점을 확인하고 제1차 세계대전 이전 교주만(膠州灣)에 대한 독일 정부의 기대와 1919년 3월 그들의 활동을 살펴볼 것이다. 둘째, 3·1운동에 대한 독일 외무부의 최초 보고서를 통해 동아시아 내 그들의 입장과 전략을 확인할 것이다. 마지막으로 교주만 문제와 관련해서 3·1운동에 대한 독일 정부의 태도 변화 원인을 진단할 것이다. 이를 통해 본 연구자는 3·1운동이 갖는 보편적 가치를 동아시아를 넘어 세계사적으로 확대하고, 우리의 독립운동 성격을 새롭게 인식할 수 있는 학문적 발판을 마련하고자 한다.

2. 청도(교주만)와 독일의 동아시아 전략

제1차 세계대전을 전후하여 독일인들에게 청도문제는 동아시아 사회 전체를 바라보는 거의 유일한 창이었다. 청도에 대한 독일의 관심은 삼국간섭에서 시작했는데, 이와 관련하여 독일의 해군제독 티르피츠가 우려했던 그림은 1907년 여름, 현실로 나타났다. 1907년 8월 31일, 영국은 동아시아와 근동지역의 식민지 지배권을 두고 러시아와 전략적 협정을 맺었다. 이때부터 영국과 러시아의 대립구도는 서서히 해결의 기미를 보이기 시작하였고, 1912년 영국과 프랑스가 협정을 체결하며 영국과 프랑스, 러시아의 협력체제가 구축되었다. 그 결과 티르피츠를 중심으로 진행되었던 독일의 식민지 확보 노력은 심각한 도전을 맞이하게 되었다.

독일이 영국과 프랑스의 도전에 대한 해법을 당시 중부 유럽 내에서 강력한 해군력을 자랑하던 오스트리아-헝가리 제국과의 관계에서 찾은 것은 어쩌면 당연한 결과이다. 그런데 빌헬름 2세의 팽창주의 노선을 따르고 있던 티르피츠가 강력한 해군력을 가진 영국에 대한 대항마로 오스트리아-헝가리 제국을 선택한 것은 단순히 양국 간의 친밀한 관계 때문만은 아니었다. 당시 티르피츠가 전략적 선택을 할 수밖에 없었던 배경에는 1912년 영국과의 건함경쟁에서 독일이 경쟁을 포기해야만 했던 현실적인 문제가 함께 있었다. 20세기 초 독일과 영국의 군사적 우열에서 잘 알 수 있듯이, 영국은 해전을 제외하고 육지에서 독일과의 군사적 갈등을 원하지 않았다. 이는 1892년부터 1912년까지 영국에 대한 독일의 군사적 도발[5]이 여러 차례 발생했음에도 불구하고 영국이 독일 내륙으로 군사적 대립을 확대하지 않았다는 사실에서 알 수 있다. 따라서 독일이 오스트리아-헝가리 제국과의 군사적 동맹 관계를 맺은 것은 오스트리아-헝가리 제국이 가진 해군력을 고려한 결과였고, 이는 비유럽 지역에서의 독일의 전략적 이해와 맞물려 있었다. 티르피츠의 이러한 전략적 선택을 유럽적 차원에서 본다면 북대서양과 아프리카에서 당시 영국 해군이 가진 우월적 위치에 대한 도전을 의미하는 한편, 비유럽적 차원에서는 동아시아에 위치한 교주만의 안정적 지배를 의미하는 것이었다.

실제로 1907년 영국과 러시아의 만남은 양국 간 식민지문제 해결에 목적을 둔 협정이었지만, 독일의 입장에서는 자신이 오랫동안 노력했던 삼국간섭의 전략적 가치를 훼손시키고 나아가 교주만 지배권에 대한 도전을 의미하는 일이었다.[6] 따라서 독일의 식민지와 관련된 전략적 차원에서 볼 때, 독일과 오스트리아-헝가리 제국의 동맹은 1909년부터 본격화된 독일의 해군력 증강 노력과 함께 영국인들을 위협하기에 충분한 사건이었다. 특히 산업 생산력과 관련해서 독일 산업은 많은 분야에서 영국을 넘어서고 있었고 양국 간의 경제력 차이는 빠른 속도로 줄어들고 있었다. 이러한 경제적 자신감을 바탕으로 독일은 국제무대에서 나름 주도적 역할을 기대하고 있었으며, 이러한 분위기는 당시 베를린 주재 영국대사 애드워드 그레이(Edward Grey)의 정치적 분석에도 잘 드러나 있다. 그는 무섭게 성장하고 있는 베를린을 보면서 향후

---

[5] 독일 해군은 주로 영국 해군 기지를 기습하고 본국 해안으로 영국 군함을 유도하는 작전을 펼쳤다. 하지만 단 한 차례도 영국 군함이 독일 해안가에 접근한 적은 없었다.

[6] Bundesarchiv(독일 연방 기록원), R18897, N. 253/35-40.

유럽을 넘어 식민지 경영에까지 독일의 활동무대가 넓어질 것을 예상했던 반면, 영국의 미래를 암울하게 전망하고 있었다.[7] 당시 영국은 수출과 수입 모든 면에서 성장 잠재력을 잃고 있었다. 1912년 기준 영국은 해외산업의 1/3 정도가 줄어든 반면, 같은 기간 독일은 정반대의 모습을 보였다.[8] 따라서 영국은 정체 상태에 놓여있던 자국의 산업 경쟁력을 끌어올리기 위해 20세기 초부터 동아시아로의 진출을 본격화하였다. 그런데 동아시아에서 영국의 관심과 진출이 활발하게 이루어진 시점에 공교롭게도 건함경쟁을 중심으로 한 독일과의 해군력 경쟁이 정점을 달리고 있었다. 독일이 영국과의 건함경쟁에 뛰어든 것은 무엇보다 동아시아 식민지를 고려한 결과였다. 독일의 입장에서 지중해와 북대서양에서 필요한 해군력은 오스트리아-헝가리제국과의 협력을 통해 어느 정도 충족시킬 수 있었지만, 동아시아에 관심이 덜했던 오스트리아-헝가리 제국에게 청도 지역의 안정을 위한 군사적 원조는 불가능했기 때문이다. 결국 1907년 이후 경기침체의 늪에서 나름의 해법을 동아시아에서 찾아가고 있던 영국과 당시 청도 지역을 중심으로 동아시아에서 나름 영향력을 확대하려던 독일의 갈등 양상은 건함경쟁을 계기로 군사적 형태로 전이되었으며, 무엇보다 기존 동아시아에서 우선권을 가지고 있던 영국에게 피할 수 없는 군사적 도전이었다.[9]

동아시아를 둘러싼 독일과 영국의 군사적 경쟁 사이에서 프랑스 국무장관 알렉상드르 밀랑(Alexandre Millerand)은 국제관계의 방향 전환을 위한 새로운 기회를 찾을 수 있었다. 밀랑은 1907년부터 첨예화된 영국과 독일의 군사적 대결 구도에서 그동안 독일이 추진했던 프랑스

[7] Bundesarchiv(독일 연방 기록원), R18897, N. 253/35-40.

[8] Jürgen Reulecke, *Geschichte der Urbanisierung in Deutschland*, Frankfurt a.M: Taschenbuch, 1985, p.31.

[9] Jürgen Reulecke, Ibid., p.178.

고립전략을 일거에 타파할 수 있는 절호의 기회를 찾았다. 그리고 프랑스와 영국의 관계 개선을 위한 밀랑의 노력은 거문도 사건 이후 동아시아에서 러시아와 영국을 화해시키는 계기가 되었다. 1912년 12월 19일 러시아 국무장관 이그나티예프(Ignatiew)를 만난 자리에서 밀랑은 독일과 오스트리아−헝가리에 대한 적대적 공동전선을 선언한다.[10] 그렇지만 러시아와 프랑스 국무장관의 합의문이 독일의 프랑스 고립화 정책만을 타파하려는 것은 아니었다. 밀랑이 이그나티예프를 만난 배경에는 19세기 후반 시작된 영국과의 건함경쟁이 1912년 독일의 종결선언으로 막을 내린 사건이 있었다. 건함경쟁을 포기한 시점에서 독일은 자신이 보유하고 있던 식민지에 대한 지배권을 강화하기 위한 전략 수정을 시도하고 있었다. 비록 건함경쟁을 포기했지만, 경쟁에서 얻게 된 기술과 그동안 축적된 해군력은 식민지에 대한 지배권 강화로 이어질 수 있었다. 이러한 강화 노력은 오스트리아−헝가리의 해군력이 미치기 어려운 동아시아에서 실질적인 성과를 얻기 시작했다. 물론 영국에게는 미치지 못했지만 그동안의 노력으로 획득한 강력한 해군력은 오스트리아−헝가리와 함께 발칸반도에서도 독일의 입지를 강화하는 결과를 가져왔다. 그런데 이러한 독일의 움직임은 또다시 프랑스의 이권을 위협하게 되었다. 당시 프랑스는 러시아에 엄청난 규모로 산업투자를 함으로써 발칸반도에서 어느 정도 이권을 챙기고 있었으며, 동시에 영국과의 협정을 통해 두 가지 전략적 이익을 확보하려고 했다. 첫째, 프랑스는 독일과 국경을 접하고 있을 뿐만 아니라 독일에 비해 군사적 열세에 놓여있었기 때문에 러시아, 그리고 영국과의 협력은 프랑스의 안전을 보장받기 위한 군사적 수단이었고, 둘째, 모로코 사태와 같이

---

10) 황기우, 「독일해군의 교주만 조차와 건함사업(함대법과 건함경쟁을 중심으로)」, 『한국사학사학보』 37, 한국사학사학회, 2018, 150쪽.

프랑스 식민지에 대한 독일의 위협을 어느 정도 예방할 수 있는 외교적
안전장치이기도 하였다.

　독일과 영국 사이에서 진행되었던 건함경쟁은 제2차 모로코 사태 이
후인 1912년 독일의 일방적인 포기선언으로 결국 종료되었다. 그러나
건함경쟁을 두고 진행되었던 영국과의 군비 경쟁에서 독일제국의 갑작
스러운 포기선언은 빌헬름 2세와 티르피츠가 심혈을 기울였던 식민지
를 기반으로 하는 독일제국의 꿈을 포기한다는 의미는 아니었으며, 영
국과 프랑스는 이러한 사실을 잘 알고 있었다. 당시 영국의 정치학자이
자 영국 정부의 대외정책에서 실질적인 영향력을 가지고 있던 아이레
크로우(Eyre Crowe)의 평가에서도 이러한 사실은 잘 드러난다. 크로우
에 따르면 독일제국은 적어도 유럽에서의 군사적 열세를 인정했어도
그들의 식민지 계획을 단 한 번도 포기한 적이 없었다.[11] 제2차 모로코
사태에서 알 수 있듯이 영국의 일보 후퇴와 더불어 토고 일부 지역에
대한 지배권 확보는 독일의 제국주의 노력에 자신감을 심어주었으며,
이러한 자신감은 동아시아에서도 이어지고 있었다. 그러나 1912년 이
후 영국과의 건함경쟁에서 불거진 재정문제가 식민지 확보를 위한 독
일 정부와 빌헬름 2세의 해군 정책의 발목을 잡았다.

　바로 이러한 이유로 1912년을 전후로 하는 시기에 동아시아에 대한
티르피츠의 계획이 새롭게 조명되었다. 그동안 독일의 국방계획이 육
군 중심으로 진행되면서 독일 정부가 해외 이권 투쟁에서 소극적인 모
습을 보이자, 티르피츠는 1907년 의회에서 독일 해군력에 대한 불만을
표출하기도 했다. 이렇듯 재정문제로 인해 티르피츠와 빌헬름 2세에게
비우호적이었던 정치적 분위기에도 불구하고 독일 정부의 해군 정책은

---

[11] Richard Hamilton, *The Origins of World War I*, Cambridge: Cambridge University Press,
2003, p.272.

식민지 문제에 직접 다가서고 있었다. 티르피츠와 황제는 건함사업을 축소함으로써 재정 문제에 대한 의회의 불만을 어느 정도 잠재웠으며, 이를 바탕으로 기존의 식민지를 포함한 해외거점사업에서 새로운 전략을 실험하기 시작했다. 이 과정에서 교주만은 독일 식민지 사업을 포함해 모든 해외 사업의 중심에 서게 되었다. 그동안 추진했던 독일해군의 전략 개편 노력에서 티르피츠는 영국과의 건함경쟁이 갖는 국내외적 문제와 관련하여 식민지 확장이 아닌 기존 조차지에 대한 지배권을 안정화하는 방향에서 해법을 찾았다. 티르피츠는 기존에 추진했던 원거리 해군력 강화가 아닌 조차지의 방어력 강화에 주력함으로써 영국해군에 대한 독일해군의 열세를 만회하려고 했다. 이러한 티르피츠의 전략적 변화는 앞에서 서술한 것과 같이 영국이 독일과의 군사적 대립을 해상에 국한하고 있었기 때문이다. 즉 티르피츠의 전략적 변화는 영국이 가지고 있던 해군 중심의 전략과 무관하지 않았다.[12] 영국이 연근해와 육지에서 독일과의 군사적 마찰을 최대한 자제했던 것을 티르피츠는 이미 1912년 이전부터 파악하고 있었다. 그리고 이러한 전략적 변화의 배경으로는 영국과 프랑스의 군사적 협력이 육군보다 해군 중심으로 이루어져 있었던 점을 들 수 있다. 물론 영국의 입장에서 영·불 군사협력은 영국의 부족한 육군 전력을 프랑스와의 협력을 통해 어느 정도 보완하고 동시에 프랑스 식민지의 안전을 확보할 수 있는 전략적 선택이었다. 당시 프랑스 대통령 푸앵카레(Raymond poincaré)가 프랑스와 영국의 관계를 프랑스·러시아 동맹의 수준으로 확대하려 했던 것도 사실 프랑스 식민지에 대한 독일의 군사적 위협 때문이었다.[13]

---

[12] 당시 영국해군은 독일 연근해에서의 전투를 꺼려했는데, 영국해군의 전술이 주로 원근해를 기반으로 하고 있었기 때문이다. 또한 독일 연근해에서의 군사적 충돌은 확전의 가능성이 높았다.

[13] Wolfgang J. Mommsen, *War der Kaiser an allem Schuld?: Wilhelm Ⅱ. und die*

 이로써 영국과의 건함경쟁을 중도 포기한 황제와 티르피츠는 해외 거점전략을 수정할 수밖에 없었고, 교주만은 그들의 첫 번째 전략적 거점이 되었다. 교주만이 거점전략의 중심에 위치한 배경에는 1902년 영국과 일본의 동맹 관계가 자리하고 있었다. 영국과 일본의 동맹 관계는 당시 독일의 중국 진출에 가장 큰 위협이 되고 있었다. 티르피츠가 교주만에 특별히 관심을 가진 배경에는 교주만을 통한 교역 규모의 급격한 증가가 있었지만, 무엇보다 일본에 대한 영국의 접근이 더 큰 이유였다. 재정적 악화에도 불구하고 티르피츠는 1912년 말 의회 연설에서 동아시아의 교주만과 아프리카의 토고지역을 독일제국의 식민지 전초기지로 만들 것을 강조하며, 건함경쟁을 포기한 대가를 식민지 확보에서 찾으려 했다.

 재정문제가 불거진 상태에서 소모적인 건함경쟁의 포기는 독일 의회의 강력한 반발을 회유할 수 있었을 뿐만 아니라 당시 독일육군의 불만을 잠재울 수 있었다. 독일육군이 해군의 건함경쟁 포기에 대해 만족스러운 입장을 보인 이유는 교주만과 발칸반도에 대한 전략적 변화 때문이었다. 빌헬름 2세가 발칸사태를 둘러싼 열강들의 갈등에서 기존의 공세적 태도를 포기하고 국경 수비와 거점지원 및 강화라는 방어적 태도로 전환하면서 육군의 입지가 강화되었다.[14] 그리고 이러한 흐름은 동아시아에서도 새로운 거점전략으로 이어졌다. 당시 동아시아와의 교역이 독일 전체 교역량에서 절반을 넘어서고 있는 상태에서 청일전쟁은 독일인들에게 동아시아의 전략적 의미를 일깨워준 사건이었다. 독일의 입장에서 동아시아는 다른 지역에 비해 식민지화가 상대적으로 늦었기

---

 preussische-deutsche Machteliten. Berlin: Propyläen Verlag, 2002. p.114.
14) 황기우, 「독일해군의 교주만 조차와 건함사업(함대법과 건함경쟁을 중심으로)」, 153쪽.

때문에, 후발주자이지만 그동안 이루어왔던 경제력과 군사력으로 자신
의 국력을 실험할 수 있는 최적지였다. 또한 당시 교역량의 증가 추세
로 볼 때 독일 산업의 미래를 보장해줄 기회의 땅이었다.[15]

　이미 1906년 중국 정부와 체결되었던 관세협정은 독일 산업이 동아
시아 전체로 진출할 수 있는 토대가 되었고, 1907년에 맺은 중국과 독
일의 2차 관세협정을 계기로 교주만과 청도지역 전체는 독일의 해외
교역의 중심이 되었다. 독일 사회에서 교주만의 중요성은 빌헬름 2세가
꿈꿔왔던 해양세력으로의 대두라는 야망에서 시작되었지만, 중국과의
2차 관세협정을 계기로 교주만은 독일 산업계에서 가장 중요한 해외거
점으로 주목받았다. 실제로 1907년 독일 산업계 전체 회의에서 교주만
과 주변 청도지역은 만장일치로 우선 투자지역으로 선정되었다. 그런
데 청도지역에 대한 독일 민간 기업들의 투자가 급격히 성장할 수 있던
근거를 단순히 중국과의 관세협정으로 설명하기는 어렵다.[16] 주지하다
시피 안정적 투자의 전제 조건으로 군사적 안정과 사회적 신뢰가 우선
되어야 하며, 동시에 확실한 성장 잠재력이 필요하였다. 당시 중국과
협상을 담당했던 독일 경제계 대표단들은 2차 관세협정을 계기로 중국
의 또 다른 지역에서 교주만과 같은 독점적 지위를 가질 수 있을 것으
로 기대하고 있었다.[17] 교주만과 청도지역 전체에 대한 투자 규모는
1906년부터 제1차 세계대전 직전까지 독일 전체 산업투자의 6.8%를 넘
어섰다. 이러한 규모는 같은 기간 독일 해외산업 전체의 1/3에 해당하
는 액수였다.[18] 재정문제로 인해 건함경쟁에서 내려와야 하는 상황에

---

15) 위와 같음.
16) 위와 같음.
17) Bundesarchiv Berlin(독일 연방 기록원) N. 259/11.
18) 황기우, 「독일해군의 교주만 조차와 건함사업(함대법과 건함경쟁을 중심으로)」,
　　154쪽.

서 동아시아에 대한 독일 무역 규모와 투자 금액의 빠른 증가는 빌헬름 2세에게 단순한 문제가 아니었다. 따라서 교주만을 거점전략에서 식민지 전략으로 전환할 필요가 있었다.

1913년 중반 빌헬름 2세는 육군을 포함해서 약 2,400명의 병력을 교주만에 증파시켰고 두 척의 전투함도 새롭게 배치했다. 이는 티르피츠 계획(Tirpitz Plan)의 일환으로 추진되었던 건함사업과는 무관한 것으로서 식민지 기반의 해양제국을 교주만에서 새롭게 시작하겠다는 의미였다. 교주만에 대한 독일 정부의 군사력 증강은 1912년에 체결된 영·불 협정과 그에 따른 티르피츠 해군전략의 변화 이외에도 한 가지 중요한 사건과 관련을 맺고 있다. 당시 영국은 일본과의 동맹을 근거로 동아시아에서 추가 군사력 증강계획을 가지고 있지 않았다. 1912년 이전 독일과의 건함경쟁이 진행되는 동안 영국해군이 동아시아에 증파된 것은 사실이지만, 특별한 경우를 제외하고 그 규모가 주변국을 위협할 정도의 규모나 화력을 갖지 않았다. 그런데 영·불 협정 이후 영국해군의 상징인 엘리자베스호와 3천 명 이상의 병력이 동아시아에 증파되고 있었다. 이러한 영국해군의 움직임은 제1차 세계대전 직전까지 유지되었다.[19] 동아시아에서의 영국 정부의 군사적 움직임은 독일 국민이 그토록 염원했던 식민지에 대한 심각한 도전이었으며, 양국 간 갈등이 고조되는 과정에서 교주만은 독일 국민에게 단순한 식민지 확보 이상의 의미로 자리하게 되었다. 따라서 동아시아에서 발생하는 모든 사건에 대한 독일인들의 관심은 교주만으로 종결될 수밖에 없었고, 3·1운동에 대한 그들의 관심도 결국 교주만으로 귀결되었다.

---

19) 위와 같음.

3. 교주만 문제와 3·1운동

3·1운동 관련 독일 외무부의 기록들이 지금까지 잘 알려지지 않은
이유는 1915년 이후 거의 모든 조선 관련 문서들이 분류 기준에 있어서
일본으로 속하게 되었기 때문이다. 하지만 보다 근본적인 이유는 패전
이후 동아시아에 대한 독일 정부의 관심이 교주만에 집중되었고, 그로
인해 3·1운동 또한 교주만 처리 문제와의 관련 속에서 파악되고 있었
기 때문이다. 따라서 교주만 문제에 대한 독일 정부의 관심은 3·1운동
을 바라보는 그들의 시각을 이해하는 데 가장 중요한 조건이 될 것이
다. 독일 정부의 교주만 정책은 크게 제1차 세계대전 전과 후로 나누어
살펴볼 필요가 있다. 패전 이전 독일 정부에게 있어서 교주만이 경제
분야와 군사 분야 등에서 세계 패권을 위한 복합적 의미를 가졌다면,
패전 이후 교주만과 관련한 독일정부의 최우선 과제는 교주만에 대한
경제적, 문화적 독점권을 잃지 않으려는 것이었다.

> 교주만은 아직 해결되지 못한 문제를 안고 있다. 베르사유조약을 통해 독
> 일은 교주만을 포함해 모든 식민지에 권한을 박탈당했다. 하지만 1919년 중
> 국에 있는 독―중 대학교 학생들이 엄청난 규모로 이러한 결정에 대해 반대
> 를 하였다.[20]

사실 제1차 세계대전 종전 이후에도 교주만은 독일 식민지 정책의 마
지막 과제였다. 식민지에 대한 기대로 독일 국민의 관심을 한 몸에 받았

---

[20] "Kiatschou gibt noch immer offene Fragen. Durch den Versailler Vertrag wurde
bestimmt, dass Deutschland alle Kolonien und damit auch Kiautschou abzutreten hatte.
Aber die Bestimmungen des Versailler Vertrages hatten im Jahr 1919 heftige
Studentenproteste an der Deutsch-Chinesische Hochschule in China zur Folge." R18728
im Auswärtigen Amt(독일 외무부 문서보관소), Abteilung A.

던 것이 청도였기 때문이다. 청일전쟁 직후 일본의 요동 점령을 반대한 러시아는 독일·프랑스와 더불어 3국 간섭을 주도해 나갔다. 이 과정에서 독일은 3국 간섭의 대가로 교주만에 자신의 해군을 조차할 수 있었다. 독일의 이러한 움직임은 러시아가 무라비요프(Nikolai Nikolaevich Muraviyov) 외상의 대(對) 만주 집중정책에 따라 일본이 청에 반환한 '여순'과 '대련'을 점령한 사건과 직접적인 관련을 맺고 있다.21)

당시 러시아의 동아시아 진출은 다른 서구인들에게 특별한 의미를 주는 사건이었다. 러시아의 지정학적 위치는 다른 유럽 열강들의 아시아 진출에 비해 유리하였다. 이에 따라 하와이를 거쳐 일본과 필리핀을 통해 극동아시아에 진출하려는 미국과 상해를 거점으로 남중국 시장을 선점한 영국, 그리고 후발주자인 독일에게도 러시아의 극동아시아 진출은 큰 위협이 되었다. 이러한 상황에서 미국과 영국은 러시아를 겨냥한 공동전선을 형성하게 되었다. 또한 독일도 영국과 그 동맹세력의 견제에도 불구하고 동북아시아 식민지 문제에 노골적인 관심을 나타냈다. 1890년 비스마르크의 좌천 이후 빌헬름 2세는 유럽 이외에도 국제 문제에 영향력을 행사하고 나아가 제국주의 완성을 위한 '신항로(Neure Kurs)정책'의 새로운 시작을 교주만에서 시작했다. 당시 동아시아는 독일의 입장에서 새로운 시장과 전략적 이유뿐만 아니라 제국의 뒤늦은 완성을 위해 가장 매력적인 곳이었다. 그래서 패전은 빌헬름 2세의 해양제국의 꿈뿐만 아니라 독일 국민의 미래까지 물거품으로 만든 사건이었다.

그러나 패전으로 제국주의 노력은 사실상 실패했어도 그로 인한 독일 국민의 경제적 기대는 포기할 수 없는 상황이었다. 독일 정부가 패

---

21) 이 사건을 계기로 러시아는 1896년 3월부터 약 25년 동안 여순과 대련을 사실상 지배할 수 있었다.

전 이후에도 교주만에 집착했던 가장 큰 이유는 청도지역에 그동안 독
일 정부와 기업이 투자한 규모가 막대했고, 무엇보다 중국과의 관계에
서 독일의 문화적, 정치적 영향력이 패전과는 상관없이 여전히 작용하
고 있었기 때문이다. 1904년부터 독일 경제에서 청도지역에 대한 투자
규모가 가장 컸고 투자 금액 또한 가장 빠르게 증가하고 있었다. 그에
따라 청도지역은 독일 해외 교역 전체에서 가장 높은 성장세를 보이고
있었다. 그만큼 제1차 세계대전 종전 이후에도 독일인들에게 교주만의
정치 · 경제 · 문화적 위치는 여전히 중요했다. 이러한 중요성은 독일의
입장만을 반영한 평가는 아니었다. 당시 청도지역 내 자금유통의 90%
이상을 독일－아시아 은행(Die Deutsch-Asiatische Bank)이 담당했고, 이
러한 활동은 제2차 세계대전 종전까지 이어졌다. 1889년에 설립된 독일
－아시아 은행은 1906년이 되면 상하이에 대한 최대 투자은행으로 올
라선다. 특히 독일 정부는 독일 내 타 은행에 비해서 1% 이상의 연이율
을 독일－아시아 은행에 적용함으로써 독일 산업의 투자를 동아시아
전체로 확대하려고 하였다. 청도에 대한 독일인들의 관심은 기존의 추
상적인 희망에서 중국과의 관세협정이 체결된 이후 현실적인 삶의 한
부분으로 바뀌었다.

〈그림 2〉 교주만 항구와 독일 상선 및 독일－아시아 은행 사진[22)

이 때문에 청도지역에 대한 독일 정부의 독점권 유지 노력은 베르사유협정이 진행되는 1919년 5월까지 매우 활발하게 진행되었다. 이러한 노력은 당시 독일 언론과 외무부 보고서에도 확인할 수 있다. 그런데 독일 언론이 베르사유협정을 중심으로 청도 문제를 다루고 있었던 반면, 독일 외무부는 베르사유협정 뿐만 아니라 전체 동아시아 정세와 관련하여 청도 문제를 바라보고 있었다. 따라서 독일 언론과 외무부는 청도 문제를 바라보는 시각에서 큰 차이를 나타내고 있었다. 이러한 이유로 3·1운동에 관한 독일인들의 인식은 독일 외무부의 문서에 의존할 수밖에 없다는 것이 현실이다.

1919년 베르사유협정과는 별개로 독일 외무부에 의해 생산된 청도와 관련된 거의 모든 소식은 일본의 청도 점령을 비판하는 내용을 담고 있었으며, 이러한 보고서는 베르사유협정이 종결된 이후에도 독일 정부에 의해 계속되었다. 이는 청도지역에 대한 정치적 권한을 포기하더라도, 그동안 노력했던 경제적 문화적 교류는 계속해서 유지하려는 독일 정부의 의지를 보여주고 있다. 독일의 입장에서 청도지역에 관한 독일의 독점적 지위는 매우 중요한 협상 대상이었지만, 1918년 11월 11일부터 진행되었던 베르사유협정에서 독일의 요구가 전혀 고려되지 않았다. 이러한 상황에서 청도 문제에 대한 접근은 베르사유협정 자체에 기댈 수밖에 없었다. 따라서 독일 정부와 독일 외무부는 청도지역에 관한 그들의 독점적 지위를 계속해서 유지하기 위해 베르사유협정에 영향을 줄 수 있는 여론전에 집중할 수밖에 없었다.

  일본의 내부사정은 결코 안정적이지 못하다. 당시 수많은 중국인들의 저
  항운동이 있었다.

  베를린, 1919년 1월 11일[23]

---

22) https://de.wikipedia.org/wiki/Deutsch-Asiatische_Bank.

일본에 대한 현 독일 정부의 입장은 독일 국민의 경제적 문화적 이익을
보호하는 것이다.

북경발 전신, 1919년 12월 12일[24]

특히 독일 외무부가 청도 문제와 관련하여 국제 여론전에 집중한 계
기는 1915년부터 베르사유협정에 이르기까지 일본이 청도지역을 포함
한 동아시아에 대한 이권을 확보하기 위해 국제 여론전을 펼치고 있었
기 때문이다. 일본 정부의 국제 여론전에 대한 독일 정부의 대응은 베
르사유협정이 최종 체결된 이후에도 계속되었고, 이는 청도지역의 경
제와 문화 교류에서 독일의 이권을 확보하기 위한 독일 외무부의 핵심
활동이었다. 따라서 중국 내에서의 일본의 영향력 확대는 청도지역에
서 독일의 영향력 축소를 의미하는 것이었으며, 3·1운동 관련 독일 외
무부의 보고서들은 동아시아에서의 독일의 영향력 축소에 대한 대응으
로 이해될 수 있다.

4. 3·1운동에 대한 최초의 독일 외무부 보고서 R18897

지금까지 확인된 3·1운동 관련 독일 외무부 문서 중에서 1919년 3월
20일 자 보고서가 시기적으로 가장 빠르다. 보고서의 출처와 전달 시기
그리고 전달 과정을 확인했을 때 위에서 언급된 독일 신문의 기사와

---

23) "Innere Lage Japans keineswegs beruhigend, zumal jede Bewegung durch Chinesen
gefoerdert wird", Berlin, den 11. Januar 1919(독일 연방 기록원 R122116-A1666).

24) "die derzeitige Haltung der Regierung gegenueber Japan stand auf der wirtschftlichen
und kulturellen Interessen des deutschen Volks," Telegramm aus Peking 12. Dezember
1919(독일 연방 기록원 R120639-A31723).

R18897문서는 여러 면에서 큰 차이를 보인다. 우선 신문기사의 원래 출처가 3월 9일 자 도쿄발 로이터 통신이라면, 3월 20일 자 외무부 보고서의 출처는 북경으로 되어있다. 출처뿐만 아니라 내용 면에서도 신문기사와 외무부 보고서는 커다란 차이를 보인다. 중요한 것은 R18897-A924 문서의 내용이 *Deutsche Allgemeine Zeitung*의 기사에서 확인될 수 없는 몇 가지 중요한 사실들을 담고 있다는 점이다. 즉, 신문기사에서 파악할 수 없는 3·1운동에 관한 독일 외무부의 인식을 엿볼 수 있다. 보고서는 1919년 3월 20일 북경에서 작성되었으며, 원래 출처는 당시 동아시아 여러 지역에서 활동하고 있던 *Nieuwe Rotterdamsche Courant*(이하 NRC)[25] 기자들에 의해 작성된 기사였다. 외무부 보고서에서 언급되었던 것처럼 NRC 기자들은 3·1운동 당시 북경에서 활동하고 있었고, 그들은 1919년 3월 20일 이전 조선에서 북경으로 들어온 미국인 선교사들로부터 조선의 상황을 전해 들었다. NRC 기자들은 3·1운동에 대한 미국 선교사들의 자세한 증언을 독일 외무부로 전달할 수 있었다. 주목할 부분은 3·1운동을 포함한 이후의 조선 내 항일 독립운동들에 대한 독일 외무부의 기본적인 시각이 R18897 문서의 시각과 크게 다르지 않다는 점이다. 즉, 제1차 세계대전 이전 일본에 대한 독일 정부의 태도가 그들의 정치적 이해관계와 관련하여 다양한 모습을 취하고 있었다면, 개전 이후에는 적대적인 태도로 전환되었다. 그리고 이러한 독일 정부의 태도 변화를 나타내고 있는 R18897 문서는 조선 관련 일본의 동아시아 진출을 비판한 외무부 기록 중 초기 문서에 해당한다.

이 문서는 북경에서 활동하던 NRC 기자들이 1919년 3월 18일 이전

---

[25] NRC는 당시 국제 소식들을 독일에 소개하는 역할을 하였으며, 주로 영국과 프랑스, 러시아 정보원들로부터 입수한 국제문제에 관한 소식을 독일 외무부에 유료로 판매하였다.

조선을 출발하여 19일 북경에 도착한 미국 선교사들로부터 얻은 정보
를 정리한 내용이다. 기사는 NRC 기자에 의해 당시 북경주재 독일 외
무부 담당자였던 아돌프 뮐러(Adolf Müller)에게 전달되었다.

북경에 도착한 미국 선교사들의 한국에 대한 짧은 소식에 따르면 한국에
서는 공포정치가 시작되었다. 이 소식을 전한 사람들은 선교학교에서 일하
고 있는 두 명의 미국 여성이며, 이들은 공포정치로 심한 고통을 당했다. 그
들에 따르면 일본에 저항했다는 이유로 한 선교사는 구금되었고, 이들 여성
들도 공격을 받았다. 일본에 대한 조선인들의 저항은 전국적으로 확산되고
있다.

한국에서의 반일운동26)

동아시아에서 독일 외교 노선이 사실상 단절된 이후에 NRC기자들의
소식이 독일 외무부의 중요 정보 공급원으로 자리하게 되었다는 점에
서 NRC기자들의 시각은 독일 외무부의 시각과 궤를 같이 한다. 이러한
평가는 NRC기사의 내용과 독일 외무부의 기록이 대부분 일치했기 때문
에 가능하다. 본 문서는 3·1운동을 항일운동으로서 일본의 침략에 대
한 조선인들의 주권회복 운동으로 인식하고 있다. 본문 내용을 세부적
으로 들여다보면 조선에서 활동하던 두 명의 미국인 선교사들이 폭력
혐의로 일본 경찰에 의해 구금되었는데, 이 선교사들은 자신들이 항일

---

26) "Nach den Mitteilungen eines kürzlich aus Korea in Peking angekommenen
amerikanischen Missionars führen die Japaner in Korea eine Schreckensherrschaft. Er
selbst und zwei amerikanische Frauen von der Missionsschule hatten darunter zu leiden
gehabt. Der Missionar war gefangen gekommen worden, die amerikanischen Frauen
hatten Schläge bekommen. Wie die Japaner behaupteten, wäre in der Missionsschule
gegen Japan gehetzt worden. Diesem Gewährsmann zufolge breitet sich der Aufstand
gegen die japanische Autorität in Korea aus." Inhalt: Anti-japanische Bewegung in
Korea(독일 연방 기록원 R18897, A 924).

운동(3·1운동)에 관계했기 때문에 벌어진 사건으로 인식하고 있었다. 또한, 북경에 도착한 선교사들은 조선에서 공포정치가 시작되었다고 전하며 불과 얼마 전에 발생했던 3·1운동과 그 이후 조선 내에서 벌어지고 있는 일본의 만행을 이야기하고 있다. 더욱이 선교사들이 국내 신학교에서 근무하고 있었기 때문에 이들은 3·1운동의 한가운데 있었고, 운동의 성격과 진행 상황을 정확히 인지할 수 있었다. 이는 본문 내용에서 미국 선교사들을 증인으로 표현하고 있다는 점에서 확인될 수 있다. 또한, 당시 미국 선교사들은 3·1운동을 단순히 자신들이 머물렀던 지역에서 발생한 우발적이고 일회적인 사건으로 파악하는 것이 아니라 전국적인 대중 저항으로 인식하고 있었다. 3월 1일 이후의 상황에서도 선교사들은 일본에 대한 저항운동이 전국적으로 확산하고 있다고 증언하고 있다. 이는 3·1운동으로 인해 '항일'이라는 조선인들의 대중적인 정서와 움직임이 본격화되었음을 의미한다.

5. 3·1운동에 대한 독일 외무부의 새로운 인식

3·1운동에 대한 독일 외무부의 보고서 내용을 보면 1919년 여름이 되면서 조금씩 새로운 평가가 이루어지고 있었음을 알 수 있다. R18897 내의 A22663 문서는 3·1운동과 그 이후의 항일운동을 혁명운동으로 지칭하고 있었다. 물론 독일 외무부가 3·1운동을 민중 혁명으로 평가했다는 기록은 매우 조심스러운 접근이 필요하다. 이는 문서가 갖는 불확실성 때문이다. 불확실성의 근거는 두 가지로 나누어 살펴볼 수 있다. 첫째는 보존 상태가 매우 불량해서 문서의 전체 내용을 확인할 수 없다는 것이고, 둘째는 본 문서가 3·1운동과 그 이후의 항일운동을 소련의

혁명정부와 관련지어 서술하고 있기 때문이다. 즉, 소련 혁명정부가
3·1운동을 혁명운동으로 규정하고 조선 내 혁명세력에 대한 지원을
계획하고 있다는 내용을 담고 있다. 그러나 이러한 불확실성에도 불구
하고 본 문서가 독일 외무부의 공식 입장이라는 것은 문서의 마지막 내
용을 통해 명백히 밝혀진다. 즉 R18897-A924문서에서 3·1운동을 '일본
으로부터의 주권회복을 위한 대중적인 저항운동'이라고 정의한 부분은
R18897-A22663 문서에서의 평가와 별다른 차이가 없다. 이 문서의 마지
막 부분에는 분명히 3·1운동을 단순한 시위가 아닌 일본의 강제병합
에 대한 조선인들의 주권회복 운동으로 묘사하고 있다. 또한 3·1운동
에 대한 소련 혁명정부의 평가를 독일 외무부가 어떻게 받아들이고 있
는가에 대한 의문은 이 내용을 전달한 독일 외교소식통의 활동을 통해
파악할 수 있다. 당시 독일 외무부의 동아시아 소식들은 볼프스 텔레그
라펜 뷰로(Wolffs Telegraphen-Büro, 이하 WTB)[27)에 많은 부분 의존하고
있었다. WTB의 동아시아 담당은 15개 이상의 해외 소식통과 교류하고
있었으며, 그들에 의해 수집된 정보들의 대부분은 WTB 본사가 있는 베
를린에서 가공되어 독일 외무부를 비롯한 다양한 언론에 판매되었다.
그런데 WTB는 외무부에 판매한 소식을 다른 언론사에 판매하지 않았
다. 이는 WTB의 소식 자체가 기밀에 버금갈 정도로 외교적으로 민감한
내용을 담고 있었기 때문이었다. 그런데 중요한 것은 WTB에 의해 가공
된 외교 소식들의 시각을 독일 외무부가 그대로 받아들이고 있다는 점
이다. 따라서 R18897-A22663 문서는 소련 소식통에 출처를 두고 있지만,
WTB에 의해 가공되었거나 그들의 시각이 반영된 문서로 파악된다. 이

27) Wolffs Telegraphen-Büro는 제1차 세계대전 전후 시기 세계 각지에 뉴스를 생산하는
   기관을 가진 사설 언론 기구였다. 생산된 뉴스는 주로 독일 정부에 우선 판매되었
   고, 이후 정부의 허락을 받아 독일 언론에 유료로 보급되었다.

는 소련으로부터 입수되어 베를린 WTB에서 가공된 다른 문서들을 확인하면 쉽게 알 수 있다. 무엇보다 NRC기사와 마찬가지로 독일 외무부의 기록과 WTB의 기사 내용이 대부분 일치한다는 점에서 이 문서의 시각과 독일 외무부의 입장이 크게 다르지 않다는 것을 어렵지 않게 파악할 수 있다.

> "일본에 저항하는 한국의 혁명적인 노동자와 농민"
> "일본의 억압에 투쟁하는 한국의 혁명가들"
> "이 정부는 과거 일본과의 합의를 거부한다"
> "일본의 한국 통치에 대한 저항"28)

R18897 문서뿐만 아니라 R18623에서 R18738까지의 독일 외교문서들은 청도 지역과 관련된 내용을 중심으로 담고 있으며, 조선 문제는 부수적으로 소개하고 있다. 이는 조선 문제가 독일인들에게 관심 밖의 일이기는 했지만, 3·1운동에 대한 독일인들의 시각이 그들의 대일 외교와 연계되어 있다는 것을 의미하기도 한다. 따라서 청도지역 문제는 일본에 대한 독일 정부의 입장을 대변하고 있었으며, 이는 자연스럽게 3·1운동에 대한 그들의 시각으로 이어질 수 있었다. 종전 당시 교주만을 비롯한 청도지역에서 독일 정부의 영향력 상실은 단순히 식민지에 대한 독일 정부의 의지만을 꺾은 사건이 아니었다. 청도에 대한 일본의 영향력 확대는 독일 대중들에게 전쟁의 패배만큼 크나큰 좌절을 안겨 준 사건이었다.

---

28) "die koreanische revolutionaere Arbeiter und Bauern gegen Japan; die koreanische revolutionaere gegen die japanischen Bedruekern kaempfen; diese Regierungen versagen den Einverstand mit Japan; der Aufstand gegen die japanische Autorität in Korea" 독일 연방 기록원 R18897-A22663.

　다음 문서를 통해 3·1운동을 포함한 동아시아 내에서 일본의 침략
을 독일 국민에게 알리기 위한 독일 외무부 해외정보 수집 노력을 엿볼
수 있다.

　　국가 주권의 원칙을 강탈하는 것은 가해자와 그의 희생자 모두에게 고통
　　을 준다. 그것은 일본인들이 이미 조선에서뿐만 아니라 만주와 산동지역에
　　서도 수많은 사람들에게 광적인 범행을 저지르고 있다는 것을 말한다.[29]

　본 문서는 New-York Herald 1919년 4월 5일 자 기사 내용을 독일 외
무부가 가공하여 4월 8일 독일 정부에 전달한 보고서 내용이다. 이 문
서는 1915년 이후 독일 정부 내에서 형성된 적대적 일본관과 맥락을 같
이하고 있다는 점에서 R18897 문서에 포함된 것으로 보인다. 왜냐하면
일본 관련 미국의 언론 보도에는 중립적인 내용이 많이 있었는데, 그러
한 기사는 보도 시기가 같더라도 R18897 문서에서는 확인되지 않기 때
문이다. 3·1운동에 대한 R18897-A10884 문서의 시각도 기존 R18897의
다른 기록들과 같은 것으로 확인된다. 그 외에도 3·1운동을 일본의 침
략에 대한 동아시아의 차원의 저항으로 인식하는 독일 외무부의 보고
서는 R18897 여러 곳에서 확인되며, 다른 문서에서도 간접적으로 3·1
운동을 주권회복 운동이자 혁명으로 소개하고 있다.

---

[29] "Sie weiss, dass die die Vergewaltigung des Nationalitätenprinzipsebenso verderblich für
den Angreifer, als auch für sein Opfer ist, Es ist keine Übertragung zu sagen, dass die
Irrents bereits nicht nur in Korea, sondern in der gesamten Manschurei und in
Shandung eingesetzt hat." R18897-A10884 im Auswärtigen Amt(독일 외무부 문서보관
소), Abteilung A.

6. 맺음말

1918년 11월 11일 패전과 함께 전범국이 된 독일은 과거 그들의 제국이 가졌던 영광만큼 몰락의 충격에 깊숙이 빠져들고 있었다. 1919년 봄 그들은 죄인의 심정으로 유럽의 결정을 기다릴 수밖에 없었다. 하지만 베르사유협정이 진행되는 동안 독일인들은 패전을 인정했어도, 빌헬름 2세가 통일 이후부터 추진했던 식민지 제국의 꿈만큼은 포기하고 싶지 않았다. 그들은 베르사유협정이 가져올 가혹한 현실을 외면하고 과거의 영광을 되찾고 싶어 했다. 그러나 국제관계의 현실은 독일인들에게 정치적 선택권을 인정하지 않았다. 이러한 상황 속에서 1919년 초 독일 기업가들이 중심이 되어 독일 경제의 부흥을 위한 노력을 통해 교주만 문제가 외교의 핵심 문제로 드러나기 시작했다. 그들은 전쟁으로 피폐해진 독일 경제를 재건하기 위한 발판을 식민지에서 찾기 시작했다. 이러한 배경에는 그동안 청도지역에서 활동했던 독일 기업들의 막대한 투자가 자리하고 있었다. 그들은 식민지 청도가 패전의 상처를 치유할 수 있는 경제적 돌파구를 마련할 수 있을 것으로 인식하고 있었다. 1919년 초부터 독일 외무부의 조직 축소에도 불구하고 동아시아에서 독일 외무부의 활동이 유럽을 제외하고 여전히 활발한 모습을 띠고 있었다는 점에서 청도에 대한 그들의 기대가 얼마나 컸는지 짐작할 수 있다.

그런데 청도 문제는 전쟁이 시작되면서 일본과 직접적인 대립으로 이어졌고, 그만큼 일본의 움직임에 독일인들은 민감할 수밖에 없었다. 이러한 분위기는 종전 이후에 더욱 뚜렷했다. 독일 정부가 동아시아에서 헤게모니를 확보하려는 일본과 이에 대항한 조선의 3·1운동을 외교문서를 통해 다룬 이유가 바로 여기에 있다. 여기서 주목할 부분은 독일 외무부가 청도지역에 대한 일본의 야욕을 동아시아 국가들에 대한 주권침탈로 바라보고 있다는 것이다. 독일 외무부는 기존 빌헬름 2세가 추진했던 청도지역에 대한 권리를 중국정부의 합법적 승인으로 경제활동의 자유를 얻은 것이라고 주장하는데 반해, 일본의 청도 점유를 주권 침탈로 강하게 비판하고 있었다. 이후 동아시아에서의 일본의 불법적 행동을 국제사회에 선전하려는 독일 정부 및 언론의 노력이 이어졌고, 이 과정에서 3·1운동은 동아시아에 대한 일본의 주권침탈 행위를 국제사회에 선전하던 독일 정부의 시각에 자연스럽게 들어온 것이다.

　3·1운동과 이후 전개된 조선인들의 항일운동에 대한 국제적인 인식에 대해 독일 정부가 전적으로 동의하고 있었던 것은 아니었다. 베르사유 협상에 대한 독일 내부의 불만이 고조되고 있는 상황에서 당시 독일 외무부는 3·1운동을 청도지역을 둘러싼 일본과의 정치적 관계 속에서 파악하고 있었다. 즉 3·1운동과 관련하여 독일 외무부는 국제적 인식에 동조했다기보다 자신들의 이익을 위한 외교적 수단으로 3·1운동에 대한 국제적 인식을 활용하는 모습을 보였다. 실제로 1919년 4월 이후 3·1운동과 관련된 거의 모든 조선 소식들은 독일 외무부에서 독립된 형식을 취하지 않았고, 주로 중국과 관련되어 언급되었다. 또한 3·1운동의 배경이 되었던 고종의 서거를 3·1운동과의 관계에서 소개하지 않고 있다는 점에서 3·1운동에 대한 독일 외무부와 정부의 이해는 매우 제한적이었다. 그러나 조선 사회에 대한 독일 정부의 제한된 이해에도 불구하고 당시 민족자결이라는 국제사회의 원칙이 3·1운동에 대한 그들의 평가 기준이 된 것은 분명한 사실이었다.

　따라서 1919년 3·1운동 이후 독일 정부는 일본을 동아시아 민족주의 운동을 억압하는 침략자의 모습으로 그리고 있었다. 이러한 맥락에서 3·1운동은 일본의 침략에 맞서 민족의 주권을 회복하려는 조선인들의 비폭력 운동으로서 독일 사람들에게 인식되었다. 특히 독일 정부가 3·1운동의 성격을 평가하는 과정에서 제1차 세계대전의 적대국이었던 소련 정부의 시각을 그대로 받아들인 것은 청도 문제 해결에 있어서 그들의 새로운 접근이 시작된 것으로 파악될 수 있다. 청도지역에서 독일이 경제적 문화적 이권을 유지하기 위해서 일본은 청도에서 물러서야만 했고, 이를 위해 동아시아에 민족자결의 원칙이 필요했다. 즉 베르사유 협상에 불만을 품고 있었지만, 베르사유 체제 내에서 청도 문제 해법을 찾을 수밖에 없었다. 따라서 청도에 대한 지속적인 경제적 문화적 영향력을 위해서 3·1운동은 부당한 일본의 침략에 맞서 민족자결이라는 원칙을 실행한 조선 민중의 혁명적인 독립운동이라고 독일인들에게 평가되었다.

지금까지 3·1운동과 관련한 독일 정부와 언론의 인식이나 반응이 잘 알려지지 못한 것은 제1차 세계대전의 패전과 그로 인한 독일 사회의 위기 때문이라고 여겨졌다. 하지만 패전 이후에도 한반도에 대한 그들의 기록들은 꾸준히 남아 있었고, 다만 청도 문제와 관련해 있었기 때문에 그 기록을 찾기 어려웠을 뿐이다. 새롭게 발견되고 있는 독일 외무부의 기록은 오늘날 3·1운동을 재평가하는 노력에서 의미 있는 역사적 근거를 제공할 수 있다고 여겨진다. 무엇보다 3·1운동에 관한 독일 외무부의 기록은 제2차 세계대전이 끝날 때까지 조선에 대한 마지막 이미지로 남게 되었다는 점에서 의미가 있다. 즉 독립된 역사와 문화를 유지하려는 조선인들의 주체적 노력을 당시의 독일인들이 이해하고 있다는 역사적 의미를 내포하고 있는 것이다.

참고문헌

1. 국내문헌

정상수, 「독일 함대정책과 해외함대」, 『역사교육』 103, 역사교육연구회, 2007.

황기우, 「독일해군의 교주만조차와 건함사업(함대법과 건함경쟁을 중심으로)」,
　　『한국사학사학보』 37, 한국사학사학회, 2018.

2. 해외문헌

Franzius, Georg, *Kiautschou. Deutschlands Erwerbung in Ostasien*. Berlin: Schall &
　　Grund, 1898.

Grachien, G., *Gründer, Die Deutsche Kolonie*. Berlin: Traum und Trauma, 2005.

Hamilton, Richard, *The Origins of World War I*, Cambridge: Cambridge University
　　Press, 2003.

Hobsbawm, Eric J., *Das imperiale Zeitalter 1875~1914*, Frankfurt am Main: Fischer
　　Taschenbuch, 1989.

Kaulisch, Baldur, *Alfred von Tirpitz und die imperialistische deutsche Flottenrüstung
　　Eine politische Biographie*. Berlin: Militärverlag der DDR, 1982.

Kennedy, Paul, *Aufstieg und Fall der großen Mächte. Ökonomischer Wandel und
　　militärischer Konflikt von 1500 bis 2000*, Frankfurt am Main: Fischer S.
　　Verlag GmbH, 2000.

Längin, G. Bernd, *Die deutschen Kolonien: Schauplätze und Schicksale 1888~1918*.
　　Hamburg/Berlin/Bonn: Mittler & Sohn, 2005.

Matthes, Olaf, "Friedrich von Hollmanns Bedeutung für die Deutsche Orient-
　　Gesellschaft", *Mitteilungen der Deutschen Orient-Gesellschaft*, Vol. 131, 1999.

Mommsen, Wolfgang J., *War der Kaiser an allem Schuld?: Wilhelm II. und die
　　preussische-deutsche Machteliten*. Berlin: Propyläen Verlag, 2002.

Reulecke, Jürgen, *Geschichte der Urbanisierung in Deutschland*, Frankfurt a.M:
　　Taschenbuch, 1985.

3. 독일 외무부 문서보관소(Archiv des Auswärtigen Amtes in Berlin)
R18623, R18648, R18673, R18704, R18728, R18738, R18897

4. 독일 연방 기록원(Bundesarchiv in Berlin)
N.248/17, N.251/23, N.253/35-40, N.253/53, N.255/24, N.258/12-16

러시아 내전기 외교관 류트쉬의 기록으로 본 3·1운동

홍웅호

1. 머리말

일제강점기 조선에서 일어난 3·1운동은 조선과 일본뿐만 아니라 전세계적으로 중요한 사건이었다. 당시 서울에 주재하고 있던 러시아 외교관에게도 3·1운동은 매우 흥미로운 사건이자 러시아에 미칠 파장을 생각해야만 하는 문제이기도 했다. 그래서 일제강점기 조선의 서울주재 러시아 총영사인 류트쉬(Я.Я. Лютш)는 1919년 고종의 사망과 3·1운동에 관한 총 5건의 보고서를 작성했다. 그리고 그것을 상급기관인 일본 주재 러시아 대사 크루펜스키(В.Н. Крупенский)에게 제출했다. 그는 1919년 3월 31일 3건의 보고서를 올린다. "1919년 3월 3일 금곡릉에서 거행된 고종 장례식에 대한 보고서", "1864년부터 1919년까지 조선 고종 임기 동안 통치사와 고종의 서거 보고", 그리고 "3·1운동에 관한 보고"가 그것이다. 그리고 약 2개월 뒤인 1919년 6월 1일 2건의 추가 보고서를 제출한다. 그것은 "1919년 3월 21일부터 5월 31일까지 발생한 극심한 소요 발생 지역의 사건 기록 연대순 정리 목록(1919년 3월 31일 자 보고서 №2 참조)"과 "서울 주재 러시아 총영사 류트쉬가 도쿄 주재 러시아 대사 앞으로 보낸 1919년 6월 1일 자 제6호 보고서"이다.[1]

각 보고서의 특징을 살펴보자. 먼저 "1919년 3월 3일 금곡릉에서 거행된 고종 장례식에 대한 보고서"[2]는 1919년 3월 3일 거행된 고종의 장례식에 대하여 매우 상세하게 보고하는 총 7쪽의 문건이다. "1864년부터 1919년까지 조선 고종 임기 동안 통치사와 고종의 서거 보고"[3]는 1864년부터 1919년까지 고종이 조선의 왕으로 등극하게 된 과정과 그의 통치시기에 대한 간략한 요약을 담고 있다. 특히 러일 전쟁 이후 조선에 대한 일본의 보호통치가 실시된 시기에 고종의 노력과 그에 대한 평가, 그리고 고종의 사망을 다루고 있는 총 5쪽의 문건이다. "3·1운동에 관한 보고"[4]는 총 44쪽의 문건이다. 이 보고서는 고종의 사망과 3·1운동의 원인에 대한 서술로 시작하여 3월 1일부터 3월 20일까지 날짜별로 조선 전역에서 일어난 만세운동을 매우 상세하게 기록하고 있다. 류트쉬는 이 보고서 중간부터 3·1운동이 발생하게 된 배경을 윌슨의 민족자결주의 선언에 대한 영향, 종교계 특히 천도교와 기독교의 3·1운동에서의 역할, 일본의 조선 지배에 대한 장점과 실질적인 통치 방법, 이에 대한 조선인들의 각성과 대응, 독립선언서의 한계와 조선인들의 미성숙한 정치의식 등을 러시아의 외교관 입장에서 매우 치밀하게 분석하고 있다.

---

1) 류트쉬의 보고서 원문은 독립기념관에서 입수했다. 이 글을 쓰는데 자료를 제공해 준 독립기념관에 이 지면을 통해 감사를 표한다.
2) ГАРФ(Государственный архив Российской Федерации, 러시아국립문서보관소, 이하 ГАРФ라 표기함) ф.200, оп.1, д.535, лл.30~36.
3) ГАРФ, ф.200, оп.1, д.535, лл.37~41.
4) ГАРФ, ф.200, оп.1, д.535, лл.42~85.

"1919년 3월 21일부터 5월 31일까지 발생한 극심한 소요 발생 지역의 사건 기록 연대순 정리 목록(1919년 3월 31일 자 보고서 №. 2 참조)"[5]은 총 21매에 달하는 문건으로 제목이 말하는 바와 같이 3월 31일 제출한 "3·1운동에 관한 보고"에 이어 1919년 3월 21일부터 5월 31일까지 날짜별로 조선 전국에서 일어난 만세운동과 시위를 지역별로 참여 인원과 사망 및 부상자 숫자, 일본군의 대응 등을 상세하게 기록하고 있다. 마지막으로 "서울 주재 러시아 총영사 류트쉬가 도쿄 주재 러시아 대사 앞으로 보낸 1919년 6월 1일 자 제6호 보고서"[6]는 3·1운동에 대한 중간 평가의 성격을 지닌 총 33매의 보고서이다. 이 보고서에서는 3·1운동이 발생한 지역과 참여 인원을 간략하게 정리하고, 3·1운동에 대한 일본의 진압과 대응을 다루고 있다. 그는 이 보고서의 객관성을 확보하기 위해 서울 주재 외교관들의 3·1운동에 대한 견해와 조선과 일본의 언론 보도 내용을 요약 정리하여 보고하고 있다.

　류트쉬의 보고서를 분석하기에 앞서 몇 가지 의문점을 해결할 필요가 있다. 류트쉬가 제출한 보고서의 수신인과 최종 목적지가 그것이다. 류트쉬는 모든 보고서를 일본 주재 러시아 대사인 크루펜스키에게 제출했으며, 최종 목적지를 옴스크에 있는 외무성으로 기록하고 있다. 시기도 문제이다. 류트쉬가 보고서를 제출한 일자는 1919년 3월 31일과 6월 1일이다. 이때는 러시아에서 1917년 10월 혁명이 성공하여 소비에트가 정권을 잡고 있던 시기이다. 그리고 러시아에서 10월 혁명이 일어난 후 적군과 백군, 외국 간섭군의 개입으로 내전이 진행되던 시기이다.

　류트쉬는 누구인가. 1854년에 태어난 그는 상트페테르부르크 대학교 동방학부를 졸업하고 1878년부터 투르케스탄, 부하라 등지에서 외교관

---

5) ГАРФ, ф.200, оп.1, д.535, лл.93~103.
6) ГАРФ, ф.200, оп.1, д.535, лл.108~129.

으로 근무했다.[7] 그는 1911년부터 1921년까지 서울에 주재한 러시아 총
영사이다. 초대 조선 주재 러시아 공사인 베베르로부터 7번째로 조선에
주재한 러시아 외교관이었다.[8] 10월 혁명에 성공한 후 소비에트 러시
아의 외무인민위원이었던 트로츠키는 1917년 11월 27일 영국과 일본,
프랑스 등 28개국에 주재하는 러시아 외교관들의 신분과 지위를 박탈
하는 결정서를 발표했다. 그 이유는 이들 외교관들이 소비에트 러시아
정부에서 외교관으로 활동하는데 동의하지 않았기 때문이라는 것이다.
여기에 서울 주재 총영사인 류트쉬도 포함되었다.[9] 류트쉬는 소비에트
러시아 정부의 제안을 거절하고 콜차크 제독이 이끄는 옴스크 주둔 백
군 정부에 합류했다. 당시 일본 주재 러시아 대사인 크루펜스키도 류트
쉬와 마찬가지로 콜차크의 백군 정부에 합류하고 있었다. 따라서 류트
쉬가 일본 주재 러시아 대사관을 통해 옴스크로 보고서를 제출한 것은
바로 콜차크 백군 정부였다. 그런데 당시 러시아는 내전이 진행되고 있
었고, 옴스크의 콜차크 백군 정부도 앞날의 운명이 어떻게 전개될지 모

---

[7] http://www.rusdiplomats.narod.ru/lwtsh-yaya.html(검색일: 2019. 3. 21); ЦГА Узбекистана, ф.1, оп.31, д.737, л.2; МАТВЕЕВА Н.В. Первое постоянное представительство России в Бухарском эмирате, http://www.history.tj/matveeva.php(검색일: 2019. 3. 21).

[8] 조선과 러시아는 1884년 조러수호통상조약을 체결한 이후 1904년까지 베베르, 슈페이예르, 마튜닌, 파블로프 등 총 4명의 공사가 있었다. 을사늑약이 체결된 이후 조선과 러시아는 외교관계가 단절되었다. 이후 조선은 일본 주재 러시아 대사 휘하의 총영사관으로 변경되어 1925년까지 외교관계가 유지되었다. 이때 서울 주재 총영사는 플란손, 소모프, 류트쉬, 게프트레르 등 총 4명이다. Архимандрит Феодосий (Перевалов), "Российская Духовная Миссия в Корее (1900-1925 гг.)", Православние и корейцы, Москва, Издательская группа ООК, 2014, с.152; Архимандрит Феодосий (Перевалов), "Российская Духовная Миссия в Корее (1900-1925 гг.)", Православние и корейцы, Москва, Издательство 《Валентин》, 2017, с.152.

[9] http://www.1917.com/Marxism/Trotsky/CW/Trotsky-1917-II/9-0-L.html(검색일: 2019. 3. 21).

르는 상황이었다. 그런 상태에서
일본 주재 러시아 대사인 크루펜
스키나 서울의 총영사 류트쉬가
외교관으로서 어느 정도의 공식적
지위를 지녔는가는 의문이다. 오
히려 일본이 조선에 대한 확실한
지배와 국제사회에서 자신들의 이
익을 관철하기 위한 외교관 포섭,
특히 혼란기에 빠진 러시아의 외
교관을 암묵적으로 지원함으로써
자신들의 이익을 관철시키고자한
정책의 일환으로 일본 주재 러시
아 대사관과 조선의 러시아 총영
사의 활동을 파악할 필요도 있다.

〈야고프 류트쉬〉

　3·1운동과 관련하여 국내 연구자들은 말할 것도 없고 러시아에서도
상당한 연구가 축적되었다.[10) 그런데 러시아에서 3·1운동에 대한 연

---

10) 러시아에서의 대표적인 연구 성과물은 다음과 같다. Шабшина, Ф. И., Народное восстание 1919 года в Корее / Акад. наук СССР. Ин-т востоковедения. Изд. 2-е, перераб.. М. Изд. вост. лит., 1958; Курбанов С. О. Первомартовское движение и буржуазно-демократическая революция в Корее // Первомартовское движение за независимость Кореи 1919 г. Новое освещение. С. 91-104.; Петров А.И. Первомартовское движение корейского народа за независимость // Россия и АТР. 2000, № 1. С. 29-39.; Шабшина Ф. И. Народное восстание 1919 г. в Корее. М., 1952; Пак Б. Д., Пак Тхэ·гын. Первомартовское движение 1919 г. в Корее. Глазами российского дипломата. М.; Иркутск, 1998; Первомартовское движение за независимость Кореи 1919 г. Новое освещение. М., 1999; Асмолов. Пак Б. Д., Пак Тхэ Гын. Первомартовское движение 1919 года в Корее глазами российского дипломата. Рецензия на книгу // Проблемы Дальнего Востока. М., РАН, Институт Дальнего Востока. 1998. № 5. С. 150-154.

구는 개별 연구 논문보다는 한국사를 다루는 교과서에서 주로 다루고
있다.[11] 러시아의 거의 모든 한국사 교과서들은 3·1운동을 민족 독립
운동과 부르주아 민주주의 혁명으로 성격을 규정하고 있다. 또한 대부
분의 교과서에서 3·1운동의 지역별, 날짜별로 운동의 진행 경과에 대
해 세밀히 다룸으로써 러시아에서도 3·1운동을 단순히 한반도에서의
대중 운동 차원을 넘어서 동아시아에서의 대중운동으로 중요성을 부여
하고 있다고 볼 수 있다. 그럼에도 소비에트시기의 한국사 교과서와 소
련 해체 이후 교과서에서 3·1운동에 대한 서술 형식과 의미 부여는 상
당한 차이를 보이고 있다. 예를 들어, 소비에트 시기의 한국사 교과서
의 경우, 3·1운동을 러시아 혁명의 영향으로 파악하고 있으며, 그 결과
한반도에서 노동자와 농민들을 포함한 식민지 피압박 민족의 대중적인
부르주아 민주주의 운동으로 전개되었다고 서술하고 있다.[12] 반면, 소
련 해체 이후 서술된 한국사 교과서들의 경우, 3·1운동의 원인을 러시
아혁명의 영향에서 찾기 보다는 1919년 이전 일본의 조선 침탈과 한국
인들의 어려운 삶에서 그 원인을 찾고, 이에 근거하여 대중운동으로 전
개되었다고 보고 있다.[13] 다시 말해, 3·1운동을 외적인 영향보다는 내
부의 상황과 한국인들의 주체적 의지로 설명하고 있다는 사실이다.

---

[11] Б.Г. Гафуров, Ю.В. Ванин, И.С. Казакевич, Г.Ф. Ким, М.Н. Пак, В.Д.
     Тихомиров, Ф.И. Шабшина, В.И. Шипаев(ред.), История Кореи, Академия
     наук СССР Ииститут Востоковедения, том I, II, Мосва, 1974, том I,
     С.34-58; История Кореи : новое прочтение, под редакцией А.В. Торкунова.
     Учебники МГИМО, 2003, С.284-289; Курбанов С.О., Курс лекций по
     истории Кореи: с древности до конца XX в. СПб.: Изд-во С.Петерб.
     ун-та, 2002, С.359-369; Курбанов С.О., История Кореи: с древности до
     начала XXI в. СПб.: Изд-во С.Петерб. ун-та, 2009, С.344-353.
[12] Б.Г. Гафуров, Ю.В. Ванин, Ibid., С.34-58.
[13] История Кореи, Ibid., С.284-289; Курбанов С.О., Курс лекций по истории
     Кореи, С.359-369; Курбанов С.О., История Кореи, С.344-353.

3·1운동의 결과 조선에서는 보다 조직적이고 대중적이며 이데올로기에 기반을 둔 민족해방운동이 시작되었음은 이들 교과서의 공통된 평가이다. 따라서 이 교과서들의 서술은 자연스럽게 한편으로는 국내의 대중적 운동의 확산, 특히 민족해방을 위한 다양한 단체들의 활동과, 다른 한편으로는 해외의 단체들, 여기에서는 대중적인 측면으로서 임시정부와 혁명적인 조직으로서 사회주의 사상에 기반을 둔 혁명정당들의 출현과 활동으로 전개되고 있다. 그러나 3·1운동을 독자적으로 세밀하게 연구한 결과물은 거의 없는 것이 현실이다.[14]

2019년은 3·1운동 100주년이 되는 해이기 때문에 많은 학술대회들이 개최되었고, 또 많은 연구 성과들이 양산되었다. 이에 대한 성과들은 일일이 열거할 수 없을 정도이다. 그러나 류트쉬의 3·1운동과 관련한 보고서를 집중적으로 분석한 국내 연구 성과는 없었다. 러시아에서는 1998년에 저명한 한러관계사 연구자이자 고려인 역사가인 보리스 박 교수와 박태근이 러시아어로 공동 저술한 책이 출간되었다. 그리고 이 책이 2019년 3·1운동 100주년을 맞아 한글로 번역되어 출간되었다.[15] 여기에 수록된 문서는 3·1운동과 직간접적으로 연결된, 대한제국의 일제에 의한 병탄, 고종의 죽음과 이를 계기로 한 3·1운동 그리고 그 이후의 독립운동 전개과정을 망라하고 있다. 그 중심에 3·1운동이 위치해 있으며 식민통치에서 벗어나 자주 독립 국가를 쟁취하려는 한국인

---

14) 홍웅호, 「일제강점기 소련의 조선 인식」, 한양대학교 아태지역연구센터 러시아·유라시아 연구사업단 엮음, 『역사속의 한국과 러시아』, 도서출판 선인, 2013, 179~180쪽.

15) 박보리스·박태근 지음, 심헌용 옮김, 『러시아외교관 시각으로 본 3·1운동』, 도서출판 선인, 2019. 그리고 "3·1운동에 대한 보고서"와 "고종의 장례식에 대한 보고서"는 유리 바실리예비치 외 엮음, 이영준 옮김, 『러시아 시선에 비친 근대 한국—을미사변에서 광복까지』, 한국학중앙연구원 출판부, 2016, 356~376쪽에도 실려 있다. 그런데 "3·1운동에 대한 보고서"는 3월 20일까지 3·1운동의 전개와 관련한 내용까지만 있고, 중간 이후 류트쉬의 3·1운동에 대한 분석 내용은 빠져있다.

의 열망과 투쟁이 러시아외교관 류트쉬가 정리한 문서 속에 고스란히 담겨 있는 것이다.[16] 그 책의 제목은 다음과 같다. Первомартовское движение 1919 года в Корее. Глазами российского дипломата: Донесения генер. консула в Сеуле Я.Я.Лютша(1919년 조선에서 3 · 1운동. 러시아 외교관의 시선으로 - 서울주재 총영사 류트쉬의 보고서).[17] 이 책은 모스크바와 이르쿠츠크에서 150부가 출판되었다. 모스크바대학교 아시아 - 아프리카연구소의 아스몰로프(Асмолов К.В.)는 1998년에 이 책에 대해 5쪽에 달하는 서평을 『동방의 제문제(Проблемы Дальнего Востока)』에 실었다.

이 글은 서울 주재 러시아 총영사였던 류트쉬가 작성한 총 5건의 보고서를 상세하게 분석하는 것이 주목적이다. 그를 통해 러시아 외교관이 조선을 어떻게 인식하고 있었으며, 3 · 1운동의 원인과 전개 과정, 그리고 그 한계를 어떻게 파악했었는지를 세밀하게 추적해보고자 한다.

2. 류트쉬의 고종 사망에 대한 보고와 조선 인식

1919년 3월 3일 자 "고종의 사망"에 대한 류트쉬의 보고서는 "한일합병 후 폐위되어 공식적으로 '이태왕'으로 격하된, 조선의 전 황제 고종 '이형'의 사망에 대해, 전보로 보고하고자 한다"는 문장으로 시작된다. 그리고 사망 일자와 병명을 "올해 1월 21일 동이 틀 무렵 뇌출혈로 급사하였다"고 밝히고 있다.[18] 여기에서 류트쉬는 조선이 일본에 병합된

---

16) 박보리스 · 박태근 지음, 심헌용 옮김, 위의 책, 13~14쪽.
17) Пак Б. Д., Пак Тхэ · гын. Первомартовское движение 1919 г. в Корее.
18) ГАРФ, ф.200, оп.1, д.535, л.37.

이후 고종을 조선의 전 황제이지만 이제는 이태왕으로 격하되었다고 분명하게 기록하고 있으며, 고종의 이름을 이형으로 기록하고 있다.

이어 고종이 왕위에 오른 과정을 상세하게 설명하고 있다. "55년 전인 1864년 1월 22일, 조선의 왕세자였던 이형은 12살의 나이에 조선의 왕위에 올랐지만, 어린 나이로 인해 친부인 대원군의 섭정 통치를 받아야 했습니다. 대원군은 총명하고 강력하게 국가를 자주적으로 통치한 인물이지만, 통치자로서의 의무에 지극히 준비가 덜 된 아들에게 오랜 기간 동안 통치권을 이양하지 못하였습니다. 1875년 마침내 이형은 공식적인 왕으로 선포되어 아버지의 영도 하에서 점진적으로 조선 통치에 관여하게 되었습니다." 고종이 왕으로 즉위한 이후 강대국들과 조약을 체결하고, 조선을 개방하는 정책을 폈지만 이미 오래 전부터 부단한 내부 불안으로 갈라져 있던 나라에 평온을 가져다주지 못하였다고 평가했다.[19]

류트쉬가 분석한 당시 상황을 살펴보자. 관리들은 탐욕을 채우느라 거둬들이는 것 외에는 관심이 없고 무지하고 후안무치하며 무능했다. 백성들은 이러한 통치자들에 대한 불만을 항의로 표출하여 각 지역에서 정기적으로 소요가 발생했으며, 그 정점에 동학 봉기가 있었다. 그는 동학을 '국가의 모든 오랜 풍습과 신앙을 지키는 것을 주요 과제로 삼는 반(半)종교적 정치 참여 단체'라고 규정했다. 그리고 동학 봉기를 '지배 계급에 대한 백성들의 공통적 불만 표출을 기회로 이용하고, 적합한 토지를 백성들에게 찾아주면서 도모한' 것으로 평가했다.[20] 류트쉬는 동학 봉기가 전국적으로 확산되고, 정부군이 이에 대응할 힘이 없어 청나라에 요청한 군대에 의해 동학 봉기는 막을 내리게 되었지만 청

---

19) ГАРФ, ф.200, оп.1, д.535, л.38.

20) ГАРФ, ф.200, оп.1, д.535, лл.38~39.

일전쟁에서 청나라의 패배로 조선은 전통적인 청나라의 보호통치에서 벗어나게 되었다는 사실을 명확히 인식하고 있었다. 을미사변 이후 아관파천으로 조선은 일시적인 안정을 확보했지만 러일전쟁의 결과 조선은 일본의 보호통치 국가로 전락했다.

　류트쉬는 고종이 일본의 힘 앞에 굴복했지만 잃어버린 자유를 되찾기 위해 노력한 것을 높이 평가했다. 고종이 '러시아와 프랑스에 특사를 보내 도움을 요청'했으며, '헤이그 중재재판소의 지원을 받기 위해 밀사를 특파'했다거나 '국내 수많은 저항 세력에 공감해 물질적인 지원'을 했다는 것이 그것이다. 이로 인해 일본의 조선 지배는 상당한 어려움을 겪게 되었으나 일본은 강력하고 폭압적인 조치로 조선을 다스렸다고 분석했다. 또한 고종이 '국가의 실질적 주인들과의 전쟁을 멈출 수밖에 없었지만 죽기 전까지 그들의 적으로 맞섰다'고 평가했다. 그 예로 조선을 일본 황제에게 이양하는 조약에 서명할 것을 일본이 제안하였을 때 고종은 단칼에 그런 요구는 들어줄 수 없다고 거절하고 장남에게 왕위를 물려주고 퇴위하는 결단을 보여주었다는 것이다. 고종의 아버지로서의 인간적인 모습도 서술하고 있다. 즉 '사망 전 마지막 몇 해 동안, 전 황제 이형은 시내 중심가에 위치한 궁궐 밖으로 나가지 못하고 안에만 머물러야 했고, 삼엄한 일본의 경계 속에서 1년에 단 몇 차례만 자신의 아들들과 가까운 친척들을 만날 수 있었다. 도쿄의 군사학교에서 일본식 교육을 받던 아들과는 1년에 2회만 만날 수 있었다. 아버지로서 아들을 반드시 만나야 했던 이유는, 사랑하는 자신의 아들이 일본의 수도에 살면서 일본인 선생들로부터 교육을 받아 한국인으로서의 면모를 점차 잃어가는 것 같았기 때문이었다'라고 아버지로서 조선의 면모를 유지하기 위한 노력을 기울이는 모습을 연민을 담아 기록하고 있다. 또한 고종이 자신의 아들의 의지와 무관하게 일본 공주를 세자비로 간택할 수밖에 없었던 상황에서 대외적으로 기쁨을 표해야 했지만 도쿄에서 치러진 결혼식에 참석하는 데 동의하지 않음으로서 최소한의 저항과 잃어버린 왕국의 위엄을 유지했다고 평가했다. 고종의 죽음과 관련하여 다양한 소문들을 기록하면서 보고서를 마무리했다. 즉 "혹자는 그가 자살로 생을 마감하였다고 하고, 혹자는 일본에 방해되는 인물이라 살해되었다고 합니다."[21] 그러나 이에 대한 류트쉬 자신의 평가는 내리지 않았다.

류트쉬는 고종의 장례식을 자신이 직접 목격한 것을 매우 흥분한 어조로 기록했다.[22] 그는 3월 3일 아침 8시에 서울에서 거행되기 시작한 장례식의 광경을 하나라도 놓치지 않으려는 듯 사진처럼 자세하게 기록하고 있다. 상여의 길이나 색깔, 상여꾼의 수, 참여한 사람들이 누구인지, 장례식이 어떤 절차로 진행되는지에 대해 7쪽에 걸쳐 서술하고 있다. 류트쉬에게 고종의 장례식 광경은 매우 생소했지만 색다른 경험이기도 했다. 그는 일본 총독부가 공식적으로 주재하는 일본식 고종의 장례식을 묘사하면서도, 일반 백성들이 공식적 성격을 지니지는 않지만 조선의 전통의례에 따라 진행하는 별도의 장례식 모습도 서술했다. 아마도 그는 조선이 처해있는 현 상황을 상징적으로 묘사하고 싶었던 듯하다. 그러나 그는 고종의 장례식에 대한 자신의 평가는 전혀 드러내지 않고 자신이 본 구체적 사실들만을 기록하고 있다.

류트쉬가 조선에 대한 인식을 보고하면서 어떤 자료를 활용했는지 알 수는 없다. 고종의 장례식에 대한 보고서는 자신이 직접 보고, 경험한 것이었지만 조선에 대한 전반적인 평가는 그렇게 평가하기 힘들다. 류트쉬가 조선에 외교관으로 온 시기는 1911년이다. 이때는 이미 조선

---

21) ГАРФ, ф.200, оп.1, д.535, лл.39~41.
22) ГАРФ, ф.200, оп.1, д.535, лл.30~36.

이 일본의 식민지가 된 이후이다. 즉, 그는 식민지가 되기 전 조선을 직접 경험하지 못했다. 그리고 당시 조선을 관장하던 러시아 외교대표부는 일본에 주재하고 있었다. 따라서 식민지 이전 조선에 대한 그의 평가는 그의 독창적인 인식이라기보다는 일본 주재 러시아 외교관들이 작성한 보고서와, 일본이 조선을 식민지화하면서 설파했던 내용들을 그대로 수용한 측면이 있다. 달리 말하면 몰락한 제정러시아의 제국주의관과 일본의 식민지에 대한 인식이 중첩되어 류트쉬의 조선에 대한 인식으로 표현된 것으로 평가할 수 있다.

3. 류트쉬의 3·1운동에 대한 기록

1) 류트쉬 기록에서 나타난 3·1운동의 원인

　류트쉬는 3·1운동이 일어나게 된 계기를 표면적으로 전개된 과정을 통해 그 원인을 서술하고 있다. 그는 제1차 세계대전이 끝나고 파리강화회의가 개최되는 시점에서 조선인특사단의 파견 운동에 주목했다. 소문이라는 전제를 달고 중국에서 발행되던 여러 신문의 보도라는 단서로 자신의 보고서 내용이 나름의 근거가 있는 내용임을 밝히고 있다. 그에 따르면, '노예화된 조선으로 세계의 이목을 끌어서 독립을 얻고자 함이 목적'이었으며, 조선인들 사이에서 이들 대표단 파견을 위한 자금이 모금되었다. 그러나 대표단을 파견하려는 첫 번째 시도는 무산되었다. 왜냐하면 대표단원으로 낙점된 인사들이 체포되었고, 5만 엔에 달하는 자금이 압수되었기 때문이다. 그러나 대표단을 파견하기 위한 새로운 위원회가 조직되었다. 류트쉬는 이러한 내용의 소문을 사실로 받아들였다.

다음에, 미국에서 조직된 조선인 단체가 조선의 독립을 추구하며 대통령 윌슨에게 파리강화회의에의 대표단 파견을 위한 청원서를 제출했다는 내용과 그것이 중국의 여럿 신문에 원문이 게재되었다고 기록하고 있다. 또한 2월에 일본의 도쿄에서 조선인 대학생들이 시위를 벌였는데, 조선인 비밀애국단체의 존재가 드러나면서 18명의 학생이 체포되고, 그중 2명에게는 1년 징역형이, 4명에겐 9개월, 3명에겐 7개월 보름의 징역형이 선고되었다는 사실도 밝혔다.[23] 그러나 류트쉬는 3·1운동의 전개에 대한 보고서에서 '윌슨 대통령이 선언한 민족자결주의 원칙은 억압받는 유럽 국가에서만 해당되는 얘기며, 강대국은 끝없이 펼쳐지는 난관에서 벗어나기 위해 이러한 문제를 알리려는 조선의 청원을 들어주지 않을 것'이라고 파악하고 있었다.[24]

류트쉬는 3·1운동이 촉발하게 된 직접적 계기 중의 하나를 1월 21일 일어난 고종의 사망으로 판단했다. 그는 고종을 '과거의 독립 조선을 체현하였고, 일본인들이 조선을 차지하기 위해 러시아인들과 각축하던 시기에 일본의 온갖 간책에 저항했던 것으로 유명했으며, 한일합병 조약에 서명하기를 거부함으로써 왕위를 빼앗겨야 했던' 인물로 보았다. 류트쉬는 고종의 사망과 3·1운동의 연관성을 다음과 같이 기록하고 있다.

고종의 사망과 더불어 자유로운, 그래서 행복한 조선이 없어졌습니다. 고종의 죽음은 조선인 애국자들의 동요를 야기할 수밖에 없었으며, 사람들이 과거의 독립 조선의 수호자인 고인의 영전에 절하기 위해 조선 각지에서 매

---

[23] ГАРФ, ф.200, оп.1, д.535, лл.43~44.
[24] ГАРФ, ф.200, оп.1, д.535, л.109.

일같이 수천 명씩 모여 들었습니다. 소요가 모든 사람들에게 퍼져나갈 때
늘 그러한 것처럼, 경악할만한 여러 소문이 나돌았습니다. 전 황제가 살해되
었다는 소문이 사람들 사이에 그치질 않았습니다. 장례식 날에는 전국 각지
에서 서울로 엄청난 인파가 쇄도하였는데, (약 30만 명이 운집했다는 말이
있습니다.) 철도 당국은 무리지어 수도로 향하는 순례자들에게 표를 팔지
말라는 지시를 받기도 하였습니다. 행정 당국은 고인의 국장을 순 일본식으
로 신도 예식에 따라 거행한다는 결정을 내렸으며, 이는 조선 사람들에게
큰 충격을 주었습니다. 자신의 통치자를 저승으로 보내는 일은 조선 사람들
에게 아주 민감하고 중요한 일이었습니다. 그는 그곳에서 자기 신민들을 내
려다봐야 했습니다. 그리하여, 조선 사람들이 불만을 품고 있는 뿌리 깊은
원인들이 존재하는 상황에서, 선대 전 황제의 죽음은 사람들이 자신의 염원
을 피력하고 일본인들에 대한 속내를 표출하기에 절호의 계기였습니다.[25]

그러나 류트쉬는 3·1운동이 일어난 실질적인 원인을 다른 것에서
찾고 있다. 즉 일본의 철권으로 억눌려졌던 조선인들의 민족주의적 지
향과 민족자결주의 사조가 전 세계를 사로잡은 상황에서 일본의 압제
에 저항하는 열렬한 시위로 발현되었다는 것이다.[26] 그리고 일본이 조
선에서 행한 정책의 부정적 측면에 대한 반응이라고 평가했다.[27]
류트쉬는 러시아 외교관의 입장에서 조선이 일본에 병합된 이유와
일본의 조선 지배의 긍정적인 측면과 함께 부정적인 측면을 분석하고
있다. 먼저 조선이 일본에 병합되기 전 상황에 대한 류트쉬의 분석을
살펴보자.

4천 년 역사와 고유한 사회제도, 고유한 생활풍습 및 인종적 특성과 더불

---

25) ГАРФ, ф.200, оп.1, д.535, лл.44~46.
26) ГАРФ, ф.200, оп.1, д.535, л.42.
27) ГАРФ, ф.200, оп.1, д.535, л.69.

어, 실제로 건강하고 재능 있는 지적, 도덕적 품성을 지닌 2천 만 명의 주민
을 가진 조선은 일본의 강점이 있을 때까지, 5천 명의 무책임한 관리들에 둘
러싸인 군주의 지배 아래 완전한 악몽을 연출하였습니다. 주민의 5분의 1은
양반, 즉 그 어떤 의무도 없이 온갖 권리를 누리면서 인민을 억압하고, 법적
특권으로 인민에게서 살아갈 수 있는 가능성을 박탈하는 귀족으로 구성되어
있었습니다. 정당들의 저열한 음모, 매관매직, 뇌물수수 및 개인재산의 몰수
는 궁정에 일상이었으며, 이는 도의 관리들을 위시로 전국으로 널리 퍼졌습
니다. 생명과 재산의 안전은 보장되지 않았습니다. 부자들은 강탈을 피할
목적으로 일부러 움막집에 살며 누더기 옷을 입고 다녔습니다. 재판은 존재
하지 않았습니다. 왜냐하면, 이토 공작의 표현에 의하면, 재판관 자신보다
더 큰 범죄자가 없었기 때문이기도 할 것입니다. 감옥은 심지어 부녀자와
아이들에게까지 가장 끔찍한 고문이 가해지는 마굴이었습니다. 노예근성이
만연했습니다. 빈곤은 끔찍했습니다. 도시는 극도의 황폐함 그 자체입니다.
국제관계에서 조선은 외국 열강들에게 탐색과 경쟁의 대상이 되면서 늘 평
화에 위협이 되는 존재였습니다.

　예전 정부의 통치를 받던 조선인들은, 귀족과 관리들에게 모든 것을 빼앗
기고도 온갖 종류의 폭력을 견뎌야 했습니다. 재판을 받을 권리도 박탈당했
습니다. 따라서 아무런 힘도 없고, 주체성도 없었으며, 물질적으로는 거지나
마찬가지였습니다. 정신적으로도 저항 의지조차 없는 그저 고분고분한 피조
물에 지나지 않았습니다.[28]

　위의 인용문에서 보듯이 류트쉬는 조선 사회의 지배체제의 비민주성
과 폭력성, 수탈에 대한 신랄한 비판과 함께 민중들이 얼마나 고난의
삶을 살았는지, 그리고 오랜 왕조와 양반들의 지배 하에서 민중들이 저
항조차 하지 못하는 자주성을 상실한 성격을 지니고 있었는지를 설명
하고 있다. 달리 말하면 조선 사회에서 긍정적인 요소는 전혀 찾아볼

---

[28] ГАРФ, ф.200, оп.1, д.535, лл.69~70.

수 없는 것으로 묘사되어 있다.

　류트쉬는 바로 일본이 조선의 '1인 지배체제와 분리될 수 없는 권력 악용을 근절'하였고 사회적 장벽들도 제거했다고 평가했다. 그리고 법원의 설립과 도로 건설, 항만 축조 철도와 차도 설비, 병원과 전국적인 차원에서의 의료서비스, 과학적인 공중위생시설, 현대적 급수시설 등 소위 문명국가의 현대적 시스템을 일본이 조선에 도입했다고 평가했다. 또한 관리들이 권력을 악용하여 빼앗은 토지는 원래 주인에게 소유권이 되돌려지면서 쌀의 생산이 합병 때보다 50%가 증가하였으며, 일부 다른 소비재들은 생산이 그보다 더 크게 증가하였다고 부연했다. 따라서 조선은 '문자 그대로 변혁되었고, 조선의 상황은 합병 전과 비교하여 부단히 개선되고 있다'고 외적인 변화를 중심으로 하여 긍정적인 평가를 내리고 있다.[29]

　한편 류트쉬는 일본의 조선 지배의 실체와 부정적 측면에 대해서도 냉정하게 분석하고 이에 대해 비판적 평가를 내리고 있다. 류트쉬가 보기에 일본이 조선에서 정신적, 물질적 복지를 증진시키고자 한 가장 기본적인 목적은 '조선인을 충성스런 일본 신민으로 바꾸고, 지역 주민들을 일본인들과 동화시키는 것'이었다. 그런데 그 방법이 세심하지 않아 조선인들에게 문화적 복지를 가져다주면서, 조선인의 민족적 신앙을 모독하고 조선인에게서 혼을 빼앗고 조선인을 모욕하고 업신여기는 것이었다.[30]

　이토에 의해 도입되고 데라우치에 의해 추진된 조선의 일본화 정책은 경찰의 무력에 의지하는 무단통치라는 조야한 형태로 나타났다. 류트쉬는 바로 이러한 점, 즉 경찰 지배 시스템을 통해 강압적으로 '조선

29) ГАРФ, ф.200, оп.1, д.535, лл.70~71.
30) ГАРФ, ф.200, оп.1, д.535, лл.69~72.

인에게 일본의 감정과 생각을 접목시키고, 조선인에게서 민족적 외관을 박탈한 다음 그를 충성스런 일본 신민으로 만들고자 하는 정책'이 가장 큰 불만을 야기한 요인으로 지적하고 있다.

류트쉬는 일본에 의해 자행된 조선인들의 일본 신민화 정책의 몇 가지 사례를 예로 들고 있다. 먼저, 모든 학교의 교육프로그램에서 한국어, 한국문학, 한국사, 한국지리 과목을 폐지하고 일본어, 일본문학, 일본사, 일본지리 과목으로 대치한 후 일본어로 수업을 진행하고 있다. 그리고 각 교과서에는 일본화를 목적으로 사실을 왜곡하고 모든 한국적인 것을 비하하는 내용이 실려 있다는 것이다. 조선이 일본국 창립자의 막내 동생에 의해 건국되었다고 주장하는 것이 그 사례라고 예시를 들었다.[31]

둘째, 일본 종교는 보조금을 지급하면서 보호하지만 조선의 민족종교는 철저히 탄압하고 있다고 하면서 고종의 장례식이 바로 대표적 사례라고 지적했다. 더 나아가 조선에서 확산되고 있는 기독교를 학교 교과목에서 신학을 배제하는 수법으로 탄압하고 있다고 비판했다.

셋째, 기존 관습법에 대한 충분한 고려 없이 행정, 사법, 경찰 기관을 일본식으로 설치 운용하였으며, 오직 일본어로 사무가 처리되고 있으며, 행정부에 비상권력을 부여하고, 특정한 경우에는 사법적 기능까지 행사할 수 있도록 한 것과 모든 고위 간부들은 일본인으로 대체된 것에 대한 지적도 놓치지 않았다.

넷째, 언론·출판의 자유가 제한되었으며, 조선어로 된 민간 신문의 발행 및 행정부의 조치에 대한 비판이 무조건 금지되었다는 것과 다섯

---

31) 장신, 「일제하 日鮮同祖論의 대중적 확산과 素戔鳴尊 신화」, 『역사문제연구』 21, 역사문제연구소, 2009. 일본의 시조신인 아마테라스의 동생인 스사노오노미코토 (素戔鳴尊)와 단군왕검을 동일시하여 '일선동조론'을 구축하려는 시도가 존재하였다.

째, 조선 인민의 자주적 특성을 발전시키려는 각종 사회활동이 금지된 사실을 지적했다.[32]

이 외에도 류트쉬는 일본인 식민자들을 우대하는 조선총독부의 편파 행위를 조목조목 열거하고 있다. 먼저 조선인들로부터 토지를 강제로 일본인에게 넘겨주었으며, 이런 정책의 도구가 동양척식회사라고 밝혔다. 둘째, 조선인들에게는 체형의 형벌을 가했지만 일본인들에게는 이를 면제하는 등 공민적 지위의 불평등에 대해서도 지적했다. 또한 직무수행의 불평등과 관련하여 같은 직위에 있음에도 일본인들이 조선인들에 비해 더 많은 급료를 받고 있으며, 조선인들은 일정 수준 이상 고위직으로의 승진이 불가능하다는 사실과 고등교육을 받기가 어렵다는 사실도 언급했다.

그밖에도 조선의 일본인 식민자들은 일본 내지의 불량분자와 투기꾼 및 온갖 정체불명의 몽상가들로 구성되고 있는데, 이들은 토착민들을 불리한 거래에 끌어들이는 데에 수단방법을 가리지 않고 있으며, 사기를 통해 자신의 부의 축적을 위한 수단으로 만들고 있다고 비판했다. 여기에 더해 일본인들의 군국주의적 성격, 즉 오만함, 허세, 거만함, 멸시하는 태도, 자만, 자신의 의지를 강요하는 태도 등도 일본의 새 신민들에 대한 지배가 일본이 조선에 가져다준 모든 문명적 복지에도 불구하고 고통스런 압제의 모습을 갖고 있다 비판했다. 바로 이러한 문제, 즉 압제가 더 오래 지속되고 더 강하게 행해질수록 그것을 견디지 못하겠다는 의식과 그것에 저항하려는 의지가 조선에서 3·1운동으로 폭발하는 계기가 되었다고 평가했다.[33]

---

32) ГАРФ, ф.200, оп.1, д.535, лл.72~74.
33) ГАРФ, ф.200, оп.1, д.535, лл.74~76.

2) 류트쉬의 보고서에 나타난 3·1운동의 전개 상황

3월 1일 오후 2시에 서울 전역에서, 그리고 다른 도시들과 전국 각지에서 조선의 독립을 고하는 선언서가 살포되면서 3·1운동이 시작되었다고 류트쉬는 보고했다. 3·1운동이 일어난 첫날에 대한 류트쉬의 보고 기록을 살펴보자.

독립선언서는 모든 영사관에도 뿌려졌습니다. 동시에 길거리와 공공장소에 엄청나게 많은 수의 인민 대중이 모여들기 시작했습니다. 특히 서울에서 공원 한 곳에 4천 명에 이르는 군중이 순식간에 모여 들었는데, 그들은 주로 학생들이었습니다. 황제의 죽음으로 서울에 와서 거리를 배회하던 인민 대중이 그들과 합세했습니다. 군중이 4개 무리로 나누어진 상태에서 한 무리가 "조선독립 만세!"라고 외치면서 고인의 시신이 안치되어 있는 궁(덕수궁)을 향해 나아갔습니다. 시위대가 힘으로 뚫고 들어간 궁에서는 조선의 독립과 일본에 의한 박해를 주제로 한 선동적인 연설이 진행되고 있었습니다. 다른 무리는 우체국과 은행 및 다른 기관들이 있는 도심으로 향하였고, 그곳에서 철도역과 프랑스 영사관이 있는 쪽으로 나아갔습니다. 세 번째 무리는 후대 전 황제가 있는 궁(창덕궁)으로 가다가 나중에 미국 영사관 쪽으로 향했습니다. 대략 3천 명에 달하는 네 번째 무리는 총독 관저로 향했으나 도중에 경찰의 저지로 해산되었습니다. 이때 시위대에서 134명이 체포되었습니다. 저녁 때 시내 여러 곳에서 인민들이 무리를 형성하기 시작하였으며, 이에 대응하여 경찰과 군 병력이 배치되었습니다. 이런 혼란이 다음 날까지 이어졌는데, 이에 가담한 사람들 중에서 20명이 추가로 체포되었습니다. 3월 1일에 조선의 다른 일부 도시에서 그와 유사한 시위가 벌어졌으며, 체포와 강압적 조치가 이어졌습니다. 그리하여 평양에서는, 세상을 떠난 전 황제의 추도식이 거행된 후에 감리교도 약 8백 명과 약 1천 명의 장로교도가 조선독립 선언서를 경청한 다음 태극기를 들고 거리로 쏟아져 나와 "만세!"를 외쳤습니다. 경찰은 시위대를 진압할 힘이 부족했고, 군 병력을 요청할 수밖에 없었습니다. 군대의 지원이 있고서야 소요가 진압될 수 있었습니다. 주동자 10명과 가담자 40명이 체포되었습니다. 진남포에서도 그런 시위가 벌어졌으며, 시위대 중 20명이 체포되었습니다. 혼란은 중화에서도 있었는데, 그곳에서는 경찰 감시막이 파괴되고 9명이 체포되었습니다. 또한 비교적 경미하기는 했으나, 원산, 함흥, 상원, 의주, 안주, 증산, 수안에서도 소요 사태가 있었습니다.

고인의 영령에 대한 존경의 뜻으로, 그가 이승에서 저승으로 평안하게 가는 것을 방해하지 않기 위해 장례식 날인 3월 2일과 3일에는 인민들의 불만을 표출하지 않기로 결정했습니다.[34]

지금까지 일반적으로 알려져 있듯이 류트쉬의 보고서에서도 3월 1일 시작된 만세시위운동은 서울을 비롯한 한반도 전역에서 진행되었고, 정말로 많은 사람들이 참여한 평화적인 시위와 청원서 제출이었다. 그런데 일본 헌병과 경찰들에 의한 강압적이고 폭력적인 시위 진압으로 만세운동 지도자들이 체포되고 또 그들의 석방이 거부되면서 노골적인 분노와 폭동으로 변하기 시작했다. 그러나 일본인 거주자들의 생명과 재산은 지금까지 침해되지 않았다고 류트쉬도 명확히 밝히고 있다.

류트쉬는 3·1운동의 주요한 주도세력으로 주목한 것은 종교계, 그중에서도 천도교와 기독교였다. 그 근거로 3·1운동의 지도자 중 체포된 인물 30명의 종교를 분류했는데 그것에 따르면 15명이 천도교 추종자였으며, 불교 승려가 2명, 감리교 목사 2명, 장로교 전도사 2명, YMCA 관계자 4명, 소속 종파가 불분명한 기독교 전도사 1명, 기독교 단체 "Orient Missionary Society"의 목사 1명, 미국 선교병원에서 일하는 사무원 1명, 교사 1명, 그리고 명확한 직업이 없는 시민이 1명이었다.[35]

---

34) ГАРФ, ф.200, оп.1, д.535, лл.46~48.
35) ГАРФ, ф.200, оп.1, д.535, лл.61~64.

류트쉬는 이들 종교인들 중에서 천도교와 기독교 세력에 대해서는 더 자세하게 분석하고 있다. 천도교와 동학의 관계, 손병희가 천도교의 3대 교주라는 사실과 그의 개인 이력에 대해서도 상세하게 서술하고 있다. 그리고 천도교 교리와 일반 민중들이 천도교와 주도의 만세 시위 운동에 참여하게 된 배경에 대해서도 서술하고 있다. 그에 따르면, 천도교가 훼손된 위엄과 국정에의 직접적 참여 회복을 꿈꾸는 조선 상류 사회의 일각에서 도덕적 지지와 물질적 지원을 받고 있는 것으로 보았다. 그들은 의도의 정의로움에 대한 완전한 믿음을 갖고, 그들이 불행과 박해와 죽음에 맞닥뜨리게 되면 내세에서 불후의 영광을 얻을 것이라는 확고한 신념을 갖고 가두로 진출하였으며 그것을 실행하고 있다는 것이다. 그래서 그 어떤 어려움에도 굴하지 않고, 심지어 경찰이 예상되는 시위에 관해 공지하고 시위 예방을 위한 온갖 조치를 취했을 때에도 군중들은 모여들어 조선독립을 호소하고 있는 것으로 평가했다.

또한 조선인 기독교인과 미션스쿨 학생들, 특히 미국인 선교사들이 설립한 학교에서 개종하고 공부하고 있는 학생들이 눈에 띄게 소요에 가담한 사실을 강조하고 있다. 그 과정에서 미국인 선교사들이 선동하고 있다고 조선총독부에서는 보고 있지만 류트쉬는 그것은 사실이 아니라고 단언한다. 류트쉬는 모든 외국 종교의 선교 지도자들을 개인적으로 알고 있고 또 7년에 걸쳐 그들의 조선 생활을 주시해 왔지만 일본의 위와 같은 주장은 아무런 근거가 없으며, 오히려 자신의 통치 문제에서 발생한 모든 불행을 남에게 전가하려는 의도에서 비롯된 것이라고 '자신 있게' 말할 수 있다고 주장했다. 그는 조선의 선교사들은 나라의 정치생활에 전혀 개입하지 않고 있으며, 오히려 그들은 감시당하고 있고 고행자로서의 삶의 방식을 취하고 있으며, 어떤 형태의 폭력도 거부한다고 선교사들을 옹호했다.[36]

조선인 기독교인들이 운동에 참여한 것은 선진 교육을 받았고, 따라서 정치적 상황에 보다 의식적인 태도를 취했으며, 사회적 지도자로서 스스로의 책무로 받아들였다는 것이 류트쉬가 생각한 이유였다. 물론 미션 스쿨을 중심으로 활동하고 있는 외국 선교사들의 영향도 부정할 수 없는 요소이기는 했다고 부가 설명을 덧붙이기는 하지만 말이다. 그리고 자신의 이러한 주장의 증거로 외국인 선교사들에게 전가된 혐의, 즉 그들이 폭동을 교사했다는 비난이 근거가 없다는 사실은 이곳의 총독부도 인정하고 있다고 말했다.[37]

류트쉬가 3·1운동의 구체적 전개과정을 직접 목격한 것일까. 그의 보고서에 따르면 자신이 서울에서 현장을 직접 목격하기는 했지만 각 지역별로 전개된 3·1운동의 추이는 언론을 통해서 접했다. 그래서 그의 보고서에 사용된 자료들은 당시 신문 등의 언론보도, 특히 재팬 애드버타이저의 특파원 보고서, 재팬 크로니클 등의 보고서였다. 따라서 류트쉬가 자신이 인용한 자료의 객관성을 철저히 검증했다고 보기는 힘들다. 그럼에도 각종 언론에 보도된 내용들을 정리하여 보고서로 작성한 것은 분명해 보인다.

3) 류트쉬가 평가한 3·1운동의 한계

류트쉬는 일본이 조선인들을 동화시키려는 노력은 성공하지 못했다고 보았다. 조선인들은 일본인들의 그 모든 노력에도 불구하고 자신의 관습에서나 생활양식에서나 그들 나름의 고유한 모습을 유지한 채 예전과 같은 존재로 남아있다는 것이다. 조선에서 일본화된 조선인의 전

---

36) ГАРФ, ф.200, оп.1, д.535, лл.64~66.
37) ГАРФ, ф.200, оп.1, д.535, лл.64~69.

형은 알려진 바 없다.

그런데 일본의 '근대화 정책'이 조선인들의 각성을 가져왔다고 판단했다. 류트쉬가 본 조선인들의 각성 내용은 다음과 같다.

언제나 변함없이 자신들의 민족의상을 입는 조선인들은 자신들이 일하는 이유가 자신들로부터 모든 것을 빼앗은 관리와 양반을 위해서가 아니라 자신의 삶을 위해서라는 사실을 도래인들 덕분에 느끼기 시작했습니다. 그들이 내는 소작료와 세금이 관리의 전횡이 아니라 미리 고지된 일정한 틀에서 책정되고, 자신이 원하는 시장에 물건을 실어 갈 때 신작로가 나 있어 쉽게 가져갈 수 있습니다. 또한 실제 가치가 없는 낡은 조선 화폐가 아니라 양화(良貨)로 생산물 대금이 지불되고, 국내 시장에는 외국 상품이 들어오고 외국 시장으로 자신들의 생산물이 판매되는 것도 목격했습니다. 이런 상황에서 중국인들의 음흉한 지혜가 아니라 실무 지식을 적극적으로 습득한 아주 재능이 뛰어난 조선 사람들 사이에서 자신의 생명과 재산을 지키고 자긍심과 자존심을 지키려는 움직임이 나타나기 시작했습니다. 자신의 처지를 개선하고, 자신들을 착취하고 수탈하면서 영혼까지 지배하려는 압제자로부터 해방되고 싶다는 희망까지도 생겨났습니다. 과거 조선의 사회적 환경에 의해 억압당했고, 지금은 경찰들의 폭압에 눌려 있는 조선인들이 경제적으로 여유가 생기고 정신적으로 각성하면서 민족적 자의식을 가지기 시작했습니다. 4천 년 역사에 긍지를 가진 조선인은 자신들에게 가해진 민족적 모욕에서 벗어나길 열망하면서 항의에 나서고 있습니다.[38]

그러나 조선인들이 자신들의 상황에 대해 각성하기는 했지만 그들이 처한 환경에서는 소극적인 저항만이 가능했다고 보았다. 또한 근대적 지식을 거의 접하지 못한 상태에서 천도교의 영향이 자연스럽게 자리 잡을 수 있었다고 평가했다. 즉 조선인들은 한민족으로서 자주성이 필

---

[38] ГАРФ, ф.200, оп.1, д.535, лл.76~77.

요하다고 인식하고, 일본의 '근대화 정책'을 체험하면서 압제로부터 벗어나 자신들의 처지를 개선하고자 하는 열망까지는 나아갔지만 그 이후 대안 부재로 자연스럽게 천도교의 영향 아래 놓이게 되었다는 것이다.

류트쉬의 위와 같은 인식은 독립선언서에 대한 평가에서도 그대로 드러나고 있다. 즉 자존심에 대한 모욕을 느끼고 자주적 활동에의 자극을 받은, 그리고 자신의 민족적 면모를 보존한 조선인은 자신의 정치적 희망을 피력함에 있어, 선언서에 표현된 것처럼, 그것을 '순진하게 추상화하고, 설교하고, 꿈꾸고, 기도하고, 울고, 강력히 항의하지 않고, 과장되고 화려한 낱말들로 말하고 있다'는 것이다. 더 나아가 '읽기가 극히 힘든 한문으로 적힌 독립선언서는 지금 상황의 결함들을 도식화하지 않고, 미래의 독립 조선의 건설을 그려내지도 않고 있으며, 조성된 상황에 대한 분명한 이해를 담고 있지도 않다'고 그 한계를 냉철하게 비판했다. 그가 보기에 독립선언서는 깊은 진정성에도 불구하고 국가 건설의 이념이 전혀 보이지 않으며, 독립 구호는 실제적 내용으로 뒷받침되고 있지 않았다. 오히려 행동 강령은 아무 것도 없으며, 모욕한 자에 대한 자신의 태도를 적극 드러냄이 없이 모욕당한 자의 공허한 항의가 있을 뿐이었다. 그래서 종교에서 위안을 찾는, 열렬히 추종하는 종교인들의 지도를 받는 조선인은 현실을 그의 이성으로 분석하지 않으면서 그냥 감정에 자신을 맡기고 있을 뿐이라고 조선인들의 3·1운동의 한계를 지적하고 있다.

천도교 주도의 3·1운동에 대해서도 류트쉬는 매우 비판적으로 평가했다. 손병희와 그의 조수들 같은 자신의 지도자들에게 처분을 맡긴 조선인은, 그럼으로써 일본의 지배 이전 시기에 있었던 국가 형태로의 환원 가능성을 열면서, 자기 지도자들의 지극한 선의에도 불구하고 아무런 어려움 없이 노예상태에 빠질 것이라고 보았다. 그는 천도교의 한계를 다음과 같이 지적하고 있다. "운동의 현 지도자인 손병희 같은 종교단체의 수장이 지상에서의 신성 제국의 건설 이외에, 그의 종교단체의 특성을 고스란히 유지한 신성 제국의 건설 이외에 그 어떤 다른 형태의 국가 수립을 제안할 수 있겠습니까? 천도교는 단체의 유지를 위해 각 회원들에게 자신의 식탁에서 쌀 한 숟가락씩 덜어내어 그것을 회비로 납부하는 것을 의무로 부과하고 있습니다. 그렇다면, 그런 지도자들이 무정부 상태와 무질서 말고 무엇을 가져올 수 있겠습니까?"

그런 상황에서 유럽인들은 '심한 모욕을 당한 존재로서 조선인 모두를 동정하고 이러저런 방식으로 연민을 표현하지만 조선의 독립을 위해 나서서 싸워주는 사람은 없다'고 류트쉬는 단정했다. 결국 '조선 인민이 아직 정치적으로 성숙하지 못했고, 금세기의 과제를 이해하지 못하고 있으며, 정치적, 공민적 이상을 현실에 구현할 줄도, 그것이 문명 세계 국가들에 의해 어떻게 이해되는지도 모른다는 것'이다. 류트쉬는 조선에는 현대 과학의 지식을 갖추고 있어야 할 지식인들이 아직 없기 때문이라고 그 이유를 찾았다.[39]

마지막으로 류트쉬는 3·1운동이 일어난 이후 일본이 취해야할 대응 방안에 대해서도 '친절하게' 제시하고 있다. 그는 일본이 조선에 광범한 자치권을 주는 것은 일본 헌법의 정신에도, 이미 이곳에서 규정되고 수립된 일본의 정치적 과정에도 부합하지도 않으며, 심리적으로도 불가능한 것으로 보고 있다. 그래서 그가 예상하는 일본의 대응은 '명백한 난폭성을 배제하고 일부 양보'하면서, '자신의 허세로 초래된 외적 광택의 정치를 포기하고 조선 인민의 내적 발전을 위한 조치를 취하는' 것이었다. 그러나 이러한 일본의 정책도 성공적인 결과를 가져올 것으로

---

[39] ГАРФ, ф.200, оп.1, д.535, лл.78~79.

는 보지 않았다. 오히려 조선에서 조선인들의 각성과 대응으로 언젠가
는 폭발할 화산으로 보았다.

> 그렇게 해서 새 신민들에 대해 흔히 보편적인 지배 방식을 유지하면서 조
> 선 주민들의 호감을 사려 하겠지만, 그것으로 인민의 호감을 끌기는커녕 오
> 히려 인민을 멀어지게 할 것입니다. 그러는 사이에, 이번 운동의 와중에 이
> 미 죽었거나 죽어가고 있는 사람들은 혐오스런 압제로부터 나라의 해방이라
> 는 위대한 이상을 위해 고초를 겪은 존재가 되어 순교자라는 후광으로 포장
> 될 것이며, 그들의 자녀와 부친과 친구들은 일본인들에 의해 생겨난 증오심,
> 즉 박해자에 대한 증오심을 멀리 퍼뜨리고 오랫동안 후손에게 전할 것입니
> 다. 일본은 계속 승승장구하면서 조선에 참된 지식을 주고 문화계급을 만들
> 어내기도 할 것입니다. 그러나 이 문화계급은 계속 높아만 가는 불화 속에
> 서 지금의 막연한 종교 지도자들의 몽상을 보다 구체적인 형태로 바꿀 수
> 있을 것이며, 그렇게 해서 조선은 정치적으로 복잡해지기만 하면 언제든 폭
> 발할 수 있는 화산이 될 것입니다. 일본은 적도에 접근함으로써 미국 공포
> 증을 불러일으키고, 상업 질서를 파괴해서 탄탄한 상업을 가진 오스트레일
> 리아에게 멸시당하고, 또한 자신의 공세적 정책으로 중국을 불안하게 하는
> 동시에 빠른 걸음으로 시베리아로 잠입하고 있습니다. 그러나 일본은 외부
> 의 적보다 더 위험한 적을 늘 내부에 가지고 있을 것입니다.[40]

류트쉬는 보고서 말미에 러시아 외교관으로서, 러시아 입장에서 3·1
운동의 여파에 대해 러시아가 어떤 주의를 기울여야 하는지를 강조하
고 있다. 즉 러시아 연해주에 조선인들이 있다는 사실이다. '연해주에
는 수만 명의 조선인들이 있으며, 러시아에 접한 간도의 주민 대다수가
조선인 이주자이며, 그리고 북만주로의 조선인 이주가 무섭게 증가하
고 있다는 사실'을 잊어서는 안 된다는 것이다. '이 조선인들은 정치망

---

[40] ГАРФ, ф.200, оп.1, д.535, лл.83~84.

명자들이며, 이들은 자신의 애국심 때문에 조선 정부의 박해를 피하려고 도망했거나 일본인들로부터 받은 모욕 때문에 도망친 사람들이기 때문에 이 모든 것이 원동에서 러시아의 정책 방향을 정함에 있어 간과되어서는 안 된다'고 하여 당시 러시아 상황도 매우 혼란스럽지만 조선에서의 3·1운동과 연해주지역에서의 조선인 문제를 연관시켜 볼 것을 주장하고 있다.[41]

4. 맺음말

서울 주재 러시아 총영사인 류트쉬는 1911년부터 1921년까지 조선에 머물면서 러시아의 외교관으로 활동했다. 그 과정에서 1919년 고종의 사망과 파리강화회의, 그리고 그 영향으로 조선에서 대표단을 파견하려는 움직임, 3·1운동과 관련한 상세한 총 5건의 보고서를 일본 주재 러시아 대사를 통해서 옴스크에 있는 콜차크 백군정부에 보고했다. 류트쉬의 이 보고서들은 러시아와 외교관계가 단절되어 있던 조선의 상황을 러시아인들의 시선에서 기록하고 평가했다는 점에서 매우 의미있는 자료들이다.

류트쉬의 보고서를 통해본 러시아 외교관의 관점은 러시아에서 제정러시아시기에 파견된 외교관의 시각이라 할 수 있다. 비록 조선에서 10년을 외교관으로 주재했지만 식민지 이전의 조선을 경험하지 못했고, 조선을 식민지로 지배하던 일본 주재 러시아 외교관의 일원으로서 조선이 처한 상황과 조선에서 발생한 사건을 파악하고 있다. 즉 그의 제국주의적 시각과 일본의 영향을 받은 관점은 조선이 일본의 식민지가 된 원인을 조선의 지배계급에서 찾고 있는데서 명백하게 드러난다. 그는 왕과 양반들을 비롯한 관리들은 백성을 위한 통치가 아니라 이들을 착취하는데 혈안이 되어 있었고, 이에 불만을 가진 민중들이 동학운동으로 저항했다는 것이다. 이를 진압하기 위해 요청한 청나라 군대는 민중들의 저항을 진압하기는 했지만 청일전쟁으로 더 이상 청나라의 조선에 대한 영향력은 상실되고, 일본이 조선을 지배할 수 있는 환경이 조성되었다는 것이다. 결국 당시 조선의 상황은 지배계급을 포함한 모든 사람들이 자주적인 독립 국가를 유지할 힘이 없었다고 결론을 내리고 있다.

고종의 사망을 계기로 고종과 고종의 통치에 대해서도 평가를 내리고 있는데, 비록 왕권을 상실하고, 일본에 병합되는 책임이 있기는 하지만 이후 자주권을 회복하기 위한 개인적 노력에 대해서는 긍정적으로 평가하기도 했다.

류트쉬는 3·1운동의 원인 중 하나로 파리강화회의와 윌슨의 민족자결주의 영향을 분명히 지적하고 있었다. 그래서 조선특사단 파견 운동에 대해서도 관심을 가지고 있었다. 그러나 류트쉬는 다양한 정보를 통해 윌슨의 의 민족자결주의 원칙이 억압받는 유럽 국가에서만 해당되는 얘기며, 강대국은 끝없이 펼쳐지는 난관에서 벗어나기 위해 조선의 청원을 들어주지 않을 것이라는 사실을 알고 있었다. 따라서 윌슨의 민족자결주의가 3·1운동의 직접적 원인으로는 보지 않았다.

류트쉬가 3·1운동의 원인으로 분석한 것은 표면적으로는 고종의 사망과 장례식이며, 실질적인 원인은 일본의 폭력적이고 강압적인 통치에 대한 민중들의 분노였다. 일본이 조선에서 근대화 정책을 통해 많은 부분에서 변화가 일어났지만 조선인들은 여전히 자신들의 관습과 생활양식을 유지했으며, 오히려 자신들의 상태에 대한 각성을 하게 되는 계기가 되었다. 그래서 일본이 조선인들을 동화시키려는 강압적이고 폭압정책을 펴자 이에 대한 저항이 발생했고, 그 계기가 고종의 장례식을 맞아 서울로 집결한 사람들이 자연스럽게 시위운동에 참여하게 되었다고 류트쉬는 분석했다.

류트쉬의 보고서에서도 알 수 있듯이 3월 1일 시작된 만세시위운동은 서울을 비롯한 한반도 전역에서 진행되었고, 정말로 많은 사람들이 참여한 평화적인 시위와 청원서 제출이었다. 그런데 일본 헌병과 경찰들에 의한 강압적이고 폭력적인 시위 진압으로 만세운동 지도자들이 체포되고 또 그들의 석방이 거부되면서 노골적인 분노와 폭동으로 변하기 시작했고, 더 나아가 파업으로 연결되었음을 류트쉬는 자신의 보고서에서 지적함으로써 3·1운동의 과격화와 폭력화의 원인을 조선인들의 시위에서 찾지 않고 일본의 진압 방법에서 찾았다.

3·1운동의 전개 과정에서 주요한 주도세력은 종교계, 그중에서도 천도교와 기독교였다. 류트쉬도 이러한 점을 중요하게 여겨 3·1운동의 지도자 중 체포된 인물 30명의 종교를 분류할 정도였다. 그런데 류트쉬는 그 이유를 매우 흥미롭게 분석하고 있다. 즉 조선인들이 스스로 각성하고 만세운동으로 일본에 대해 불만을 표출하기는 했지만 근대적 지식을 거의 접하지 못한 상태이기 때문에 종교, 그중에서도 천도교의 영향을 받았다는 것이다.

류트쉬의 위와 같은 인식은 독립선언서에 대한 평가에서도 그대로 드러나고 있다. 즉 자존심에 대한 모욕을 느끼고 자주적 활동에의 자극을 받은, 그리고 자신의 민족적 면모를 보존한 조선인은 자신의 정치적 희망을 피력함에 있어, 선언서에 표현된 것처럼, 그것을 순진하게 추상화하고, 설교하고, 꿈꾸고, 기도하고, 울고, 강력히 항의하지 않고, 과장되고 화려한 낱말들로 말하고 있다는 것이다. 더 나아가 읽기가 극히 힘든 한문으로 적힌 독립선언서는 지금 상황의 결함들을 도식화하지 않고, 미래의 독립 조선의 건설을 그려내지도 않고 있으며, 조성된 상황에 대한 분명한 이해를 담고 있지도 않다고 그 한계를 냉철하게 비판했다. 그가 보기에 독립선언서는 깊은 진정성에도 불구하고 국가 건설의 이념이 전혀 보이지 않으며, 독립 구호는 실제적 내용으로 뒷받침되고 있지 않았다. 오히려 행동 강령은 아무 것도 없으며, 모욕한 자에 대한 자신의 태도를 적극 드러냄이 없이 모욕당한 자의 공허한 항의가 있을 뿐이었다. 그래서 종교에서 위안을 찾는, 열렬히 추종하는 종교인들의 지도를 받는 조선인은 현실을 그의 이성으로 분석하지 않으면서 그냥 감정에 자신을 맡기고 있을 뿐이라고 조선인들의 3·1운동의 한계를 지적하고 있다.

류트쉬는 보고서 말미에 러시아 외교관으로서, 러시아 입장에서 3·1운동의 여파에 대해 러시아가 어떤 주의를 기울여야 하는지를 강조하고 있다. 즉 러시아 연해주에 조선인들이 있다는 사실이다. '연해주에는 수만 명의 조선인들이 있으며, 러시아에 접한 간도의 주민 대다수가 조선인 이주자이며, 그리고 북만주로의 조선인 이주가 무섭게 증가하고 있다는 사실'을 잊어서는 안 된다는 것이다. '이 조선인들은 정치망명자들이며, 이들은 자신의 애국심 때문에 조선 정부의 박해를 피하려고 도망했거나 일본인들로부터 받은 모욕 때문에 도망친 사람들이기 때문에 이 모든 것이 원동에서 러시아의 정책 방향을 정함에 있어 간과되어서는 안 된다'고 하여 당시 러시아 상황도 매우 혼란스럽지만 조선에서의 3·1운동과 연해주지역에서의 조선인 문제를 연관시켜 볼 것을 주장하고 있다.

그러나 류트쉬는 1917년 10월 혁명과 사회주의가 3·1운동에 영향을 미쳤는지에 대해서는 자신의 보고서 어디에서도 언급하지 않고 있다. 그것은 너무나 당연해 보인다. 류트쉬 자신이 제정러시아 황제로부터 외교관으로 임명되었고, 또 콜차크 백군정부 소속으로 인식하고 있었기 때문이다. 따라서 류트쉬의 보고서는 러시아자료를 통해 당시 조선의 상황과 3·1운동의 원인과 전개과정을 이해할 수 있다는 장점은 분명히 있다. 그러나 류트쉬 개인의 이력을 감안하여 보고서에 나타난 그의 관점과 한계는 고려해야만 할 것이다.

참고문헌

1. 자료

ГАРФ,- ф.200, оп.1, д.535, лл.30~36.

ГАРФ,- ф.200, оп.1, д.535, лл.37~41.

ГАРФ,- ф.200, оп.1, д.535, лл.42~85.

ГАРФ,- ф.200, оп.1, д.535, лл.93~103.

ГАРФ, ф.200, оп.1, д.535, лл.108~129.

ЦГА Узбекистана, ф.1, оп.31, д.737, л.2.

2. 저서 및 논문

Архимандрит Феодосий (Перевалов), "Российская Духовная Миссия в Корее (1900-1925 гг.)", Православние и корейцы, М., Издательская группа ООК, 2014.

Архимандрит Феодосий (Перевалов), "Российская Духовная Миссия в Корее (1900-1925 гг.)", Православние и корейцы, М., Издательство 《Валентин》, 2017.

Асмолов. Пак Б. Д., Пак Тхэ Гын. Первомартовское движение 1919 года в Корее глазами российского дипломата. Рецензия на книгу // Проблемы Дальнего Востока. М., РАН, Институт Дальнего Востока. 1998. № 5.

Б.Г. Гафуров, Ю.В. Ванин, И.С. Казакевич, Г.Ф. Ким, М.Н. Пак, В.Д. тихомиров, Ф.И. Шабшина, В.И. Шипаев(ред.), История Кореи, Академия наук СССР Ииститут Востоковедения, том I, II, Мосва, 1974.

История Кореи : новое прочтение, под редакцией А.В. Торкунова. Учебники МГИМО, 2003.

Курбанов С.О., Курс лекций по истории Кореи: с древности до конца

XX в. СПб.: Изд-во С.Петерб. ун-та, 2002.

Курбанов С.О., История Кореи: с древности до начала XXI в. СПб.: Изд-во С.Петерб. ун-та, 2009.

Пак Б. Д., Пак Тхэ - гын. Первомартовское движение 1919 г. в Корее. Глазами российского дипломата. М.; Иркутск, 1998.

Первомартовское движение за независимость Кореи 1919 г. Новое освещение. М., 1999.

Петров А.И. Первомартовское движение корейского народа за независимость // Россия и АТР. 2000, № 1.

Торкунов А.В., Денисов В.И., Ли Вл.Ф., Корейский полуостров: метаморфозы послевоенной историй, Москва, ОЛМА Медиа Групп, 2008.

Шабшина, Ф. И., Народное восстание 1919 года в Корее / Акад. наук СССР. Ин-т востоковедения. Изд. 2-е, переработ.. М., Изд. вост. лит., 1958.

Шабшина Ф. И. Народное восстание 1919 г. в Корее. М., 1952.

박보리스, 박태근 지음, 심헌용 옮김, 『러시아외교관 시각으로 본 3·1운동』, 도서출판 선인, 2019.

유리 바실리예비치 외 엮음, 이영준 옮김, 『러시아 시선에 비친 근대 한국－을미사변에서 광복까지』, 한국학중앙연구원 출판부, 2016.

장　신, 「일제하 日鮮同祖論의 대중적 확산과 素戔嗚尊 신화」, 『역사문제연구』 21, 역사문제연구소, 2009.

홍웅호, 「일제강점기 소련의 조선 인식」, 한양대학교 아태지역연구센터 러시아·유라시아 연구사업단 엮음, 『역사속의 한국과 러시아』, 도서출판 선인, 2013.

http://www.1917.com/Marxism/Trotsky/CW/Trotsky-1917-II/9-0-L.html
http://www.rusdiplomats.narod.ru/lwtsh-yaya.html
http://www.history.tj/matveeva.php

일본신문에 나타난 3·1운동과 손병희론

윤소영

1. 머리말

1919년 3·1운동 당시 경남 양산에서 3월 27일 장날을 이용하여 만세 시위를 주도한 고(故) 강재호(姜在鎬) 옹은 3·1운동에 대해 '이 운동은 독립선언서에서 말한 바와 같이 반만년 역사의 권위를 장(仗)하고 이천 만 민중의 성충(誠忠)을 합하여 일으킨 운동이기 때문에, 삼척동자나 초동(樵童) 목수(牧豎)에서부터 종교인, 지식인, 일제에 벼슬한 사람까 지도 참가하지 않은 사람이 없었다.'[1]고 하여 전 국민의 전폭적인 참여 로 이루어졌음을 강조했다. 이렇게 온 국민이 참여할 수 있었던 가장 큰 이유는 이것이 비폭력 대중운동으로 전개되었기 때문이다. 1919년 3월 1일부터 5월 말까지 수감된 수감자의 종교구성을 보면, 전체 수감자 수 9,059명 중 천도교계가 1,369명, 기독교계가 1,966명, 불교계가 106명,

---

[1] 강재호, 「서문」, 이용락 편저, 『3·1운동실록』, 삼일동지회, 1969.

무종교가 5,486명을 차지하고 있어서[2] 천도교와 기독교계가 중심적인
역할을 했음을 확인할 수 있다. 그중 이 운동을 초기부터 기획하고 견
인한 세력은 손병희가 이끌었던 천도교 세력이며 더욱이 운동의 방법
을 비폭력 대중적 평화시위로 기획한 것도 손병희 측이었다.

   그런데 해방 후 3·1운동과 관련한 손병희에 대한 평가를 살펴보면,
처음에는 3·1운동의 지도자로서 측면이 부각되었다가 1960년대 후반
33인 민족대표가 3월 1일 당일, 자진해서 경찰에 신고하여 체포당하는
등의 투항적 측면이나 손병희의 활동 중 러일전쟁기에 친일적 행적이
있었다는 점을 비판하는 논조가 보태지면서 그동안의 적극적인 평가가
주춤하는 경향을 띠어 왔다.[3] 그 후 민중사 및 사회사적 관점에서 3·1
운동 연구가 활발히 이루어지면서 상대적으로 손병희와 천도교 세력이
3·1운동에서 담당한 역할에 대해서도 평가절하되는 경향이 있었다.[4]

   이 글은 위와 같은 종래의 연구에 의문을 제기하며, 3·1운동기 일본
측 신문자료의 천도교와 손병희에 대한 보도논조를 연구대상으로 하여
3·1운동이 진전됨에 따라 그 논조가 어떻게 변화해 나갔는지를 분석

---

[2] 近藤釰一編, 「조선근대사료(조선총독부관계중요문서선집 9)」, 『만세소요사건(3·1
운동)』, 우방협회, 1964. 기독교계수감자 수는 천주교, 구세군, 성공회, 장로교, 감
리교회, 안식교, 조합교회, 그 외 기독교를 합한 숫자이다.

천도	천리	시천	대종	유교	선종	정토	그외불	천주	구세	성공	장로	감리	안식	조합	그외기독	미상	무종교	합계
1363	3	5	4	55	65	1	40	53	10	4	1441	438	3	7	10	77	5486	9059

[3] 허수, 「해방 후 의암 손병희에 대한 사회적 기억의 변천」, 『대동문화연구』 83, 2013.
[4] 손병희의 친일행적에 대해서는 1900년대 전반 그의 도일 이후의 행적에 대한 것에
집중되어 있다. 최기영은 러일전쟁기에 손병희는 '한국식민화를 기도하고 있던 일
본세력을 지원하고자 했다'고 비판하고 있으며, 김정인은 '을사늑약 후 자신과 문명
개화파 인사들의 신변 안전을 보장받을 수 있게 됨으로써 귀국했다'고 지적하고 있
다. 이러한 연구에서는 손병희의 친일 행적은 의심할 여지가 없는 것으로 보고 있
다(최기영, 「한말 동학의 천도교로의 개편에 관한 검토」, 『한국학보』 20권 3호, 1994;
김정인, 『천도교 근대민족운동 연구』, 한울, 2009, 68쪽).

하고자 한다. 먼저, 3·1운동 초기 보도의 특징을 살펴보고, 일본 측 신문에서 제기한 손병희에 대한 부정적 평가를 비판적으로 재검토할 것이다. 그리고서 3월 중순 이후 보도 논조의 변화 양상을 살펴보고, 특히 일본의 정치학자 요시노 사쿠조(吉野作造)가 3·1운동 후 『요코하마무역신문(横浜貿易新聞)』에 기고한 글을 주목하고자 한다.

이 글에서 주로 이용한 자료는 독립기념관 한국독립운동사연구소에서 간행한 『일본신문 한국독립운동기사집』[5] 외에 일본 고베(神戸)대학 신문아카이브 자료, 1900년대 전반 손병희가 신분을 감추고 일본에서 활동하던 당시의 일제 측 보고 문건 등이다.

2. 3월 상순의 보도 논조

먼저 일본신문의 논조를 살펴보기에 앞서 이들 기사가 어떤 과정을 거쳐 신문에 게재되는지의 과정을 살펴보고자 한다. 그 이유는 신문에 게재되는 기사를 자료로서 사용할 때 이를 그대로 수용하기보다는 일정한 사료 비판이 이루어져야하기 때문이다.

우선 일제강점이라는 시대적 조건 속에서 조선은 '외국'이 아니라 '내국'의 범주로 분류되었음을 확인해둘 필요가 있다. 조선의 지역적 범주는 내국통신부에 소속되어 있다. 오사카마이니치신문사(大阪毎日新聞社)의 경우, 조선 내 경성·부산·대구·평양·원산에 통신원이 파견되

---

5) 윤소영 편역, 『일본신문 한국독립운동기사집(1)─3·1운동편(1) 대판조일신문』, 독립기념관 한국독립운동사연구소, 2009; 동 편역, 『일본신문 한국독립운동기사집(1)─3·1운동편(2) 대판매일신문』, 독립기념관 한국독립운동사연구소, 2009; 방광석 역, 『일본신문 한국독립운동기사집─3·1운동 영향편 대판매일신문』, 독립기념관 한국독립운동사연구소, 2010.

어 있었다.[6] 오사카 마이니치신문사에서 6~7명에서 15~6명의 사원이 배치된 지국으로는 나고야(名古屋)·교토(京都)·고베, 중국의 펑텐·베이징 그리고 조선에서는 부산과 경성이 포함되어 있었다.[7] 따라서 부산과 경성이 주요 지역으로 분류되었음을 알 수 있다.

통신체계는『오사카마이니치신문』본사의 중앙연락부,『도쿄니치니치신문(東京日日新聞)』본사의 동부연락부, 모지(門司)지국의 서부연락부로 나뉘어 있는데, 동부와 서부연락부의 통신사항은 일단 모두 오사카 본사에 집중하도록 되어 있다.

조선 지역의 통신은 서부연락부인 모지 지국으로 전달되어 오사카 본사로 전해지게 된다. 각 지방의 통신은 전화·전보·열차·우편으로 보내졌고 본사에는 지역별로 따로 마련된 전용전화기로 각 지역의 소식을 전달받았다.[8] 전화기 옆에는 항상 속기사가 여러 명 대기하고 있다가 내용을 속기하여 각 부서로 전달하였다.[9]

『오사카마이니치신문』의 경우, 3·1운동 기간 동안에 조선에서 발신된 전보는 인천·진남포·청진·평양·광주·이리·목포·대구·진주·마산·부산의 지명이 확인된다. 기사의 끝에 밝히고 있는 출처를 보면 〈경성내전(京城來電)〉은 경성에서 보낸 전보이다. 전신은 암호 전보로 보내졌다. 〈특전(特電)〉은 통상의 경로보다도 신속히 보내진 전보를 말한다. 예를 들면 전신이 폭주할 경우 다른 지역으로 우회시키면 오히려 신속히 보낼 수 있었다고 한다. 통상적인 전신이라면 조간에 실릴 기사가 전날 저녁 석간(날짜는 익일자 석간으로 표시)에 실릴 수도 있었다.

---

6) 大阪每日新聞社編,『大阪每日新聞社大觀』, 大阪每日新聞社, 1924, 61~64쪽.

7) 위의 책, 307쪽.

8) 위의 책, 307~308쪽.

9) 위의 책, 74·80쪽.

예를 들면『오사카마이니치신문』3월 3일 자 석간에「조선각지의 소요」
라는 기사가 실리고,『오사카아사히신문(大阪朝日新聞)』3월 3일 자에
「야소교도인 조선인의 폭동」이 실렸는데, 이것은『오사카마이니치신문』
이『오사카아사히신문』을 제치고 먼저 3·1운동 관련 보도를 한 셈이다.

한편 3·1운동 관련 보도를 살펴볼 때 주의해야 하는 점은 일본에 보
도되는 기사는 먼저 내무성 검열을 거쳐야 게재될 수 있었다는 것이다.
1909년에 제정된 법률41호「신문지법」은 '안녕질서를 문란하게 하고 풍
속을 해하는 것으로 인정될 때 발매 반포 금지 및 차압할 수 있으며(제
23조,24조), 육군대신, 해군대신 및 외무대신은 군사 혹은 외교사항에
대해 게재금지, 제한할 수 있고(제27조), 황실의 존엄을 모독하고 정체
(政體)를 변개하고 조헌(朝憲)을 문란하게 했을 경우 발행인, 편집인,
인쇄인은 2년 이하 금고 또는 300원 이하 벌금에 처(제42조)'할 수 있었
다.10)

또한 조선총독부 학무국에는 4월에 임시소요계(臨時騷擾係)가 특설
되어 언론을 감시하고 통제했다. 당시 학무국장인 세키야 데사부로(關
野貞三郎)가 신문계장에 임명되어 통할하였고 전 학무과장인 유게 고
타로(弓削幸太郎)는 독립운동에 대한 정보와 당국의 정책방침에 대해
내외통신사에 기사 자료를 제공하였다. 학무국 편집과장인 오다 쇼고
(小田省吾)는 국내와 하와이에서 발행되는 한글 신문잡지를 검토하여
조치하고 관계기관에 보고, 대책을 수립하도록 하는 역할을 담당했
다.11)

10)『法令全書』, 일본 내각인쇄국, 1909, 111~136쪽.
11)『조선소요사건 공로자 조사철』(학무국부), 1921.5, 국립중앙도서관 소장 필사본,
　　18~20쪽. 이 글을 보면 세키야 데사부로는 "신문계장에 임명되어 내지, 조선, 지나,
　　블라디보스톡, 하와이 등에서 발간하는 내외 60여 종의 신문·잡지에 대해 일본문,
　　한문, 한글문, 영문 등으로 게재하는 광범위한 관계기사의 검열, 번역, 정리 및 등

따라서 당시 언론에 보도된 3·1운동 관련 내용은 기본적으로 정보의 왜곡이 전제되어 있었다는 점을 충분히 고려할 필요가 있다.

대표적인 왜곡 보도는 일본의 피해 상황을 과장되게 보도한 것이다. 조선주차헌병대사령부가 작성하여 일본정부에 보낸 3월 중 전국에서 벌어진 시위 통계표를 보면 경성을 포함한 경기 일대에서 17만여 명이 시위에 참가했고 전국적으로는 58만 7천여 명이 참가했다고 한다. 검거 인원은 1만 3천여 명이고 사망자는 553명, 부상자는 1,409명이라 하였다. 한편 일본 군경의 피해는 부상당한 병사는 총 4명, 사망한 헌병 6명, 부상 헌병 88명, 사망한 경찰 2명, 부상 경찰 65명이다.[12] 조선 측의 사망이 553명, 부상자가 1,409명이어서 일본 측의 피해 규모보다 훨씬 많았다. 그렇지만 신문에서는 폭력화하는 시위대로 인해 일본 군경이 부상당하고 피해를 입고 있다고 하며 부상 및 사망자 가족의 눈물겨운 애환을 기사로 작성하여 일본 국민의 감정을 자극했다. 그리고 일본의 무력 탄압에 대해서 축소 보도했다.

<hr>

재재료의 공급 등을 1919년 8월에 본 계가 폐지될 때까지 시국의 추이에 유의하며 적절한 조치를 했다." 당시 조선총독부 철도부장인 유게 고타로는 "신문계장의 지휘 하에 신문재료 공급 임무를 맡아 부하의 직원을 독려하며 불령한 무리가 빈번히 유언비어를 퍼뜨리며 인심을 어지럽히고 선동하는 때를 당하여 각도 및 국경지방과 동경·상해·하와이 등 각지에 재류하는 조선인의 독립운동에 관한 정보 및 당국의 정책 방침 등에 대해 내외통신기관 신문 등에 정확한 등재자료를 공급하여 시국의 眞想을 소개하여 그 업계에 공헌하였다."(동 조사철, 29~31쪽) 학무국 편집 과장인 오다 쇼고는 "신문 사열에 관계하여 주로 조선 및 하와이에서 발행하는 언문 각 신문·잡지 등의 사열에 종사하여 적당한 조치를 하고 일면 신속하게 관계 관헌 등에 자세히 보고하여 사건의 진압에 처할 자료를 제공하였다."(동 조사철 39~40쪽)고 한다.
[12] 『朝鮮3·1獨立騷擾事件』, 5쪽.

〈표 1〉 3·1사건소요조사표

도명	소요개소	소요회수		미연방지개소	소요인원	검거인원	폭민	
		폭력	비폭력				사망	부상
경기	143	76	149	38	169,300	2,693	72	240
충북	31	21	16	34	26,420	325	28	50
충남	56	31	34	18	35,505	579	39	121
전북	11	4	9	13	6,250	176	10	17
전남	10	3	11	18	3,240	230		4
경북	27	16	14	45	16,573	1,532	25	69
경남	68	37	64	34	108,912	1,326	50	136
황해	81	40	64	38	37,598	1,646	36	79
평남	36	17	23	20	46,818	1,365	124	166
평북	59	41	52	44	86,629	1,269	107	349
강원	32	16	25	26	16,349	530	23	43
함남	43	22	38	21	24,217	1,069	27	64
함북	21	8	16	8	9,830	417	12	41
총계	618	332	516	357	587,641	13,157	553	1,409

* 조선주차헌병대사령부의 조사, 일본국회도서관 헌정자료실 소장; 조선헌병대사령부 편, 『朝鮮3·1獨立騷擾事件』, 巖南堂書店(복각), 1969, 5쪽.

『오사카마이니치신문』은 이들에 대해 고종의 국장 경비를 위해 동원된 순사, 헌병 300명과 경기도 관내 헌병, 순사가 1일 아침부터 경성에 도착해 있었지만 이들은 단속명령을 받지 않아 수수방관할 뿐이었다고 한다.[13] 이에 데라우치(寺內) 총독은 군의 출동을 명하여 보병78연대 야마모토(山本) 소좌 이하 1개 중대를 동원하여 총검으로 이들을 진압했다고 보도했다.[14] 그런데 조선헌병대사령부의 보고서를 보면 3월 1일 당일에 용산 보병 3개 중대와 1개 기병 소대를 동원하여 헌병과 경찰관

---

13) 『大阪每日新聞』1919년 3월 4일 석간;『기사집』(2), 123~124쪽.
14) 『大阪每日新聞』1919년 3월 4일 석간;『기사집』(2), 124쪽.

을 지원하여 시위대를 진압했으며 오후 7시에 겨우 소강상태를 맞이했
다고 한다.[15] 『오사카마이니치신문』에는 1개 중대로 축소 보도된 것이
다. 이것은 내무성의 검열을 거쳐 축소된 정보가 신문사에 제공된 것으
로 봐야 할 것이다. 일본에서 발간된 영자지 『Japan Advertiser』는 3월
7일 자 기사에서 3월 1일 경찰이 칼을 빼들어 시위대를 무력 진압했다
고 보도했고,[16] 조선헌병대사령관이 3월 4일에 일본정부에 보낸 전보
에는 평안도와 황해도에서 헌병분대가 병기를 사용하여 진압하여 시위
대 중 사상자가 발생했음이 보고되고 있던 상황이었다.[17] 이미 3·1운
동에 대해서는 실제 목격한 선교사의 증언이나 석방된 이들의 증언 등
으로 일제의 잔인한 진압 실상에 관한 많은 사례가 보고되어 있는데 양
신문에서는 그러한 내용은 일체 보도되지 않고 있다.

　또한 조선 측의 많은 피해 상황에 대해서는 기사 내용 가운데 언급
하면서도, 정작 표제는 일본 측의 적은 피해 상황을 큰 글씨로 강조했
다. 3월 9일 자 성천(成川)에서 죽은 헌병 분대장 마사이케 가쿠조(政池
覺造) 가족의 일화를 소개하여 시위의 폭력성을 강조하고 마사이케 헌
병 분대장이 임무를 훌륭히 마치고 순국했다고 보도하는 식이다.[18] 3월
9일 자에도 헌병과 경관이 부상했다고 보도했다. 3월 9일 자 『오사카아
사히신문』도 「소요로 순직한 두 헌병대장」이라는 제하에 마사이케 가

15) 조선헌병대사령부 편, 「朝鮮騷擾事件ノ槪況」(조선헌병대사령부 조선총독부정무총
　감부), 『朝鮮三·一独立騷擾事件』, 巖南堂書店 (복각), 1969, 58쪽에는 보병 3개 중
　대를 보냈다고 하고, 조선헌병대사령관이 1919년 3월 1일 자 밤 11시 20분에 보낸
　전보 보고에는 보병 3개 중대와 기병 1개 소대를 출동시켰다고 하였다(육군성, 『조
　선소요사건관계서류』(대정 8년부터 대정 10년) 7책 중 1, 국사편찬위원회 소장본).
16) Police with Drawn Swords, The Japan Advertiser, March 7, 1919.
17) 제11호, 3월 4일 0시 25분 발, 발신자: 조선주차헌병대사령관, 육군성, 『조선소요사
　건관계서류』(대정 8년부터 대정 10년) 7책 중 1, 국사편찬위원회 소장본.
18) 『大阪每日新聞』 1919년 3월 9일, 「순직한 남편」; 『기사집』(2), 154쪽.

쿠조와 사천에서 사망한 사토 지쓰고로(佐藤實五郎)의 '순국' 기사를 실었다.

한편 한국인이 민족자결주의를 오해하고 있다는 기사는 반복적으로 게재되었다. 『오사카마이니치신문』은 3월 4일 자 논설에서 유럽대전의 소란을 기회로 민족자결주의가 고조되자 조선인이 민족자결주의를 오해하고 있다고 지적하고 '일본인과 조선인은 원래 한 민족'이라는 논리를 전개하여 한국의 독립 요구의 부당성을 지적했다.[19] 고쿠부 산가이(國分三亥) 사법장관의 "이번 소요는 유럽 전란의 뒤처리를 위해 만들어진 법인 민족자결이라는 말을 오해 혹은 곡해하는 자가 혹은 일부 무리에게 잘못 인도되어 조선도 이 적용을 받을 것이라고 잘못 생각한 결과"[20]라는 발언을 게재하였다.

후쿠자와 유키치(福澤諭吉)가 펴낸 『지지신보(時事新報)』의 계열사인 『오사카신보(大阪新報)』는 1919년 3월 8일 자 「조선의 소요」에서 '청일전쟁과 러일전쟁 당시 일본은 민명(民命)과 재산을 바쳐 조선을 도왔는데 은혜를 원수로 갚는다'는 언설을 펼쳤다. 이렇게 3·1운동 초기에는 민족자결주의 등에 대한 한국인의 '무지몽매'함을 훈계조로 지적하는 내용이 많았다.

이와 같은 보도 논조 가운데 손병희와 천도교 관련 보도는 어떤 내용이었을까? 3·1운동에 대한 기사가 일본 신문에 처음 게재된 3월 3일 자 『오사카마이니치신문』, 「조선 각지의 소요-여학생도 섞인 수천 명의 단체」(석간 6면)라는 기사 중에 손병희에 대한 언급이 보인다.

1일 오후2시경 조선 경성에 일대 소동이 야기되었다. 이 일은 <u>중등학교</u>

19) 『大阪每日新聞』 1919년 3월 4일, 「일선의 융합」; 『기사집』(2), 129쪽.
20) 『大阪每日新聞』 1919년 3월 8일, 「처벌할 것이다」; 『기사집』(2), 152쪽.

이상의 조선인 학생 전부가 결속하고 이에 다수의 여학생도 참가하여 一隊
를 조직하고 고 이태왕 전하의 대장례가 다가온 것을 기회로 삼아 일대 시
위운동을 일으킨 것이다. 이리하여 그들은 우선 종로에서 행진을 시작하여
대한문에 이르렀는데 이 때 그 숫자는 점점 불어나 수천 명이 되었다. 그 안
에 약 500명은 대한문으로 들어가 석조전에 들어가 만세삼창을 하고 더욱이
경복궁에 도착했다. 소식을 듣고 정무총감부와 경찰서가 총출동하여 진압하
기 위해 애쓰고 군대도 역시 요소요소를 방비했다.[21]

고 하여 특히 시위대가 학생들이고 그중에 여학생도 참여하여 '행진'을
했으며 시간이 지남에 따라 수천 명으로 증가했다고 보도했다. 아울러
군대가 요소요소에서 방비한다고 하여 이미 군대가 출동했음을 알렸
다. 그리고 같은 기사에서

선동 주모한 혐의자 몇 명은 이미 모 처에 구인되었는데 그 중 한명은 孫
秉熙, 다른 한명은 尹益善이라고 한다. 孫은 基敎 傳道敎 회원이고 尹은 사
립보성전문학교 교장으로 학생 대부분은 청년회원 基敎徒 등의 배일파라고.
… 各所에 격문을 배포한 것은 基督敎 傳道本部로 (하략)[22]

라고 하였다. 손병희란 인명은 명시되었지만 '기교(基敎) 전도교(傳道
敎)' 회원이라고 하여 문맥이 명확하지 않다. 다만 이어지는 기사에서
격문을 배포한 것이 '기독교(基督敎) 전도본부(傳道本部)'라 한 점으로
보아 손병희를 기독교도로 오인한 것으로 생각된다. 이러한 점에서 드
러나듯이 3·1운동 발발 직후 일본 언론에서는 천도교에 대한 사전지
식은 거의 없었다고 생각된다.

---

21) 『大阪每日新聞』 1919년 3월 3일, 「조선각지의 소요」; 『기사집』(2), 113쪽.
22) 위와 같음.

3월 4일 자 기사에 「경성의 대소요－천도교주 이하의 체포(京城の大騷擾－天道敎主以下の逮捕)」 및 「소요의 주모자 천도교 교주 손병희와 보성학교장 윤익선(騷擾の首謀者－天道敎敎主孫秉熙と普成學校長尹益善)」이라는 제목으로 비로소 천도교 교주 손병희에 대한 기사가 게재되기 시작했다.[23] 즉,

경성시내에 있는 중등 이상의 각 공사립학교 즉 사립중앙청년회관, 사립 이화학당, 사립 배재고등보통학교, 사립 儆新學校, 공립전수학교, 사립 중앙학교, 공립 경성고등보통학교, 사립 보성고등학교, 사립 양정고등학교 생도 일부는 종로통 파고다 공원에 집합하였다. 이보다 앞서 조선민족대표자라 칭하는 천도교총장 손병희(조선인은 신처럼 존경한다.) 외 32명은 어디에서 얻었는지 「파리회의에서 운운」하는 전보가 있다고 불온한 선언서를 발행하였다. 또한 남대문에 격문을 첨부한 자도 즉 손병희 이하의 행위이다. 1일 오후 1시 경 종로 명월관 지점에 집합한 대표자인 손병희 이하는 그동안 자주 협의를 빙자하여 축하회를 개최했다. 이것을 탐지한 종로경찰서에서는 오후 2시 손병희 외 몇 명을 체포하여 취조에 착수하였다. 이에 공원에 집합한 학생은 어떻게 행동해야하는지 망설이고 있던 중 사립 보성고등학교장 尹益善이라는 자가 불온문자를 나열한 신문지를 인쇄하여 이를 학생 일동에게 배포하고 손병희 이하가 체포된 사실을 알리자 학생들은 위원을 선두로 추대하여 공원을 빠져나왔다.[24]

고 보도했는데 손병희를 '조선인은 신처럼 존경한다'고 소개한 점이 주목된다. 3·1운동의 주도자는 손병희와 천도교임을 명시하고 그는 남대문 등에 격문을 미리 붙여 민중의 시위참가를 독려했을 뿐 아니라 보성

---

23) 『大阪每日新聞』 1919년 3월 4일, 「騷擾の首謀者－天道敎敎主孫秉熙と普成学校長尹益善」.

24) 『大阪每日新聞』 1919년 3월 4일, 「조선에 백오십만 신자를 갖고 있다고 하는 천도교주 손병희와 보성학교장 윤익선」; 『기사집』(2), 121~122쪽.

학교장 윤익선은 '불온문자를 나열한 신문지'를 배포했다고 하였다. 윤익선이 배포한 신문은 다름 아닌 『조선독립신문』을 말한다. 이날 배포된 신문에 대해 이종일은 "나는 오늘(3월 1일) 『조선독립신문』을 장효근·김홍규·윤익선·이종린·신영구 등으로 하여금 창간·반포하게 했다"고 적었다.[25]

『오사카아사히신문』은 손병희가 체포되던 당시의 모습을 보도하고 있는데 '이 소동이 한창일 때 손병희 등 중심인물 몇 명은 선술집 가게 쓰(花月)에서 술을 마시며 그 곳에서 총독부로 전화를 걸어 우리들 동지는 지금 이곳에 있고 도망치지도 숨지도 않는다'고 했다고 보도했다.[26] 손병희 등 민족대표가 스스로 일경에 전화를 걸어 체포를 자처했다는 것은 3·1운동에서 민족대표의 역할을 부정적으로 평가하는 논거로 종종 제시되어 왔다.

그런데 손병희 등 천도교 측은 1918년 일본의 쌀소동으로 혼란스러운 상황을 이용하여 민중시위운동을 계획하는 등, 시위운동에 대한 계획이 일찍부터 준비되어 있었고, 3월 1일의 전국적인 시위운동을 위해 주도면밀하게 준비를 거듭했던 점을 감안한다면, 명월관 지점(태화관)에서의 '자진 피체' 정황은 이 시위운동에서 설정된 손병희 등의 역할 범주로 해석하는 것이 자연스럽다. 더욱이 3월 1일 민족대표가 체포되기도 전에 천도교 측에서 발행한 당일자 신문에는 이미 민족대표의 체포 소식이 게재[27]되었으며 『묵암비망록』에는 당일 손병희가 파고다공원에 가지 않은 이유를 설명하여

---

[25] 이종일, 『묵암비망록』, 박걸순 저, 『이종일』, 독립기념관 한국독립운동사연구소, 1997, 252쪽.

[26] 『大阪朝日新聞』 1919년 3월 14일, 「조선인을 혹란시키는 천도교의 정체(1)」; 『기사집』(1), 168~169쪽.

[27] 『조선독립신문』 3월 1일 자, 독립기념관 소장본.

우리는 지금 대한의 독립운동을 평화적이고 당당한 의기에 가득찬 호기
로 진행하고 있는데 학생들과 시민 앞에 선다면 필경 폭동화할 것이나 이는
우리의 당초 목표가 아니다. … 그러니 그대들 학생은 돌아가 온전한 방법
으로 일본에게 우리 민족의 평화적 성품을 인식시켜 그들이 스스로 물러나
게 하라고 간곡히 타일러 보냈다.28)

고 기록되어 있듯이, 민족대표의 '자진 구속'은 운동 전개 초기의 폭력
화를 피하고 대중적 시위를 평화적으로 수행하기 위해 기획된 전술적
선택이었다고 봐야 할 것이다. 이종일은 당일 상황에 대해 "우리 대표
20명은 의암 성사를 필두로 하여 자동차에 나누어 타고 일경에게 연행
되어 갔다. 이때 나용환(羅龍煥)·이승훈(李昇薰) 그리고 나는 2, 3백
장씩 독립선언서를 군중에게 뿌리면서 '대한독립만세'를 고창했더니 분
노·감격·흥분 속에 몰려있던 군중들은 목이 터져라 하고 만세를 따라
외쳤다."29)고 적었다. 연행되어 가면서도 자신들의 소임을 다하고자 했
던 모습을 엿볼 수 있는 대목이다.

  3·1운동 발발 초기에 일본 측 신문은 손병희와 천도교에 대해 매우
부정적인 보도로 일관하고 있다. 『오사카아사히신문』 3월 7일 자는 '이
번에 무지한 조선 사람을 유혹한 것은 천도교라는 사이비종교를 주장
하여 평소부터 다수의 우민을 이끌고 있는 교주 손병희'30)라고 하여 천
도교를 '사이비종교'로 폄하하고 이를 신봉하는 조선인은 무지한 우민
이라고 단정했다. 또한 고종의 국장에 참석하고 귀국한 가토(加藤) 부
관에게 들은 이야기를 게재하여

28) 『묵암비망록』, 1919년 3월, 252쪽.
29) 위와 같음.
30) 『大阪朝日新聞』 1919년 3월 7일, 「폭도의 원흉」; 『기사집』(1), 112쪽.

조선의 이번 소요는 실로 미신에서 일어난 것이다. 소위 국왕의 죽음에
임하여 무언가 변괴가 일어난다는 예언적 미신에 편승하여 일부 무리가 이
를 이용하였고 또한 우연히 강화회의에서 민족자결 등의 말이 나온 것을 빙
자하여 사상이 단순한 학생이나 순박한 우민을 선동한 것으로써 음모라고
할 만한 대단한 근거가 있는 것이 아니다. 주모자로 지목된 손병희 일파의
천도교는 유교에 기독교를 결합한 식의 이상한 종교이며 그들과 결탁한 기
독교 목사도 아무튼 별 볼 일 없는 자들이다. 동학당의 잔당이나 그외 불평
가의 가면에 불과하다.[31]

고 하여 '천도교는 유교에 기독교를 결합한 이상한 종교'라고 일축했다.
3월 12일 자에는 영친왕 이은의 비서인 김 무관의 말을 인용하여

소요의 원흉인 손병희는 다소 한학의 소양이 있는 것 같지만 대단한 인물
도 아니고 교묘하게 우민을 유혹하여 다액의 재산을 쌓고 사치스러운 생활
을 하는데 이번 일도 그가 우민을 향하여 명목상 연극을 한 것에 불과할 것
입니다. 학생들이 이에 가담한 것은 기독교의 관계이겠지요. 전하는 매우
걱정을 하시고 계셔서 때때로 대체적인 상황을 말씀드렸습니다. 그러자 "왜
소란을 피우는가"라고 유일하게 한마디 하셨습니다.[32]

고 보도했다. 손병희가 사치스러운 생활을 하고 있고 '우민'을 속이고
있다는 점은 앞서의 보도와 일치한다. 특히 영친왕 이은도 비판적이라
고 보도함으로써 손병희에 의해 주도된 시위운동에 대해 조선 왕실조
차 비판적이라는 걸 드러내고자 했다.

---

31) 『大阪朝日新聞』 1919년 3월 8일, 「종이로 급히 만든 한국기로 만세, 독립했는지를
   질문, 아키야마 대장 부관의 말」; 『기사집』(1), 119~120쪽.
32) 『大阪朝日新聞』 1919년 3월 12일, 「왜 소란을 피우는가」; 『기사집』(1), 136쪽.

3. 손병희에 대한 폄훼 보도 재검토

3·1운동이 조만간 진정될 것이라는 당초의 예상과는 달리 운동이
전국적으로 확대되어 나가자 각 신문에는 천도교 관련 연재기사가 늘
었다. 『오사카아사히신문』은 천도교의 유래인 동학에 대해 소개하고
이어

> 3대째는 즉 손병희로 충청북도 청주군 북일면에서 태어났다. 집안은 매우
> 가난하고 학문은 없지만 어릴 때부터 최시형의 문하에 들어가 동학란이 진
> 정되자 상하이로 망명했다. 일본에 온 것은 그로부터 3년 후인데 교토와 오
> 사카 지방에서 하릴없이 지냈는데 손병희라고는 하지 않고 李祥憲이라는 가
> 명을 썼다. 그리고 조선의 교도에게는 仙術을 부려 천국에 올라가고 있다고
> 하는 한편 동지의 한명인 李容九를 시켜 교도가 흩어지지 않게 하고 오로지
> 기회를 기다리고 있었다. 사람들의 관심이 사그러든 메이지 39년(1906) 1월
> 비로소 조선으로 돌아와 경성에 자리를 잡으니 잔당은 각지에서 모여 이전
> 보다 세력이 증가했다. 거기에서 스스로 大道主가 되어 동학당이라는 이름
> 을 버리고 오늘날의 천도교를 시작한 것이다.[33]

손병희가 상하이를 거쳐 일본 교토와 오사카에 가서 '하릴없이' 지냈
으며 이상헌이라는 가명을 사용했다고 하였다. 그리고 조선의 교도들
에게는 허황된 말로 현혹시키는 한편 1906년 1월에 귀국하여 잔당들을
모아 스스로 대도주가 되고 동학당이라는 이름을 버리고 천도교를 시
작했다고 하였다. 그뿐 아니라 그는 교도의 성금으로 사치를 일삼고 진
남포 출신의 기생 주산월(朱山月)을 2천 원에 빼내와서 첩으로 삼았다

---

33) 『大阪朝日新聞』 1919년 3월 15일, 「조선인을 혹란시키는 천도교의 정체(2)」; 『기사
집』(1), 173쪽.

고 하여 '성미(誠米)가 첩으로 변했다'고 조롱하는 글을 실었다.[34] 나아가서 손병희는 종교가라기보다는 야심가라고 지적하고, 그 증거로

> 원래 손병희의 야심이란 것이 러일전쟁에 즈음하여 일본에서 돌아오자 곧바로 3만금을 일본정부에 군용자금으로 헌납하고 우리나라에게 다대한 호의를 보임과 동시에 당시 숨을 죽이고 있던 구교도를 규합하여 재차 천도교를 일으킨 것이다. … 일본정부에 군자금을 헌납하고 일진회 창설 때 흑막으로 일했던 그가 한일병합이 이루어지자 반기를 들고 배일의 우두머리가 된 것도 그의 야심이 오로지 스스로 제왕이 되는 것이었기 때문이다. 손병희의 안중에는 한국도, 이왕가도 없으며 또한 일본정부도 없다. … 심지어는 첩의 집이나 요리점에 빠져있을 때에는 의암선생은 仙術로 오늘은 북경에, 내일은 파리로 여행 중이라고 널리 알리고 있다. 그리하여 대부분의 교도는 정말이라고 믿어 고마워하고 있다. … 겨우 최근에 이르러 제아무리 몽매한 교도 중에도 조금씩 눈을 뜨는 자도 있다고 한다.[35]

라고 하여 손병희는 일본에 군자금을 헌납하고 일진회 창설에 관여한 자로써 교도들을 속이며 자신의 정치적 야망을 채우는 데에만 관심이 있는 자라고 지적하고 있는 것이다.

즉 이와 같은 기사에서는 3·1운동의 주모자인 손병희가 사실은 사치 방탕한 인물이며 한때는 친일행적을 보인 인물이라는 점을 강조한 것이다. 손병희의 '사치' 및 '친일행적'에 대해서는 그동안의 연구에서도 비판적으로 제기해 왔다. 최기영 교수는 손병희의 일본 망명 생활에 대해 언급하며 "일본에서의 손병희의 생활이 여비 부족으로 일본에 체류

---

34) 『大阪朝日新聞』 1919년 3월 16일, 「조선인을 혹란시키는 천도교의 정체(3)」; 『기사집』(1), 175쪽.

35) 『大阪朝日新聞』 1919년 3월 18일, 「조선인을 혹란시키는 천도교의 정체(5)」; 『기사집』(1), 177~178쪽.

하였다는 이유와 달리 매우 호사스러웠다"고 지적하고 이현종 교수의
글을 인용하여 손병희가 일본에서 '쌍두마차'를 타고 다녔다는 점 등도
비판적으로 기술했다.[36] 과연 이와 같은 평가가 사실일까? 이 부분은
3·1운동에서의 손병희의 활동상을 이해하는 데에도 중요한 부분이 아
닐 수 없다.

이 점을 살펴보기 위해서 1900년대로 거슬러 올라가 손병희의 일본
망명기의 모습을 재검토해보고자 한다. 동학의 제3대 교주 손병희가
일본에 간 것은 1901년이다. 그는 "장래에 우리의 道를 세계에 빛내고
자 하면 오늘날 문명의 대세를 살펴보지 않으면 안 될 것"이라고 하여
향후 10년 동안 외유하며 세계 대세를 살펴볼 생각으로 교도들의 동의
를 얻어 외유를 결행했다.[37] 이때에 손병희는 일본을 경유하여 미국에
갈 목적으로 손병흠(孫秉欽)·이용구(李容九)와 함께 길을 떠났으나 여
의치 않아 일본에 머무르게 되었다고 한다.[38] 다시 상해를 거쳐 미국으
로 가고자 시도했지만 이루지 못하고 다시 일본으로 되돌아왔으며 상
해에서는 쑨원(孫文)과도 교유했다고 한다.[39] 그 후 손병희는 국사범으
로 일본에 망명하고 있던 권동진(權東鎭)·오세창(吳世昌)·조희연(趙
羲淵)·이진호(李軫鎬)·조희문(趙羲聞)·박영효(朴泳孝)·양한묵(梁漢
黙) 등과 교류하였다.[40] 또한 1902년에는 정광조, 오상준 등 학생 24명

---

36) 최기영, 「한말 동학의 천도교로의 개편에 관한 검토」, 『한국학보』 76·96쪽; 이현
    종, 「의암손병희선생 전기」, 의암손병희선생기념사업회, 1967.
37) 천도교사편찬위원회 편, 『天道教百年略史』, 미래문화사, 1981, 325~326쪽.
38) 위의 책, 328쪽.
39) 위의 책, 328쪽. 한편 『천도교창건사』(이돈화 편술)에는 '국사범 권동진, 조희연, 이
    진호, 조희문, 박영효 등과 만나 시국을 의논하다. 이 해에 李鍾勳에게 正菴, 洪秉
    箕에게 仁菴, 손병흠에게 剛菴, 이용구에게 智菴, 嚴柱東에게 勇菴이라는 道號를
    주다. …잠시 조선에 갔다가 다시 임인년에 24명의 학생을 데리고 일본으로 건너갔
    다.'고 적고 있다(이돈화 편술, 『천도교창건사』, 천도교중앙종리원장판, 1933 참조).
40) 천도교사편찬위원회 편, 위의 책, 329쪽.

을 일본 나라(奈良) 현에 유학하게 했다가 6월에는 교토로 옮겨 관립중
학에 입학시켰다. 러일전쟁기에 손병희는 거처를 도쿄로 옮기고 다시
유학생 40명을 모집하여 유학시켰는데 그중에는 박종경(朴宗卿)·장경
락(張景洛)·최창조(崔昌朝)·서윤경(徐允京)·백종흡(白宗洽)·황석교
(黃錫翹)·정광조(鄭廣朝)·이관영(李寬永)·김승운(金勝運)·이광수(李
光洙) 등이 있었다.[41]

　일본 망명 당시 손병희는 자신의 신분을 감추고 이상헌(李祥憲)이라
는 이름을 사용했다는 것이 알려져 있다. 흥미로운 사실은 당시 일본정
부는 박영효 등 한국에서 망명온 '망명자'들의 동태를 예의 주시하며 일
일이 사찰하고 있었으며 그 과정에서 이들과 교류하고 있는 정체불명
의 인물로 이상헌을 지목하고 주한공사 하야시 곤스케(林權助)에게 명
하여 조사하도록 했다. 그 조사 보고 내용이 매우 주목된다. 1904년 2월
20일 자에 「韓人 李祥憲의 신원 조사에 관한 건」을 보면 고무라 주타로
(小村壽太郎) 외무대신이 '한인 이상헌의 신원에 대해 수상한 점이 있
어서 이번에 교토부 지사가 별지 사본과 같이 의뢰해 왔으므로 정밀한
조사를 하여 급히 회신하길 바란다'는 밀서를 하야시 곤스케 주한공사
에게 보냈다는 사실을 알 수 있다.[42] 그리고 다른 한편으로 1904년 2월
부터 9월 사이에 일본 관계당국은 한국 망명자 조희연 등이 이상헌과
빈번히 만나고, 이상헌이 오사카 거주 한국인과 도쿄에 유학하는 한국
인 유학생들, 그리고 한인 망명자들에게 경제적 후원을 해주는 모습을
사찰하며 이상헌의 동향에 관심을 갖고 있었다. 1904년 9월 7일 자로
하야시 곤스케 재한특명전권공사가 작성하여 고무라 주타로 외무대신

---

41) 위의 책, 332쪽.
42) 機密送第10號明治37年2月20日起草, 韓人李祥憲身上取調に関する件,「要視察韓國人
　　擧動3」,『韓國近代史資料集成』.

에게 보낸 「이상헌의 신원 및 거동에 관한 회신」의 전문(前文)은 다음과
같다.

기밀 제85호

　본 건에 관해 지난달 23일부로 기밀 제65호로 내시한 사항을 잘 이해했습
니다. 이에 대해 이쪽에서 이상헌의 지인 몇 명을 조사한 결과, 별지와 같은
사실을 자세히 들을 수 있었습니다. 요컨대 同人의 종래의 행위에 관해서는
그다지 수상한 점은 없으며, <u>필경 同人은 한국의 상황이 생명재산의 안전을
보호하기 어렵기 때문에 할 수 없이 일본으로 이주한 자이며 수상하게 여길
점은 없습니다. 오히려 관계당국에서 상당한 보호를 해주시기 바랍니다.</u>[43]

라고 하여 탐문한 결과 이상헌은 전혀 의심할만한 인물이 아니며 오히
려 일본이 보호해야 할 사람이라고 결론을 지었다. 상세한 내용은 아래
와 같다. 중요한 내용이므로 번역하여 옮긴다.

　이상헌이라는 인물됨과 그 외에 대해 그를 아는 宋秉畯, 徐熙淳, 嚴達煥
(궁내관), 千應聖(무관학교 교관 육군 副尉) 등에게 들은 바를 종합하면, 이
상헌의 원래 이름은 李圭完(혹은 孫時秉)으로 경기도 陰竹 사람이며 3,4년
전에 처음 일본에 갔는데 그 목적은 세계여행이었다. 먼저 부산에서 출발하
였는데 두세 명의 일본인에게 사기를 당하였다. 기선 구입 대금으로 이만여
원을 정하고 먼저 약간 선불금을 주어 오사카에서 현물을 수수하기로 약정
을 맺었다. 그런데 오사카에 왔는데 기선이 없어서 완전히 사기를 당했음을
알고 허무하게 체류하던 중 망명자 조희연이 이를 알게 되었다. 조희연은
그 부하인 천응성(예전 이름은 千希天)을 이상헌에게 보내 연유를 묻게 했
다. 이에 同人이 세계여행을 위해 기선 구입을 하러 왔음을 알고 그것이 좋

43) 機密第85號, 明治37年9月7日, 李祥憲身元及擧動に関し回申, 「要視察韓國人擧動 3」,
　『韓國近代史資料集成』.

은 방책이 아님을 전하고 먼저 일본을 구경하고 나중에 외국에 나가는 것이 득책이라고 말하였다. 마침내 천응성을 딸려 보내 도쿄에 가도록 했다. 이후 이상헌의 거동이 가장 이목을 집중시킨 것은 첫째, 同人은 거금의 자금을 갖고 한국 자제의 교육비와 그 외 유익한 사업에 투자하는데 전혀 인색하지 않다. 둘째, 이와 같이 유익한 데에는 욕심 없이 돈을 쓰는 데에도 불구하고 자신은 극히 절약하여 함부로 낭비하지 않는다는 점, 셋째, 그 성품이 극히 단정하여 조금도 비난할 점이 없고 또한 독서를 좋아하고 유익한 책은 이를 韓譯하게 해서 늘 반드시 읽는다는 점이다.

　이와 같은 모습은 보통 한국에서 부호들이 하는 행동과는 전혀 다르다. 그는 본국 주소는 물론, 종래의 경력에 대해 일찍이 타인에게 말한 적이 없다. 따라서 한인 사이에 의심이 많아 석연치 않았다. 혹은 말하길 망명자를 유치하기 위해 궁중의 內命을 받고 다액의 금전을 부여받은 자라고 하거나, 혹은 동학당의 도당으로 잠시 타국으로 난을 피했다고 하는 등 갖은 추측과 억설이 난무하지만 아직도 이상의 여러 주장에 대해 그 어느 것도 정확하다고는 할 수 없다. 그런데 최근 그의 품성 및 致富한 원인 등 불가사의한 부분이 알려지게 되었다.

　먼저 그에게는 두 사람의 종자가 있는데 모두 그의 친족이며 그 한명은 李聖順[44]이라 하고 다른 한명은 李 某라 한다. (이 자는 올해 봄에 부산에서 病死했다.) 그리고 이성순은 지금 그의 유일한 股肱으로 매년 청국과 일본, 한국을 왕래하며 상업에 종사하고 있다. 이 자는 작년에 商用으로 경성에 와서 그 때 천응성의 집을 방문했다. 천응성은 그때 아내를 잃고 첩을 데리고 있었다. 그 첩이라는 이에 의하면 일찍이 음죽에 사는 부자 상인으로부터 緣談을 받은 적이 있는데 이를 사절했다. 그런데 그 용모와 연령 및 상업 거래처 등에 대해 듣고 천응성은 그 인물이 이성순과 흡사하다는 것을 발견했다. 그 이성순이 방문했을 때 우연히도 천응성과 그의 첩이 있어서, 마침 세 사람이 앉아서 환담할 기회를 얻게 됨으로써 이상헌의 신원이 모두 명료

---

44) 이성순은 이용구를 말한다. 이돈화의 『천도교창건사』에는 '동생 손병흠과 이용구와 일본 나가사키에 갔으며 미국으로 가고자 했으나 여비가 부족하여 그대로 머물렀다'고 기술하고 있다(이돈화 편술, 『천도교창건사』, 27쪽).

해진 것이다.[45]

이 설명에 의하면 하야시 곤스케는 천응성을 통해 이상헌의 정체를 알게 되었다. 하야시는 우연히도 천응성과 그의 첩, 이성순(이용구)이 삼자대면함으로써 극적으로 이상헌의 정체가 드러나게 되었다고 보고 했다.

이어지는 글에서 이상헌의 신원에 대해 서술하고 있다.

이상헌은 陰竹 사람이고 집안은 원래 가난했으나 성품이 민첩하여 처음부터 산업에 재능이 있어서 집안을 일으켰다. 역전둔토의 수세 관리가 되어 이에 거부를 일굴 단서를 만들고 이래 22년간 열심히 일을 해서 돈을 모아 그 읍은 물론 근린에도 드문 부호가 되었다. 그런데 동학당이 봉기한 이래 지방의 질서가 크게 문란해지고 지방관의 가렴주구가 날로 심해져 심지어 동학당이라는 누명을 쓰고 부호의 재산이 몰수되는 일이 일어나 생명재산의 안전을 보호하기 어렵다고 생각하여 이상헌은 단연 결심하여 일족이 음죽과 용인 사이에서 양식을 얻을 만큼의 전답을 남겨두고 모두 매각하여 거의 십만 원을 갖고 해외 이주를 기도했다. 그는 일본 체재 중 제도 문물이나, 풍토 인정이나 그 장소의 아름다움을 기뻐하고 터전을 교토, 오사카 두 곳에 두고 지금은 가족도 맞이해 들여 살고 있다. 그 수하의 이성순은 오직 그를 위해 상업에 종사하여 오사카 혹은 상해에서 한국으로 가는 화물을 사들여 한국 각 시장에 판매하여 그 대신에 사금과 금괴를 사들여 이를 오사카 조폐국에서 금화를 주조하는 등, 그 수익도 적지 않다고 한다.[46]

고 하였다. 이상헌은 경기도 음죽 사람이고 역전둔토의 수세관리로 부

---

45) 機密第85號, 明治37年9月7日, 「李祥憲身元及擧動に関し回申」, 「要視察韓国人擧動 3」, 『韓國近代史資料集成』.
46) 위와 같음.

를 축적했으며 동학당의 난을 피하여 재산을 정리하고 일본으로 이주한 부자라는 것이다. 또한 그 수하의 이성순(이용구)이 중국과 일본과 한국을 오가며 무역을 하여 부를 누리고 있다고 하였다. 결국 이 보고서에 이상헌이 동학의 '수괴'이며 손병희라는 것은 나타나 있지 않다.

하야시 곤스케의 이 보고서에서 주목되는 점은 이상헌이 매우 부자인데 유익한 사업에 투자하는 것을 아끼지 않으면서도 정작 자신의 생활은 소박하며 성품도 단정하고 힘써 독서를 한다고 설명한 점이다. 이 부분은 3·1운동기 일본 신문에서 손병희의 일상생활에 대해 거듭 반복적으로 언급된 '손병희가 방탕 사치한 자'라고 폄훼하는 경향이 강한 것과는 '정반대'되는 내용이다. 이 서술이야말로 손병희의 실제 모습을 보여주는 부분이라고 생각한다.

이상헌이 손병희라는 사실이 일제 측에 포착되는 때는 1904년 10월경이다. 이것은 1902년 유길준이 주도하고 일본 도쿄에서 한국어 교사로 있던 오세창, 강경 사람 천장욱(千章郁) 외 일본인 모리나가 신조(守永新造) 등이 모의한 사건, 즉 광무황제를 살해하고 의화궁을 추대하여 정부를 개조하려고 꾀했던 계획[47]에 연루된 천장욱의 편지가 일제 측에 넘어가면서 발각되었다. 즉 천장욱은 1904년 9월 29일 자로 전주에 살고 있던 모리나가 신조에게 보낸 안부 편지에 이상헌이 손병희라는 사실을 토로한 것이다. 이 서신은 전주의 군산 분관 주임 요코다 사부로(橫田三郎) 통해 하야시 곤스케 공사에게 보고되었다.[48]

---

[47] 革命一心會 사건이라고도 한다. 유길준을 비롯하여 일본육군사관학교 졸업생을 중심으로 광무황제를 폐하고 의화궁을 추대하고자 쿠데타를 계획했으나 1902년 4월 사전에 누설되어 김홍진·김형섭 등은 체포되고 천장욱·오세창 등은 일본으로 망명했다. 이 사건에는 일본인으로 近藤賢吉·守永新造·新井德一이 가담하였다(機密第62號, 「亡命者兪吉濬ノ使嗾ニ係ハル陰謀暴露ノ件ニ關スル具申」, 1902.5.2, 『駐韓日本公使館記錄』 17권; 유동준, 『유길준전』, 일조각, 1987, 244쪽).

[48] 이용창, 「한말 손병희의 동향과 '천도교단 재건운동'」, 『중앙사론』 15, 2001.12, 64쪽.

동학도의 大先生 李祥憲(이 소문은 누구에게서나 들었음)이라는 사람이 3~4년 전부터 일본에 건너가 오사카에 체류하고, 일반 한국인들과 교제하고 있었습니다만, 그 사람이 동학에 관계있다는 것은 한 사람도 아는 사람이 없고, 금전은 2~30만 圓을 은행에 예금하였는데, 아직 한편으로는 한국 내지 및 淸國 上海 등지에서 친히 믿는 사람으로는 상인도 있고, 또 교토에는 한국인 학도 30여 명을 이끌고 각 학교에 입학시켜 이들의 학자금도 대주고, 학도들의 신분도 감독하고 있기 때문에, 일본에 있는 한국인들 중에서 이 사람을 주목해서 혹은 우리 정부가 파견한 탐정자로 생각한다고 합니다. 혹은 한국 내지에서 큰 부자가 우리 정부의 侵虐을 우려해서 일가족을 데리고 와서 일본에 피난하여 살려고 한다고도 생각하고, 혹은 한국 내지의 대적 괴수·동학 두령을 살인의 대죄를 지은 범인으로 생각하는 등 의견이 분분한데, 지금까지 한 사람도 眞人의 이력을 파악하고 있는 사람이 없습니다. …

이 사람이 오사카에 체류하는 동안 趙羲淵과 왕래해서, 趙 씨는 학문과 재능은 없지만 심지는 넓고 두터우며, 덕이 있고,… 주야로 나라를 위하여 근심 걱정하는 충성심을 간파하여 자기가 일본에 건너온 목적을 말하고, 서로 계략을 세워 한국 정치를 개혁하기로 결심하였습니다. 그렇기 때문에 작년 일·러 전쟁이 일어나기 전에 이 사람이 운동비를 내어 趙 씨를 오사카에서 東京으로 옮겨 살게 하고, 參謀本部의 田村 씨와 이 의견을 발언하며 萬年 상담하던 중에, 불행이었는지 다행이었는지 田村 씨가 病死하여 不歸의 客이 되었습니다. 또 일·러 전쟁의 담판도 극에 치달아, 오늘 개전하느냐 내일 개전하느냐, 홀연 동양의 천지 풍운이 암담한 가운데 있습니다. 이 때문에 중지하고 시국의 변화를 기다리고 있습니다. 일·러 개전과 동시에 이 사람은 군자금 1만 圓을 헌납하였으며, 또 적십자사에도 3,000圓을 기부하여, 松方組께서 불러 만나본 후 감사장을 하사하셨습니다. … 이밖에 한국인은 지금도 이 사람의 행적을 의심하지만, 이곳에서는 李祥憲이라 부르기 때문에, 孫○○라는 것을 아는 사람은 5~6명만이 있을 뿐입니다. 小生도 처음에는 여러 가지를 의심하고 주목하였는데, 3, 4개월 전에 趙씨와 吳씨 두 사람이 소생에게 대략적인 내용을 털어놓았기 때문에 알게 되었습니다.[49]

이 자료에 의하면 이상헌이 손병희라는 사실은 조희연, 오세창이 알고 있으며 자신은 1904년 9월 말을 기준으로 3~4개월 전에 알게 되었다고 한 것이다. 1905년 1월 10일 자에 요코다 사부로는 다시 하야시 곤스케에게 진보회의 총령이 손병희이며 4대강령을 제정하고, 단발 등의 정책을 손병희가 경성에 있는 이용구에게 직접 지시하여 행하고 있다는 내용을 보고했다.[50]

한편 일본 쪽에서도 1905년 3월 11일 자 아다치 쓰나유키(安立綱之) 경시총감이 고무라 주타로 외무대신에게 이상헌의 정체에 대해 보고하고 있다. 이는 현영운에게 들은 정보이다.

현영운과 이상헌은 최근 서로 반목하는 모습이라는 점을 이미 보고한 바와 같은데 현영운이 말했다는 이야길 들으니 이상헌은 원래 동학당원으로 본명은 孫秉凞라 하며 현재 사형 선고를 받은 자이다. 그는 러일 개전 이전에 시베리아를 여행하고 러시아인과 결탁하여 막대한 돈을 얻었으며 현재 일본에서 소비하고 있는 돈은 동학당 잔당과 일진회가 모은 돈뿐 아니라 러시아정부가 지출하는 것이다. 이와 같은 돈을 일본 군자금으로 바쳤는데 일본정부는 이를 받고 의심하지 않았다. 특히 참모차장의 경우는 깊이 신용하고 있다고 들으니 실로 의외이다. 그렇지만 이것은 이유가 없는 것은 아니다.

그 일진회는 일본 주차군에 의지하여 생겨나 그 원조를 받아 성장하고 있다. 동 회는 결국 일본에 도움이 되는 단체가 아니다. 잠시 날개를 펼칠 수 있게 되면 동 회 자신의 목적을 위해 오히려 대국인 러시아에 가담할 분자를 다수 포함하고 있다. 그렇지만 지금의 형세상 일본 세력 하에 있는 것이

---

49) 「進步會員이라 부르는 韓民 집합 건에 관한 具報」, 1904년 10월 15일, 『駐韓日本公使館記錄』 22권, 국사편찬위원회 데이터베이스 자료.

50) 「망명한인 천장욱의 서한 사본」 1905년 1월 10일, 『駐韓日本公使館記錄』 26권, 국사편찬위원회 데이터베이스 자료.

<u>이익이라고 믿고 있을 뿐이다.</u> 현재 일본군의 통역이 된 송병준은 이상헌과 안팎으로 호응하여 교묘하게 하세가와 대장에게 인정을 받고자 하여 이상헌의 수족이 되어 운동하고 있다. 이상헌의 신임도 이에 연유한다. 그리고 송병준은 현재 일진회의 평의장이다.[51]

이 보고문에 등장한 현영운(1868~?, 미상)은 역관 출신으로 일본 게이오의숙(慶應義塾)을 졸업한 후 뛰어난 일본어를 배경으로 두루 관직을 역임하고 1904년 3월 30일부터 1905년 6월 6일까지 일본주재 한국공사를 지냈다. 현영운은 일본에 부임한 후 이상헌의 정체를 탐지한 것이다.

1905년 3월 22일 자로 아다치 쓰나유키 경시총감이 고무라 주타로 외무대신에게 보고한 「현영운 및 이, 조에 관한 탐문보고 건(玄暎運及李·趙に關し探査報告の件)」에는

- 3월 15일 義和宮이 현영운에게 한 이야기

<u>李祥憲을 首謀로 하는 조희연 등 일파의 계획은 망명객 중의 동지와 본국의 동지와 도모하여 현 정부를 전복하고 스스로 정권을 대신하여 일본의 羈絆을 벗고 다른 열국의 보호에 의지하여 現帝를 폐하고 大官 등을 죽이기위해 독약 혹은 폭탄을 제조한다는 것이다.</u> 그 운동비는 이상헌이 조달할 것이라고 한다.

- 3월 17일 출항할 때 위와 같음

이상헌 및 조희연 등의 계획에 참여하라는 교섭은 여러번 권동진으로부터 받았다. 이 계획에 관한 약품 구입에 대해서는 작년 말 의사 朴宗桓에게 금 2만 원을 경성에서 송부했다. 또한 이상헌이 오천원을 박종환에게, 또 삼천원을 조희연에게 주었다고 한다. …지금 좀더 滯京하면 상세하게 그들의 밀모를 알고 약품의 소재 등도 알 수 있을텐데 지금 이런 밀모가 있다는 것

51) 「玄暎運の言動報告の件」, 『日本外交文書』 38권 1책, 886~887쪽.

을 알면서도 출발하지 않으면 안 되는 것이 유감스럽다. 또한 父君의 안위
가 걱정스럽다. 너는 귀국하면 안전하게 보호하라. 너 자신도 역시 주의해
서 그들과 교제하지 마라. 함께 음식을 먹을 때는 특히 조심해야 한다고 운
운했다.… 박종환과 이상헌, 조희연 일파의 행동에 대해서는 지금도 역시 내
탐 중이므로 이와 같은 정황을 먼저 보고합니다.

명치38년 3월 22일

경시총감 安立綱之[52]

라는 것이었다. 손병희는 일본에 체류하면서 고종 정권에 반대하고 정
변을 계획했었던 이들과 교유하며 이들을 지원하는 한편 고종 정권를
타도하고 신정권을 수립하여 일본의 굴레에서 벗어나고자 계획했다고
하였다.

손병희가 당시 교유한 인물 중에는 중국의 손문과 일본의 다루이 도
키치(樽井藤吉)가 있었다. 손병희와 이용구가 일본에 와 있던 1901년에
손문은 마침 유럽을 거쳐 일본에 망명해 있었으며 필리핀의 독립운동
가도 일본에 원조를 요구하여 일본을 방문했다. 다른 한편으로 다루이
도키치는 『대동합방론』을 주장하여 한중일의 평등한 상호관계 속에서
의 연대를 주창했다.[53] 손병희는 러일전쟁기 주변정세를 예의 주시하
면서 서양세력과 대결하기 위해 아시아 각국의 연대를 도모할 필요가
있다고 인식하고 있었던 것으로 보인다.

러일전쟁에 즈음한 손병희의 인식에 대해 『천도교창건사』는 다음과
같이 기록하고 있다.

러일의 전쟁은 곧 滿韓의 전쟁이라. 일본이 승하면 韓이 日에 歸하고 露

---

52) 「玄暎運及李, 趙에 關し探査報告の件」, 『日本外交文書』 38권 1책, 888~889쪽.
53) 大東國男, 『李容九の生涯』, 時事通信社, 1960, 37~39쪽.

가 승리하면 韓이 露에 귀할 것은 명약관화한 일이니 만일 韓政府가 차제에 공수방관한다면 한의 멸망은 풍전등화와 같을지라. 만일 나로 하여금 지금 한정부의 요직에 있다 가정하면 계책이 반드시 없지 아니하니, 그는 무엇이냐하면 만일 러일이 개전한다면 러일 어느 한나라가 필승할까를 잘 알아야 할 것이요, 그것을 적중한 다음엔 반드시 승전할만한 편에 가담하여 공동출병을 하여 전승국의 지위를 얻어야 할 것이요, 그 지위를 얻은 뒤에는 강화담판에 전승국의 지위를 이용하여 국가만전의 조약을 얻어야할 것이니, 이는 천고에 만나지 못할 기회니라. 그런데 나의 생각으로 말하면 日勝露敗할 것을 미리 점칠 수 있으니, 첫째 지리상 관계에서 러시아가 불리할 것은 다시 말할 것 없으며 둘째, 러시아의 개전 목적은 만리 밖에서 한 부동항을 얻는데 야심을 가짐에 불과하니 전쟁에 대한 정신적 동기가 심히 박약하고 일본으로 말하면 생명을 내기하는 싸움이니 전쟁에 대한 정신적 동기가 강한지라. 이 점이 가장 승패의 분기점이 되는 것이며, 셋째, 군략과 병기 문제이다. 지금의 일본은 어느덧 일청전쟁 당시의 일본과 달라서 독일의 정예술을 배운바 많으니 그 역시 경시치 못할 것이라. 54)

고 하여 러일전쟁에서 일본의 승리를 예견하고 있었다는 것이다. 손병희가 일본군에게 1만 엔을 기부하고 일본적십자사에 2천 엔을 기부한 것은 '친일행위'가 아니라 러일전쟁에서 일본이 승리할 경우에 한국에 닥쳐올 위기상황에 대한 대비책으로 이루어진 것이었다.

이와 관련된 글이 1922년 5월 19일에 손병희가 사망한 후의 추도글에 보인다.

때는 계묘 여름(1903)이라. 당시 조선정부에는 수구 편이고 친러당인 이윤용 일파가 정치를 장악하고 국정이 날로 어그러지고 일본 상하에서는 러시아의 극동침략을 걱정하고 분노하여 대러 선전포고를 준비하여 실로 東亞

54) 이돈화 편술, 『천도교창건사』, 32쪽.

多事의 시절이었다. 선생은 생각하되, 러일의 충돌은 대세가 면할 수 없는
바이고 충돌한다면 동아의 장래를 위해 일본이 승리하지 않으면 안된다. 그
러나 일본이 승리한다고 해도 반드시 조선 자체의 이익이 될 것이 아니니
차제에 그 기회를 先制하되 먼저 일본과 협력하여 러시아를 배제하고 일본
과 동등한 입장에서 조약을 맺고 조선의 만반을 유신하고 나아가 동서의 국
면을 정하겠다고 하고 선생은 이를 권동진, 조희연과 의논하였고 권동진과
조희연 두 사람은 이 뜻을 당시 일본의 참모총장 다무라(田村怡與助)와 통
하였으며 곧 관계당국의 내락을 얻어 선생과 상회하여 전후의 대계를 暗定
하니[55]

라고 하였다. 당시 손병희는 러·일 양국의 충돌을 피할 수 없음을 알
고 일본의 승리를 예측하고 일본을 지원함으로써 전쟁이 끝난 후에 한
국의 외교적 입지를 강화하여 제반 개혁을 단행할 생각이었다. 그래서
권동진과 조희연을 통해 일본 참모총장과 접촉했던 것이라고 하였다.
  그러나 러일전쟁 후 일본이 을사늑약을 강제하는 상황이 되자 손병
희는 일본의 침략성을 간파하게 된 것으로 보인다. 그는 일제에 협력을
강화해 나간 이용구와 송병준 노선을 비판하며 "보호를 받고자 하면 독
립을 버려야 하고 독립을 하고자 하면 보호를 버려야하는데 어찌 보호라
는 이름 아래 독립을 하고자 하는가"[56]라고 하여 이용구가 일본의 보호
하에 실력양성을 하여 한국의 독립을 도모하겠다는 주장의 허황됨을 비
판했다. 그리고 이용구 노선과 결별하고 천도교를 창건한 것이다. 이와
같은 과정을 통해서 알 수 있는 것은, 손병희가 일본군에 막대한 헌금
을 한 것은 '친일'의 논리가 아니라 일본의 승리를 예견한 위에서 한국
의 국가적 이익을 도모하고자 한 전술적인 방책이었던 것이다. 손병희

55)『개벽』24, 1922.6.1,「민중의 거인—손의암선생의 일대기」, 82~83쪽.
56) 이돈화 편술,『천도교창건사』, 52~53쪽.

는 어디까지나 한국을 독립국가로 만들어야 한다고 생각하고 있었다.

3·1운동 후 손병희의 재판 판결문을 보면,

> 피고 손병희는 천도교 제3세 교주로 구한국시대 친일파에 속하여 일청,
> 일러 두 전쟁 당시 人夫 등 공급을 해주었고 철도부설에는 工夫를 보내고
> 이어 군자금 헌납을 하여 帝國에 대해 다소의 호의를 보인 것이 적지 않았
> 는데 병합 이후의 대우가 마땅하지 않다고 생각하고 다소 불쾌하게 생각하
> 고 있었다.[57)

고 하여 마치 손병희가 친일파였다가 일제 당국이 손병희에 홀대해서
앙심을 품고 3·1운동을 일으킨 것처럼 기술하고 있다. 그동안 손병희
의 행적에서의 친일 논란도 위와 같은 기술에 영향을 받은 것은 아닐까
한다. 종종 학계에서는 3·1운동 판결문에서 일제 측이 적시한 사항을
모두 사실로 간주하는 경향이 있으나, 3·1운동 당시 기소된 이들의 증
언의 경우, 다른 자료와 대조하여 면밀히 검토하지 않으면 안 된다. 무
엇보다 당시 기소된 이들은 여타 관계자의 연루 내용을 숨기기 위해서,
또한 형량을 줄이기 위해 선의의 거짓말을 하거나 실상을 감추는 진술
을 했다.[58) 다른 한편으로 조선총독부 재판 당국은 3·1운동을 우민(愚
民)이 일으킨 몰지각한 행위로 치부해야 했기에 당시 국제정서에서 볼
때 조선의 상황과 전혀 상관없는 민족자결주의에 환상을 품고 시도되
었다던가, 천도교가 미신이고 손병희는 우민을 선동하고 사리사욕을
취한 사이비종교가라고 폄훼하고 반복적으로 이를 강조했던 것이다.

---

57) 「萬歲事件」, 『日本政治裁判史錄』(大正), 第一法規, 1969, 216쪽.
58) 이 점에 대해서는 묵암 이종일의 일기에도 보인다. 『묵암비망록』 참조.

4. 3월 중순 이후 보도 논조

3·1운동이 전국적으로 확대되는 상황을 목도하면서 일본 신문은 천
도교의 존재를 전적으로 '사교' '미신'으로 간주하던 경향에서 벗어나 손
병희와 천도교의 실체가 무엇인지에 대해 분석하는 기사를 싣기 시작
했다. 먼저 천도교가 1910년대에 추진한 교육의 근대화를 주목했다. 즉,
'총독부가 병합한 이래 조선인을 계몽하고 조선인 자제 교육에 힘을 기
울이는 것을 보고 천도교라도 미신에만 의지해서는 언젠가 멸망하게
될 것이라고 생각하여 신교육에 힘을 쏟고 있다'고 한 것이다. 천도교
는 보성법률상업학교, 보성전문학교, 동덕학교, 문창학교, 종학학교, 명
신여학교 등을 직접 경영하거나 비롯하여 배영학교, 양덕여학교 등 직
할하지 않는 학교에는 보조금을 부여하는 방식으로 지원하고 있다고
지적하고 이들 청년학생이 이번 운동의 주축이 된 것이며 아울러 천도
교는 기관 잡지도 발행하고 있어서 3·1운동 당시의 대량의 전단지 인
쇄도 문제없이 할 수 있었다고 소개했다.[59] 그리고

3월 1일 오후 2시 첫 시위운동이 개시되었을 때 소위 선언서는 이미 각
방면으로 빠짐없이 배포되었으며 그 날 관헌이 손병희 등 33명을 체포할까,
말까 망설이고 있을 때 이미 독립신문 호외라는 것이 발행되어 그들이 체포
되었다는 것을 보도했다. 그 외 선언서류와 같은 인쇄물은 수십 종이나 발
행되었는데 그 중에는 등사 인쇄한 것도 있고 조선을 오늘의 안락으로 이끈
조선인의 은인이라고 해야 할 이완용 외 5명을 역적으로 비난하며 선동한
것도 있다. 무엇보다도 이러한 것은 그들 일파 중에도 과격파가 한 일이라
고 하는데 요컨대 교묘하게 인쇄물을 이용하여 하나부터 열까지 총독부를

59) 『大阪朝日新聞』 1919년 3월 17일, 「조선인을 어지럽히는 천도교의 정체(4)」; 『기사
집』(1), 175쪽.

앞지른 형국이다.[60]

이라고 지적했다. 3·1운동 초기에는 천도교와 손병희에 대해 갖은 모
략을 다하여 보도했는데, 3월 중순이 되자 3·1운동이 손병희 등에 의
해 진작부터 교육사업과 출판인쇄업을 장악하면서 주도면밀하게 계획
되었으며 3월 1일 당일에 이미 『독립신문 호외』를 발간하여 시위뿐 아
니라 언론홍보까지도 미리 준비할 정도였다고 지적했다. 천도교 측의
이와 같은 행보는 '하나부터 열까지' 조선총독부의 판단을 앞지른 것이
었다고 평가했다.

그뿐 아니라 일본 신문은 천도교 조직의 근대성에 대해서도 주목했
다.

교도 자제에 대한 교육에서 이 정도의 설비를 갖추고 있으니만큼 교회 사
업의 경우는 그 이상으로 정돈되어 있다. 그 조직을 보면 경성에 중앙총부
를 두고 교주 손병희가 몸소 주재한다. 그 당당한 서양풍 건축 안에는 春堂
室, 大宗司, 道師室, 玄秘觀, 共宣觀, 金融觀, 監査院 등의 여러 기관이 있고
그 위에 叢仁院이라고 하여 공로자 만이 모여 교회의 근본방침이나 중대계
획을 계획하고 있다. 또한 각도의 요충지에는 대교회를 설치하고 더욱이 교
도 100호 이상의 지역에는 지방교구를 분포시켜 그 곳에 道師, 共宣員, 典制
院, 金融員 및 서기가 주재하고 있다. 100호가 못되는 시골에는 전교실이라
는 것이 있어서 敎旨의 확장을 담당하고 있다. 특히 장래의 계획으로 교도
만을 무료진찰, 투약하는 자선병원을 건설할 방침[61]

이라고 하여 중앙의 총인원이 교회 운영의 사령탑 역할을 하며 지방 조

---

60) 『大阪朝日新聞』 1919년 3월 17일, 「조선인을 어지럽히는 천도교의 정체(4)」; 『기사
집』(1), 176쪽.
61) 위와 같음.

직도 체계적이고 향후에는 자선병원까지 계획하고 있다고 전했다.

나아가서『오사카아사히신문』4월 11일 자에는 '대한민국 가(假)정부'라는 제목으로 정통령을 손병희, 부통령을 이 아무개(이승만)라고 하고 각 대신의 이름을 열거한 선언서를 첨부하여 조선인 각 호에 배포하는 자가 있었다고 하며 이것을 「오히려 우스꽝스러운 망상, 발칙한 선언 유포」라는 표제로 게재했다.[62] 또 이번 운동이 성공한다면 그들 주모자들은 조선을 공화국으로 하고 손병희를 대통령으로 하기로 계획하고 있었다고도 보도했다.[63]

그런데 이러한 보도의 행간에는 '사교집단'인줄 알았던 천도교가 '감히' 일본 행정당국을 좌지우지하며 친일적 행보를 보이는가 싶더니, 배일의 우두머리가 되었고 심지어 당시의 엄중한 감시와 사찰망을 뚫고 거국적인 3·1운동을 일으켰다는 사실, 그리고 심지어 '공화국' 건설이라는 국가구상까지 갖고 있었다는 점에 대해 경외심 내지는 공포심을 갖고 있었음이 엿보인다.

이와 같은 국면에서 일제 측은 친일의 대표지식인인 민원식을 동원하여 3·1운동 저지를 위해 회유 언론을 펼쳤다. 민원식의 연재기사 「조선 소요에 관하여」는『매일신보』,『경성일보』뿐 아니라 일본의『오사카마이니치신문』,『오사카아사히신문』에도 게재되어 독립운동의 무모함을 지적하고자 했다. 이 글에도 손병희와 천도교에 대한 내용이 보인다.

전시에 동학의 신도 등은 일본에 호의를 보이고 함경북도 청진 나남 간에 군용철도를 건설할 때는 적극적으로 그 공사를 도왔다. 특히 친일파로서 일한병합을 당시의 황제에게 건의한 일진회는 회두 이용구씨 이하 중견자 및

---

[62]『大阪朝日新聞』1919년 4월 11일,「오히려 우스꽝스러운 망상」;『기사집』(1), 193~94쪽.
[63] 京城破翁生,「奇怪なる宣教師等の行動」,『大阪朝日新聞』1919년 3월 14일.

당원의 다수가 동학당 계통인 것은 주지하는 사실이다. 이리하여 동학당은 순전한 정치적 결사로 변화하는 경향을 보였는데 이는 시대의 추이가 그러했을 뿐이다. 30년간 30만 생령을 선혈로 바친 동학에 대한 신도의 신앙은 많은 어려움을 당하면서 점점 견고하게 되는 것 같았다. 일러 간 전쟁 직후 교도는 정부에 진언하여 교주인 두명의 최씨의 죄를 용서받고 이어 지난 해 일본으로 망명간 손병희도 그 혜택을 받아 십수년만에 고국으로 돌아오게 되어 메이지40년(1907) 경성에 도착했다. 이리하여 동학을 고쳐 천도교라 칭하고 포교를 개시하였다. 최시형 문하의 고제로 일진회 회두인 이용구도 역시 이에 참가했다. 그러나 이용구는 … 천도교를 동학과 같이 정치적 결사로 만들고자 하였고 손병희는 순수한 종교로 하려는 생각이어서 양자의 의견이 맞지 않아 절연하였고 이용구는 따로 시천교라는 이름으로 동학 일파를 수립했다. 당시 일진회는 전성기를 구가하여 회원은 곧 시천교도인데 그 세력이 융성해지고 천도교를 제압하는 감이 있었다. 일한병합과 동시에 일진회가 해산되자 천도교는 크게 일어나 최근에는 신도수 2백5십만 명이라고 하며 그 모인 재화가 집적하여 한때 4백만 원을 넘었다는 세평이 있다. 손병희의 호사스러움은 왕을 능가하는 경향이 있었다. 이러한 사이에도 시세는 일진월보하여 손병희의 재산 모집 방법인 성미 헌납에 대해서 그 필요 유무를 의심하는 자가 생겼을 뿐 아니라 정감록 등의 예언을 억지로 끌어당겨 혹은 祖述로 신도의 미신을 붙들어 두었지만 이조차 각성해가는 신도의 마음을 어찌 할 수 없게 되고 게다가 현상유지는 위에 쓴 이유로 인해 도저히 바랄 수 없어서 소위 진퇴양난의 궁지에 빠졌다. 이에 더하여 총독부는 천도교를 종교로 인정하지 않고 단속을 매우 엄중히 하여서 그는 어떻게 해서라도 국면을 타개하지 않으면 안 되었다.[64]

고 하여 동학이 시천교와 천도교로 갈린 후 손병희는 성미(誠米)제도로 재산을 불리고 정감록으로 신도들의 마음을 미혹시켰지만 최근에는 의

---

[64] 『大阪朝日新聞』 1919년 4월 10일, 「경성 민원식 기고, 조선소요에 관하여(3)」; 『기사집』(1), 243~244쪽.

심하는 신도들이 늘어나 궁지에 빠진 상황에서 그 국면을 타개하기 위해 민중봉기를 기획했다는 것이다. 민원식은 손병희가 개인적 야심에 의해 교단을 움직이고 자신의 사리사욕을 채우는 자라고 비난하고 있는 것이다.

그런데 만세시위운동의 조직성과 질서의식은 일본 기자의 감탄을 불러 일으켰다. 『오사카아사히신문』의 보도를 보면,

> 이번 소요는 이미 보도한 바와 같이 西鮮의 각 지역에는 완전히 暴徒로 변하여 헌병, 경찰서를 불태우고 우리 경찰대에게 반항하여 사상자를 내고 또한 헌병장교를 살해하고 순사부장을 포박했다는 식으로 완전히 10년 전에 봉기한 폭도와 같은 상태를 연출한 지방도 있었지만 경성, 평양, 개성, 대구, 진남포 등에서는 그들의 운동은 우리 경계대의 제지에 반항하고 그 행동을 방해하고자 다소의 실랑이가 벌어졌지만 손병희 일파가 발행한 선언서에도, 또 그들의 손으로 전국에 산포된 〈독립신문〉이라고 하는 인쇄물에도 운동 중 '난폭하고 파괴적인 행동을 하지 마라'라는 의미의 문자를 적은 것처럼 특히 3월 1일의 경성의 경우는 만여 명의 학생이 중견이 되어 독립만세를 외치며 시위운동을 벌였는데 돌 하나 던지는 자가 없어, 우리 경비대도 이에 대해 어찌 할 수가 없는 상태였다.[65]

라고 하여 손병희 일파가 평화적인 시위를 강조함으로써 일제 측이 무력 대응을 할 수 없었다고 하였다. 이러한 점은 평소에 일본인이 한국인에 대해 '비겁하고 멍청하고 게으른 조선인'[66]이라고 조롱해 왔던 것과 달리 너무나도 '문명적'인 모습이어서 오히려 당혹스러워하는 일본인의 모습이 엿보인다.

---

65) 京城破翁生, 「奇怪なる宣教師等の行動」, 『大阪朝日新聞』 1919년 3월 14일.
66) 피터 현 지음, 『만세!』, 한울, 2015 참조.

일본 측 신문의 이와 같은 천도교에 대한 재인식은 좀 더 이성적으로 천도교를 분석하려는 기사로 이어지고 있다. 즉 『도쿄아사히신문』은 심층적으로 천도교의 교리에 대해서도 설명하여

> 천도교는 세 시대가 있다. 神人時代, 顯明時代, 換性時代이다. 신인시대는 이심전심의 시대, 현명시대는 教義가 드러나는 시대, 환성시대는 즉 教의 효과가 나타나 인심의 통일이 이루어지는 시대로 현대는 현명시대라고.[67]

한다는 것을 소개했다. 아울러 손병희는 한때 일본의 문명화를 지지하고 일본군에도 협력하는 모습을 보였지만 이용구의 일진회와는 다른 길을 걸었다고 지적하고 1907년 군대해산 후 기회가 있을 때마다 손병희는 배일적인 소요를 일으켰다고 하며 3·1운동의 경우도 그 연장선상이라고 보았다. 아울러

> 이번 폭동에서 일찍이 '우리 교는 서학이 아니고 동학이다'고 한 천도교의 손병희 일파가 그 주의에서 용납할 수 없는 기독교도와 서로 연락한 것을 보면 손병희가 대단한 야망을 가진 범상한 인물이 아님을 알 수 있다. … 그는 단지 천도교의 세력을 이용하여 자신이 품은 정치상의 야심을 달성하고자 하는 것이다.[68]

라고 하여 그들이 분석한 손병희는 결론적으로 정치적 야망을 가진 인물이라는 점이었다. 그런 점에서 일본의 입장에서 보았을 때 손병희는 매우 위험한 인물로 간주되었다.

한편 3·1운동을 통하여 일본 언론은 한국의 뿌리 깊은 독립운동세

---

67) 『東京朝日新聞』 1919년 3월 14일, 「朝鮮暴動と天道教(1)」.
68) 『東京朝日新聞』 1919년 3월 17일, 「朝鮮暴動と天道教(3)」.

력의 존재에 대해 주목하게 되었다. 『고베유신일보(神戸又新日報)』는

> 병합 이래 조선의 내지인이 조선인을 소위 피치자 취급을 해서 공사 모두
> 다수 그들의 권리를 해친 일이 있다. 그 결과 매우 반감을 샀다. 이러한 침
> 해사실은 일부 배일조선인이 과장되게 전달했고 이러한 조선인의 불평불만
> 을 초래할 수많은 원인이 겹쳐있을 때 구주대전 이래 인심 격동에 영향을
> 받은 조선 바깥의 상해, 하와이, 샌프란시스코 그 외 약 5만 명, 남북 만주
> 및 블라디보스톡, 시베리아 등 러시아령에 있는 자 약 36~7만 명이 있다. 이
> 들 중에는 놀랄 정도의 배일사상을 품은 자가 있다. 이들 불령한 무리는 오
> 늘까지 연락을 통하고 있는데 지난번 경성 손병희 일파가 폭동을 일으키자
> 기회를 타야 한다고 하여 혹은 사람을 시켜, 혹은 편지로 직접 간접으로 선
> 동 유혹하는 바가 있었다. 결국 오늘날과 같은 사태를 양성하게 된 중요한
> 원인인 것 같다. … 조선은 삼천년 이래 문화를 갖는 나라이므로 충분히 그
> 역사를 존중하여 일본의 부속지라고 하는 것 같은 관념을 갖지 않도록 할
> 방침이라고.(도쿄전화)[69]

고 하여 손병희 일파와 해외 독립운동세력과의 연계가 이루어짐을 지
적하여 한국독립운동이 국제적인 한인사회의 연락망 속에 이루어지고
있다는 점을 인식했다. 그리하여 조선은 '삼천년 이래 문화를 갖는 나
라'이므로 함부로 무시해서는 안 될 것이라는 논조를 보였다. 『지지신
보(時事新報)』도 3·1운동이 발발한 지 2주가 경과한 시점에서 서울의
분위기를 전하기를, '이번 3월에 졸업증서를 수여받아야 할 각종 실과
학교(實科學校) 생도들의 경우, 「일본인이 세운 학교의 졸업증서는 필
요없다」고 호언하며 한사람도 등교하지 않는가하면 길거리에서 교직원
을 만나도 인사하는 자가 없다'고 지적하며 소요는 진압되겠지만 청년

---

[69] 『神戸又新日報』 1919년 4월 13일, 「朝鮮暴動原因」.

들이 이러한 '불령(不逞)' 사상을 가지고 있다는 것이 장래의 화근이 될 것이라고 진단했다.[70] 또한 '일본인은 조선인의 머릿속에는 사대사상이 새겨져 있다고 생각하지만 실제로는 크게 잘못 생각하는 것'[71]이라고 주의를 촉구하기도 했다. 3·1운동이 장기화하면서 일본 언론은 종래 자신들이 '조선인'을 무시·경멸했던 것이 잘못되었음을 깨닫는 모습을 보이기 시작했다.

5. 요시노 사쿠조(吉野作造)의 손병희와 천도교론

위와 같이 일본 측 신문에 나타난 손병희와 천도교에 대한 보도는 처음에는 천도교를 '미신'의 범주에서 폄하하다가 점점 손병희가 정치적인 개인적 야망을 이루기 위해 종교를 이용한다는 측면을 강조하는 모습으로 바뀌었다. 게다가 3·1운동에 나타난 손병희 세력의 주도면밀한 준비와 진행과정의 '근대성'을 주목하면서 손병희가 결코 범상한 인물이 아니라는 결론에 도달하는 모습을 보였다. 그것은 다른 한편으로 그동안 한국인을 폄하하고 무시해온 일본인에게는 충격이었으며, 일본 정부에게 한국의 독립운동이 결코 만만치 않다는 점을 각인시키는 계기로 작용했다. 3·1운동이 일제 군경의 무력 탄압으로 일단락되면서 3·1운동 전체에 대해 분석하는 글이 일본의 신문에는 게재되었다. 『지지신보』는 '총독부 관제 개정과 지식계급의 감상(경성특파원)'이라는 기사에서

---

70) 『時事新報』 1919년 3월 25일, 「在京城漢江漁史, 朝鮮統治方針」.

71) 위와 같음.

소요사건의 장본인인 천도교주 손병희는 여타 경우와 다른 일종의 사상
을 품고 있다. 이번 작위의 반납을 명받은 김윤식과 이○식처럼 고색창연한
구사상이 아니다. 예를 들면 고질적인 유태인이라고 할 만한 사상으로 수백
만을 헤아리는 천도교도 중 아마도 한 사람도 그의 본심을 아는 자는 없을
것이다. … 손병희의 위험사상과 김윤식 등의 鮮國 부흥안과 청년학생 등의
저돌적 사상이 합하여 일어난 소요[72]

라고 하여 손병희의 사상이 구시대의 조선이 갖고 있던 사상과는 차별
화되는 위험한 사상이라고 진단했다.

무엇보다도 그 본질적 측면을 날카롭게 잡아낸 것이 도쿄제국대학의
교수인 요시노 사쿠조(吉野作造)였다. 그의 조선에 대한 인식은 그동안
『중앙공론』 등에 기고된 글이 소개되었지만[73] 이 글에서는 기왕의 연
구에서 언급되지 않은 것으로 보이는 『요코하마 무역신보(橫濱貿易新
報)』에 게재된 「조선문제에 대하여」(1~3)를 주목하고자 한다.[74]

요시노는 "조선의 소동이 아무튼 일단락된 모양이지만 이것은 일시
적은 수습이며 조선문제는 그것으로 해결한 것이 아니라는 점은 누구
나 인정하는 바"라고 전제하고 3·1운동에 대해 분석하였다. 자신은 "조
선독립운동을 비난하거나, 변호할 생각은 없으며, 단 조선의 통치를 하
는 자의 장래 계획에 참고용으로 실제를 있는 그대로 제공하고자 하는
데에 불과하다."고 밝혔다.[75] 그렇지만 이 무렵 요시노가 재일유학생과
돈독한 관계를 유지하며 한국의 독립운동을 지지하고 있던 입장에서

72) 『時事新報』 1919년 8월 10일, 「京城特置員, 總督官制改正と智識階級の感想」.
73) 이 시기의 요시노 사쿠조의 조선관련 글은 松尾尊兌 편, 『中國·朝鮮論』(平凡社,
   1970)에 수록되어 있다. 이를 활용한 연구로는 이규수, 「3·1운동에 대한 일본언론
   의 인식」, 『제국일본의 한국인식 그 왜곡의 역사』, 논형, 2007 참조.
74) 吉野作造, 「朝鮮問題に就いて」(1)~(3), 『横浜貿易新報』 1919년 6월 12일·14일·15일.
75) 吉野作造, 「朝鮮問題に就いて」(1), 『横浜貿易新報』 1919년 6월 12일.

볼 때, 신문 검열을 통과하여 자신의 직언을 신문에 게재하기 위해 이와 같은 첨언을 한 것으로 보인다. 다소 길지만 그의 글을 번역 인용한다.

점점 시간이 지나면서 외국인 선동의 의심은 실로 한조각의 의심에 불과했다는 것이 분명해졌다. 실제로 총독부도 미국인 선교사의 선동이라는 풍설은 그 기관이라고 할 수 있는 경성일보로 하여금 취소시키고 있지 않은가? 외국인 선동으로 본 것이 잘못이라고 한다면 도대체 어떻게 하여 소동이 일어났는지 제대로 설명하지 못하고 있다. 그것은 결국 조선인에게는 자발적으로 그런 독립운동을 일으킬 만한 뿌리 깊은 소질이 있다는 것을 평가절하한 결과에 불과하다. 따라서 나는 그러한 소동과 관련하여 조선인은 대체 어떤 이들인지 간단히 살펴보고자 한다. … 세상 사람들은 걸핏하면 사대주의가 조선인의 독특한 국민성이라고 한다. 그들에게는 독립 不羈의 정신이 없다. 강자에게 언제든 추종한다. 일찍이 중국을 따랐다. 또 러시아를 추종한 적도 있다. 국가적 독립 따위는 생각한 적이 거의 없다. 이렇게 본 것이 조선 및 조선인에 관한 종래의 俗解였다. …그러나 이것이 조선인의 전부라고 본 것은 큰 잘못이다.[76]

라고 지적했다. 그는 이어서

마치 大廈高樓는 사람들이 관심이 없는 사이에 비가 새고 바람이 부는 대로 점점 썩어간다. 그 아래에서는 그 썩은 것이 비료가 되어 새롭게 싹을 틔우고 생명이 자라나는 것처럼 망국 조선의 그늘에서 우리는 興國 조선이 있는 것을 놓쳐서는 안 된다. 세상 사람들은 썩어가는 대하고루만을 본다. 안타깝다. 밑에서부터 싹을 틔우는 모습을 알아채고, 눈에 보이지 않는 새로운 힘을 통찰하려는 눈이 없다. 이를 간파하는 것이 先達者가 해야 할 일이거

늘 소위 일본의 식자는 망국 조선은 알아도 흥국 조선이 있다는 것은 몰랐
던 것이 실로 일본의 조선통치가 잘못되어버린 최대의 원인이 아니겠는가?
왜냐하면 만약 우리들이 조선인민의 태반이 실로 애국적 독립심에 불타고
있으며, 아니, 이를 자각하려는 조짐이 있다는 것을 알았더라면 좀 더 다른
정치를 했을 것이라고 생각하기 때문이다.[77]

고 하여 그동안 일본은 '망국(亡國)의 조선'만을 보고 '흥국(興國)의 조
선'을 보지 못했다고 지적했다. 그에게 흥국 조선이란 무엇인가?

무엇을 흥국적 조선이라고 하는가? 손일선(손문)에 의해 대표되는 중국의
혁명사상과 같은 일종의 흥국적 정신이 약 34년동안 조선에서 일어나고 있
었던 것을 인정하는 것이다. 이번 소동의 원인이 된 천도교는 여러 종교적
미신을 섞어놓았다고는 해도 아무튼 흥국적 정신의 일면을 대표하는 것이
다.[78]

고 하여 천도교가 흥국 조선을 대표하는 정신이라고 보았다.

정감록은 기독교에서 보자면 신약성서의 묵시록과 같은 체재로 매우 기
괴한 것이 적혀있는데 요컨대 국운을 예언한 것이다. 조선은 조만간 멸망할
운명이라는 것이 적혀있고 일단 망하지만 동쪽에서 한명의 仙人이 나타나
조선을 구한다. 그 때부터 조선인민은 크게 번영한다는 것이다. … 이 예언
은 여러 종교적 미신과 섞여 당시의 조선인에게 매우 영향을 끼쳤다. … 특
히 한일합병 이래는 예언대로 조선이 망했다. 이번에는 누군가 선인이 나타
나 일본을 쫓아내고 국가의 독립을 도와줄 것이라는 데에서 한층 이를 믿는
마음이 강해졌다. 일본 통치에 대한 불만이 높아지면 높아질수록 위인에 대

---

77) 위와 같음.
78) 위와 같음.

한 열망은 강해졌다.[79]

고 하여 경술국치의 국망에 절망한 한국인들이 정감록의 예언처럼 국가의 독립을 이끌어줄 지도자의 출현을 깊게 믿고 있었다고 지적한다. 다른 언론에서 손병희가 한 때 일본군에게 막대한 헌금을 할 정도로 친일적인 모습을 보이다가 이를 '배신'했다고 파악한 것과 달리 요시노는 그 이유를 그렇게 보지 않았다. 즉,

청일전쟁 당시 동학당은 즉시 우리 일본을 도왔다. 이는 당시의 최대 장해물은 중국이라고 생각했기 때문이다. 중국세력을 조선에서 쫓아내기 위해 그 수단을 가리지 않았다. … 이를 보고 일본은 그들이 절대 무조건으로 일본을 도울 것이라고 봤지만 그것은 실수였다. 그들이 일본을 도운 것은 중국과 러시아를 몰아내기 위해서였다. … 그 목적을 달성하고 나면 敵은 일개 소약국인 일본이다. 이를 몰아내는 것은 혼자 힘으로도 어렵지 않다고 그들은 생각했을 것이다.[80]

라고 하여 손병희의 친일은 중국과 러시아를 몰아내기 위한 전략적 선택이었지 본질이 아니었다고 보았다. 일진회와의 관계에 대해서는

일진회(이용구)는 일본을 이용한다는 의미에서 일본을 도와 러시아세력 구축을 위해 노력했다. 그렇지만 이용구는 송병준과 함께 너무나도 깊이 일본과 결탁했다. 그 지점에서 당시 간부의 한명인 손병희는 분연히 그들과 손을 끊었다. 일진회는 이리하여 둘로 분열했다. 그 결과 이용구와 송병준 일파는 점점 더 일본과 결탁하여 결국 한일합병의 大事를 결행하기에 이르렀으나 손병희 일파는 예전의 革命 排外의 성벽을 두르고 특히 한일합병 후

---

79) 吉野作造, 「朝鮮問題に就いて」(2), 『橫浜貿易新報』 1919년 6월 14일.
80) 吉野作造, 「朝鮮問題に就いて」(3), 『橫浜貿易新報』 1919년 6월 15일.

에는 일본세력을 구축하려는 음모를 감추고 기회가 도래하기를 기다리는 경
향이 있었다.[81]

고 지적하여 일진회와 달리 손병희는 동학의 혁명·배외정신을 계승하
여 준비하며 기회의 도래를 기다렸다는 것이다. 또한 천도교로 개명한
이유에 대해서는

　동학당 이래의 계통을 계승한 손병희 도당은 이름을 천도교로 바꾸었다.
그 이유는 원래 제1대인 수운선생의 가르침은 天의 道이다. 앞서 동학이라
고 한 것은 그가 동쪽에 태어나서 동에서 배웠기 때문에 俗稱으로 그리 한
것이다. 가르침의 실질은 즉 하늘(天)의 道이므로 자신들은 속칭을 버리고
천도교의 본래 이름으로 돌아간다는 것이다. 이리하여 천도교는 동학당 이
래의 애국적 정신을 계승하고 최근의 인심 개발, 일본에 대한 국민적 반감
이 맹렬함에 따라 크게 그 세력을 확대시켰다. 내가 대정5년(1916)에 조선을
여행하고 직접 그 본부를 방문했을 때는 신도 30만 명이라고 했는데 현재는
약 55만 명에 달하여 실로 인구 13명당 1명의 비율이라고 하니, 유럽전쟁 개
시 이래, 무엇보다도 최근 평화사상의 발흥 이래 급격히 회원을 증가시킨
것으로 보인다.[82]

고 하였다. 천도교로의 개칭이 단순히 이름만 바꾼 것이 아니라 수운
최제우의 가르침의 본연의 모습을 천명한 것이라고 보았다. 이러한 인
식은 여타 신문에서는 제기되지 않은 점이어서 주목된다.
　또한 3·1운동에서 천도교도가 아닌 청년들도 적극적으로 협력하여
독립운동을 전개한 모습에 대해서는

---

81) 위와 같음.
82) 위와 같음.

　　이러한 내력을 보더라도 조선에는 다른 한편으로 무시할 수 없는 애국적 독립심이 왕성한 것을 알 수 있을 것이다. 그리고 최근 인지의 개발과 함께 이 정신은 천도교 이외의 사람들 사이에서도 왕성하게 되었다. 아니, 근세적으로 각성한 다수의 청년은 다른 여러 가지 종교적 미신에 구애되는 것을 싫어하여 천도교에는 들어가지 않았다. 그렇지만 천도교가 일을 도모하자 이들 청년도 일제히 이에 응한 점을 본다면 조선 상하 일반 사이에는 일종의 강렬한 공통의 정신으로 불타고 있었음을 알 수 있다. 이리하여 손병희 일파 30여 명은 지금은 국민운동의 중견으로, 새롭게 발견된 위인으로서 암암리에 많은 이들의 주목을 받고 있다.[83]

고 하여 천도교를 미신이라고 여기던 청년들조차 천도교가 일을 도모하자 이에 일제히 가세한 것은 조선인 전체에 일종의 강렬한 공통의 정신, 즉 '애국적 독립심'이 불타고 있었기 때문이라고 지적했다. 한편 3·1운동으로 손병희 일파의 30여 명은 민족의 지도자로 주목을 받게 되었다고 설명하고 있다. 또한 손병희에 대해 음해하는 언설에 대해서는

　　나는 일부 사람들이 퍼뜨리는 것처럼 손병희라는 남자가 愚民의 고혈을 짜서 방탕 삼매경으로 날을 보내고 있다던가, 점점 신도들과 멀리 떨어져 있었다던가, 지금의 천도교는 있어도 없는 것과 마찬가지로 멸망 상태에 있다던가 하는 잘못된 주장에 휘둘려서는 안된다. … 이는 종래 조선통치의 창작자들이 자신의 투명하지 않는 책임을 면하기 위한 변명으로서는 적당할지 모른다.[84]

라고 하여 손병희와 천도교를 폄하하고 음해하는 언설을 하는 이들은 조선통치 실패의 책임을 면하려는 이들의 변명에 불과하다고 하여 그

---

83) 위와 같음.
84) 위와 같음.

러한 언설[85])에 휘둘리지 말 것을 주문했다.

요시노 사쿠조의 글은 일본 언론에 소개된 식자들과는 다른 논조를 펴고 있어서 주목된다. 그러나 요시노 사쿠조의 이러한 논설이 중앙지가 아닌 지방의 무역 관련 신문에 게재된 점에서 볼 때 그의 주장이 일본 언론의 일반론은 아니었다. 그렇지만 요시노 사쿠조가 당시 일본 언론의 그 누구보다도 날카롭게 일제의 한국강점 후 어떻게 해서 천도교가 그렇게까지 세력을 확대시키고, 일사불란하게 전국적으로 3·1운동의 봉화를 이어나갈 수 있었는지를 분석하고 나아가 한국근대사 속의 의미까지도 통찰했다는 점에서 특기할 만하다.

위에서 요시노가 언급한 '조선인 전체에 일종의 강렬한 공통의 정신, 즉「애국적 독립심」이 불타고 있었다'는 지적은 특별히 주목할 필요가 있다. 이것이야말로 3·1운동을 근대적 민족운동의 효시로 자리매김할 수 있는 근거이기 때문이다. 이 점은 당시 한국 청년들의 의식 세계를 통해서도 살펴볼 수 있다. 천도교 신자로 2·8독립운동의 주역이고 3·1운동의 가교역할을 한 송계백은 1917년 을사늑약이 체결된 날, 학우회가 주최한 동경기독교청년회관에서 행한 연설「풍기(風紀)와 사상」에서

---

85) 이러한 부분에 해당하는 예는 일본 육군성이 1919년 9월에 펴낸『朝鮮騷擾經過槪要』를 들 수 있다. 이 보고서에는 3·1운동의 원인에 대해 "천도교는 종교로 인정할 가치가 없고 교주 등 간부의 정치적 야심에 의해서만 조직된 단체에 불과하다. 미신을 좋아하는 국민성을 이용하여 愚夫愚婦를 유혹하여 교주 스스로 황당무계한 예언을 전하고(神託을 칭하며) 그 신앙을 유지해왔지만 민중의 문화가 점점 발전하자 종교로서의 근본적 지위가 흔들렸기 때문에 무언가 방법을 강구하고자 고민했는데 1918년 말 민족자결주의가 제창되자 조선의 독립을 기도할 가장 좋은 기회라고 하여 천도교의 원로들은 여러번 회의를 거듭하였는데 1월 하순에 이르러 독립운동 실행을 결의하고 이를 교주 손병희와 도모하여 이에 천도교의 방침을 정하게 되었다. 이것이 이번 소요사건의 발단"이라고 하여 여전히 천도교를 미신으로, 손병희 등을 정치적 야심가로 인식하는 데에 그치고 있다(陸軍省,「朝鮮騷擾經過槪要」1919. 9; 近藤釰一編, 조선근대사료(조선총독부관계중요문서선집 9),『만세소요사건(3·1운동)』, 19쪽).

보라, 조선반도의 이천만 생령이 하루라도 빨리 우리를 구해달라고 절규하는 목소리가 매일 우리들 귓전을 떠나지 않는다. 조선 국가의 책임을 담당하는 우리 청년학생은 어찌 이를 묵과하겠는가? 최근, 모씨는 〈동양시론〉을 발행하여 동양 먼로주의, 동양평화주의를 고취하고 있다. 그렇지만 우리는 조선민족으로 〈먼로주의〉, 동화주의를 찬동할 수 있는가? 우리는 피정복자이다. 어찌 정복자의 언동에 미혹되어 이에 찬동하고 그 주의를 구가할수 있겠는가? … 또한 근래 일부 인사는 오로지 황금만능주의를 주창하며 … 총독정치를 맹종하여 편안함을 추종하는 자가 있다. 이렇게 해서 어찌 종래의 조선민족을 구호할 수 있겠는가? 우리 청년학생은 결코 이러한 무리를 인정해서는 안 된다. 혹자는 일본 정치가, 교육가, 실업가에 아부하여 조선의 자치를 꾀하고자 하지만 대개 사회의 일이 다른 이에게 의지하여 효과를 거두는 법이 없다. 모두 자주 자치의 힘에 의지하지 않으면 안된다. 여러분, 우리는 人道를 위해, 장래 또한 조선민족을 위해 성심 성의 天地에 맹서하여 헌신적 분투로 조선으로 하여금 自主 自治의 천하를 이루도록 해야 한다.[86]

고 연설하기도 했다. 유럽의 간섭을 배격한다는 내용을 담은 1823년 미국의 먼로주의를 차용하여 제1차 대전 무렵 아시아 지역이 동맹하여 미국과 영국에 대처해야 한다는 입장에서 일본이 제기한 동양먼로주의는 피압박자인 한국으로서 찬동할 수 있는 일이 아니라고 하여 한국의 자주와 자치 노선을 역설한 것이다.

송계백뿐 아니라 일제 측의 요시찰인에 대한 보고서에는 일본에 유학중인 한국인 학생들이 얼마나 일제강점에 대한 저항정신을 갖고 있었는지를 잘 나타내고 있다. 1915년 11월, 메이지(明治)대학의 정종익은 자신이 박은식의 『한국통사』를 읽으며 큰 감동을 받았고 우리는 안중

---

86) 일본육군성 편, 「3·1運動と在日留学生の役割」, 『3·1운동편』(2), 한국출판문화원, 1989, 6쪽.

근을 배워야 한다고 친구에게 말했다고 한다.[87] 또한 1915년 4월 28일에 와세다(早稻田)대학에 재학중인 장덕수는 '우리 부모 처자 내지는 우리가 폭행을 당하여 치욕을 당했을 때 우리는 이를 냉정하게 지나칠 수 있겠는가? …그 폭행자에 대해 적당한 방어책을 강구하고 또 보복을 시도하지 않겠는가? 이는 진실로 우리가 정당하게 하늘로부터 받은 권리'[88]라고 하여 일제강점에 대한 한국청년들의 저항의 필요성을 은유하기도 했다.[89]

1918년 4월 14일에 도쿄 간다(神田) 마쓰모토테(松本亭)에서 학우회가 주최한 졸업생 축하회(출석자 85명)에서 조동종대학생 이지광(李智光)은 「애국」이라는 주제로 연설하여 '국가를 사랑하는 주의에는 셋이 있다. 은퇴주의, 모험주의, 온건주의이다. 은퇴주의는 국가의 쇠퇴를 탄식하며 세상을 등지는 것이다. 모험주의는 몸을 희생하여 표면에서 활약하는 것, 온건주의는 표면적으로 적의 환심을 사며 안으로 활약하는 것을 말한다. 나는 모험 혹은 온건주의에 찬성한다. 안중근은 모험적 애국자, 월왕(越王) 구천(勾踐)은 온건적 애국자이다. … 우리 목적은 신조선의 건설'이라고 열변을 토했다고 한다.[90]

이 과정에서 특히 주목되는 것은 청년들의 정신세계가 이미 전제주의를 넘어서고 있었다는 점이다. 당시 와세다대학 영문과에 재학 중이던 김우진은 1919년 1월 28일의 일기에서

我 조선의 전제, 압제, 폭군적 여해 여독은 이갓다. 그러나 시대의 進程은 大의 진리이니 此 가정, 가족, 사회상에도 금일 Wilson 등의 제창하는

---

87) 위의 책, 2쪽.
88) 위의 책, 3~4쪽.
89) 위와 같음.
90) 위의 책, 9쪽.

Democracy가 彌蔓할 줄을 信한다. 그러면 悖逆하던 자, 무도하던 자, 악마의
驅便되었던 자, 다 夷滅할 터이다.[91]

고 하여 시대의 대세는 월슨이 제창한 민주주의가 가정, 가족, 사회에
널리 퍼져나가게 될 것이라고 전망했다. '민족자결주의'가 아닌 월슨의
'민주주의'를 언급하고 있는 대목을 주목해야 할 것이다. 3·1운동의 이
념적 지향은 '민주대한' 건설이었다. 그러한 지향을 근대적·평화적·전
국적 시위운동의 형태로 1919년 3월 1일에 실현될 수 있도록 한 중심에
는 오랫동안 그 운동의 전체를 기획·준비하고 자금을 지원하며 운동
의 방향을 견인한 손병희와 천도교가 있었다.

6. 맺음말

1919년 3·1운동은 일제에게 간담을 서늘하게 했던 사건이 아닐 수
없었다. 일본 신문은 처음에는 한국인이 월슨의 민족자결주의를 오해
하여 일으켰으며, 무지몽매한 한국인을 미신으로 속인 전근대적인 사
이비 종교단체인 '천도교'의 획책이라고 폄하하는 보도를 쏟아내었다.
그렇지만 그들이 생각했던 것과는 달리 점차 운동의 양상이 조직적·
평화적·대중적 운동으로 전국으로 확산되는 것을 보고 압도당하여 일
제의 한국 식민통치가 순탄하지 못할 것임을 예견하는 모습으로 바뀌
었다.

그럼에도 불구하고 그들은 청일전쟁과 러일전쟁에서 수많은 일본의

---

91) 김우진, 「心의 跡」(일기), 1919년 1월 28일, 『김우진전집』 2권, 연극과 인간, 2000,
441쪽.

청년들을 제물로 바치고 획득한 한국을 독립시켜줄 의사는 전혀 없었기 때문에 점점 사태의 진상에 대해 이성적으로 파악해 나가면서도 조선의 자치를 인정해야 한다는 식의 타협책을 내놓기 시작했다. 한편 3·1운동이 그들의 초기의 예견과는 달리 장기화되고 격렬하게 전개되자 왜 한국에서 이런 거대한 독립운동이 발생했는지를 분석하기 시작했다. 그 과정에서 일본언론은 손병희와 천도교를 주목했다.

처음에 일본 언론에서 다룬 손병희와 천도교론은 그야말로 '사이비 종교'의 범주에 국한시키려는 것이었다. 그러나 점차 천도교의 교리와 그 역사를 주목하기 시작하고 나아가 이용구의 일진회와 천도교가 어떻게 다른지를 비교 분석하는 모습을 보였다. 그러는 가운데 일본 언론은 손병희가 단순히 종교지도자일 뿐 아니라 정치혁명을 달성하려는 정치가라는 점을 인식하게 되었다. 또한 일본 언론은 3·1운동에 나타난 근대성에 주목했다. 손병희가 원칙으로 삼은 비폭력, 대중성, 일원화 전략은 많은 대중을 질서정연한 시위에 동참하도록 한 원동력이었음을 인식하고 손병희와 천도교를 재평가하는 반면 그만큼 일제 식민통치상 천도교의 위험성을 인식하게 되었다.

특히 요시노 사쿠조의 천도교와 손병희에 대한 분석은 당시 일본 언론의 그 어떤 기사보다도 날카롭게 그 본질을 꿰뚫고 있었다. 그는 한국근대사 속의 천도교의 위상까지 분석하여 대한제국이 '망국 조선'이었다면 천도교와 손병희는 '흥국 조선'의 증거라고 단정했다.

그동안 학계에서는 당시 일제 측 관변 자료에 의거하여 3·1운동에서 손병희의 역할에 대해서 인색한 평가를 내리거나, 부정적으로 파악하는 경우가 많았다. 그 점과 관련하여 요시노 사쿠조의 논설은 이를 재평가하는 데에 중요한 시사를 던지고 있다고 생각된다.

참고문헌

『大阪每日新聞』, 『大阪朝日新聞』, 『東京朝日新聞』, 『神戶又新日報』, 『時事新報』, 『樺浜留易新報』.

『조선독립신문』.

『駐韓日本公使館記錄』.

『法令全書』, 일본 내각인쇄국, 1909.

『조선소요사건 공로자 조사철』(학무국부), 1921.5(국립중앙도서관 소장 필사본).

조선헌병대사령부 편, 『朝鮮三·一独立騷擾事件』, 巖南堂書店(복각), 1969.

육군성, 『조선소요사건관계서류』(大正 8~10년) 7책 중 1, 국사편찬위원회 소장본.

大阪每日新聞社編, 『大阪每日新聞社大觀』, 大阪每日新聞社, 1924.

이돈화 편술, 『천도교창건사』, 천도교중앙종리원장판, 1933.

大東國男, 『李容九の生涯』, 時事通信社, 1960.

近藤釼一編, 조선근대사료(조선총독부관계중요문서선집9), 『만세소요사건(3·1운
      동)』, 우방협회, 1964.

이현종, 「의암손병희선생 전기」, 의암손병희선생기념사업회, 1967.

이용락 편저, 『3·1운동실록』, 삼일동지회, 1969.

『日本政治裁判史錄』(大正), 第一法規, 1969.

『김우진전집』 2권, 연극과 인간, 2000.

윤소영 편역, 『일본신문 한국독립운동기사집(1)-3·1운동편(1) 대판조일신문』,
      독립기념관 한국독립운동사연구소, 2009.

윤소영 편역, 『일본신문 한국독립운동기사집(1)-3·1운동편(2) 대판매일신문』,
      독립기념관 한국독립운동사연구소, 2009.

방광석 역, 『일본신문 한국독립운동기사집-3·1운동 영향편 대판매일신문』, 독
      립기념관 한국독립운동사연구소, 2010.

이종일, 『묵암비망록』; 박걸순 저, 『이종일』, 독립기념관 한국독립운동사연구소,
      1997.

천도교사편찬위원회 편, 『天道敎百年略史』, 미래문화사, 1981.

최기영, 「한말 동학의 천도교로의 개편에 관한 검토」, 『한국학보』 20권 3호, 1994.

이용창, 「한말 손병희의 동향과 '천도교단 재건운동'」, 『중앙사론』 15, 2001.

허 수, 「해방 후 의암 손병희에 대한 사회적 기억의 변천」, 『대동문화연구』 83, 2013.

이규수, 『제국일본의 한국인식 그 왜곡의 역사』, 논형, 2007.

김정인, 『천도교 근대민족운동 연구』, 한울, 2009.

피터 현 지음, 『만세!』, 한울, 2015.

논문출처

- 파리강화회의와 약소민족의 독립문제

  전상숙, 「파리강화회의와 약소민족의 독립문제」, 『한국근현대사연구』 50, 2009.

- 뉴욕 소약국민동맹회의와 재미 한인의 독립운동

  홍선표, 「뉴욕 소약국민동맹회의와 재미 한인의 독립운동」, 『동북아역사논총』 58, 2017.

- 1922년 원동민족혁명단체대표회와 한국독립운동

  반병률, 「원동민족혁명단체대표회와 한국독립운동(1) −대회 개최의 배경과 준비−」, 『역사문화연구』 65, 2018.

- 중국 관내 신한청년당과 3·1운동

  정병준, 「중국 관내 신한청년당과 3·1운동」, 『한국독립운동사연구』 65, 2019.

- 일제의 '요시찰' 감시망 속의 재일한인유학생의 2·8독립운동

  윤소영, 「일제의 '요시찰' 감시망 속의 재일한인유학생의 2·8독립운동」, 『한국민족운동사연구』 97, 2018.

- 1919년 대한민국 임시정부 '파리한국대표부'와 김규식의 외교활동

  이장규, 「1919년 대한민국임시정부 '파리한국대표부'의 외교활동 －김
  규식의 활동을 중심으로－」, 『한국독립운동사연구』 70, 2020.

- 독일 외무부 보고서를 통해 본 독일 정부의 3·1운동 인식

  황기우, 「3·1운동에 대한 독일의 인식 －외무부의 문서 분석을 중
  심으로－」, 『한국독립운동사연구』 71, 2020.

- 러시아 내전기 외교관 류트쉬의 기록으로 본 3·1운동

  홍웅호, 「러시아 외교관을 통해 본 3·1운동」, 『사림』 69, 2019.

- 일본신문에 나타난 3·1운동과 손병희론

  윤소영, 「3·1운동기 일본신문의 손병희와 천도교 기술」, 『한국독립
  운동사연구』 57, 2017.

▌필자 소개 ▌

신주백 ▏ 독립기념관 한국독립운동사연구소 소장

전상숙 ▏ 광운대학교 동아시아연구소 연구교수

홍선표 ▏ 나라역사연구소 소장, 한국기술교육대학교 겸임교수

반병률 ▏ 한국외국어대학교 사학과 교수

정병준 ▏ 이화여자대학교 사학과 교수

윤소영 ▏ 독립기념관 한국독립운동사연구소 연구위원

이장규 ▏ 파리 디드로대학 박사과정

황기우 ▏ 서울시립대학교 강사

홍웅호 ▏ 동국대학교 대외교류연구원 연구교수